# Escravidão no Brasil Império

A FUNDAMENTAÇÃO TEÓRICA NAS FACULDADES DE DIREITO
DO SÉCULO XIX

# Escravidão no Brasil Império

A FUNDAMENTAÇÃO TEÓRICA NAS FACULDADES DE DIREITO
DO SÉCULO XIX

**2023**

Ariel Engel Pesso

**ESCRAVIDÃO NO BRASIL IMPÉRIO**
A FUNDAMENTAÇÃO TEÓRICA NAS FACULDADES DE DIREITO DO SÉCULO XIX
© Almedina, 2023

Autor: Ariel Engel Pesso

Diretor Almedina Brasil: Rodrigo Mentz
Editora Jurídica: Manuella Santos de Castro
Editor de Desenvolvimento: Aurélio Cesar Nogueira
Assistentes Editoriais: Letícia Gabriella Batista e Tacila da Silva Souza
Estagiária de Produção: Natasha Oliveira

Diagramação: Almedina
Design de Capa: FBA

ISBN: 9786556279688
Novembro, 2023

Dados Internacionais de Catalogação na Publicação (CIP)
(Câmara Brasileira do Livro, SP, Brasil)

---

Pesso, Ariel Engel
Escravidão no Brasil Império : a fundamentação
teórica nas faculdades de direito do século XIX /
Ariel Engel Pesso. – São Paulo : Almedina, 2023.

ISBN 978-65-5627-968-8

1. Direito 2. Brasil – História – Império 3. Direito – Brasil – História
4. Direito – Teoria 5. Escravidão – História – Brasil I. Título.

23-169380                                                       CDU-34(81)(091)

---

Índices para catálogo sistemático:

1. Brasil : Direito : História 34(81)(091)

Eliane de Freitas Leite – Bibliotecária – CRB 8/8415

Este livro segue as regras do novo Acordo Ortográfico da Língua Portuguesa (1990).

Todos os direitos reservados. Nenhuma parte deste livro, protegido por copyright, pode ser reproduzida, armazenada ou transmitida de alguma forma ou por algum meio, seja eletrônico ou mecânico, inclusive fotocópia, gravação ou qualquer sistema de armazenagem de informações, sem a permissão expressa e por escrito da editora.

Editora: Almedina Brasil
Rua José Maria Lisboa, 860, Conj. 131 e 132, Jardim Paulista | 01423-001 São Paulo | Brasil
www.almedina.com.br

"Servitutem mortalitati fere comparamus" (D. 50, 17, 209)[1]

"Se temos majestosas Faculdades,
Onde imperam egrégias potestades,
E, apesar das luzes dos mentores,
Os burregos também saem Doutores;
Se varões de preclara inteligência
Animam a nefanda decadência,
E a Pátria sepultando em vil desdouro,
Perjuram como judas – só por ouro:
É que o sábio, no Brasil, só quer lambança,
Onde possa empantufar a larga pança!"

– Luiz Gama, **Primeiras trovas burlescas** (1859)[2]

---

[1] "Podemos comparar a escravidão quase como a morte" (MORAES, 2021, p. 118).
[2] Cf. GAMA, 2000.

# AGRADECIMENTOS

No curso do doutorado, que se estendeu entre 2019 e 2022, contei com o apoio e a ajuda de muitos(as) professores(as), pesquisadores(as) e, é claro, amigos(as). A sabedoria popular de que "só quem passou por isso sabe como é" provavelmente foi inspirada na vida de um(a) doutorando(a). Leituras, fichamentos, monitorias, organização e participação em eventos acadêmicos, escrita e reescrita da tese somaram-se a noites mal dormidas, madrugadas em claro e tudo o mais que daí se segue. Acho impossível conseguir lembrar de todas as pessoas que passaram pela minha vida nesse período de quatro anos. Não obstante, vamos aos agradecimentos.

A presente tese começou a ser gestada ainda no meu mestrado, quando cursei a disciplina "Economia Política e Regime Jurídico da Escravidão no Brasil" ministrada por Luís Fernando Massonetto, Gilberto Bercovici e Samuel Rodrigues Barbosa. Na época, estudava o ensino jurídico na Primeira República (1889-1930) e a Reforma Francisco Campos (1931). Na referida disciplina me foi apresentada a relação entre a cadeira de Economia Política e Escravidão no Brasil do século XIX. Achei o tema muito interessante e, ao debruçar-me mais sobre ele, percebi uma lacuna nos estudos historiográficos: sempre que se tratava do ensino jurídico no Império, a escravidão aparecia como um elemento secundário, como se as Faculdades de Direito nada ou pouco tivessem a ver com ela. Quanto mais eu lia, mais eu percebia que a lacuna estava lá, precisando ser preenchida. Portanto, agradeço aos professores por, ainda que de forma indireta, terem me apresentado meu problema de pesquisa.

Cursei a disciplina no 1º semestre de 2017 e então comecei a fase de elaboração do projeto de pesquisa, que durou até o final de 2018. Nesta fase, tive a ajuda imprescindível de Gessé Marques Junior, com quem debati largamente minhas propostas e ideias. Também tive a oportunidade de apresentar o tema, já mais desenvolvido, a António Manuel Hespanha (*in memoriam*) e Carlos Petit Calvo, quando de sua vinda para o X Congresso do Instituto Brasileiro de História do Direito (IBHD), no qual também contei com comentários e sugestões de Júlio César de Oliveira Vellozo e Silvio Luiz de Almeida.

Já no doutorado, contei com o apoio incondicional de minha família, que desde os tempos de graduação (a primeira, em Direito) sempre apoiou minhas decisões e esteve ao meu lado nos momentos fáceis e difíceis. Em 2020, mais uma membra veio juntar-se à família, minha querida sobrinha Lily. Seja bem-vinda! E não posso deixar de mencionar meus avós maternos, Eduardo e Mathel, cujo apoio foi essencial.

Este trabalho não seria o que é se não fosse a orientação segura de José Reinaldo de Lima Lopes, meu mestre, com que aprendi que "os poetas místicos são filósofos doentes, / E os filósofos são homens doidos" (Alberto Caeiro, XXVIII). Ele, que afirma humildemente que apenas *a lu plus que nous*, esteve sempre presente para indicar-me referências bibliográficas, metodologias e o caminho a ser seguido. Sua verve de *scholar* inspira-nos a todos e serviu de forte estímulo durante minha pesquisa. Espero ter feito por merecer sua confiança nesses anos em que estivemos juntos no mestrado e no doutorado. Afinal, se olhei mais longe, foi por estar sobre os ombros de gigantes, na conhecida expressão de Bernardo de Chartres.

Os apontamentos realizados por Rafael de Bivar Marquese e Rafael Mafei Rabelo Queiroz na banca de qualificação do projeto foram imprescindíveis para a determinação do caminho que o trabalho tomou. Nessa época também fiz a disciplina "Fontes e Interpretação do Brasil Oitocentista" com Monica Duarte Dantas, cujas análises muito me ajudaram posteriormente.

O projeto inicial e as ideias que fui desenvolvendo foram apresentados em diversos eventos acadêmicos, em que tive a oportunidade de ouvir importantes comentários construtivos. Nas Jornadas Internacionales de Jóvenes Investigadores en Historia del Derecho (2019-2021), contei com os aportes de Gustavo Silveira Siqueira, Diego Nunes e Mariana de Moraes Silveira. Na French-Brazilian Chair of Legal History (2021) meu projeto foi comentado por Annamaria Monti e Mariana Armond Dias Paes. Além disso, em diversos outros eventos contei com os comentários de colegas e amigos.

Em 2019 realizei pesquisa de campo na Faculdade de Direito do Recife da Universidade Federal de Pernambuco, a "Casa de Tobias Barreto", em que fui muito bem recebido pelo professor Alexandre Ronaldo da Maia de Farias. Os funcionários também foram essenciais, não somente durante minha estadia no Recife, mas nos anos que se seguiram, em especial Wagner Carvalho da Biblioteca do Centro de Ciências Jurídicas (CCJ) e de Ingrid Rique da Escóssia Pereira e Elivanda Pereira de Souza do Arquivo da Faculdade de Direito da Universidade Federal de Pernambuco.

Em 2020 e 2021 o mundo foi acometido pela pandemia do coronavírus. Assim, passei dois dos quatro anos em que desenvolvi este trabalho em completo *lockdown*, lendo e escrevendo em meu quarto. Foram tempos difíceis, mas suavizados pela companhia virtual de amigos(as) muito queridos(as). Dos tempos de graduação no Largo de São Francisco, levo comigo da Sala XI, da Academia de Letras e do Departamento Jurídico "XI de Agosto", Adriana Regina Sarra de Deus, André Luiz Arcas Gonçalves, André Luís Menegatti, André Coletto Pedroso Goulart, André de Castro Moricochi, Alexandre Jorge dos Reis Junior, Carolina Langbeck Osse, Lais Saboia Souto e Stephani Gagliardi Amantini. Da Letras, Érica Regina da Silva Borges Corrêa, Jéssika Aparecida Santachiara Nascimento Santos e Hélio Fernandes da Silva Soares. Da Pós-Graduação, no Mestrado, Doutorado e Representação Discente, Gustavo Angelelli, Luiz Felipe Roque, Rafael Parisi Abdouch, Marco Antônio Moraes Alberto e Vivian Daniele Rocha Gabriel. Não posso deixar de mencionar também Allan Araújo Vieira, Matheus Della Monica e Renan Santos Ferrão. E, é claro, os(as) amigos(as) de Peretz – "Homer", "Vavá Vovô" e "Sociedade do Anel".

Em 2022 tive a oportunidade de passar um ano vinculado ao Departamento de História da Universidade de Harvard, o que foi decisivo em minha trajetória. A supervisão e o apoio de Tamar Herzog e Sidney Chalhoub, com os quais pude discutir meu projeto e participar das discussões em sala de aula, foi essencial à redação da tese. Também os amigos que fiz pelo caminho deixaram o inverno de Cambridge senão ameno, pelo menos suportável. Da Beacon St., 304, Hao Yu e Weiwei Zeng. Do Departamento de História e do nosso "grupo de pesquisas", Dario de Negreiros, Eduarda Lira da Silva Nabuco de Araújo, Felipe Rodrigues

Alfonso e Messias Moreira Basques Júnior. Das aulas e das tardes na biblioteca da Harvard Divinity School, José Carlos Fernández Salas. E dos "Sub-Zero Heroes", Ana Carolina Couto Pereira Pinto Barbosa, Elisa Paletti Pomari e Mariana Beu Rae.

No começo de 2023 fui ao Instituto Max Planck para História do Direito e Teoria do Direito, onde contei com a supervisão e apoio de Rafael Suguimoto Herculano e pude finalizar a tese, além de apresentar aos membros do Instituto os resultados finais da pesquisa.

A Banca de Defesa, composta por Gustavo Angelelli, Patrícia Valim, Christian Edward Cyril Lynch, Rafael de Bivar Marquese e Samuel Rodrigues Barbosa, fez apontamentos essenciais e que foram incorporados à versão corrigida deste trabalho.

Uma menção especial também deve ser feita para Samuel Rodrigues Barbosa e Igor Tostes Fiorezzi, cujo interesse pela história do ensino jurídico brasileiro nos aproximou e nos tornou bons interlocutores. Também Eduardo de Almeida Navarro e Miriam Aizic me ensinam diariamente o valor da amizade verdadeira. Além disso, o Núcleo de Estudos de Tradução Jurídica e Divulgação Histórica (TradJur) também me proporcionou ótimos momentos, e por isso agradeço a todos(as) os(as) membros(as) e em especial Evandro Bueno, Fernando Moreira Bufalari e Julia Albani Prado Sumares.

Não posso deixar de agradecer também às diversas instituições que contribuíram comigo, em especial na localização e compartilhamento de material bibliográfico, com destaque para fontes primárias do século XIX (algumas de muito difícil acesso): Biblioteca Brasiliana Guita e José Mindlin, e Bibliotecas da Faculdade de Direito, da Faculdade de Filosofia, Letras e Ciências Humanas, da Faculdade de Economia, Administração, Contabilidade e Atuária, da Faculdade de Educação, e do Instituto de Estudos Brasileiros (em especial Silvana Amélia Xavier de Aguiar Bonifácio) da Universidade de São Paulo; Arquivo e Museu da Faculdade de Direito da Universidade de São Paulo (em especial Richard Schippa); Biblioteca da Faculdade de Direito do Recife da Universidade Federal de Pernambuco; Biblioteca do Supremo Tribunal Federal; Hemeroteca Digital Brasileira da Fundação Biblioteca Nacional; Oliveira Lima Library (em especial Henry Granville Widener); e Bibliotecas da Universidade de Harvard (em especial da Widener Library).

Por fim, agradeço à Fundação de Amparo à Pesquisa do Estado de São Paulo (FAPESP) pela bolsa concedida durante os quatro anos para o desenvolvimento da pesquisa (Processo nº 2019/04345-9), bem como pela Bolsa Estágio de Pesquisa no Exterior (BEPE) (Processo nº 2021/12518-0).

# PREFÁCIO
## COMO DEFENDER A ESCRAVIDÃO NA CASA DA LIBERDADE?

Os indivíduos humanos nascem livres ou nascem livres e escravos? Todos sabem que a escravidão não é natural. Assim como as pessoas não nascem casadas nem nascem australianas, elas não nascem escravas. A escravidão é um estado adquirido ou atribuído, e como estado que é consiste em algo imposto convencionalmente, não pela biologia (não é orgânica, digamos). Estado social, que existe ou existiu em quase toda parte, mas em geral nunca se considerou algo "da natureza", exceto, talvez, pela ideia aristotélica que acreditava existirem pessoas tão incapazes de decidir, pensar e cuidar de si, que melhor seria tratá-las mesmo como incapazes: em outras palavras, atribuir-lhes um estado social – o de escravos, por conta de seu estado natural – de incapazes.

A escravidão, dizem, contudo, as *Institutas* de Justiniano, "é uma instituição do direito das gentes mediante a qual alguém se acha, contra a natureza, sujeito ao poder de outrem" (I, III, 3). O trecho reproduz a lição de Florentino, conservada no *Digesto* (I, V, 4). Nessa linha, a escravidão é contra a natureza, embora seja instituída em toda parte (*ius gentium*) e depois regulada pelo direito da cidade. Posição diferente, portanto, daquela de Aristóteles, para quem havia naturalmente indivíduos que poderiam ser escravizados, como dito acima, verdadeiros incapazes, semelhantes a crianças ou a animais de carga (*Política* I, 2, 1254 b-1255 a). Ele não deixa de fazer menção à opinião contrária defendida por alguns ("que de certo modo têm razão") segundo a qual a escravidão era apenas um instituto convencional e repugnante, pois não se deveria aceitar que a violência ou a força pura e simples (como acontecia nas guerras) justificasse transformar outro ser humano em objeto.

Pode-se dizer, pois, que a longa tradição do direito ocidental sempre olhou para a escravidão com muitas reservas, para dizer o mínimo. Isso, no entanto, nunca impediu que a instituição se conservasse, e que muita gente – grupos e sociedades inteiras – se envolvessem no comércio de seres humanos e dele fizessem não apenas grande proveito, mas também, pela sua própria existência, o transformassem num poderoso incentivo para gerar um mercado de captura de pessoas livres para depois vendê-las. A escravidão que portugueses, ingleses e outros desenvolveram na modernidade para abastecer o mercado de trabalho nas colônias fez isso: gerou um mercado de produção de cativos na África, o qual tomou dimensões tão grandes que no século XIX converteu-se numa armadilha da qual não se conseguia sair. O capitalismo, poderíamos dizer, nasceu escravocrata e escravista. Não surpreende, pois, que o liberalismo econômico, aquele traje personalizado do capitalismo, convivesse com a escravidão e, quando se fez necessário abandoná-la, se viu enredado numa ginástica verbal e ideológica de grande relevância.

O livro de Ariel Pesso que se vai ler aqui trata dessa ginástica intelectual, desse regime ideológico, no seu lugar mais próprio: as Faculdades de Direito brasileiras. O estudo funda-se no paradoxo mais elementar, e mais capilarizado, da sociedade brasileira do século XIX, apontado com elegância jurídica por Joaquim Nabuco, e que consistia em defender uma constituição liberal e um regime de direitos universais fundados no direito natural, e ao mesmo tempo não apenas tolerar, mas ativamente sustentar e manter um corpo de brasileiros fora desse quadro institucional. Desde muito cedo na história brasileira esse paradoxo e esse desconforto foram sentidos e percebidos. José Bonifácio prepara uma *Memória*, ou seja, um relatório e um estudo sobre a escravidão propondo sua abolição já no ano de 1823. Ora, se as Faculdades de Direito se definiam como o lugar privilegiado para estudar, justificar e aprender a viver sob o regime constitucional, como era possível que simultaneamente formassem juristas que iriam dar execução a um aparelho institucional completo que pressupunha a existência de escravos, vale dizer, de seres humanos não livres, e não livres por toda sua vida?

PREFÁCIO

A escolha de Ariel Pesso, original e fundada claramente nas fontes documentais disponíveis e adequadas, foi começar pelas disciplinas ministradas nos cursos, mas não aquela eventualmente mais óbvia, como o direito civil, no qual se definiam o estado das pessoas e os negócios que sobre elas se poderiam fazer – obrigações, contratos, direito de coisas, transmissão de escravos *causa mortis* – nem no direito penal – no caso brasileiro cheio de regras diferenciadoras de livres e escravos tanto no que dizia respeito às penas quanto aos procedimentos (alguns casos bem graves, como os de proibição de apelação, de execução imediata de sentenças condenatórias, etc.). Ele escolheu investigar as disciplinas que forneciam as bases teóricas para o pensamento jurídico: o direito natural e a economia política. Nelas se concentravam os aspectos teóricos mais importantes do Estado oitocentista: uma fornecia a justificação última de todo o sistema jurídico, a outra fornecia a justificação dos fins que poderiam ser buscados pelo Estado, nomeadamente a civilização e a prosperidade.

A pesquisa, que tive a alegria de orientar quando se desenvolvia como tese de doutorado, foi muito além, pois, com base em fontes largamente garimpadas e até hoje pouco conhecidas, o autor percebeu não apenas o discurso teórico-didático sobre a escravidão como também as práticas cotidianas: professores e alunos que mantinham escravos, um mundo de agentes que circulavam em torno das Faculdades e delas eram dependente, a vida cotidiana experimentada por possuidores de escravos e os escravizados mesmos. Nestes termos, a originalidade do trabalho cativa o leitor e descortina-lhe um mundo pouco percebido em outros estudos de história de nossas academias oitocentistas. Um mundo apagado, como diz o autor, tornado invisível para as gerações posteriores e que neste livro ganha novamente vida e luz.

Escrevendo a história das duas Faculdades brasileiras do século XIX, o livro traz à tona o que havia de cultura jurídica oficial a respeito da escravidão, valendo-se dos manuais e textos produzidos pelos professores das duas disciplinas, direito natural e economia política, no sul e no norte, inserindo-os nos respectivos currículos e na produção de cada um dos lentes. Trata-se, portanto, de leitura indispensável para recuperarmos nossa história e especialmente nossa história jurídica. Com ela, abre-se uma nova porta para apreciar o que de fato se fazia nessas casas da liberdade, onde se abrigavam e continuam a abrigar-se por trás das alegres proclamações de seus atores, histórias pouco conhecidas de tolerância para e convivência com os aspectos menos nobres e festejados da cultura nacional.

Arcadas, inverno de 2023

**JOSÉ REINALDO DE LIMA LOPES**
Professor Titular da Faculdade de Direito da Universidade de São Paulo

# LISTA DE SIGLAS

AAC     Anais da Assembleia Constituinte de 1823

ACD     Anais da Câmara dos Deputados (Brasil)

AFDR     Arquivo da Faculdade de Direito do Recife da Universidade Federal de Pernambuco

AS     Anais do Senado (Brasil)

FDR     Faculdade de Direito do Recife

FDSP     Faculdade de Direito de São Paulo

FDUSP     Faculdade de Direito da Universidade de São Paulo

IAB     Instituto da Ordem dos Advogados Brasileiros

RIAB     Revista do Instituto da Ordem dos Advogados Brasileiros

UFPE     Universidade Federal de Pernambuco

# SUMÁRIO

INTRODUÇÃO 25

## PARTE I
## O ENSINO JURÍDICO NO IMPÉRIO BRASILEIRO
## (1827-1889)

CAPÍTULO 1 – AS FACULDADES DE DIREITO: ESTRUTURA E FUNÇÃO 47
1.1. A influência portuguesa nos cursos jurídicos: a Universidade de Coimbra e a reforma de 1772 47
1.2. Estado Nacional e Faculdades de Direito: a gênese dos cursos jurídicos no Brasil 49
1.3. O funcionamento 52
    1.3.1. Organização e Currículo 52
        1.3.1.1. A organização do ensino superior no Império 52
        1.3.1.2. Lei de 11 de agosto de 1827, Estatutos do Visconde da Cachoeira e Estatutos de 7 de novembro de 1831 53
        1.3.1.3. A Reforma Couto Ferraz (Decreto nº 1.386, de 28 de abril de 1854 e Decreto nº 1.568, de 24 de fevereiro de 1855) 59 59
        1.3.1.4. A Reforma Leôncio de Carvalho (Decreto nº 7.247, de 19 de abril de 1879) 64
    1.3.2. A vida acadêmica 67

1.4. A função e o *ethos* 83
1.5. Negros nas Faculdades de Direitos: exclusão, preconceito e apagamento 85
1.6. Síntese: "todos os proprietários, e homens ricos devem tomar suas tinturas de Jurisprudência" 88


PARTE II
DIREITO NATURAL

CAPÍTULO 2 – A TRADIÇÃO JUSNATURALISTA NO BRASIL 95
2.1. Uma velha ciência para um novo mundo: a tradição jusnaturalista e sua acomodação no Brasil 95
2.2. Os argumentos a favor e contra a escravidão 99
2.3. A criação dos cursos jurídicos e o Direito Natural 103
    2.3.1. Debates parlamentares 103
    2.3.2. Estatutos do Visconde da Cachoeira (1825) 104

CAPÍTULO 3 – NA FACULDADE DE DIREITO DE SÃO PAULO 107
3.1. Os lentes 107
    1ª cadeira do 1º ano 107
    3.1.1. José Maria de Avellar Brotero (1798-1873): entre 1828 e 1871 107
    3.1.2. Ernesto Ferreira França Filho (1828-1888): entre 1875 e 1877 112
    3.1.3. José Maria Corrêa de Sá e Benevides (1833-1901): entre 1877 e 1890 116
    1ª cadeira do 2º ano 120
    3.1.4. Antônio Maria de Moura (1794-1842): entre 1829 e 1831 120
    3.1.5. Manuel Joaquim do Amaral Gurgel (1797-1864): entre 1834 e 1858 122
    3.1.6. João da Silva Carrão (1810-1888): entre 1858 e 1859 127
    3.1.7. Luiz Pedreira do Couto Ferraz (Visconde do Bom Retiro) (1818-1886): entre 1859 e 1868 127
    3.1.8. Francisco Justino Gonçalves de Andrade (1823-1902): entre 1869 e 1870 129

SUMÁRIO

    3.1.9.    João Theodoro Xavier de Mattos (1828-1878): entre 1871 e 1878    131
    3.1.10.  João Jacintho Gonçalves de Andrade (1825-1898): entre 1878 e 1880    135
    3.1.11.  Martim Francisco Ribeiro de Andrada (1825-1886): entre 1880 e 1881    136
    3.1.12.  Carlos Leôncio da Silva Carvalho (1847-1912): entre 1881 e 1891    137
3.2.  Os compêndios    139
    3.2.1.  *Principios de Direito Natural* (1829), de José Maria de Avellar Brotero    139
    3.2.2.  *Élémens de Législation Naturelle* (1800-1801), de Jean-André Perreau    148
    3.2.3.  *De Jure Naturae Positiones* (1815), de Karl Anton von Martini, atualizado por José Fernandes Álvares Fortuna    151
    3.2.4.  *Elementos de Direito Natural, ou de Philosophia de Direito* (1844), de Vicente Ferrer Paiva Neto    155
    3.2.5.  *Theoria Transcendental do Direito* (1876), de João Theodoro Xavier de Mattos    162
    3.2.6.  *Elementos da Philosophia do Direito Privado* (1884), de José Maria Corrêa de Sá e Benevides    169
3.3.  Os programas    176
3.4.  A imprensa acadêmica e as dissertações de alunos    178
3.5.  Síntese: "A escravidão é o maior de todos os males"...?    179

CAPÍTULO 4 – NA FACULDADE DE DIREITO DO RECIFE    181
4.1.  Os lentes    181
    1ª cadeira do 1º ano    181
    4.1.1.  Lourenço José Ribeiro (1796-1864): em 1828    181
    4.1.2.  Pedro Autran da Matta e Albuquerque (1805-1881): entre 1830 e 1855    183
    4.1.3.  José Bento da Cunha e Figueiredo (Visconde de Bom Conselho) (1808-1891): entre 1855 e 1858    189
    4.1.4.  José Antônio de Figueiredo (1823-1876): entre 1858 e 1876    191
    4.1.5.  Joaquim Corrêa de Araújo (Conde Corrêa de Araújo) (1844-1927): entre 1876 e 1878    193

4.1.6. Antônio Coelho Rodrigues (1846-1912): entre 1878 e 1891 .......... 194
1ª cadeira do 2º ano .......... 196
4.1.7. João José de Moura Magalhães (1790[?]-1850): entre 1828 e 1834 .......... 196
4.1.8. João Capistrano Bandeira de Mello (1811-1881): entre 1835 e 1858 .......... 198
4.1.9. Braz Florentino Henriques de Souza (1825-1870): entre 1858 e 1861 .......... 199
4.1.10. João Silveira de Souza (1824-1906): 1861 e 1890 .......... 204
4.2. Os compêndios .......... 206
    4.2.1. *De Jure Naturae Positiones* (1815), de Karl Anton von Martini, atualizado por José Fernandes Álvares Fortuna .......... 206
    4.2.2. *Synopse do Direito Natural* (1860), de João José de Moura Magalhães .......... 207
    4.2.3. *Direito Natural Privado* (1802), de Francisco Nobre Zeiller .......... 209
    4.2.4. *Elementos de Direito Natural Privado* (1848), de Pedro Autran da Matta Albuquerque .......... 213
    4.2.5. *Elementos de Direito Natural, ou de Philosophia de Direito* (1844), de Vicente Ferrer Paiva Neto .......... 217
    4.2.6. *Licções de direito natural sobre o compendio do Sr. Conselheiro Autran* (1880), de João Silveira de Souza .......... 218
4.3. Os programas .......... 223
4.4. A imprensa acadêmica .......... 225
4.5. Escola do Recife: Tobias Barreto e a reação ao Direito Natural .......... 227
4.6. Síntese: "estas palavras, direito e escravidão, são contraditórias, e se excluem mutuamente" .......... 231

PARTE III
ECONOMIA POLÍTICA

CAPÍTULO 5 – A ECONOMIA POLÍTICA NO BRASIL .......... 237
5.1. Uma nova ciência para um novo mundo: o surgimento da Economia Política e sua difusão no Brasil .......... 237
5.2. Os argumentos a favor e contra a escravidão .......... 239
5.3. A criação dos cursos jurídicos e a Economia Política .......... 242

|       | 5.3.1. | Debates parlamentares | 242 |
|       | 5.3.2. | Estatutos do Visconde da Cachoeira (1825) | 244 |

## CAPÍTULO 6 – NA FACULDADE DE DIREITO DE SÃO PAULO
6.1. Os lentes — 247
    6.1.1. Carlos Carneiro de Campos (Visconde de Caravelas) (1805-1878): entre 1829 e 1858 — 247
    6.1.2. Luiz Pedreira do Couto Ferraz (Visconde de Bom Retiro) (1818-1886): entre 1858 e 1859 — 249
    6.1.3. João da Silva Carrão (1810-1888): entre 1859 e 1881 — 250
    6.1.4. Joaquim José Vieira de Carvalho (1842-1899): entre 1881 e 1896 — 255
6.2. Os compêndios — 256
    6.2.1. *Catéchisme d'Économie Politique* (1815), de Jean-Baptiste Say — 256
    6.2.2. *Elements of Political Economy* (1858), de Henry Dunning Macleod — 261
    6.2.3. *Prelecções de Economia Politica* (1859), de Pedro Autran da Matta e Albuquerque — 270
    6.2.4. *Primi Elementi di Economia Politica* (1875), de Luigi Cossa — 272
6.3. Os programas — 277
6.4. A imprensa acadêmica e as dissertações de alunos — 279
6.5. Síntese: o "caso absurdo da escravidão, em que um homem não pertence a si mesmo" — 280

## CAPÍTULO 7 – NA FACULDADE DE DIREITO DO RECIFE — 283
7.1. Os lentes — 283
    7.1.1. Manuel Maria do Amaral (1801-1879): entre 1832 e 1852 — 283
    7.1.2. Lourenço Trigo de Loureiro (1793-1870): entre 1852 e 1855 — 285
    7.1.3. Pedro Autran da Matta e Albuquerque (1805-1881): entre 1855 e 1870 — 288
    7.1.4. Aprígio Justiniano da Silva Guimarães (1832-1880): entre 1871 e 1880 — 291
    7.1.5. José Joaquim Tavares Belfort (1840-1887): entre 1881 e 1887 — 301

| | | | |
|---|---|---|---|
| | 7.1.6. | José Joaquim Seabra Júnior (1855-1942): entre 1887 e 1901 | 306 |
| 7.2. | Os compêndios | | 309 |
| | 7.2.1. | *Elements of Political Economy* (1821), de James Mill | 309 |
| | 7.2.2. | *Elementos de Economia Politica* (1844), de Pedro Autran da Matta e Albuquerque | 314 |
| | 7.2.3. | *Elementos de Economia Politica* (1854), de Lourenço Trigo de Loureiro | 318 |
| | 7.2.4. | *Prelecções de Economia Politica* (1859), de Pedro Autran da Matta e Albuquerque | 321 |
| | 7.2.5. | *Estudos de Economia Politica para uso das Faculdades de Direito de Brasil* (1876), de Aprígio Justiniano da Silva Guimarães | 327 |
| 7.3. | Os programas | | 331 |
| 7.4. | A imprensa acadêmica | | 334 |
| 7.5. | Síntese: "havendo falta de braços, a escravidão é uma necessidade" | | 335 |

| | | |
|---|---|---|
| CONCLUSÕES | | 337 |
| | | |
| REFERÊNCIAS | | 343 |
| 1. | Obras de referência | 343 |
| 2. | Fontes primárias | 344 |
| 3. | Fontes secundárias | 365 |

# INTRODUÇÃO

Pouco após a independência do Brasil em 1822, foi convocada uma Assembleia com o objetivo de elaborar uma Constituição para o país. A Assembleia Constituinte é um bom parâmetro para saber o que e como pensavam os homens de então – em especial como lidavam com a toda a herança social, política e econômica de três séculos de exploração portuguesa. Duas iniciativas são sintomáticas. A primeira é a famosa **Representação** de José Bonifácio de Andrada e Silva (1825), o Patriarca da Independência, na qual tentava convencer os constituintes da necessidade de se abolir o tráfico de escravos imediatamente e a escravidão de modo gradual[3], apelando para argumentos de Direito Natural[4] e de Economia Política[5]. Entretanto, a **Representação** não chegou a ser discutida na Assembleia Constituinte e, portanto, seu intento foi malogrado – apesar de a escravidão ter sido, de fato, extinta gradualmente.

---

[3] "É tempo pois, e mais que tempo, que acabemos com um tráfico tão bárbaro e carniceiro; é tempo também que vamos acabando gradualmente até os últimos vestígios da escravidão entre nós, para que venhamos a formar em poucas gerações uma Nação homogênea, sem o que nunca seremos verdadeiramente livres, respeitáveis e felizes" (SILVA, 1825, p. 8).
[4] "Não basta responder, que os compramos com o nosso dinheiro; como se o dinheiro pudesse comprar homens! – Como se a escravidão perpétua não fosse um crime contra o direito natural, e contra as leis do Evangelho (...)" (SILVA, 1825, p. 22).
[5] "A lavoura do Brasil, feita por escravos boçais e preguiçosos, não dá os lucros, com que homens ignorantes e fantásticos se iludem. (...) o lucro da lavoura deve ser mui pequeno no Brasil, ainda apesar da prodigiosa fertilidade de suas terras, como mostra a experiência" (SILVA, 1825, p. 17).

Tal iniciativa demonstra a importância que o tema possuía no Brasil recém-independente, tendo em vista ser uma sociedade escravista[6] que dependia da exportação de produtos agrícolas. Além disso, era um prelúdio de como a escravidão seria tratada no país no longo século XIX: dificilmente a questão era enfrentada diretamente, fosse no Parlamento[7], na Imprensa[8] ou mesmo na Legislação[9]. Tal silêncio[10] apenas seria quebrado na conhecida Fala do Trono de 1867, quando D. Pedro II afirmou:

> O elemento servil no Império não pode deixar de merecer oportunamente a vossa consideração, provendo-se de modo que, respeitada a propriedade atual, e sem abalo profundo em nossa primeira indústria – a agricultura –, sejam atendidos os altos interesses que se ligam à emancipação (PEDRO I; PEDRO II, 2019, p. 488-489).

A utilização da perífrase "elemento servil" em vez de palavra "escravidão"[11] dá o tom do medo que D. Pedro II e a elite possuíam, em especial após a sublevação de escravos e a Revolução Haitiana do final do século XVIII[12]. Tal medo também se espraiou para outros campos – como o Direito[13].

Ainda que após a Independência tenha-se optado por manter uma continuidade com o Direito português[14], o Direito brasileiro tomou seus

---

[6] Cf. FINLEY, 1991.
[7] Cf. CONRAD, 1975, MENDONÇA, 2001 e BRASIL, 2020.
[8] Cf. FREYRE, 2010 e YOUSSEF, 2016, entre outros.
[9] Para a legislação referente à escravidão em Portugal, cf. SEIXAS, 2016, p. 787-871. Para o Brasil, cf. SOARES; GOMES; PASSOS, 1988.
[10] Sobre os "silêncios da lei", cf. MATTOS, 2013 e CHALHOUB, 2006.
[11] Lembrada por Joaquim Nabuco (1898, t. 2, p. 393). Com efeito, há diferença nos conceitos de "elemento servil", "escravidão", "servidão", "regime servil", "trabalho compulsório", etc., mas optamos por utilizar o primeiro pela importância que o mesmo adquiriu após a referida Fala do Trono.
[12] Cf. AZEVEDO, 2008.
[13] Cf. NEQUETE, 1988; PAES, 2019 e 2021a; e FERREIRA, 2020, entre outros.
[14] A Lei de 20 de outubro de 1823, promulgada pela Assembleia Constituinte, declarava em vigor a legislação pela qual se regia o Brasil até 25 de abril de 1821, assim como as leis promulgadas por D. Pedro I daquela data em diante, além de determinados decretos das Cortes Portuguesas.

próprios rumos e enfrentou a escravidão à sua maneira[15]. A falta de um Código Negro, como ocorria em outros países, e o receio de se macular a legislação pátria, como afirmou Teixeira de Freitas[16], levou os juristas a moldarem os institutos jurídicos de modo a protegerem o que D. Pedro II se referia – a propriedade e a agricultura.

A segunda iniciativa digna de nota da Assembleia Constituinte foi a discussão sobre a criação de uma Universidade no Brasil e, por conseguinte, de cursos jurídicos – ao contrário da proposta de José Bonifácio, esta iniciativa animou os parlamentares e a discussão estendeu-se por várias sessões, argumentando-se em torno da localização, do que seria ensinado, etc. Com efeito, os constituintes estavam cientes da necessidade de se "difundir as luzes" e de se criarem instituições que viessem a formar homens aptos a exercerem as funções que o Brasil necessitava, isto é, profissionais qualificados para exercerem desde a advocacia até os altos postos da Administração Pública. Contudo, com a dissolução da Assembleia, tal iniciativa não pôde ser concretizada[17].

Vários foram os pesquisadores e estudiosos que se debruçaram sobre o surgimento e o desenvolvimento do ensino jurídico ao longo do século XIX, podendo-se citar análises interpretativas tais como as de Alberto Venancio Filho, **Das arcadas ao bacharelismo** (1977, 2ª edição em 2004) – ainda hoje a mais importante[18] –, Sérgio Adorno, **Os aprendizes do poder** (1988, 2ª edição em 2019), Gláucio Veiga, **História das ideias da Faculdade de Direito do Recife** (8 v., 1980-1997), e Aurélio Wander Bastos, **O ensino jurídico no Brasil** (1998, 2ª edição em 2000)[19],

---

[15] A relação entre Direito e escravidão já há muito é estudada pela historiografia, fazendo-se uso principalmente de fontes judiciais. Um balanço desses estudos pode ser encontrado em PAES, 2021b e FERREIRA, 2021.

[16] Em sua **Consolidação das Leis Civis** (1858). O que não impediu que na 2ª edição da **Consolidação** ele fizesse um "Código Negro de rodapé", na expressão de Eduardo Spiller Pena (2001, p. 71-79).

[17] Os debates parlamentares acerca da criação dos cursos jurídicos, já muito explorados, podem ser conferidos na íntegra em BRASIL, 1977.

[18] Sobre a obra (concepção e importância), bem como a visão do autor sobre o ensino jurídico na atualidade, cf. PESSO, 2022.

[19] E outros livros, artigos e trabalhos de pós-graduação sobre o ensino jurídico já foram publicados (em especial no ano de 1977, por ocasião do sesquicentenário da criação dos cursos jurídicos no Brasil). A título exemplificativo, citamos BRASIL, 1913, VALLADÃO, 1927, PANG; SECKINGER, 1972, SCHWARCZ, 1993, MARTINS; BARBUY, 1999,

assim como obras memorialísticas de Almeida Nogueira, **Tradições e Reminiscências** (9 v., 1907-1912, 2ª edição em 1953-1955, 3ª em 1977), Spencer Vampré, **Memórias para a História da Academia de São Paulo** (2 v., 1924, 2ª edição em 1977) e Clóvis Beviláqua, **História da Faculdade de Direito do Recife** (1927, 2ª edição em 1977, 3ª em 2012)[20].

Entretanto, todas essas obras possuem duas ausências que nos chamam a atenção: (i) a falta de análise do pensamento jurídico do período e (ii) a falta de análise da relação entre as Faculdades de Direito e a escravidão. Em relação à primeira, prescinde-se do estudo das ideias jurídicas e de fontes primárias propriamente jurídicas em detrimento de "causos" ou da biografia dos professores e de ex-alunos consagrados (na política, literatura, diplomacia, etc.) (LOPES, 2010, p. XV e 101), por vezes em tom laudatório. Em relação à segunda, todos estes estudos e memórias tratam a escravidão como um elemento social secundário, ainda que estivesse presente durante todo o período, sendo, como é sabido, o sustentáculo econômico do Império. Não sem razão, quando a escravidão caiu (1888), a monarquia veio abaixo logo em seguida (1889).

Deste modo, nosso esforço no presente trabalho será justamente tentar preencher essas duas lacunas mediante a análise do pensamento jurídico das Faculdades de Direito no que diz respeito à escravidão. E é justamente nesse ponto que reside a originalidade de nossa pesquisa, pois pretende-se unir escravidão e ensino jurídico, algo que, apesar dos mais de 130 anos da abolição, ainda precisa ser feito. Nesta esteira, nossa contribuição será não apenas a união destes dois temas, mas o avanço na compreensão da dimensão que o tema da escravidão efetivamente ocupou entre os juristas dos Oitocentos.

A relação entre Faculdades de Direito (e a Universidade como um todo) e a escravidão já é um tema há muito explorado nos Estados Unidos[21], mas que no Brasil ainda carece de maior desenvolvimento. Várias são as possibilidades que se colocam para seu estudo: a relação do corpo docente

---

KIRKENDALL, 2002, CAMPOS NETO, 2013, RAMENZONI, 2014, FERREIRA, 2016, PESSO, 2018.

[20] Com efeito, existem muitas outras fontes históricas, de documentos oficiais às correspondências estudantis, passando pela literatura.

[21] Por exemplo: VANDERFORD, 2015; BROPHY, 2016; HARRIS, CAMPBELL e BROPHY, 2019; LEON, 2020; e HARVARD, 2022, entre outros.

e discente com os escravos (a presença de escravizados pertencentes a alunos e professores; a atuação no foro em prol dos escravos, em ações de liberdade; etc.), a Faculdade de Direito como "arena jurídica" de disputas (disputas essas em torno do próprio conceito de escravidão, por exemplo), a atuação de agentes dessas instituições no abolicionismo (principalmente a partir da década de 1870), etc.

Nos parece que este último tende a ser o aspecto mais valorizado nas análises históricas – de fato, o estudo do processo abolicionista é um dos poucos momentos em que trabalhos historiográficos sobre ensino jurídico tocam no tema da escravidão[22]. A atuação das Faculdades de Direito de São Paulo (FDSP)[23] e de Olinda/Recife (FDR)[24] em favor da causa abolicionista é por todos conhecida – estendeu-se da poesia às ações de liberdade, muitas delas promovidas por associações de estudantes ou patrocinadas por Lojas Maçônicas que tinham como integrantes professores e alunos.

Entretanto, se das Academias de Direito saíram importantes figuras do abolicionismo, como Joaquim Nabuco e Antônio Bento, nelas também se formaram homens que defendiam a manutenção da escravidão, como o fazia José de Alencar em **Cartas de Erasmo** e o Barão de Cotegipe no Parlamento em 1888. Assim, pode-se pensar inclusive numa disputa de narrativas – um tanto maniqueísta –, que ora aponta as instituições como o celeiro do progressismo e da Abolição, ora as condena como símbolo do atraso e da manutenção de instituições nefastas como a escravidão.

O presente trabalho tem sua origem nessa ambivalência (e ambiguidade), de modo que procuraremos responder se as Faculdades de Direito tiveram um papel na fundamentação teórica do "elemento servil" – para usar a expressão de D. Pedro II – e, em caso positivo, qual foi sua contribuição. Nossa hipótese é a de que, apesar de algumas inconsistências

---

[22] Umas das poucas exceções é a obra **Arcadas** (1999) de Ana Luiza Martins e Heloisa Barbuy, que dedica uma seção intitulada "Contradições do Cotidiano" para tratar da relação entre os acadêmicos da Faculdades de Direito de São Paulo e negros (MARTINS; BARBUY, 1999, p. 81). Sérgio Adorno também explora essa relação nas décadas de 1870 e 1880, utilizando-se de periódicos acadêmicos, cf. ADORNO, 2019, p. 249 et seq. e em texto sobre o abolicionismo nas Arcadas (ADORNO, 1993).

[23] Sobre a abolição nas Arcadas, cf. MARTINS; BARBUY, 1999, p. 72-87 e YOKAICHIYA, 2008.

[24] Cf. VEIGA, 1988, p. 110 et seq.

teóricas, o ensino praticado no âmbito das Academias de Direito reforçou e justificou teoricamente a escravidão.

Nesta esteira, nosso principal objetivo é verificar a relação estabelecida entre as Faculdades de Direito e a escravidão, de um ponto de vista teórico, em especial no tocante à justificação da escravidão africana no Brasil do século XIX. Os objetivos secundários são analisar as ideias disponíveis e mobilizadas pelos juristas brasileiros dos Oitocentos e mapear o conteúdo ensinado em sala de aula (em especial nos manuais e compêndios adotados pelos professores).

Para tanto, optamos por fazer uma análise voltada às disciplinas pertencentes ao currículo dos cursos jurídicos, com enfoque em duas: Direito Natural e Economia Política. É certo que outras disciplinas também lidavam com o tema – por exemplo, Direito Comercial e Marítimo, Direito das Gentes, Direito Criminal, Direito Civil e Direito Romano. Essas duas últimas têm sido alvo frequente da atenção dos historiadores, principalmente pela abordagem direta que impunham ao tema[25]. Nossa proposta, então, é fazer uma leitura à contrapelo e buscar identificar em disciplinas de caráter propedêutico quais ideias, conceitos e argumentos eram utilizados para justificar teoricamente a escravidão.

A opção pelo Direito Natural e pela Economia Política se justifica, em primeiro lugar, por sua origem comum. Ambos foram concebidos a partir da ideia de razão, de ordem e de lei natural que surgiram no século XVIII[26]:

> O conceito de **ordem natural** surgiu contra o **ancien régime**, autoritário, discriminatório, regulamentador. Ao autoritário direito divino opunha-se o

---

[25] O Direto Civil tratava do regime servil nas **Ordenações Filipinas** (1603). O Direito Romano apresentava argumentos de cunho histórico para justificar a escravidão, calcados na tradição romana: em ambos os compêndios utilizados em São Paulo e Recife até 1888, de Waldeck e de Warnkoenig (ALVES, 1991), a escravidão é justificada com base no princípio romano *partus sequitur ventrem*: "Seruo vero aut NASCVNTVR, aut FIVNT. NASCVNTVR ex ancillis nostris (...): quia serui sunt res (...), et ex iuris principiis soetus, tanquam accessio ventris, ad dominum ventris pertinet (...)" (WALDECK, 1806, p. 35) e "§.144. Servi autem nascuntur aut fiunt. Nascuntur ex ancillis; cuius mater enim ancilla est, is ventrem sequitur, eiusque servus fit, in cuius dominio mater erat)" (WARNKOENIG, 1860, p. 42). Sobre esse princípio, cf. MALHEIRO, 1866, v. 1, p. 41 e PEREIRA, 2022.

[26] Para Portugal, cf. CALAFATE, 1994.

**direito natural** libertador dos indivíduos, reconhecendo a cada um o direito de prosseguir o seu próprio interesse. Desta forma, a **ordem económica**, funcionando por si própria, seria regida por uma lei natural que asseguraria os melhores resultados para a comunidade. (...)

Os **conceitos normativos** da teoria económica clássica entroncam na tradição da lei natural dos séculos XVII e XVIII, período em que a **natureza** e a **razão** substituíram Deus como fundamento da ordem social. A ideia da **lei natural** – já presente nos fisiocratas –, com raízes na teologia cristã, constitui uma simbiose entre **princípios normativos** (que vinham da jurisprudência romana e da teologia medieval, com a sua ideia de uma **ordem justa**, uma **ordem de justiça**) e **princípios científicos** (as "leis naturais" partilham de um certo **cientismo** mais ou menos **determinista** então em voga) (NUNES, 2007, p. 15-16, grifos no original).

Em segundo lugar, ambos estiveram no cerne das primeiras críticas sistemáticas à escravidão colonial, "críticas essas que seguiram três vertentes: a moralidade evangélica à moda **quaker**, a teoria iluminista dos direitos naturais e o discurso econômico da fisiocracia e do iluminismo escocês" (MARQUESE, 2003, p. 254-255, grifo no original) e que deram origem ao movimento abolicionista[27].

Em terceiro lugar, e como decorrência do referido logo acima, ambos foram muito utilizados na discussão sobre emancipação e abolição da escravidão no Brasil: o ataque e a defesa da propriedade (Direito Natural) e a vantagem e a desvantagem do trabalho escravo em comparação ao trabalho livre assalariado, bem como a possível desorganização da produção nacional (Economia Política). Tal argumentação está no cerne dos debates, de José Bonifácio à Lei Áurea, passando pela Fala do Trono de 1867.

---

[27] "No pensamento revolucionário do século XVIII encontram-se as origens teóricas do abolicionismo. (...) Passou-se a criticar a escravidão em nome da moral, da religião e da racionalidade econômica. Descobriu-se que o cristianismo era incompatível com a escravidão; o trabalho escravo, menos produtivo do que o livre; e a escravidão uma instituição corruptora da moral e dos costumes" (COSTA, 2010a, p. 14). Sobre o movimento abolicionista no Brasil, cf. COSTA, 2010a; ALONSO, 2015; e YOUSSEF, 2019.

O Direito Natural, principalmente a partir do século XVIII[28], tentou enquadrar a sociedade dentro de uma ordem natural, regida pela lei natural que, no limite, buscava atribuir o justo a cada um por meio da razão universal[29]. Segundo Franz Wieacker, "a pretensão moderna de conhecimento das leis naturais é agora estendida à natureza da sociedade, ou seja, ao direito e ao Estado; também para estes devem ser formuladas leis com a imutabilidade das deduções matemáticas" (WIEACKER, 2015, p. 288). Dessa nova cosmovisão de Estado e de sociedade decorreram também mudanças em ramos influenciados pelo Direito Natural, como o Direito Internacional, o Direito Constitucional, o Direito Penal e o Direito Privado (WIEACKER, 2015, p. 289-290 e 306-311).

Ensinado logo na 1ª cadeira do curso[30], o Direito Natural era a primeira disciplina lecionada nas Faculdades de Direito brasileiras e servia como uma espécie de introdução aos conceitos mais básicos e aos temas mais importantes do curso de ciências jurídicas e inerentes à "natureza do homem". Além disso, como era de se esperar, o direito de liberdade, arrolado entre os direitos inatos e primigênios dos homens, era aqui discutido – tanto era assim que João Capistrano Bandeira de Mello, ao encerrar o ano letivo de 1857[31], reduz o ensino do Direito Natural aos fundamentos da liberdade individual. Assim, temos que o tema da escravidão, contrária que era a tal liberdade individual, tinha de ser enfrentado pela cadeira.

A Economia Política também surgiu no bojo das transformações do século XVIII, inicialmente como um ramo da filosofia moral – o próprio Adam Smith ocupou uma cadeira dessa disciplina na Universidade de Glasgow – e da Jurisprudência, de acordo com a *Encyclopédie* de Diderot e D'Alembert (CAIRU, 1827, p. 5). Independentemente de sua filiação inicial, logo a Economia Política, a "mais burguesa das ciências" na visão de Eric Hobsbawm (1996, p. 263), tornou-se popular e rapidamente se difundiu entre os homens letrados.

---

[28] O Direito Natural foi concebido na Antiguidade e passou por várias modificações ao longo do tempo. Sobre sua longa tradição, ver item 2.1.
[29] Razão essa, contudo, compartilhada apenas por homens brancos e cristãos, cf. SALA-MOLINS, 2002.
[30] Junto com Direito Público Universal e Análise da Constituição do Império (1ª cadeira do 1º ano) e Direito das Gentes e Diplomacia (1ª cadeira do 2º ano). Tais disciplinas eram um desdobramento do próprio Direito Natural, em sua relação interna e externa ao Estado.
[31] Cf. "O Dia 14 de Outubro", **O Onze de Agosto**, Recife, 15 de outubro de 1857, p. 1.

Obtendo relativo sucesso em Portugal e no Brasil, em especial pela atuação do Visconde de Cairu, a disciplina foi incluída no currículo dos cursos jurídicos (na parte voltada às ciências sociais) como uma cadeira autônoma no 5º ano. Ainda que não tenham existido grandes transformações em seu ensino ao longo do Império (GREMAUD, 1997, p. 28) e prevalecessem o estudo de doutrinas econômicas em detrimento da ciência econômica (VIEIRA, 1981, p. 355), é certo que seus ensinamentos desempenharam importante papel na manutenção da escravidão – não tanto em relação à propriedade, mas sim em relação à sua vantagem frente ao trabalho livre.

Optamos por analisar o ensino de Direito Natural e de Economia Política nas duas Academias de Direito do Império. Acreditamos que focar em apenas uma instituição de ensino seria prejudicial à pesquisa, vez que durante o período o intercâmbio de ideias entre Norte e Sul era muito frequente: alunos (e em menor escala professores) transferiam-se de uma Faculdade a outra, compêndios escritos por professores do Recife eram utilizados em São Paulo e vice-versa, assim como obras escritas por juristas que não eram lentes[32] eram utilizados em ambos os cursos. A pretensa "rivalidade" entre ambas nos parece mais uma construção a posteriori, principalmente por parte de Silvio Romero e sua ânsia de divulgação da "Escola do Recife", e de professores e pesquisadores que se debruçaram sobre a Faculdade de São Paulo, considerada a fonte do "bacharelismo liberal" que produzia quase que naturalmente os políticos e estadistas do período. Formou-se assim uma falsa dicotomia[33], que contrapõe a FDSP liberal e maçônica à FDR conservadora e católica (ultramontana)[34] – o que não é de todo verdade, tendo em vista que havia lentes que não se adequavam a tal contraposição[35]. Em nossa análise, devemos, contudo, reconhecer as especificidades culturais, políticas, sociais e econômicas

---

[32] "Lente" era a denominação dada aos professores, uma das muitas nomenclaturas herdadas de Coimbra.

[33] Sobre tal dicotomia, cf. NEDER, 2012, p. 181-231, WOLKMER, 2002, p. 79-84 e SIMÕES, 2006, p. 222 et seq.

[34] Cf. LARA, 1988, p. 73-137.

[35] Por exemplo, na FDSP havia Sá e Benevides, católico ultramontano, e Avellar Brotero dedicou-se exclusivamente à docência, enquanto na FDR Jerônimo Vilella de Castro Tavares era liberal (e tomou parte na Revolução Praieira de 1848), Manuel Maria de Azevedo dedicou-se quase que exclusivamente à política e o diretor Visconde de Camaragibe foi um importante chefe conservador do segundo reinado.

dos locais em que as duas instituições estavam inseridas, o que se refletia no tratamento dado aos escravizados[36].

Ademais, autores há, como Aberto Venancio Filho (2004) e Sérgio Adorno (2019), que afirmam ter sido o ensino jurídico no Império inexistente ou, melhor, que ele se fazia antes fora do que dentro da sala de aula[37]. Em outras palavras, o processo de aprendizagem não se deu de forma majoritária na classe, daí porque o autodidatismo ter sido a característica predominante no período.

O ensino jurídico no Brasil oitocentista, com efeito, enfrentou muitos problemas, tanto estruturais (por exemplo, o estado físico dos prédios das Faculdades) quanto acadêmicos (por exemplo, o baixo comprometimento de professores e alunos). Além disso, certo é que as Faculdades de Direito brasileiras, no século XIX, não eram o *locus* por excelência de produção bibliográfica nacional[38]. Apesar de muitos professores ocuparem uma determinada cátedra por décadas, eles nunca produziram sequer uma obra escrita. Isto era motivado, *grosso modo*, pela pouca importância que a maioria dos professores atribuía ao ensino, preferindo dedicar seu tempo à carreira política ou judiciária (ADORNO, 2019).

A despeito de tais fatos, acreditamos que as afirmações acima podem e devem ser mitigadas[39].

---

[36] Para a escravidão na cidade de São Paulo e no Recife, ainda que em determinados períodos do século XIX, cf. WISSENBACH, 1998 e CARVALHO, 2010, respectivamente.

[37] "Ser estudante de Direito era, (...) sobretudo, dedicar-se ao jornalismo, fazer literatura, especialmente a poesia, consagrar-se ao teatro, ser bom orador, participar dos grêmios literários e políticos, das sociedades secretas e das lojas maçônicas" (VENANCIO FILHO, 2004, p. 136).

[38] Nesta ordem de ideias, deve-se ter em mente que muitas das grandes obras produzidas no século XIX foram confeccionadas por pessoas que não eram professores em São Paulo e no Recife, principalmente se levarmos em conta a tríade dos maiores jurisconsultos do Império: Pimenta Bueno, Augusto Teixeira de Freitas e Lafayette Rodrigues Pereira. Embora todos fossem oriundos das Academias, nenhum foi professor nelas. Não obstante, suas obras eram lidas pelos professores e estudantes. Ainda, deve-se lembrar Perdigão Malheiro, advogado e bibliotecário da Faculdade de Direito de São Paulo, e sua monumental obra **A escravidão no Brasil**: ensaio histórico-jurídico-social (MALHEIRO, 1866-1867), que foi confeccionada fora dos muros da Academia.

[39] Ricardo Marcelo Fonseca (2005, p. 106-111) e André Pereira (2019, p. 81-102) também são contrários à ideia de um ensino formal em contraposição ao real.

Por mais que as atividades "extramuros" fossem muitas e variadas – imprensa, política, literatura, esportes, etc. – e apesar das dificuldades enfrentadas, as instituições funcionaram ininterruptamente e em todo final de ano letivo havia os "atos maiores", isto é, exames que obrigavam os estudantes (mesmo os mais relapsos) a recorrerem aos ensinamentos da cátedra. Deste modo, pouco importam as atividades paralelas ou outros autores lidos, uma vez que, para poderem prosseguir no curso, deviam necessariamente estudar pela "doutrina oficial", isto é, aprovada pelo Governo e adotada pelo lente.

Além disso, ainda que os professores não tenham produzido obras autorais, é possível localizarmos os compêndios adotados em caráter oficial, pois durante todo o Império, em teoria, eles tinham que ser aprovados pela Assembleia Geral[40] e, na prática, o eram pelas Congregações das instituições. Ademais, é ainda possível analisar as ideias dos professores mediante as anotações de aula dos alunos ("postilas")[41] e obras publicadas postumamente.

No mais, o fato de a produção intelectual se dar em outros espaços e a má qualidade dos cursos jurídicos não eram uma exclusividade do Brasil, já que o mesmo ocorria em outros países. Na França, por exemplo, os lentes também se dividiam entre a Academia e o Foro[42] e importantes juristas não pertenciam ao meio universitário (AUDREN; HALPÉRIN, 2013).

Esta contraposição entre "ensino formal" e "ensino real" também se relaciona com a questão da cultura jurídica, pois implica o reconhecimento de uma cultura "erudita" (complexa, emanada de determinados espaços físicos e simbólicos, com destaque para as Faculdades de Direito) em detrimento de uma cultura "leiga" (simples, que não envolve uma reflexão crítica intensa). Tal dicotomia, contudo, não tem razão de ser: se, por um lado, já se demonstrou que a cultura "leiga" é capaz sim de obter

---

[40] Conforme Lei de 11 de agosto de 1827 e os Estatutos de 1831 e 1854.

[41] As "postilas" (chamadas de "sebentas" em Coimbra) eram notas de aula taquigrafadas pelos alunos. Infelizmente, elas não são uma fonte de fácil acesso, pois a maioria se perdeu; no máximo, temos uma ou outra e de períodos muito distintos; em substituição a elas, temos os compêndios, no mais das vezes originados das notas de preparo das aulas.

[42] A ideia de um jurista elegante em contraposição a um jurista cientista é analisada por Carlos Petit (2014). Em relação ao cenário brasileiro, esta ideia é retomada e discutida por Ricardo Marcelo Fonseca (2008).

uma "sofisticação teórica" e influenciar diretamente diferentes esferas da sociedade, como a política e o direito – o caso exemplar talvez seja o da atuação dos escravizados em prol de seus direitos[43] –, por outro lado essa divisão não se sustenta, pois as culturas "erudita" e "leiga", se se quiser insistir em sua bipartição, se interrelacionam e se interinfluenciam.

Outro aspecto problemático sobre o conceito de "cultura jurídica brasileira"[44] diz respeito ao influxo de doutrinas, conceitos e teorias estrangeiros ao ordenamento jurídico nacional, em especial da França e, com a Escola do Recife[45] na segunda metade do século XIX, da Alemanha. Assim, não podemos perder de vista que as ideias externas que circulavam[46] foram acomodadas[47] ao Direito brasileiro.

No que concerne aos cursos jurídicos, fica ainda mais evidente essa influência: no início utilizavam-se compêndios de autores estrangeiros ou elaboravam-se traduções de tais obras[48] – por exemplo **Das natürliche Privatrecht [O direito natural privado]** do austríaco Franz von Zeiller foi traduzido em 1832 por Pedro Autran, lente da FDR, auxiliado por dois alunos; este manual foi utilizado até 1848, quando foram publicados os **Elementos de Direito Natural Privado** do próprio Autran. Isso também pode ser vislumbrado na cadeira de Economia Política, pois em todo o período aqui analisado havia uma preferência por autores franceses (o compêndio de Say foi adotado em São Paulo oficialmente entre 1832 e 1859) e ingleses (como Henry Dunning Macleod na FDSP e James Mill na FDR). A predileção por esses últimos é justificada pelo fato de, à época, em especial no tocante ao Brasil sofrer forte influência econômica da Inglaterra; contudo, os autores escreviam sobre os problemas de e para uma sociedade industrializada, problemas esses que não se aplicavam ao Brasil agrário-exportador – e a questão do trabalho escravo já não era central para os ingleses após a abolição da escravidão no país em 1833.

---

[43] Sobre o tema da agência escrava, cf. AZEVEDO, 1999, AZEVEDO, 2010, MACHADO, 2018 e CHALHOUB, 2011, entre outros.

[44] Cf. FONSECA, 2005 e 2008.

[45] Ver item 4.5.

[46] Cf. BAL, 2002 e CRAVER, 2012.

[47] Acomodação em consonância com o conceito de tradução cultural de Thomas Duve (2014). Sobre tal conceito, cf. FLORES; MACHADO, 2015.

[48] Cf. BEVILÁQUA, 2012, p. 448.

Outra importante acomodação diz respeito ao ideário liberal, que foi recepcionado pela elite política brasileira e moldado conforme as necessidades nacionais – em especial no tocante à escravidão, que, a despeito dos horrores e da violência que trouxe para o convívio e para as relações sociais, se acomodou muito bem ao regime econômico e político brasileiro. Isto se deu, em parte, ao "liberalismo à brasileira", isto é, a adoção do liberalismo apenas no que interessava à elite política, conciliando-se, assim, liberdade econômica e representação política restrita, em um regime monárquico e escravocrata (BOSI, 1992, p. 194-245 e SCHWARZ, 2012, p. 9-31)[49].

No que se refere aos aspectos metodológicos do presente trabalho, algumas observações se fazem necessárias em relação ao método, à metodologia e aos materiais.

O método utilizado é o histórico, mediante leitura e análise de fontes históricas (fontes primárias, entre 1823 e 1888) e de bibliografia (fontes secundárias), em consonância com os estudos realizados na área de História do Direito (e, portanto, faz uso do instrumental teórico e metodológico inerente a esse campo).

A metodologia empregada insere-se dentro do enquadramento da história intelectual, que conjuga ao mesmo tempo história institucional e a história do pensamento jurídico[50]. Nesta esteira, nossa proposta é analisar as ideias jurídicas disponíveis e mobilizadas pelos autores (e não fazer uma história social da escravidão nas Faculdades de Direito), bem como identificar o que os alunos e professores liam, e como e porque o faziam, dentro de determinados contextos linguísticos[51].

---

[49] "A elite brasileira, composta predominantemente por grandes proprietários e por comerciantes envolvidos na economia de exportação-importação, estava interessada em manter as estruturas tradicionais. Escolheram cuidadosamente os aspectos da ideologia liberal que se adequassem à sua realidade e atendessem a seus interesses. Purgando o liberalismo de seus aspectos radicais adotaram um liberalismo conservador que admitia a escravidão e conciliaram liberalismo e escravidão da mesma forma que seus avós haviam conciliado a escravidão com o cristianismo" (COSTA, 2010c, p. 360). Para a relação entre liberalismo e escravidão, cf. WOLKMER, 2002, p. 73-104 e SCHWARZ, 2012, entre outros.

[50] Dentro da perspectiva de que, segundo Lopes, "(...) fazer história das instituições é também fazer história das ideias" (LOPES, 2015, p. 207).

[51] Cf. SKINNER, 2009 e POCOCK, 2010.

Os materiais usados dizem respeito a fontes primárias e secundárias. As fontes primárias[52] são (i) Legislação[53], (ii) Debates Parlamentares[54], (iii) Relatórios do Ministério dos Negócios do Império (órgão responsável pelo ensino superior no período), (iv) Memórias Histórico-Acadêmicas, instituídas em 1854[55], (v) Correspondência (principalmente ativa), (vi) Revistas especializadas[56], (vii) Programas de ensino das cadeiras[57], (viii) Anotações de aula[58], (ix) Dissertações dos estudantes[59], (x) Imprensa acadêmica e (xi) Manuais e compêndios.

Em relação aos periódicos da imprensa acadêmica, isto é, publicações redigidas pelos estudantes de Direito, o critério que escolhemos para estabelecer se um periódico era ou não acadêmico foi a propriedade ou composição da comissão redacional do jornal, que deveria contar com pelo menos a metade de alunos da FDSP ou da FDR; assim, não foi levado em conta a linha editorial da publicação, mas somente se os redatores eram estudantes ao tempo em que o jornal foi publicado. Nesta esteira,

---

[52] Em relação à apresentação das fontes, optamos por manter a grafia original no título das obras (livros, artigos de jornais, etc.), mas adaptar a grafia das citações diretas, inclusive de textos de autores portugueses, de acordo com o Acordo Ortográfico da Língua Portuguesa em vigor a partir de 2009.

[53] Leis, Decretos, Estatutos, Avisos, etc. Para o levantamento legislativo sobre o ensino jurídico no Brasil, de 1825 até a Reforma Francisco Campos em 1931, cf. PESSO, 2018, p. 325-340.

[54] **Anais da Assembleia Constituinte de 1823 (AAC)**, **Anais da Câmara dos Deputados (ACD)** e **Anais do Senado (AS)**.

[55] A maioria está presente como anexo aos Relatórios do Ministério dos Negócios do Império.

[56] **Revista do Instituto dos Advogados Brasileiros (RIAB)**, **Gazeta Juridica** e **O Direito**.

[57] Divididos em pontos. Os programas passaram a ser exigidos após a Reforma Franco de Sá de 1885, por isso eles aparecem apenas após essa data; antes disso, é muito provável que o lente seguisse o índice do compêndio oficial como o programa da cadeira. Sobre os programas de ensino enquanto fonte histórica de pesquisa, dois pontos precisam ser destacados: em primeiro lugar, é a falta de alguns programas, pois, apesar do esforço do colacioná-los, várias são as lacunas (em especial na FDR); e, em segundo lugar, eles não eram esgotados, ou seja, por mais que eles contivessem um plano geral da cadeira para o ano e por mais organizados que fossem, é impossível, sem o acompanhamento das anotações de aula, dizermos se eles foram seguidos na íntegra.

[58] Tomadas pelos alunos, na forma de manuscritos ou datilografados. Como já dissemos, restam apenas poucos exemplares.

[59] Apenas na FDSP, entre 1857 e 1874. O Arquivo da Faculdade de Direito da UFPE não possui nenhuma dissertação de aluno do século XIX.

INTRODUÇÃO

para a localização dos periódicos utilizamos as obras de Afonso de Freitas (1915) e de Luiz do Nascimento (1969, 1970 e 1972), e consultamos a Hemeroteca Digital Brasileira[60], o Arquivo Público do Estado de São Paulo[61], a Biblioteca da Faculdade de Direito da Universidade de São Paulo, a Biblioteca da Faculdade de Direito da Universidade Federal de Pernambuco e a Companhia Editora de Pernambuco (CEPE)[62].

Tal como ocorria na imprensa geral[63], a imensa maioria dos artigos que lidavam especificamente com o tema da escravidão, cujo aparecimento se deu a partir de década de 1850, defendiam a emancipação gradual do braço escravo e, a partir da década de 1870, a abolição gradual[64] e posteriormente total do trabalho escravo. Os argumentos trazidos[65] alinhavam-se com os que eram invocados em outros espaços (no Parlamento, em livros e também na imprensa): a degradação moral e racial da sociedade, a superioridade do trabalho livre, o desacordo com o Evangelho, etc. Ainda, a escravidão aparece também tangencialmente, pois estava presente em discussões sobre o direito romano (em especial a condição da pessoa e do escravo[66]) e na escravização dos indígenas na época colonial, assim como

[60] Cf. https://bndigital.bn.gov.br/hemeroteca-digital/.
[61] Para o Acervo Digitalizado, cf. http://www.arquivoestado.sp.gov.br/web/acervo/digitalizados.
[62] Cf. Coleção Jornais Século XIX – Recife (http://www.acervocepe.com.br/acervo/colecao-jornais-seculo-xix---recife).
[63] Os estudantes também atuavam na imprensa geral e divulgavam suas ideias sobre a escravidão – por exemplo, Rui Barbosa, estudante do 4º ano, na "Quinta conferencia radical", **Radical Paulistano**, S. Paulo, setembro de 1869, anno I, n. 21, p. 1.
[64] Esta atitude comum é sintetizada pelo seguinte excerto: "À imprensa cumpre ir preparando o espírito público lembrando a urgência do lenitivo a essa dor social, para habituá-lo e esclarecê-lo no fim humanitário da abolição da escravatura; para que, quando ameaçados em nossa paz interna, desgostosos com o caráter da família, tristes com o atraso da pátria, não nos vejamos forçados a aceitar uma lei de ocasião que venha ferir e esmagar direitos consagrados pelo tempo e trabalho" ("A Escravidão no Brasil", **Imprensa Academica**, S. Paulo, 9 de junho de 1864, anno I, n. 16, p. 2).
[65] Por exemplo, em Luiz Ferreira Maciel Pinheiro, "A escravidão", **O Futuro**, Recife, 30 de junho de 1864, anno I, n. 2, p. 17-23 e em Alberto Salles, "Effeitos da escravidão sobre a mentalidade do povo brasileiro", **O Federalista**, S. Paulo, 11 de agosto de 1880, anno I, n. 5, p. 39-41.
[66] Por exemplo, em Antonio Amazonas d'Almeida, "Da escravidão entre os romanos", **Revista Academica de Sciencias e Lettras**, Recife, junho e julho de 1876, v. 1, n. 2 e 3,

na metáfora da independência do Brasil, que contrapunha a liberdade conquistada à escravidão pela Metrópole. E outra forma que a escravidão se manifestava nestes jornais era nos anúncios de escravos para vender[67] e de escravos fugidos[68]. Vale ressaltar que existiam algumas vozes – raras, é verdade – que defendiam a escravidão[69].

Para além dos artigos contra a escravidão, o tema também foi alvo da análise teórica dos estudantes quando do debate de teses – por exemplo: "Se se deve abolir a escravidão no Brasil"[70]; "Poderá o liberto em face da nossa Constituição voltar à escravidão pelo fato de ingratidão?"[71]; "Qual a origem da escravidão? O Catolicismo contribuiu para a sua abolição? No Brasil poderá o trabalho escravo ser substituído pelo trabalho livre?"[72]; "O filho da Statulibera é livre ou escravo?"[73]; "Pode um indivíduo fazer perpétua locação dos seus serviços, ou é isto um atentado contra a inalienabilidade da liberdade individual?"[74]; "Os filhos nascidos do matrimônio de homem livre com escrava são livres"[75].

Por suposto que os artigos e a discussão de teses também acompanhavam as grandes discussões que tinham origem na Corte – por exemplo, após a Fala do Trono de 1867 os estudantes começaram a debater se era

---

p. 130-132 e em "Questões Juridicas – Pessoas", **A Academia de S. Paulo**, S. Paulo, 26 de junho de 1876, anno I, n. 10, p. 3-4 e 22 de julho de 1876, anno I, n. 11, p. 3-4.

[67] Cf. **A Lei**, S. Paulo, 2 de janeiro de 1860, anno III, n. 219, p. 4, por exemplo.

[68] Cf. **Imprensa Academica**, S. Paulo, 14 de agosto de 1864, anno I, n. 35, p. 1, por exemplo.

[69] Por exemplo, Manoel Neto C. de Souza Bandeira, "A escravidão justificada", **O Ensaio Philosophico Pernambucano**, Recife, agosto de 1859, anno II, n. 5, p. 93-96.

[70] Cf. **O Atheneu Pernambucano**, Recife, agosto de 1856, v. 1, n. 2, p. 1.

[71] Cf. **O Atheneu Pernambucano**, Recife, setembro de 1856, v. 1, n. 3, p. 1. A recondução à escravidão também foi alvo de discussão de teses em **Faculdade do Recife**, Recife, 15 de maio de 1863, anno I, n. 1, p. 5-6; e a recondução por ingratidão em **Revista Mensal do Instituto Scientifico**, S. Paulo, agosto de 1864, n. 1, 3ª série, p. 22 e em **O Clarim Litterario**, Recife, junho de 1856, v. 1, n. 6, p. 1-3.

[72] Cf. **Revista Mensal do Ensaio Philosophico Paulistano**, S. Paulo, julho de 1862, n. 4, 12ª série, p. 51-54.

[73] Cf. **Ensaios Litterarios do Atheneu Paulistano**, S. Paulo, outubro de 1863, n. 14, 2ª série, p. 267. Vale lembrar que este tema já havia sido alvo de debate no IAB em 1857, cf. PENA, 2001, p. 79-144.

[74] Cf. **Revista Juridica**, Recife, 31 de maio de 1866, I anno, n. 2, p. 19-22.

[75] Cf. **Imprensa Academica**, S. Paulo, 24 de abril de 1869, anno III, n. 1, p. 2.

INTRODUÇÃO

conveniente a abolição[76] e, em caso afirmativo, qual o meio para fazê-lo[77]; e alguns anos mais tarde, debruçaram-se sobre o tema do ventre livre[78], e assim por diante[79].

As principais fontes primárias analisadas foram os manuais e compêndios, ou seja, obras doutrinárias efetivamente empregadas em sala de aula (isto é, utilizadas ou recomendadas pelo lente) e usadas como meio de estudo pelos alunos, pois são a fonte mais segura para a reconstituição deste tipo de pensamento jurídico da época (o pensamento do interior das Academias de Direito). Alguns pontos devem ser ressaltados: em primeiro lugar, não se trata de resumir ou resenhar tais obras, mas analisar sua estrutura geral e a abordagem específica que faziam sobre o tema da escravidão; em segundo lugar, conseguimos listar os compêndios adotados mediante o cruzamento de informações das outras fontes primárias, com destaque para a imprensa acadêmica, anúncios de jornais (compra e venda de livros)[80] e catálogos de livrarias e das bibliotecas da FDSP e da FDR; em terceiro lugar, é preciso ressaltar que existiam outros livros e manuais que os estudantes liam para além dos que o lente adotava, mas cujo impacto é difícil mesurar, em especial após a Reforma do Ensino Livre de 1879, que aboliu a frequência obrigatória e esvaziou as Faculdades de Direito; em quarto lugar, os compêndios eram fiscalizados pelo Governo[81] e pelas Congregações, que aprovavam ou reprovavam sua adoção, dando-lhes um significado especial, pois continham assim doutrinas que não contrariavam a Coroa.

---

[76] Cf. "Nucleo Scientífico", **Imprensa Academica**, S. Paulo, 18 de junho de 1868, anno II, n. 5, p. 2.
[77] Cf. "A Pedido", **Imprensa Academica**, S. Paulo, 5 de julho de 1868, anno II, n. 7, p. 3-4.
[78] Cf. "O Sr. Alencar Araripe e a libertação do ventre", **Imprensa Academica**, S. Paulo, 2 de agosto de 1870, anno IV, n. 9, p. 2 e "A emancipação servil e o futuro", **Imprensa Academica**, S. Paulo, 18 de junho de 1871, anno V, n. 8, p. 1.
[79] Digno de nota é o periódico **A Academia**, publicado em Recife em 1888 e 1889 como homenagem dos estudantes de Direito ao dia 13 de maio.
[80] Utilizamos os anúncios de jornais em caráter exemplificativo e não exaustivo.
[81] O Governo Imperial baixou o Aviso de 29 de dezembro de 1860, em que dizia: "(...) A adoção dos compêndios não é direito exclusivo ou positivo, dos lentes; porque importaria isto privar o Governo de exercer interferência e inspeção, a respeito de uma matéria tão transcendente no ensino público, o que é inadmissível" (VAMPRÉ, 1977, v. 2, p. 81).

As principais fontes secundárias utilizadas foram obras de referência[82] e obras de cunho memorialístico, em especial a de Almeida Nogueira (1907-1912)[83] e Spencer Vampré (1977) para a FDSP[84] e a de Clóvis Beviláqua (2012) para a FDR[85].

O trabalho está dividido em três partes.

A Parte I – "O ensino jurídico no Império brasileiro (1827-1889)" é composta por "As Faculdades de Direito: estrutura e função" (capítulo 1), que fornece uma visão geral da educação jurídica brasileira no século XIX, servindo como pano de fundo para as partes seguintes. Inicialmente, analisamos a Reforma da Universidade de Coimbra de 1772, precedente essencial para compreendermos a seção seguinte, que trata da criação dos cursos jurídicos no Brasil em 1827, em que focalizamos os debates parlamentares e as razões que levaram à instituição de duas Faculdades de Direito no País, uma em São Paulo (Sul) e outra em Olinda (Norte[86], transferida em 1854 para o Recife). Em seguida, analisamos dois aspectos diferentes e complementares: a estrutura e a função dos referidos cursos. O primeiro diz respeito à organização e ao currículo das Faculdades, bem como à vida dos estudantes e professores, em uma espécie de reconstituição das práticas sociais e acadêmicas do período (o que e como era ensinado, os costumes acadêmicos, etc.). O segundo aspecto se refere ao papel que tais instituições desempenharam na formação da *intelligentsia* brasileira, especialmente dos políticos, e em

---

[82] Cf. SISSON, 1861; BLAKE, 1883-1902; COSTA, 1882; BRASIL, 1886 e 1889b; STUDART, 1910-1915; ABRANCHES, 1918; GUARANÁ, 1925; NOGUEIRA; FIRMO, 1973; LOUREIRO, 1947-1960; CENTRO DE DOCUMENTAÇÃO DO PENSAMENTO BRASILEIRO, 1999; STOLLEIS, 2001; ARABEYRE; HALPÉRIN; KRYNEN, 2008; KATZ, 2009; MOURA, 2013; BARRETO *et al.*, 2015; e AIDAR; LOPES; SLEMIAN, 2020. Para a lista de lentes e cadeiras da FDSP e FDR, cf. MACHADO JÚNIOR, 2010; CAMPOS NETO, 2013; e PESSO, 2020, respectivamente.

[83] Sobre sua utilização enquanto fonte histórica, cf. PESSO, 2021. Optamos por adotar a 1ª edição em detrimento da 2ª (1953) e 3ª (1977).

[84] Sobre a FDSP, cf. FERREIRA, 1928a, 1928b, 1928c, 1928d e 1928e; NOGUEIRA, 1977, v. 1 (reedição, com pesquisa adicional de Carlos Penteado de Rezende); REZENDE, 1977; e MARTINS; BARBUY, 1999.

[85] Sobre a FDR, cf. CAMARA, 1904a; NESTOR, 1930; PEREIRA, 1977; VEIGA, 1980-1997; FERREIRA, 1994; PEREIRA, 2019; e CARNEIRO FILHO; SILVA, 2022.

[86] Optamos por utilizar a divisão feita à época entre Norte e Sul do Império, em vez da divisão geográfica atual em Norte, Nordeste, Centro-Oeste, Sudeste e Sul.

INTRODUÇÃO

sua homogeneização como elite, bem como na constituição de um *ethos* próprio dos graduados em direito. Em seguida inserimos uma nota sobre a presença dos negros em São Paulo e Olinda/Recife, entendida sob uma chave-interpretativa tripartite: exclusão, preconceito e apagamento. Ao final, há uma síntese com as principais ideias deste capítulo.

A Parte II – "Direito Natural" consiste em três capítulos. Em "A tradição jusnaturalista no Brasil" (capítulo 2) apresentamos o surgimento do moderno Direito Natural e sua acomodação no Brasil. Em seguida, descrevemos os principais argumentos a favor e contra a escravidão utilizados pelos teóricos do jusnaturalismo. No tópico seguinte, apresentamos como e por que o Direito Natural foi incluído nos currículos, retomando os debates parlamentares de 1823 e 1826-1827. Em "Na Faculdade de Direito de São Paulo" e "Na Faculdade de Direito de Recife" (capítulos 3 e 4) analisamos detidamente o ensino da disciplina nas duas instituições, utilizando a mesma estrutura: inicialmente, apresentamos os lentes catedráticos responsáveis pela cadeira[87], mediante um estudo prosopográfico[88], dando ênfase em suas redes relacionais (ou seja, origem e trajetória, i. e., formação, ocupações/posições e filiação partidária), obras e escritos (na imprensa e em revistas especializadas) e atuação na cadeira, com foco nos compêndios e manuais adotados e/ou sugeridos. Em seguida, tais obras são analisadas, destacando-se sua estrutura geral e sua abordagem sobre o tema da escravidão. No capítulo sobre a FDR há uma seção dedicada à Escola do Recife, importante movimento intelectual cujo maior expoente, Tobias Barreto, capitaneou uma reação contrária ao Direito Natural. Ao final de cada capítulo, há uma síntese com as principais ideias neles contidas, bem como a recepção dos ensinamentos da cadeira pelos alunos mediante a análise de periódicos da imprensa acadêmica.

A Parte III – "Economia Política" consiste em três capítulos. Em "A Economia Política no Brasil" (capítulo 5) mostramos o surgimento da Economia Política enquanto nova "ciência" e sua difusão no Brasil, capitaneada pelo Visconde de Cairu. Em seguida, descrevemos os principais

---

[87] São apresentados inclusive professores que nada contribuíram para a disciplina, muitas vezes ausentes em função de outras atividades, com destaque para a atuação política. Essa inclusão se justifica porque os mesmos podem ter contribuído para o debate sobre a escravidão em outros espaços (por exemplo, no Parlamento, imprensa ou no foro).
[88] Cf. STONE, 1971.

argumentos a favor e contra a escravidão utilizados pelos economistas. No tópico seguinte, apresentamos como e por que a disciplina foi incluída nos currículos, retomando os debates parlamentares de 1823 e 1826-1827. Em "Na Faculdade de Direito de São Paulo" e "Na Faculdade de Direito de Recife" (capítulos 6 e 7) analisamos detidamente o ensino da disciplina nas duas instituições, retomando a mesma estrutura da Parte II: apresentação dos professores responsáveis pela cadeira, análise dos manuais e compêndios adotados ou sugeridos, com ênfase no tratamento que eles davam à escravidão e, ao final de cada capítulo, uma síntese com as principais ideias contidas nele e a recepção dos ensinamentos da cadeira pelos alunos através de periódicos da imprensa acadêmica.

Ao final, apresentamos a conclusão do trabalho, em que retomamos os principais pontos da tese e desenvolvemos nossa hipótese de pesquisa, em especial no tocante à contradição entre teoria e prática no seio das Faculdades de Direito e à ideologia (liberal e "oficial") nelas transmitida. Por fim, estabelecemos algumas limitações à nossa tese central, bem como propomos possíveis caminhos a serem seguidos em futuras pesquisas.

# PARTE I
# O ENSINO JURÍDICO NO IMPÉRIO BRASILEIRO (1827-1889)

"(...) nihil esse homine nobili dignius quam cognitionem juris"[89]

– Hugo Grócio, **Epistolae ad Gallos** (1684)

**Academia**
Há no Recife uma bela
Que tem amantes aos mil,
E chama-se Academia:
Sempre a parir todo dia,
De filhos enche o Brasil.

– Tobias Barreto[90]

---

[89] "(...) nada é mais digno de um homem nobre do que o conhecimento do Direito" (tradução nossa).
[90] Cf. BARRETO, 2013, v. 6, p. 380.

Para que se possa ter uma ampla visão sobre a relação entre as Faculdades de Direito e a Escravidão, é necessário de início apresentar como as Academias Jurídicas de São Paulo e de Olinda (posteriormente transferida para o Recife) funcionavam e qual a sua função ao longo do Império brasileiro (1822-1889). Assim, iniciamos a explanação com a criação dos cursos jurídicos, dando uma breve nota sobre as discussões parlamentares que deram origem à Lei de 11 de agosto de 1827. Em seguida, mostramos a influência que a cultura jurídica portuguesa exerceu nos primórdios dos cursos jurídicos para, em seguida, analisarmos (i) o funcionamento das referidas Academias, mediante sua organização legislativa e como tal organização foi colocada em prática, e (ii) a função que elas exerceram na formação de uma elite homogênea e na constituição de um *ethos* próprio dos bacharéis em Direito. Por fim, fazemos uma breve análise sobre a presença dos negros nas Faculdades de Direito no período, a partir de três aspectos diferentes, mas complementares: exclusão, preconceito e apagamento.

# CAPÍTULO 1
## AS FACULDADES DE DIREITO: ESTRUTURA E FUNÇÃO

**1.1. A influência portuguesa nos cursos jurídicos: a Universidade de Coimbra e a reforma de 1772**

Foi a partir do reinado de D. José I que o influxo das ideias iluministas tornou-se mais presente em Portugal, que até o momento havia a elas resistido em função do forte controle que os jesuítas exerciam no país. Para o que aqui nos interessa, duas reformas empreendidas pelo Marquês de Pombal[91] são dignas de nota: a primeira foi a promulgação da lei de 18 de agosto de 1769, posteriormente conhecida como "Lei da Boa Razão", que modificava a sistemática das fontes do direito e diminuía a importância do Direito Romano. A segunda foi elaboração de novos Estatutos para a Universidade de Coimbra em 1772, o que representou uma modificação no ensino do Direito e a consequente transformação na formação dos bacharéis[92].

Na segunda metade do século XVIII, entendia-se que a Universidade de Coimbra, fundada em 1290[93], estava atrasada em relação ao resto da Europa e que seu ensino, mormente o ensino do Direito, enfrentava uma

---

[91] Sobre as reformas do período pombalino, cf. MARCOS, 2006.
[92] Sobre a reforma da Universidade de Coimbra de 1772, cf. CARVALHO, 2008. Para a parte referente ao estudo do direito, cf. HESPANHA, 1974 e COSTA; MARCOS, 2014.
[93] Para a história da Universidade de Coimbra, cf. BRAGA, 1892, t. 1; BRANDÃO; LOPES D'ALMEIDA, 1937; e COSTA, 1981, p. 471, entre outros.

crise que deveria ser solucionada. Para tanto, em 1770 foi organizada uma Junta de Providência Literária responsável por examinar as causas de sua decadência e propor-lhes soluções. Como resultado, em 1771 foi publicado o **Compêndio Histórico do Estado da Universidade de Coimbra**[94] que, muito influenciado pelas ideias de Luís Antônio Verney (1713-1792), autor de **Verdadeiro Método de Estudar** (1746)[95], indicava os caminhos que o ensino superior português deveria seguir. Baseados em tais ideias em 28 de agosto de 1772 foram promulgados os novos **Estatutos da Universidade de Coimbra** que muitas mudanças trouxeram em relação ao ensino jurídico[96], das quais destacamos: o curso se iniciaria com disciplinas de caráter propedêutico, de caráter histórico e filosófico – daí a criação da cadeira de Direito Natural, comum à Faculdade de Leis e à de Cânones; criou-se uma cadeira de direito pátrio no último ano do curso, algo inédito desde a fundação da Universidade; a frequência dos alunos seria obrigatória e rigidamente controlada, assim como a realização de exames; regulou-se extensivamente o comportamento dos professores em sala de aula, que deveriam passar a lecionar pelo método sintético-demonstrativo-compendiário; como consequência, os lentes deveriam elaborar compêndios (manuais) de sua autoria e que deveriam ser aprovados oficialmente pelo Governo; por fim, o orientação doutrinal era no sentido de se valorizar o estudo direto das fontes (em detrimento das opiniões e dos comentários) e, por conseguinte, restringindo o estudo do direito romano ao que preconizava o *usus modernus pandectarum* (MARCOS, 2006, p. 160-169 e CARVALHO, 2008, p. 65-100).

É importante ressaltar que o modelo de ensino superior em que os parlamentares brasileiros se basearam para a criação dos cursos jurídicos foi o de Coimbra, onde a maioria dos juristas que participaram dos debates havia se formado[97]. Essa "geração de Coimbra", como ficou conhecida,

---

[94] Cf. UNIVERSIDADE DE COIMBRA, 1906.

[95] Para uma análise da obra e de sua influência na reforma de 1772, cf. CABRAL, 2011, p. 44-47, 100-106 e 135-136.

[96] Ao que tudo indica foi João Pereira Ramos de Azeredo Coutinho o responsável por essa parte (SILVA, 2019, p. 476-477).

[97] E a influência dos Estatutos de 1772 não se esgotaram por aí, já que no início do século XX ainda eram utilizados como modelo quando se discutia ensino jurídico, por exemplo por João Mendes de Almeida Júnior (1912) e nas discussões sobre o centenário dos cursos jurídicos em 1927 (Livro do centenário dos cursos jurídicos (1827-1927), 1929, p. 472).

viria a dominar os debates públicos até pelo menos 1850[98]. Nos debates de 1823 e 1826-1827, não há a discussão sobre o modelo de curso superior a ser adotado – por exemplo, se o francês, surgido com Napoleão, ou o se o alemão, surgido no bojo das reformas prussianas e levada a cabo por Wilhelm von Humboldt[99]. Poder-se-ia pensar que escolha se deu pelo modelo napoleônico[100], principalmente em função das semelhanças entre ambos quando da instalação dos cursos – faculdades isoladas, carreira docente em paralelo à carreira profissional, etc. Contudo, não é isso que as discussões demonstram. Havia um sentimento "pragmático", isto é, a necessidade premente de se fundarem cursos jurídicos no Brasil e, para tanto, os parlamentares espelharam-se na experiência europeia mais próxima, restringindo-se a Coimbra, sua *alma mater*[101].

## 1.2. Estado Nacional e Faculdades de Direito: a gênese dos cursos jurídicos no Brasil

Há um consenso na historiografia jurídica de que a criação das Faculdades de Direito em 1827 foi uma necessidade em face da Independência recém-conquistada em 1822 e da consequente construção de um Estado Nacional autônomo[102]. Nesse sentido, a preocupação da elite imperial foi desde logo criar cursos de ciências jurídicas e sociais em que os brasileiros pudessem ir buscar a formação intelectual necessária para, por um lado, exercerem cargos na burocracia judicial e administrativa e, por outro, não mais precisarem ir à Europa para obter formação no ensino superior[103].

---

[98] Sobre a "geração de Coimbra", cf. MAXWELL, 1999; NEVES, 1999; e RODRIGUES, 2007, v. 1, p. 855-877, entre outros.

[99] Sobre a reforma educacional do início do século XIX na Prússia, cf. HALPÉRIN, 2015, p. 50-8, entre outros.

[100] Sobre o ensino jurídico na França, cf. BONNECASE, 1929 e AUDREN; HALPÉRIN, 2013, entre outros.

[101] Com efeito, Gizlene Neder (1999) aponta que nos debates de 1823 e 1826-27 há 149 referências explícitas a Coimbra e aos Estatutos da Faculdade de Direito.

[102] Neste sentido, cf. VENANCIO FILHO, 2004, p. 13-27; ADORNO, 2019, p. 89-103; BASTOS, 2000, p. 1-2; e CUNHA, 2007, p. 71, entre outros.

[103] Durante o período colonial, Portugal centralizava a formação do ensino superior, não permitindo a instalação de universidades em seus territórios ultramarinos. Assim, aqueles que aspirassem à formação universitária tinham que ir buscá-la diretamente na Metrópole – no caso do Direito e da Teologia, em Coimbra – ou em outras universidades europeias – como Medicina, em Paris. No mais, vale ressaltar que os estudantes brasileiros foram proibidos de

Tal visão é corroborada pela leitura dos anais da Assembleia Constituinte de 1823, que dá a dimensão dos objetivos visados pelos parlamentares. Insistia-se, por um lado, na "difusão das luzes" no novo país e, por outro, na formação de profissionais de carreira jurídica (advogados, magistrados, etc.) e de quadros para a burocracia[104], isto é, legisladores, diplomatas e "homens de Estado". Nas palavras do Marquês de Caravelas,

> (...) podemos já pressagiar que o Brasil desde pouco tempo possuirá não só bons magistrados e advogados, para a administração da Justiça, e exercício do foro, mas também grande cópia de pessoas dignas pelo seu conhecimento a ocuparem os mais importantes cargos do Estado (**AS**, sessão em 21 de maio de 1827, p. 133).

É nesse sentido que já na Assembleia Constituinte de 1823 Feliciano Pinheiro, o futuro Visconde de São Leopoldo, propôs a criação de uma universidade em São Paulo e a Comissão de Instrução Pública submeteu um Projeto de Lei que previa duas universidades, uma em São Paulo e outra em Olinda[105] (**AAC**, sessão em 14 de junho de 1823, p. 3-4 e sessão em 19 de agosto de 1823, p. 11-12). A partir dessa ideia inicial, muito se discutiu sobre a fundação de tais instituições, debatendo-se principalmente o número de universidades, os locais de fundação e as matérias de ensino, conforme resumia Andrada Machado (**AAC**, sessão em 5 de setembro de 1823, p. 32). Dissolvida a Assembleia por D. Pedro I e outorgada a Constituição de 1824, nela garantia-se "Colégios, e Universidades, aonde serão ensinados os elementos das Ciências, Belas Letras, e Artes" (art. 179, XXXIII). Posteriormente, em 9 de janeiro de 1825, editou-se um decreto

---

estudar na Universidade de Coimbra após a Independência de 1822, de modo que a criação de cursos jurídicos no Brasil se tornou ainda mais necessária.

[104] Foi a necessidade de formação dos quadros da burocracia estatal que motivou a discussão, por exemplo, da criação de novas cadeiras em relação a Coimbra – como Economia Política, Direito Mercantil e Marítimo, e Direito Público e das Gentes. Sobre a questão da burocracia e a construção do Estado Nacional, cf. ALENCASTRO, 1987.

[105] Muito da escolha por Olinda se deve ao Seminário fundado em 1800 pelo Bispo Azeredo Coutinho. A opção por São Paulo é menos clara – possivelmente por ser uma capital de Província próxima da Corte e que ficava no meio do caminho entre o Sul e o Centro do país. Se Olinda logo prevaleceu dentre as cidades do Norte, o mesmo não pode ser dito em relação a São Paulo, que sofreu forte oposição por parte de alguns parlamentares.

que criava provisoriamente um curso jurídico na Corte e no mesmo ato foram mandados organizar Estatutos para regê-lo, tarefa incumbida a Luís José de Carvalho e Melo, o Visconde da Cachoeira. Os Estatutos foram feitos, mas o curso provisório não saiu do papel.

Uma vez instalada a 1ª legislatura do Império (1826-1829), retomou-se a questão da criação de dois cursos jurídicos. Na Câmara dos Deputados, em 12 de maio de 1826, a discussão foi parecida com a que ocorrera em 1823, em parte porque os deputados eram os mesmos que nela haviam tomado parte. Debateram-se novamente os tópicos já tratados – número de instituições de ensino superior, sua localização, livros (compêndios) a serem utilizados, finalidade dos cursos, etc. – mas é interessante notar que os dois principais assuntos que estiveram em pauta foram a localização dos cursos e a distribuição das cadeiras (disciplinas). Ao fim, mesmo cada deputado querendo "puxar a brasa para a sua sardinha"[106] (expressão de Montezuma, em **AAC**, sessão em 27 de agosto de 1823, p. 135), os interesses regionais prevaleceram sobre os provinciais e a instalação dos cursos em Olinda e em São Paulo saiu vitoriosa – uma instituição para o Norte e outra para o Sul. Sobre a distribuição das cadeiras, abaixo veremos como ela se deu e voltaremos ao assunto quando tratarmos mais especificamente do Direito Natural e da Economia Política[107]. Um ponto que merece ainda destaque foi a discussão travada acerca do controle da Assembleia sobre os compêndios a serem utilizados nos cursos: ela deveria indicá-los ou apenas aprovar os que fossem adotados pelos lentes? Essa não era uma discussão secundária, pois, no limite, estar-se-ia decidindo sobre a autonomia (didática) das novas instituições e a possível ingerência do Governo Imperial sobre elas. Ao final, prevaleceu a opinião de que a Congregação aprovaria os compêndios interinamente, mas ficariam sujeitos à aprovação final da Assembleia Geral. Após uma breve passagem pelo Senado, sem que o Projeto de Lei fosse alterado, ele foi sancionado por D. Pedro I e publicado em 11 de agosto de 1827.

---

[106] Ao longo do debate, várias foram as localidades propostas para a instalação dos cursos jurídicos – além de São Paulo e Pernambuco, propuseram-se Bahia, Minas Gerais, Maranhão, e, por suposto, a Corte (Rio de Janeiro).
[107] Ver Partes II e III.

## 1.3. O funcionamento
### 1.3.1. Organização e Currículo
#### 1.3.1.1. A organização do ensino superior no Império

Durante todo o período imperial, o ensino superior e o ensino secundário[108] estiveram oficialmente subordinados ao Governo Central, em específico ao Ministro do Império, vinculados assim à Secretaria de Estado dos Negócios do Império (1823-1891). Contudo, após o Ato Adicional de 1834 (Lei nº 16, art. 10), na prática instalou-se um sistema dual que prevaleceu até o final da Primeira República: o ensino primário e secundário ficou sob responsabilidade das Províncias e o ensino superior sob o Governo Central[109].

Nesse sentido, todas as disposições legais e modificações que se referiam ao ensino jurídico eram expedidas pelo Poder Executivo e ficavam pendentes de aprovação do Poder Legislativo – aprovação esta que nunca vinha, conforme veremos abaixo. Assim, os Estatutos das Faculdades de Direito vigoraram sempre provisoriamente e, como consequência, toda e qualquer mudança que importava em aumento de despesa – e, portanto, impactava o orçamento – nunca saía do papel. Esse é um aspecto que não deve ser ignorado: o ensino no Brasil Imperial sempre foi tratado como despesa e nunca como investimento (no futuro), como alertava Rui Barbosa (1882, p. 2-4). Talvez por isso que os gastos com educação e cultura nunca superaram os 35% das despesas sociais[110] entre 1841 e 1889 (CARVALHO, 2017, p. 279 e 432) – segundo José Murilo de Carvalho, as despesas com educação tiveram apenas um ligeiro aumento, mantendo-se mais ou menos estáveis no período[111] (CARVALHO, 2017, p. 281).

---

[108] O ensino superior e o ensino secundário apenas passaram a ser tratados separadamente na década de 1930, com a criação do Ministério da Educação e a Reforma Francisco Campos, cf. PESSO, 2018, p. 235-266.

[109] Vale ressaltar que a instrução primária e secundária no município da Corte também ficaram sob responsabilidade do Governo Central (CUNHA, 2007, p. 80). Sobre a descentralização do ensino no ato adicional de 1834, cf. SUCUPIRA, 2005.

[110] José Murilo de Carvalho divide as despesas orçamentárias em (i) sociais, (ii) administrativas, (ii) econômicas e (iv) outras. As primeiras eram compostas por educação, cultura, pesquisa (as Faculdade de Direito eram aqui incluídas); saúde e saneamento; assistência social; despesas com escravos (CARVALHO, 2017, p. 426-432).

[111] Apenas uma advertência: o autor, baseado em Nathaniel H. Leff, identifica "despesa social" com "investimento" (CARVALHO, 2017, p. 281). Contudo, conforme já dito, a educação não era vista à época como "investimento social" – esta é uma interpretação posterior.

Essa restrição orçamentária impactava diretamente as instituições de ensino "oficiais" e mostrava que a maioria dos políticos usava a educação apenas como um *topos* retórico, pois sua preocupação mesmo era com a manutenção da máquina administrativa do Estado e com os interesses agrários[112]. Esse é um dos motivos pelos quais a proposta de fundação de universidades no Brasil no período sempre foi aventada, mas nunca implementada[113].

### 1.3.1.2. Lei de 11 de agosto de 1827, Estatutos do Visconde da Cachoeira e Estatutos de 7 de novembro de 1831

A Lei de 11 de agosto de 1827 possuía ao todo 11 artigos. Logo de início previa-se a criação de dois cursos de ciências jurídicas e sociais, um na cidade de São Paulo e outro na de Olinda. A duração seria de cinco anos e eles possuiriam nove cadeiras, com a seguinte distribuição: 1º ano – Direito Natural, Público, Análise de Constituição do Império, Direito das Gentes e Diplomacia (1ª cadeira); 2º ano – Continuação das matérias do ano antecedente (1ª cadeira) e Direito Público Eclesiástico (2ª cadeira); 3º ano – Direito Pátrio Civil (1ª cadeira) e Direito Pátrio Criminal com a Teoria do Processo Criminal (2ª cadeira); 4º ano – continuação do Direito Pátrio Civil (1ª cadeira) e Direito Mercantil e Marítimo (2ª cadeira); 5º ano – Economia Política (1ª cadeira) e Teoria e Prática do Processo adotado pelas Leis do Império (2ª cadeira).

Para a regência de tais cadeiras, seriam nomeados pelo Governo nove lentes proprietários (catedráticos) e cinco substitutos. Os proprietários teriam os mesmos vencimentos e honras dos Desembargadores das Relações, podendo jubilar-se com o ordenado por inteiro após vinte anos de serviço. Os substitutos teriam vencimentos anuais de 800$000. Em relação aos funcionários das Faculdades, a lei previa que haveria um secretário, que deveria ser um dos substitutos, e um porteiro, bem como outros empregados que se julgassem necessários.

---

[112] Cf. CARVALHO, 2017, p. 263-289.

[113] Um primeiro projeto de criação de universidades no Brasil foi apresentado já na Assembleia Constituinte de 1823 e sempre voltou à discussão no Congresso, principalmente a partir da década de 1870. Além disso, a Constituição de 1824 previa a criação de universidades dentre as Garantias dos Direitos Civis e Políticos dos Cidadãos Brasileiros (art. 179, XXXIII). Sobre o tema, cf. BARROS, 1986. A primeira Universidade brasileira, no sentido moderno, foi a Universidade de São Paulo, fundada em 1934.

Em relação ao ensino, previa-se que seria feito mediante compêndios, escolhidos pelos lentes ou arranjados (feitos) pelos mesmos, mas seria necessário que as doutrinas estivessem "de acordo com o sistema jurado pela nação" (art. 7º). Assim, tinham que passar pela chancela oficial: depois de aprovado pela Congregação, deveriam ser submetidos à aprovação da Assembleia Geral. Se lograssem obter êxito, o Governo os faria imprimir e fornecer às escolas, competindo ao autor o privilégio exclusivo da obra por dez anos.

O estudante que quisesse se matricular em um dos cursos deveria ter 15 anos completos e ter sido aprovado em Língua Francesa, Gramática Latina, Retórica, Filosofia Racional e Moral, e Geometria. Tal aprovação se daria mediante os estudos preparatórios, a serem criados pelo Governo nas duas cidades.

Os estudantes que frequentassem os cinco anos de qualquer dos cursos e fossem aprovados conseguiriam o grau de bacharéis formados. Seria possível também obter o grau de Doutor, conferido àqueles que se habilitassem de acordo com os requisitos especificados nos Estatutos que logo seriam feitos. Somente os que obtivessem o grau de doutor poderiam ser escolhidos para a posição de lente.

No mais, previa-se que, enquanto não fossem organizados estatutos completos para os cursos – que deveriam ser formados o quanto antes pela Congregação dos Lentes e submetidos à deliberação da Assembleia Geral –, os Estatutos do Visconde da Cachoeira ficariam regulando os cursos naquilo em que fossem aplicáveis e que não se opusessem à lei de 11 de agosto de 1827.

Tais Estatutos foram organizados em 1825 e serviriam para regular o curso provisório de Direito a ser criado na Corte, o que acabou não acontecendo. Em todo o caso, os Estatutos foram aproveitados dois anos depois e passaram a regular os cursos jurídicos de São Paulo e Olinda, mas com algumas restrições, visto que foram confeccionados para outro fim.

O que chama a atenção em tais Estatutos é, por um lado, a clara inspiração nos Estatutos da Universidade de Coimbra de 1772 e, por outro, a simplicidade e clareza com que trata a regulação dos cursos jurídicos. Ainda, é de se admirar sua atualidade em pleno século XXI, tendo em vista ser um documento do século XIX inspirado noutro do século XVIII.

Não é nosso objetivo esmiuçar todo o trabalho do Visconde da Cachoeira, principalmente porque, na prática, ele teve vida curta: foi aplicado entre

1828 e 1831. Contudo, seja pela já referida clareza das ideias, seja pela importância no que diz respeito à cultura jurídica da época, alguns pontos dentre os dezenove capítulos merecem destaque.

Já no preâmbulo dos Estatutos, fica claro o intuito geral de sua organização, em especial à luz da criação de um Curso Jurídico: "se formarem homem hábeis para serem um dia sábios Magistrados, e peritos Advogados, de que tanto se carece; e outros que possam vir a ser dignos Deputados, e Senadores, e aptos para ocuparem os lugares diplomáticos, e mais empregos do Estado (...)" (CACHOEIRA, 1878, p. 8). É, pois, o reconhecimento do que se debateu em 1823.

Inspirado, como já se disse, nos Estatutos da Universidade de Coimbra, mesmo assim o Visconde da Cachoeira não se deixou levar cegamente, isto é, possuía uma visão crítica de tais Estatutos que, para ele, foram sobrecarregados de demasiada erudição e imbuídos profusamente de direito romano, ao passo que se deixou de lado o ensino de outras matérias – em particular o direito pátrio –, restritas que foram a apenas um ano de estudo. Ainda, ele nota a falta de direito marítimo, comercial, criminal e de economia política no curso, cadeiras essas essenciais ao Brasil recém-independente[114].

Essas novas cadeiras a que ele fazia menção no preâmbulo foram organizadas no Capítulo III, que tratava "Do plano dos estudos do curso jurídico, tempo dele e das matérias que se devem ensinar em cada ano". Com duração de cinco anos, a ordem das disciplinas deveria ser a "mais natural e metódica, a fim de que os estudantes vão como levados por degraus, e pela mão até o fim desta carreira [curso de direito]" (CACHOEIRA, 1878, p. 16). Nesse sentido, o autor declarava o que, como e por qual material (livros) se deveria ensinar.

---

[114] Desse modo, "deve-se, portanto, sem perder de vista o que há de grande, e sábio em tão famigerados estatutos, cortar o que for desnecessário, instituir novas cadeiras para as matérias de que neles se não fez menção, as quais são enlaçadas pelos mais fortes vínculos com a jurisprudência em geral, e de nímia utilidade para o perfeito conhecimento dela, e dirigirmo-nos ao fim de criar jurisconsultos brasileiros, enriquecidos de doutrinas luminosas, e ao mesmo tempo úteis, e que pelo menos obtenham neste Curso bastantes, e sólidos princípios, que lhes sirvam de guias no estudo maiores, e mais profundos, que depois fizerem; o que é o mais que se pode esperar que obtenham estudantes de um curso acadêmico" (CACHOEIRA, 1878, p. 12).

Após dispor sobre as matrículas, o ponto que chama a atenção é o Capítulo X – "Dos exercícios práticos das aulas". Era um convite à aplicação prática pelos alunos dos conhecimentos que haviam auferido durante a semana. Assim, ocorreriam sabatinas aos sábados (três alunos defenderiam e outros seis perguntariam sobre uma matéria ensinada na semana) e uma dissertação (sobre um ponto visto) ao final do mês, que comporiam a nota final de cada estudante.

No mais, os Estatutos dispunham sobre os exames finais (atos), o grau de doutor, as atribuições da Congregação, os prêmios aos dois melhores estudantes de cada ano, as férias letivas, a diretoria, a hierarquia dos professores (honras e provimento na carreira) e o secretário e demais empregados do Curso Jurídico.

Desde sua inauguração em 1828, os Cursos de Ciências Jurídicas e Sociais do Império ressentiam-se de estatutos que regulassem sua atividade, principalmente porque os Estatutos do Visconde da Cachoeira de 1825 não cumpriam tal função – basta lembrar que ele regulamentava a cadeira de direito romano, que ao final dos debates parlamentares ficou de fora da lei de 11 de agosto de 1827. Neste sentido, para suprir as lacunas existentes, foram baixados por José Lino Coutinho, o Ministro e Secretário de Estado dos Negócios do Império[115], os novos estatutos por meio do Decreto de 7 de novembro de 1831. Um fato interessante é que tais estatutos foram aprovados em caráter provisório; porém, até 1854 – data de sua revogação – ainda não haviam sido apreciados pelo Poder Legislativo, responsável por sua aprovação.

Entre 1832 e 1854, foram esses estatutos que regularam a atividade diária das Academias de Ciências Jurídicas e Sociais do Império, o que contemplava desde os exames preparatórios até o provimento para o lugar de lente substituto.

Vejamos suas principais disposições, que em sua maioria foram baseadas nos Estatutos do Visconde da Cachoeira. Apesar de tal inspiração, a linguagem dos Estatutos de 1831 é mais comedida e não se presta a fazer longas considerações sobre, por exemplo, a pertinência do estudo de tal ou qual cadeira.

---

[115] Segundo Gláucio Veiga, os Estatutos de 1831 teriam sido redigidos por Avellar Brotero, Fagundes Varella (avô do poeta de mesmo nome), José Joaquim Fernando Torres e Tomás José Pinto de Cerqueira (VEIGA, 1981, p. 303, nota 1).

Os requisitos para matrícula em uma das Academias Jurídicas seriam idade legal (15 anos), pagamento da taxa de matrícula (havia duas matrículas, uma no começo e outra no final do ano) e aprovação em exames preparatórios; para tanto, seriam criadas seis cadeiras que ensinassem as disciplinas de tais exames (latim; francês e inglês; retórica e poética; lógica, metafísica e ética; aritmética e geometria; e história e geografia). A reunião de tais cadeiras deu origem às "aulas menores", em contraposição às "aulas maiores" que eram oferecidas nos cursos jurídicos.

As cadeiras que comporiam o curso de ciências jurídicas e sociais, a ser realizado em cinco anos, seriam: 1º ano – Direito Natural Público e Análise da Constituição do Império (1ª cadeira)[116]; 2º ano – Continuação das mesmas matérias, Direito das Gentes e Diplomacia (1ª cadeira) e Direito Público Eclesiástico (2ª cadeira); 3º ano – Direito Civil Pátrio (1ª cadeira) e Direito Pátrio Criminal (2ª cadeira); 4º ano – Continuação do Direito Civil Pátrio (1ª cadeira) e Direito Marítimo e Mercantil (2ª cadeira); 5º ano – Economia Política (1ª cadeira) e Teoria e Prática do Processo (2ª cadeira). Percebe-se que, a não ser pela nomenclatura, pouco difeririam do que vinha disposto na Lei de 11 de agosto de 1827. Mantinha-se a condição de que os compêndios a serem adotados pelas cadeiras deveriam ser aprovados pela Assembleia Geral.

As aulas comportariam quatro atividades diferentes: a preleção (aula oral do lente, mediante exposição de "pontos"), a lição (retomada, por alunos indicados, da aula anterior), a sabatina (arguição recíproca entre alunos, realizada semanalmente) e a dissertação (anual, sobre dois pontos distintos abordados na disciplina).

Os exames se dariam de duas formas: orais (o aluno sorteava o ponto e tinha vinte e quatro horas para se preparar) e escritos (na forma de uma dissertação a ser defendida). As notas que a banca examinadora (composta por 3 lentes) daria seriam aprovado (A) ou reprovado (R) e a aprovação poderia ser plena (unânime) ou simples (por maioria dos membros da banca, chamada comumente de "simplificação" ou "simplesmente"). Os alunos reprovados tinham que refazer o ano e, caso fossem reprovados em dois anos consecutivos, não poderiam fazê-lo uma terceira vez.

---

[116] O Decreto de 8 de novembro de 1828 ordenou que os Lentes das cadeiras do 1º ano e os da 1ª do 2º dos Cursos de Ciências Jurídicas e Sociais lessem alternadamente nas mesmas cadeiras. Essa prática manteve-se até o final do Império.

Dois seriam os graus conferidos pelas Academias Jurídicas: o de bacharel formado e o de doutor. O primeiro seria conferido após aprovação nos exames dos cinco anos e mediante um juramento; o segundo, por sua vez, envolvia ter sido o bacharel aprovado plenamente e defender teses (três teses para cada uma das cadeiras do curso) perante o corpo docente; após arguição dos lentes, proceder-se-ia à votação, cujo resultado poderia ser aprovação plena (unânime), simples (maioria) ou reprovação. Para obter o grau de doutor, também eram necessários um juramento e a aprovação de um padrinho que acompanhasse o candidato na solenidade. Na solenidade de bacharel e na de doutor era requisito que o candidato fizesse um breve discurso antes de tomar o grau.

Um ponto interessante diz respeito ao capítulo sobre a "economia e polícia das aulas". As faltas seriam marcadas pelo lente e pelo contínuo e o aluno perderia o ano (seria reprovado automaticamente) caso tivesse dez faltas sem justificativa ou quarenta, ainda que justificadas. A falta nos exercícios práticos (lições, sabatinas e dissertações) também gerava penalidades, bem como a realização de "parede", isto é, se todos os estudantes combinassem de não aparecer na aula – o que contaria como dez faltas. Havia uma preocupação com a manutenção da ordem dentro dos estabelecimentos – por exemplo, os estudantes não poderiam conservar o chapéu na cabeça quando estivessem no pátio interno (chamado de "Gerais") e poder-se-ia inclusive, se fosse o caso, prender o estudante (de um a três dias) dentro da instituição, caso ele cometesse alguma infração passível de ser punida desta forma. Se ele fosse preso três vezes perderia o ano e se no ano seguinte viesse a cometer as mesmas infrações, poderia perder o direito de se matricular por três anos.

Prêmios seriam distribuídos anualmente aos dois melhores alunos de cada ano, de acordo com seu desempenho. Caso não houvesse candidatos aptos, a Congregação poderia não os conferir.

Ao todo, haveria nove lentes proprietários (catedráticos) e cinco lentes substitutos (que supririam as faltas dos proprietários). O provimento ao lugar de lente se daria de duas formas: para o de lente catedrático, seria promovido o lente substituto mais antigo; para o de lente substituto, mediante concurso (apenas para candidatos que tivessem obtido aprovação plena no doutoramento). Este seria composto de dois momentos: a parte oral, que consistiria na defesa de três teses sobre cada cadeira (na mesma forma dos doutoramentos), sendo os arguentes os outros concorrentes; e a parte escrita, que consistiria em uma dissertação. O candidato mais votado seria considerado o vencedor, mas a escolha final era do Poder Executivo.

A Congregação das Academias Jurídicas seria composta pelo diretor (presidente) e pelos lentes jubilados (aposentados), catedráticos e substitutos. Competiria a ela zelar pelo cumprimento dos Estatutos, bem como pelo bom funcionamento do curso. O Diretor seria nomeado pelo Poder Executivo e teria que vigiar com cuidado todas as coisas relativas à instituição.

Haveria uma biblioteca, no mesmo edifício das aulas maiores, sob os cuidados de um bibliotecário. Outros funcionários seriam um secretário, auxiliado por um oficial, contínuos, um porteiro e um correio.

Até o advento da reforma de 1854 e a expedição de novos estatutos, alguns diplomas legais modificaram a sistemática prevista nos Estatutos de 1831, que também ficou comprometida pelos diversos problemas estruturais e funcionais apresentados em São Paulo e Olinda – o que abaixo veremos quando tratarmos da vida acadêmica. Modificou-se a forma dos exames para o grau de doutor e provimento das cadeiras de lentes[117] (e para quando houvesse apenas um candidato para o cargo de lente substituto[118]), a questão da polícia acadêmica ficou mais rígida[119] (estudantes que usassem de injúrias, ameaças ou violências contra lentes poderiam perder o direito de matrícula por até 6 anos), e, no mais, regulou-se a gratificação do diretor e lentes (substitutos e catedráticos)[120] e o tratamento dispensado aos Diretores dos cursos jurídicos (que deveria ser o de senhoria, se não tivessem outro título maior)[121].

### 1.3.1.3. A Reforma Couto Ferraz (Decreto nº 1.386, de 28 de abril de 1854 e Decreto nº 1.568, de 24 de fevereiro de 1855)

Em 1851, autorizou-se o Governo a dar novos Estatutos aos Cursos Jurídicos e a criar mais duas Cadeiras, uma de Direito Romano e outra de

---

[117] Decreto nº 25, de 12 de agosto de 1833. O doutoramento passaria a poder ser feito com uma banca composta por no mínimo três membros – reflexo da falta de lentes dos primeiros anos.

[118] Decreto nº 14, de 24 de agosto de 1835.

[119] Decreto de 7 de agosto de 1832 e Decreto nº 42, de 19 de agosto de 1837.

[120] Decreto nº 14, de 27 de junho de 1838.

[121] Decreto nº 88, de 18 de julho de 1841.

Direito Administrativo[122]. Em 1853, tais Estatutos foram expedidos[123], mas não executados (mesmo com autorização para que o Governo realizasse o aumento da despesa que fosse necessária para sua execução provisória[124]). No ano seguinte, já no Gabinete do Marquês do Paraná (Conciliação), foram expedidos novos Estatutos[125] por Luís Pedreira do Couto Ferraz, então Ministro do Império, que foram posteriormente complementados por um regulamento[126] em 1855. A reforma Couto Ferraz, como ficou conhecida, era calcada na experiência de mais de duas décadas de ensino jurídico e, por isso, trazia algumas inovações de modo a conformar a legislação com a prática cotidiana das Academias Jurídicas.

De início, mudar-se-ia a designação dos cursos jurídicos, que passariam a ser chamados de Faculdades de Direito (seguido do nome da cidade em que estivessem). Em 1854, a Faculdade do Norte é transferida de Olinda para o Recife.

O requisito para matrícula seria idade legal (16 anos), pagamento da taxa de matrícula (havia duas matrículas, uma no começo e outra no final do ano) e demonstração de habilitação em línguas latina, francesa e inglesa; filosofia racional e moral; aritmética e geometria; retórica e poética; e história e geografia. A referida demonstração poderia ser feita mediante apresentação de diploma de Bacharel em letras do Colégio de Pedro II, título de aprovação obtido nos concursos anuais da Capital do Império ou certidão de aprovação em exames preparatórios (o período entre o primeiro e o último exame não poderia ser superior a dois anos[127]). O ensino dessas disciplinas continuaria a ser feito nas "aulas menores".

As cadeiras que comporiam o curso de ciências jurídicas e sociais, a ser realizado em cinco anos, seriam: 1º ano – Direito Natural, Direito Público Universal e Análise da Constituição do Império (1ª cadeira) e Institutos de Direito Romano (2ª cadeira); 2º ano – Continuação das matérias da 1ª cadeira do 1º ano, Direito das Gentes e Diplomacia (1ª cadeira) e Direito Eclesiástico (2ª cadeira); 3º ano – Direito Civil Pátrio, com a análise e

---

[122] Decreto nº 608, de 16 de agosto de 1851.
[123] Decreto nº 1.134, de 30 de março de 1853.
[124] Decreto (legislativo) nº 714, de 19 de setembro de 1853.
[125] Decreto nº 1.386, de 28 de abril de 1854.
[126] Decreto nº 1.568, de 24 de fevereiro de 1855.
[127] Isso mudou em 1864, quando um decreto aumentou para quatro anos o prazo de validade dos exames preparatórios (Decreto nº 1.216, de 4 de julho de 1864).

comparação do Direito Romano (1ª cadeira) e Direito Criminal, incluído o Militar (2ª cadeira); 4º ano – Continuação das matérias da 1ª cadeira do 3º ano (1ª cadeira) e Direito Marítimo e Direito Comercial (2ª cadeira); 5º ano – Hermenêutica Jurídica, Processo Civil e Criminal, incluído o Militar, e Prática Forense (1ª cadeira), Economia Política (2ª cadeira) e Direito Administrativo (3ª cadeira).

As aulas continuariam a comportar as quatro atividades já usuais (preleção do lente, lição, sabatina e dissertação). As preleções deveriam ser dadas sobre compêndios certos e determinados, aprovados pela Congregação e, posteriormente, pelo Governo. Deveria também ser apresentado o programa da cadeira, a ser aprovado pela Congregação.

Os exames continuariam a se dar de duas formas: orais (com vinte e quatro horas de preparação) e escritos (na forma de uma dissertação). As notas que a banca examinadora daria, por votação secreta, seriam aprovado (A) ou reprovado (R) e a aprovação poderia ser plena (unânime) ou simples (por maioria dos membros da banca). Os alunos reprovados duas vezes no mesmo ano não poderiam matricular-se novamente.

Dois seriam os graus conferidos pelas Academias Jurídicas: o de bacharel e o de doutor. O primeiro seria conferido após aprovação nos exames dos cinco anos e mediante um juramento; o segundo, por sua vez, envolvia ter sido o bacharel aprovado plenamente no 5º ano, defender teses (três teses para cada uma das cadeiras do curso[128]) e uma dissertação; após arguição dos lentes, proceder-se-ia à votação por escrutínio secreto, cujo resultado poderia ser aprovação plena (unânime), simples (maioria) ou reprovação. Para obter o grau de doutor, também eram necessários um juramento e a aprovação de um padrinho que acompanhasse o candidato na solenidade. Tanto na solenidade de bacharel quanto na de doutor, era requisito que o candidato fizesse um breve discurso antes de tomar o grau, o que poderia ser feito por meio de um aluno previamente escolhido (o orador da turma, cujo discurso deveria ser previamente lido e autorizado pelo presidente do ato).

A disciplina acadêmica deveria ser seguida à risca, de modo que o aluno continuaria a perder o ano caso tivesse dez faltas sem justificativa ou quarenta, ainda que justificadas. A falta em sabatinas também gerava

---

[128] As teses deveriam ser previamente aprovadas pela Congregação e não poderiam conter doutrinas contrárias ao sistema do governo do país ou à moral pública.

penalidades, bem se nenhum estudante comparecesse à aula (o que contaria como cinco faltas e os "cabeças" poderiam perder o ano). A preocupação com a manutenção da ordem dentro dos estabelecimentos não só continuaria, como seria intensificada – caso o aluno perturbasse a ordem (dentro ou fora da sala de aula), seria imposta uma pena que variava de 1 a 40 dias, em prisão dentro da instituição. Não seria permitido também ter o chapéu na cabeça dentro do edifício, fumar, riscar ou escrever na parede ou portar armas de qualquer natureza (bengalas seriam toleradas apenas por motivo de enfermidade). Atos de injúria contra o diretor ou lentes e atos ofensivos à moral pública e à religião do Estado também seriam reprimidos. Aos estudantes do 5º ano que, após aprovação nos exames, perturbassem a ordem, poderiam também ser tomadas atitudes repressivas, como pena de prisão, retenção do diploma ou postergação da colação de grau em até dois meses. As penas seriam impostas pela Congregação e caberia recurso ao Governo.

Prêmios anuais poderiam ser distribuídos, quando e se o Governo achasse conveniente. Como sua regulamentação ficou pendente de instruções especiais a serem expedidas, eles não foram colocados em prática.

Ao todo, haveria onze lentes catedráticos e seis lentes substitutos, podendo jubilar-se (aposentar-se) após vinte e cinco anos de serviço efetivo (os que continuassem no exercício de suas funções receberiam o título de Conselheiro[129]); os lentes deveriam residir nas respectivas cidades das Faculdades de Direito e deveriam evitar absolutamente a propagação de doutrinas consideradas subversivas ou perigosas (sob pena de três meses a um ano com perda de vencimentos). O provimento ao lugar de lente continuaria a se dar de duas formas: para o de lente catedrático, a antiguidade do lente substituto; para o de lente substituto, o concurso (apenas para candidatos que tivessem obtido o doutoramento). Este seria composto de quatro momentos: defesa de teses e dissertação, uma preleção oral e uma prova escrita. A banca proporia ao Governo os três candidatos mais bem colocados no certame e a escolha final competiria ao Poder Executivo. Seria facultada a troca (permuta) de cadeiras entre os lentes, pendente de autorização do Governo Imperial.

---

[129] Cf. art. 158. Este título de Conselheiro era meramente honorífico e não deve ser confundido com o título de Conselheiro de Estado.

A Congregação das Academias Jurídicas seria composta pelo diretor (presidente) e pelos lentes catedráticos e substitutos. Tanto as funções específicas da Congregação e do Diretor ficaram mais explícitas, mas em geral continuavam a dizer respeito ao zelo pelo cumprimento dos Estatutos e pelo bom funcionamento do curso. O Diretor continuaria a ser nomeado pelo Poder Executivo.

Haveria uma biblioteca, no mesmo edifício das aulas maiores, sob os cuidados de um bibliotecário e um ajudante. Outros funcionários seriam um secretário, auxiliado por um oficial, um porteiro, dois bedéis, dois serventes e cinco contínuos. O correio seria suprimido, passando suas funções a serem exercidas pela secretaria.

Por fim, uma inovação foi a obrigatoriedade de se apresentar uma memória histórica-acadêmica sobre o ano anterior, na qual deveria ser especificado o grau de desenvolvimento da exposição das doutrinas nos Cursos públicos ou particulares.

Os Estatutos, postos em execução, ainda dependeriam de aprovação definitiva do Poder Legislativo, aprovação essa que nunca veio.

Modificações posteriores diziam respeito ao modo de se contar os 25 anos de serviço para aposentadoria[130], regras sobre suspeição de lentes[131], providências para lentes e estudantes que servissem na Guerra do Paraguai[132], alterações de disposições relativas à colação do grau de Bacharel[133] e dos exames preparatórios[134], dentre outros.

Em 1865, novos Estatutos foram promulgados[135], mas não tiveram execução. Algumas mudanças intentadas são dignas de nota: a separação do curso em duas seções, uma de ciências jurídicas (quatro anos) e uma de ciências sociais (três anos); frequência facultativa à cadeira de

---

[130] Decreto nº 2.525, de 26 de janeiro de 1860.
[131] Decreto nº 2.879, de 23 de janeiro de 1862.
[132] Decreto nº 1.341, de 24 de agosto de 1866.
[133] Decreto nº 4.260, de 10 de outubro de 1868. Reestabelecia-se a sistemática dos Estatutos de 1831.
[134] Decreto nº 1.216, de 4 de julho de 1864 (validade de 4 anos para os exames preparatórios), Decreto nº 4.623, de 5 de novembro de 1870, Decreto nº 2.066, de 30 de setembro de 1871 e Decreto nº 2.764, de 4 de setembro de 1877 (aboliu o prazo para os exames preparatórios).
[135] Decreto nº 3.454, de 26 de abril de 1865. Com exceção de algumas pequenas mudanças, reproduzia quase que na integralidade os Estatutos de 1854. Previa-se a expedição de um Regulamento Complementar, o que não chegou a ser feito.

Direito Eclesiástico; exigência de concurso entre os lentes substitutos para provimento do cargo de lente catedrático (que não mais se daria por antiguidade dos substitutos); possibilidade de exames vagos (feitos fora do período e permitido a qualquer pessoa, mesmo não estudantes).

Em 1871, a sistemática dos exames nas Faculdades de Direito foi modificada[136]: haveria uma prova escrita para todas as cadeiras do ano, com duração de uma hora cada, cuja aprovação seria requisito para que o estudante fosse admitido à prova oral (cujas disposições não sofreriam alteração, apenas no que diz respeito ao julgamento, pois agora o aluno poderia ser aprovado também com distinção). A reprovação na prova escrita ou oral importava em perda do ano. No mais, foi abolida a dissertação. No mesmo ano, novo decreto[137] mitigou algumas das alterações, principalmente em função da má recepção da reforma por parte do corpo discente – por exemplo, meia-hora antes da prova oral permitir-se-ia a consulta de legislação e compêndio ou tratado.

### 1.3.1.4. A Reforma Leôncio de Carvalho (Decreto nº 7.247, de 19 de abril de 1879)

Em 1879, novamente os cursos jurídicos foram reformados, dessa vez sob a égide do ensino livre, isto é, liberdade de ensino (de aprender e de ensinar), liberdade de frequência e liberdade de criação de novos estabelecimentos de ensino[138]. Inspirado principalmente na experiência francesa[139], o Ministro do Império Leôncio de Carvalho expediu um decreto que trazia inúmeras inovações ao Ensino Superior, sendo as principais: instituição do ensino livre em todo o Império; permissão para que qualquer pessoa prestasse exames livres – de qualquer número de matérias – em qualquer das épocas reservadas aos mesmos, isto é, poder-se-ia prestar exames mesmo não estando matriculado; liberdade de frequência, abolição de lições e sabatinas e exames (oral e escrito) prestados por matérias, com possibilidade de prestá-los na época seguinte em caso de reprovação; curso divido

---

[136] Decreto nº 4.675, de 14 de janeiro de 1871.
[137] Decreto nº 4.806, de 22 de outubro de 1871.
[138] Esta divisão é baseada na classificação feita por Rui Barbosa (1882) em "liberdade científica", "liberdade de frequência" e "liberdade de ensino".
[139] A "Lei Laboulaye" de 12 de julho de 1875 estabelecia o ensino livre nos cursos superiores, conforme o art. 1º: "L'enseignement supérieur est libre".

em séries; período de dois anos de diretoria; obrigatoriedade de jubilação após o período estabelecido em lei; concurso para o provimento dos cargos de lente catedrático, aberto aos lentes substitutos e quaisquer doutores; permissão para a fundação de faculdades livres, que funcionariam como as faculdades oficiais e poderiam conferir os mesmos graus acadêmicos, desde que respeitados alguns requisitos; permissão para a criação de cursos livres em Escolas ou Faculdades do Estado de matérias ensinadas nos mesmos estabelecimentos.

Em relação especificamente às Faculdades de Direito, previa-se que elas seriam divididas em duas seções: ciências jurídicas e ciências sociais, com vinte lentes catedráticos e dez lentes substitutos.

As cadeiras que comporiam o curso de ciências jurídicas seriam Direito Natural, Direito Romano, Direito Constitucional, Direito Eclesiástico, Direito Civil, Direito Criminal, Medicina Legal, Direito Comercial, Teoria do Processo Criminal, Civil e Comercial, e uma aula prática do mesmo processo. As cadeiras que comporiam o curso de ciências sociais seriam Direito Natural, Direito Público Universal, Direito Constitucional, Direito Eclesiástico, Direito das Gentes, Diplomacia e História dos Tratados, Direito Administrativo, Ciência da Administração e Higiene Pública, Economia Política, e Ciência das Finanças e Contabilidade do Estado.

Previa-se que o estudo de Direito Constitucional, Criminal, Civil, Comercial e Administrativo deveria ser acompanhado da comparação da legislação pátria com a dos povos cultos e não mais se exigiria o exame de direito eclesiástico aos acatólicos.

O grau de bacharel em ciências jurídicas habilitaria para a advocacia e para a magistratura. O grau de bacharel em ciências sociais habilitaria para os lugares de Adidos de Legação e para os de Praticantes e Amanuenses das Secretarias de Estado e demais Repartições Públicas. No mais, previa-se a inclusão de exames de línguas alemã e italiana para matrícula nas Faculdades de Direito (medida que só começaria a vigorar em 1881). Por fim, havia a previsão de que o Governo reorganizaria os Estatutos dos Cursos superiores do Império.

Todavia, como já previa o preâmbulo da reforma, as disposições que trouxessem aumento de despesa ou dependessem de autorização do Poder Legislativo não seriam executadas antes da aprovação do mesmo Poder. Como Leôncio de Carvalho foi demitido do cargo de Ministro do Império em maio de 1879, tal autorização não foi obtida[140]. Além disso, na falta de Estatutos para as Faculdades de Direito, a maioria dos dispositivos da reforma, no que concerne ao ensino jurídico, não foram colocados em prática e os Estatutos de 1854, complementados pelo Regulamento de 1855, continuaram em pleno vigor até o advento da República em 1889.

Apesar das limitações acima expostas, alguns artigos do Decreto nº 7.247, de 19 de abril de 1879 foram colocados em vigor pelo Aviso de 21 de maio de 1879, a saber: art. 20, §§ 6º (liberdade de frequência), 7º (exames livres em qualquer das épocas), 19 (concurso para lente catedrático) e 20 (provas orais dos concursos taquigrafadas e revistas pela Congregação e o julgamento dos candidatos feito de modo nominal), arts. 22 (abertura de cursos livres em Escolas ou Faculdades do Estado) e 23, §§ 5º (comparação de legislação no estudo de Direito Constitucional, Criminal, Civil, Comercial e Administrativo) e 6º (não exigência do exame de direito eclesiástico aos acatólicos) e art. 25 (juramento em atos solenes conforme a religião de cada um). Em 1880, o Aviso de 31 de janeiro colocou em vigor o art. 20, § 1º, isto é, permitiu os "exames vagos".

Como já era esperado, algumas alterações legislativas ocorreram na última década do Império, com destaque para disposições relativas aos exames gerais de preparatórios[141] e a supressão da condição de idade mínima para a matrícula nos estabelecimentos de ensino superior dependentes do Ministério do Império[142].

Merece destaque uma última tentativa de reforma pelo Ministro do Império Felipe Franco de Sá em 1885, que deu novos Estatutos às Faculdades de Direito[143], mas que foram logo suspensos[144]. Percebe-se que tais Estatutos foram amplamente baseados nos de 1854, mas incorporavam as mudanças ocorridas desde então, principalmente depois da reforma do ensino livre de 1879. Dentre as alterações dignas de destaque, temos: criação da cadeira de História do Direito Nacional (no curso de ciências jurídicas, a ser feito em seis anos) e da cadeira de noções de Legislação

---

[140] A queda do Gabinte Sinimbú em março de 1880 também impossibilitou que a reforma fosse colocada em prática.
[141] Decreto nº 7.991, de 5 de fevereiro de 1881 e Decreto nº 9.647, de 2 de outubro de 1886.
[142] Decreto nº 3.232, de 3 de setembro de 1884.
[143] Decreto nº 9.360, de 17 de janeiro de 1885.
[144] Decreto nº 9.522, de 28 de novembro de 1885.

Comparada sobre o Direito Privado (no curso de ciências sociais, a ser feito em cinco anos); aumento do número de lentes – 33 catedráticos e 11 substitutos; os lentes substitutos não seriam obrigados a reger mais de uma cadeira e deveriam oferecer cursos complementares; implementar-se--ia a liberdade de ensino, isto é, os lentes poderiam escolher livremente os compêndios e poderiam ensinar quaisquer doutrinas, desde que não ofendessem as leis e os bons costumes; o provimento para o lugar de lente substituto e catedrático se daria mediante concurso, dividido em quatro provas: defesa de teses e dissertação, prova escrita, prova oral estudada e prova oral de improviso; criar-se-ia em cada uma das Faculdades uma Revista de Ciências Jurídicas e Sociais; a cada cinco anos um lente iria estudar nos países mais adiantados da Europa e da América os progressos da ciência, os melhores métodos de ensino e a organização das Faculdades de Direito; poder-se-ia abrir cursos livres (diurnos ou noturnos) dentro do recinto das Faculdades; o lente seria obrigado a apresentar o programa de ensino de sua cadeira, sob pena de não poder regê-la enquanto não o fizesse; haveria duas inscrições, uma para matrícula regular nas aulas das Faculdades[145] e uma apenas para exames, que poderiam ser prestados para uma ou mais séries ou para qualquer matéria da mesma série (desde que aprovado nos exames da série anterior), inclusive fora da época reservada para eles; os exames constariam de uma prova escrita e de uma prova oral; o grau de bacharel em ciências jurídicas habilitaria para a advocacia, a magistratura e os ofícios de justiça e o grau de bacharel em ciências sociais para os lugares do corpo diplomático e consular; e o juramento na cerimônia de colação de grau de bacharel ou doutor poderia ser feito de acordo com a religião de cada um.

### 1.3.2. A vida acadêmica[146]

Até agora, vimos como o ensino jurídico deveria ser – isto é, como ele foi idealizado. Contudo, a diferença entre teoria e prática foi muito grande.

---

[145] Os exames de preparatórios exigidos seriam português, latim, francês, inglês, alemão, italiano, aritmética, álgebra até equações do 2º grau, geometria, geografia, história, filosofia, retórica e poética, e elementos de física, química, botânica e zoologia.

[146] Para a reconstituição da "vida acadêmica" nas Faculdade de São Paulo e Olinda (e, a partir de 1854, Recife) no Império, baseamo-nos em Almeida Nogueira (1907 a 1912), Spencer Vampré (1977), Clóvis Beviláqua (2012), Phaelante da Câmara (1904a e 1906) e Memórias

Nesta seção, nossa proposta é apresentar como o ensino nas Faculdades de Direito se deu de fato. Em que pese o período ser relativamente longo (1828 a 1889) e as localidades diferentes (São Paulo e Olinda, depois transferida para o Recife), os problemas e adversidades enfrentados foram relativamente parecidos – e constantes.

A começar pelas instalações, que eram péssimas. Os edifícios cedidos foram parte do Convento de São Francisco em São Paulo e parte do Mosteiro de São Bento em Olinda, vez que eram os únicos naquelas localidades aptos a receberem os cursos jurídicos, ainda que provisoriamente. Durante todo o período os diretores reclamaram da falta de estrutura para as aulas e da precariedade dos edifícios, o que se denota inclusive por incêndios neles ocorridos[147]. No período inicial, também é de se destacar o conflito com os religiosos[148], que viram aos poucos o caráter provisório das instalações transformar-se em definitivo – no caso de São Paulo, o curso conserva-se até hoje no mesmo lugar (e a contenda sobre o uso do edifício veio até os anos 1930[149]). O curso de Olinda ocupou o Mosteiro

Histórico-Acadêmicas (de ambas as instituições, entre 1856 e 1889). Também consultamos as obras de Odilon Nestor (1930, com 2ª edição fac-símile em 1976), Antonio Almeida Júnior (1956, p. 15-124), Alberto Venancio Filho (2004), Nilo Pereira (1977), Gláucio Veiga (1980-1997), Luiz Pinto Ferreira (1994) e Ana Luiza Martins e Heloisa Barbuy (1999).

[147] Em 1867, um incêndio destruiu um terço do edifício da Faculdade de Direito do Recife, o antigo "Pardieiro"; na ocasião os seguintes versos ficaram famosos, em alusão aos que no dia seguinte foram à aula: "Viram somente ruinas, / Cadeiras, livros no chão,/ As cinzas tomando o ponto/ E o vento dando a lição" (AMARANTO, 1869, p. 8-9). Felizmente o Arquivo foi salvo, o que não ocorreu na Faculdade de Direito de São Paulo, cujo prédio ardeu em chamas em 1880, aparentemente em um incêndio criminoso (OLIVEIRA, 1882, p. 1-5; um relatório de restauração feito por Artidóro Augusto Xavier Pinheiro foi finalizado em 1884 (PINHEIRO, 1885)).

[148] Em São Paulo, a entrada para as aulas e para a Igreja de São Francisco foi a mesma por muitos anos, inclusive o sino da Igreja servia para marcar o horário da aula e das festividades religiosas – causando toda sorte de confusões, como era de se esperar (VAMPRÉ, 1977, v. 1, p. 43).

Apesar dos atritos, a proximidade com a Igreja também gerava uma espécie de "espírito religioso" na comunidade acadêmica, sendo que a primeira associação de lentes, estudantes e empregados em São Paulo foi a Irmandade de S. Francisco de Assis, que funcionou até 1869 (VAMPRÉ, 1977, v. 2, p. 199). Em Pernambuco, por sua vez, tal "espírito" viria a se manifestar com a mudança para o Recife e a fundação de uma Irmandade no Convento dos Religiosos Franciscanos (NESTOR, 1930, p. 25 e FIGUEIREDO, 1857, p. 8-9).

[149] A questão foi decidida pelo Supremo Tribunal Federal em 1937, cf. LINS; KELLY, 1937.

desde 1828 e foi transferido em 1852 para o Palácio dos Governadores na mesma cidade; em 1854 veio para o Recife, na Rua do Hospício, em um casarão que com o tempo foi apelidado de "Pardieiro" (pelo seu estado arruinado)[150], até 1882, quando foi transferido para o Colégio dos Jesuítas; de lá saiu apenas em 1912, quando finalmente foi inaugurado um edifício próprio para o curso jurídico, onde ele se encontra até hoje.

Junto com a questão dos edifícios vinham as bibliotecas, literalmente largada às traças. Apesar do número de obras ser relativamente substancioso[151], sempre se queixou da falta de obras específicas de Direito, mormente as utilizadas pelas cadeiras das Academias. Um fato curioso é a falta de coleções completas da legislação do país[152], justamente em um curso que nelas se baseava. Seu funcionamento e, no Norte, sua localização fora do edifício das Faculdades de Direito[153] também eram motivos de reclamações. Todavia, ao que tudo indica o cargo de bibliotecário dos cursos jurídicos não era de todo menosprezado, tendo por exemplo exercido a função Furtado de Mendonça, Perdigão Malheiro, Fernando Mendes de Almeida e Leôncio de Carvalho em São Paulo e Lourenço Trigo de Loureiro, Clóvis Beviláqua e Manuel Cícero Peregrino da Silva em Olinda/Recife[154]. Por todos os motivos acima listados, os estudantes mais abastados eram obrigados a importar livros da Europa e por vezes franqueavam suas coleções privadas aos estudantes com menores condições econômicas.

Problemática também era a questão do professorado. No início, como era esperado, buscaram-se formados na Europa, principalmente em Coimbra, mas após a formatura das primeiras turmas o corpo docente tornou-se praticamente endógeno[155], isto é, em sua grande maioria os professores

---

[150] Críticas ao local e às instalações estão presentes em quase todas as memórias históricas da FDR, desde a referente a 1856 (FIGUEIREDO, 1857, p. 11-12).

[151] Sobre a origem das respectivas bibliotecas e seu acervo, cf. BEFFA; NAPOLEONE, 2003 (São Paulo) e BEVILÁQUA, 2012, p. 645-654 (Olinda).

[152] Esse era um problema que ocorria tanto em São Paulo (SANTOS, 1858; SOUZA FILHO, 1861; e ANDRADE, 1871) quanto no Recife (MELLO FILHO, 1862).

[153] A biblioteca apenas foi incluída no mesmo edifício dos cursos jurídicos em Recife em 1912, quando da inauguração do novo prédio.

[154] Para a lista completa dos bibliotecários do período, cf. BEFFA; NAPOLEONE, 2003, p. 184-185 (São Paulo) e MARTINS, 1931, p. 218-221 (Olinda/Recife).

[155] Alguns dos lentes da década de 1830 vieram das primeiras turmas formadas. Para suprimir a exigência de doutoramento dos Estatutos de 1831, o Decreto nº 34, de 16 de setembro

fizeram o bacharelado e o doutoramento na própria instituição em que lecionavam[156]. A partir de 1831, o ingresso na carreira se dava mediante concurso e, para tanto, era necessário que o candidato houvesse obtido o doutorado, o que envolvia a defesa de teses[157] perante uma banca e, após 1854, também de uma dissertação[158]. Segundo a praxe, tal defesa se dava apenas com o consenso de alguém que já compusesse o corpo docente, que seria o "padrinho" do candidato[159]. Uma vez colado o grau de doutor,

---

de 1834, autorizava as Escolas de Medicina e os Cursos Jurídicos do Império a conferir o grau de Doutor aos Lentes e Substitutos que ainda não o tivessem obtido.

[156] Tendência essa que vem até a atualidade. No Brasil, raro é o caso do professor de Direito que não tenha feito a graduação ou a pós-graduação na mesma instituição em que leciona – não somente nas Faculdades de São Paulo (USP) e do Recife (UFPE), mas na maioria das universidades.

[157] Tais teses eram curtas, normalmente uma sentença. Por exemplo, tomemos algumas das teses apresentadas por Silvio Romero: "O *jus in re* compreende também a posse" (Direito Romano), "A forma do governo da Igreja é a monarquia" (Direito Eclesiástico) e "A superveniência de um filho natural, legalmente reconhecido, rompe o testamento que o pai havia anteriormente feito" (Direito Civil, quarto ano) (ROMERO, 1875, p. 3, 6 e 8). Tais teses eram, em realidade, a resposta às questões elaboradas pelos lentes catedráticos de cada disciplina – no caso de Romero, as perguntas foram, respectivamente: "O *jus in re* compreende também a posse?", "Qual a forma de governo da Igreja?" e "Se a superveniência de um filho natural legalmente reconhecido, rompe o testamento que o pai havia anteriormente feito" (FACULDADE DE DIREITO DO RECIFE, 1882, p. 80, 83v e 92).

[158] Por vezes dizia-se que as dissertações não eram de autoria do candidato, mas de outrem, como vemos no caso de Delfino Pinheiro de Ulhôa Cintra, cujo doutorado foi obtido em 1867 e Almeida Nogueira assim afirma: "É tradição na Academia que foi o dr. João Theodoro quem lhe escreveu a dissertação. Esse fato em certo tempo foi, aliás, muito comum, a saber o de se incumbir um lente de auxiliar ao doutorando ou concorrente, da sua amizade, fazendo-lhe a dissertação" (NOGUEIRA, 1907, v. 1, p. 163). Ou de Francisco Octaviano de Almeida Rosa, que, segundo o mesmo autor, sabia mais da dissertação de José Júlio de Albuquerque Barros (Barão de Sobral, doutoramento em 1870) do que ele próprio (NOGUEIRA, 1907, v. 2, p. 119-120).

[159] Esse "apadrinhamento" fazia com que os doutoramentos nas Faculdades de Direito no século XIX ocorressem sem grandes agitações – exceção feita aos concursos de Ernesto França em São Paulo e Silvio Romero e Tobias Barreto em Recife. O primeiro, como já era doutor e lente na Alemanha, trouxe uma inovação quando defendeu teses em 1860: "A originalidade do sistema seguido na sua defesa (...) consistia, ao inverso dos doutorandos seus antecessores, em falar pouco, muito pouco, entrando logo em matéria e expondo o argumento principal, ou um argumento único, se fundado em lei" (NOGUEIRA, 1907, v. 1, p. 263). A defesa de Silvio Romero é bem conhecida, principalmente pelo seu desfecho: contraditando Coelho Rodrigues, afirmava o candidato que a metafísica estava morta pelo progresso e pela

era possível prestar o concurso para o lugar de lente substituto, que seguia a mesma sistemática do doutoramento – defesa de teses e dissertação e, a partir de 1854, de uma preleção oral e uma prova escrita. Vale ressaltar que o concurso não era para uma cadeira em específico; era para todas, daí seu caráter generalista, isto é, o novo lente deveria poder (e saber) lecionar em qualquer uma das cadeiras do curso. A escolha do novo lente, entretanto, não era da banca examinadora; esta remetia uma lista dos mais bem colocados ao Governo e este fazia a nomeação – isto sem contar os casos em que a nomeação se deu sem concurso. Com o envolvimento do Poder Executivo, é certo que estavam por trás da escolha do candidato muitos interesses políticos e pessoais (de apadrinhamento, de empenho[160] e até de parentesco[161]), o que contribuía, por exemplo, para a queda no nível do corpo docente[162]. O acesso ao lugar de lente catedrático se dava

---

civilização; ato contínuo, ergueu-se, tomou seus livros e retirou-se da sala, não sem antes dizer: "- Não estou para aturar esta corja de ignorantes, que não sabem nada" (BEVILÁQUA, 2012, p. 212-215). Por fim, o concurso de Tobias Barreto representou um verdadeiro marco na história da FDR, seja pelo brilhantismo do candidato, seja pelas inovações que eram postas à prova, principalmente autores alemães pouco lidos e difundidos no Brasil (VENANCIO FILHO, 2004, p. 99-101).

[160] Conforme se queixava Alberto Salles na década de 1880: "O **empenho** e a proteção dos amigos anularam os concursos e decidem em última instância do grau de capacidade dos pretendentes" (SALLES, 1882, p. 399, grifo no original).

[161] Durante o século XIX, as Faculdades de Direito tinham em seu corpo docente lentes que possuíam vínculos de parentesco. A título exemplificativo, em São Paulo temos pais e filhos (Avellar Brotero e João Dabney de Avellar Brotero; Clemente Falcão de Souza e Falcão Filho) e irmãos (Francisco Justino Gonçalves de Andrade e João Jacyntho Gonçalves de Andrade), assim como em Olinda/Recife, com pais e filhos (João Capistrano Bandeira de Mello e João Capistrano Bandeira de Mello Filho; Paula Baptista e Graciliano de Paula Baptista) e irmãos (Joaquim Vilella de Castro Tavares e Jerônimo Vilella de Castro Tavares; Braz Florentino, Tarquínio Bráulio de Souza Amarante e José Soriano de Souza). Além do parentesco por consanguinidade, havia também o parentesco por afinidade (sogro, cunhado, etc.), que deu ensejo a vários episódios, fruto muitas vezes do apadrinhamento. Cf. SIMÕES, 2006, p. 176-180.

[162] O caso de Leôncio de Carvalho é o que mais chama a atenção: na prova escrita, o ponto sorteado foi "Embargo", em direito internacional; o candidato, contudo, discorreu sobre "Embargos", em processo civil. Ficou com a terceira colocação, atrás de Almeida Reis e Américo Brasiliense. O erro crasso não foi um impeditivo: Leôncio de Carvalho foi nomeado em 4 de janeiro de 1871, ao que tudo indica por influência direta de D. Pedro II (NOGUEIRA, 1908, v. 4, p. 184).

por antiguidade dos lentes substitutos, o que foi uma das causas para a "estagnação" do ensino jurídico: uma vez como substituto, tinha-se a certeza de que com o tempo a cátedra chegaria e, assim, não havia porque se esforçar em melhorar a aula ou escrever obras. Este é um dos motivos pelos quais os alunos protestavam contra aulas despreparadas[163], maçantes e soporíferas, muitas vezes lidas[164], e a razão pela qual vários professores

Escrevendo em 1989, Gláucio Veiga afirma que "a 'política dos Concursos' prolongou-se até os nossos dias, criando distorções" e, para tanto, dá seu testemunho pessoal: "Nós, mesmo orientado para Teoria Geral do Estado, fomos obrigados a um desvio com feliz insucesso para Direito Judiciário Penal. Esse feliz insucesso oriundo de uma total falta de caráter da maioria dos membros da bancada examinadora, onde se destacava professor paupérrimo em caráter, reconduziu-me ao Direito Econômico.
Este professor, grande consumidor de whisky, tempos depois, encontrou-se conosco no antigo bar do Hotel Serrador. Convidou-nos para uma dose. E depois, devidamente estimulado pelo generoso malte escocês, revelou-nos a trama integral do concurso, em detalhes sobre a sua participação e a baixeza de outros professores que nos impede reproduzi-la. Se o fizéssemos não mereceríamos credibilidade, tal o nível dos fatos relatados.
O professor, porém, morto está. Outros participantes diretos ou indiretos enterrados, também. Estamos curvados diante desses mortos. E quem somos nós para julgá-los numa situação onde éramos parte mais do que interessada? A função de historiador não me outorga, nesta situação[,] a função de Juiz.
Não atiramos pedras sobre ausentes definitivos. [...]" (VEIGA, 1989, p. 166-167, nota 62).
[163] É o conhecido caso de Antônio Carlos Ribeiro de Andrada Machado e Silva, lente catedrático de Direito Comercial na FDSP a partir de 1864, que não preparava suas preleções, conforme relato de Almeida Nogueira: "A um amigo que o censurava por esta falta de estímulo, referiu ele que fora inicialmente muito estudioso e entregava-se, no preparo das preleções, a afanoso trabalho, mas que lhe aconteceu um dia ir dar aula sem suficiente preparo; teve, por isso, para **encher** o tempo, que valer-se de imagens de retórica e digressões oratórias. Com surpresa sua, agradou muito, e, ao bater da hora, teve palmas dos seus discípulos. Este fato convenceu-o de que para agradar ao auditório acadêmico lhe não era necessário o estudo das preleções e... aí estava a razão pela qual ele não se matava a aprofundar as matérias que tinha de explicar" (NOGUEIRA, 1908, v. 3, p. 100, grifo no original). Tal "método", porém, não agradava a todos – é o caso dos quartanistas em 1865, que deixaram sobre a carteira da cátedra o seguinte aviso: "Queremos aprender Direito e nada de bagaceiras. V. Exa. estude, para nos ensinar, e não venha aqui encher linguiça". Indisposto com a turma em função de tal episódio, Antônio Carlos foi substituído por Duarte de Azevedo (NOGUEIRA, 1907, v. 2, p. 179-180).
[164] A prática de "ler" a preleção era comum – inclusive, poder-se-ia pensar que a denominação de "lente" vem justamente do fato dos professores "lerem suas cadeiras", mas Almeida Nogueira adverte que não devemos interpretar literalmente tal expressão (NOGUEIRA, 1912, v. 9, p. 93). Em São Paulo, temos o registro do Conselheiro Veiga Cabral, que "em geral,

ocuparam cadeiras por anos a fio e não deixaram sequer uma obra de monta[165]. Com a possibilidade de permuta de cadeiras entre os lentes a partir da reforma de 1854, alguns problemas foram contornados[166], mas nunca efetivamente resolvidos: somava-se à falta de preparo a falta de compromisso para com a docência, motivada pelos baixos rendimentos pecuniários[167] que obrigavam os lentes a conciliar a atividade docente com alguma atividade no foro (em especial a advocacia). Além disso, muitos dos lentes eram envolvidos com a política em nível regional e nacional, a ponto de ausentarem-se por longos períodos para tomarem assento nas Assembleias, no Senado, no Conselho de Estado, exercer a Presidência de Províncias, etc. Essas ausências, que no período inicial do curso de Olinda deflagrou verdadeira crise[168], obrigava os lentes substitutos a acumularem

limitava-se a ler em latim ou vernáculo o parágrafo do Compêndio, acrescentando, como comentário, unicamente isto: 'Como se vê, a doutrina é muito clara; passemos adiante.'" (NOGUEIRA, 1907, v. 2, p. 42). Outros liam por anos a fio uma mesma caderneta, como era o caso de Manuel Dias – a ponto de os alunos compararem sua explicação oral com a das postilas dos anos anteriores (NOGUEIRA, 1908, v. 5, p. 253). Em Recife, o testemunho de Clóvis Beviláqua demonstra que tal prática também lá era utilizada: "Ouvidas na aula, as preleções de Silveira de Souza eram, antes, monótonas do que atraentes, porque, segundo testemunhei em 1878, e era o seu sistema, ele as levava escritas e as lia. Chegava envolvido na sua beca negra, tomava assento na cátedra erguida no fundo da sala, levantava os óculos de presbita para a fronte, e punha-se a ler, fluentemente, mas sem calor, sem interrupção, seguidamente, até que a sineta dava o sinal de estar finda a aula" (BEVILÁQUA, 2012, p. 483).

[165] Pinto Junior também atribui a baixa produção bibliográfica dos lentes ao custo de impressão das obras (PINTO JUNIOR, 1885, p. 30).

[166] Segundo Gláucio Veiga, "os [lentes] mais honestos intelectualmente, às vezes, conseguiam permuta com um colega, ajustando-se, assim, cada um às suas especialidades" (VEIGA, 1981, p. 312).

[167] O baixo provimento dos lentes sempre foi motivo de queixas ao Governo. Um exemplo disto é o fato de que quando faleceram Braz Florentino Henriques de Souza e Lourenço Trigo de Loureiro, eles quase não tiveram meios de serem enterrados (AGUIAR, 1871, p. 2).

[168] A "crise dos lentes", como ficou conhecida, reflete a instabilidade do começo do curso jurídico de Olinda: muitos professores eram nomeados e não tomavam posse ou, uma vez na função docente, viam que outras possibilidades eram mais rentáveis e logo abandonavam o magistério. Ainda, os que permaneciam faltavam muito, principalmente por ficarem em Recife a advogar, como Francisco de Paula Baptista e José Bento da Cunha e Figueiredo (GAMA, 1835c); em 1836, Paula Baptista foi acusado de não dar mais do que 12 a 14 lições o ano inteiro (BEVILÁQUA, 2012, p. 63).

a regência de mais de uma cadeira, o que os sobrecarregava e com isso não permitia um preparo eficiente das aulas – o que por vezes era representado na impossibilidade de se esgotar o programa da cadeira[169]. Se tudo isso não bastasse, havia também a falta de respeito dos lentes entre si[170] – conflitos os mais variados, motivados desde a premiação a ser ofertada aos alunos até os compêndios a serem adotados pelas cadeiras – e para com os estudantes, alvos constantes de perseguição ou implicância[171].

Se o corpo docente possuía seus reveses, o corpo discente também não passava incólume. Os embaraços começavam já nos exames preparatórios, requisito para o ingresso nas Faculdades de Direito – a preparação se dava nas "aulas menores" (os cursos anexos), chamado de Colégio das Artes[172] em Olinda/Recife e apelidada em São Paulo de "curral dos bichos". Havia uma pressa por parte dos "bichos" em se matricular o quanto antes[173] e, para tanto, recorriam a toda sorte de subterfúgios, como a "cola", a migração para Províncias onde os exames eram mais fáceis (com destaque para o Espírito Santo) e até a falsificação de certificados de aprovação. Não raros foram os casos em que estudantes abaixo da idade legal recorreram ao Imperador para que fossem matriculados e o conseguiram. O resultado dessa ânsia pela matrícula era a falta de preparo dos que ingressavam nas

---

[169] O exemplo mais evidente é a 1ª cadeira do 1º ano e sua continuação no ano subsequente (1ª cadeira do 2º ano), nas quais devia-se ensinar Direito Natural, Direito Público Universal, Análise da Constituição do Império e Direito das Gentes e Diplomacia. O ensino de todas essas disciplinas era impraticável em apenas dois anos.

[170] Da primeira leva de lentes (1828-1831), é famosa a aversão entre Arouche Rendon e Avellar Brotero em São Paulo (VAMPRÉ, 1977, v. 1, p. 63-65) e entre Lourenço José Ribeiro e Moura Magalhães em Olinda (BEVILÁQUA, 2012, p. 46). É curioso notar que das fontes históricas deste primeiro período, extraímos mais eventos conflituosos do que harmoniosos entre os docentes.

[171] Talvez o exemplo mais notório seja o de Veiga Cabral, que implicava com nomes longos, estudantes malvestidos e estudantes "de cor" (cf. NOGUEIRA, 1907, v. 2, p. 33-50).

[172] Criado a partir do Seminário de Olinda (Decreto de 7 de agosto de 1832).

[173] A pressa às vezes cedia lugar à obstinação – é o caso dos "bichos crônicos", que ficavam anos tentando obter aprovação nos exames, principalmente até 1864, quando seu prazo de validade era de apenas dois anos; caso o estudante ultrapassasse esse período, deveria prestar o exame novamente. Dois famosos "bichos crônicos" de São Paulo foram o Faustino X (porque nunca conseguia descobrir o "x" nos exames de matemática) e Barnabé Vincent, que demorou 16 anos para conseguir entrar na Faculdade de Direito, formando-se em 1876 (VAMPRÉ, 1977, v. 2, p. 220-221 e NOGUEIRA, 1908, v. 4, p. 291-296).

Academias Jurídicas, que se refletia na mediocridade que nelas imperava, com alunos sem nenhuma base em latim ou filosofia[174]. Vale ressaltar que o ensino superior era extremamente elitizado e apenas uma pequena parcela dos jovens conseguiam entrar e se manter nos cursos jurídicos. Mesmo assim, havia estratégias que permitiam aos alunos baratear os custos de vida: eles moravam em "repúblicas"[175] e contavam com uma mesada dos pais e alguns, mais pobres, trabalhavam ao longo do curso (como professores privados, tabeliães, amanuenses, "advogados provisionados"[176], etc.). Não obstante todos os esforços e privações que enfrentavam para conseguirem colar grau, o desinteresse dos acadêmicos pelas aulas e pelo estudo era algo evidente: muitos faltavam até o limite do possível (39 faltas) e, quando a frequência foi abolida em 1879, as Faculdades ficaram praticamente desertas. Como as aulas não eram atrativas, os alunos dedicavam-se a atividades as mais variadas, como literatura e crítica literária, teatro[177], música[178], política, oratória, imprensa (acadêmica[179] e não acadêmica), associações

---

[174] Não havia uma ordem estabelecida para os exames, de sorte que muitas vezes se prestava o exame de filosofia antes do de língua francesa e latina (motivo de muitas reclamações ao longo do período) e a preparação se dava em apenas três meses, pois muitos estudantes prestavam exames em novembro e logo em seguida em fevereiro e março.

[175] Além de serem um importante recurso para a economia das mesadas que os estudantes recebiam dos pais, elas eram também um espaço de socialização, principalmente porque muitas repúblicas eram constituídas com base na origem provincial dos estudantes (mineiros, fluminenses, gaúchos, etc.).

[176] No século XIX, os indivíduos que não possuíssem uma carta de bacharel podiam advogar, desde que devidamente provisionados na comarca. Essa é, dentre muitos fatores, a origem da figura do "rábula", ou seja, a pessoa que advogava apenas tendo como parâmetro a prática do foro (e por isso acabaram virando figuras caricatas e "bacharelescas"). Luiz Gama, por exemplo, foi um "advogado provisionado", vez que não se formou em Direito. Sobre ele, cf. AZEVEDO, 1999, entre outros.

[177] No início dos cursos, o Governo não via com bons olhos a atividade dramática, receoso de que os estudantes deixassem de lado os estudos. Por isso, chegou a proibir representações do teatro acadêmico de São Paulo (fundado em 1830) em teatro público e, em teatro particular, que a fizessem apenas fora do período letivo (NOGUEIRA, 1908, v. 4, p. 56-57). Sobre o teatro na Faculdade de Direito de São Paulo no período entre 1846 e 1870, cf. AZEVEDO, 2000.

[178] Sobre a música na Faculdade de Direito de São Paulo no período entre 1828 e 1873, cf. REZENDE, 1954.

[179] Sobre a imprensa acadêmica em São Paulo, cf. AMARAL, 1977a, e em Pernambuco, cf. VEIGA, 1989, p. 175-334.

e sociedades acadêmicas (abertas e secretas)[180], religião, bailes e jantares, namoros e serenatas, passeios noturnos, troças e esportes (caça[181], capoeira, esgrima, nado, remo, ginástica, hipismo, etc.). Os acadêmicos também acabaram envolvendo-se em movimentos revolucionários[182] (1842 em São Paulo) e em conflitos armados (Guerra do Paraguai[183]). Apesar dessa profusão de atividades extramuros, os exercícios escolares e, principalmente, a avaliação final, eram motivo de constante preocupação. Em relação aos primeiros, duas práticas eram utilizadas: a lição – retomada pelo aluno do conteúdo da(s) aula(s) anteriores – e a sabatina – arguição recíproca entre os alunos ou entre o lente e alunos sobre determinado ponto da matéria. Já em relação à avaliação dos estudos, esta se dava, teoricamente, levando em conta o desempenho do aluno nos referidos exercícios escolares, nas dissertações anuais[184] e nos exames orais (conhecidos como "atos"); na

---

[180] As associações e sociedades acadêmicas tinham os mais variados fins, como discutir política, literatura, ciência, etc. Era normal que elas editassem um jornal próprio (o "órgão"). Algumas tinham caráter religioso, outras caráter beneficente e de filantropia, etc. No final do período, começaram a surgir sociedades abolicionistas, que tinham como uma de suas estratégias arrecadar dinheiro para comprar a alforria de escravos.
Havia também sociedades secretas, à moda da maçonaria. Em São Paulo, a mais famosa foi a *Burschenschaft*, fundada por Júlio Frank, professor do curso anexo. Apelidada de "Bucha", era uma sociedade secreta, filantrópica e liberal que reunia alunos e lentes da Faculdade e teve atuação ativa nos acontecimentos do país até a Revolução de 1930 (cf. SCHMIDT, 2008 e BANDECCHI, 1982). Em Olinda/Recife também houve uma sociedade nos moldes da Bucha, chamada de *Tugendbund* (cf. CAMARA, 1906, p. 30-34 e NESTOR, 1930, p. 39-47), que possuía seu próprio periódico acadêmico, a **Illustração Academica** (1869).

[181] A caça era um esporte muito popular entre os estudantes, ainda mais se se pensar que até o advento da pujança econômica ocasionada pelo Café, São Paulo era uma cidade pequena, um verdadeiro "burgo de estudantes", na expressão de Ernani Bruno (1954).

[182] É de se mencionar a atuação de Jerônimo Vilela de Castro Tavares, lente da FDR, na Revolução Praieira de 1848; contudo, ao contrário da Revolução Liberal de 1842 em São Paulo, ela não contou com a participação do corpo discente. Cf. VEIGA, 1981, p. 315-326 e 1982, p. 27-51.

[183] Houve voluntários do corpo discente para a Guerra do Paraguai, inclusive com a formação de um corpo especial acadêmico, encabeçado por Trigo de Loureiro (PINTO JUNIOR, 1866, p. 5). Foi em função deste conflito que Tobias Barreto cunhou os famosos versos da "Heroica Pancada": "Quando se sente bater/ No peito heroica pancada,/ Deixa-se a folha dobrada/ Enquanto se vai morrer..." (BARRETO, 2013, v. 6, p. 201).

[184] As dissertações estavam previstas desde os Estatutos do Visconde da Cachoeira de 1825 e permaneceram na letra da lei até o final do Império, apesar da reforma de 1871 não mais

prática, todavia, apenas esses últimos eram levados em consideração – o estudante tinha que ser aprovado (plenamente ou simplesmente) para poder passar de ano. Devido à sua importância, eram justamente os que mais atritos geravam entre lentes e alunos, apesar da excessiva indulgência das bancas examinadoras[185]. As críticas eram recíprocas: os lentes reclamavam da falta de preparo dos alunos, que estudavam o ponto sorteado nas vinte e quatro horas anteriores ao exame[186], fazendo uso de "postilas" (reunião das aulas taquigrafadas[187]) e, por conseguinte, deixavam de lado os compêndios adotados pela cadeira; os alunos, por sua vez, reclamavam que essas mesmas postilas eram utilizadas anos a fio pelo lente (que se preocupava apenas em lê-la do alto da cátedra) e, quando algum professor ousava reprová-los, a reação era violenta – os "incidentes acadêmicos" que a nós chegaram revelam um verdadeiro desfile de impropérios, ameaças, injúrias e até agressões físicas[188] contra lentes que haviam reprovado algum aluno[189]; se o aluno fosse do 5º ano, a situação era ainda mais grave, pois havia uma "presunção de aprovação", isto é, contava-se de antemão com

as exigir. Ao se compulsar as memórias históricas de São Paulo e do Recife e as obras de memorialistas como Almeida Nogueira (1907 a 1912), Spencer Vampré (1977) e Clóvis Beviláqua (2012), percebe-se que elas vez ou outra aparecem, o que levanta dúvidas sobre sua real aplicação e valoração. Almeida Júnior lembra a dissertação nº 127 de Fagundes Varella, na qual ele registrava sua esperança de que sua dissertação não chegasse a ser apreciada pelo lente (ALMEIDA JÚNIOR, 1956, p. 40). Sobre o assunto, ver PISCIOTTA, 2017, p. 127-142 e FERREIRA, 2016.

[185] Apenas a título exemplificativo, alguns números ajudam a elucidar a benevolência nos exames. Em Olinda, entre 1837 e 1856, houve 3.361 aprovações e somente 56 reprovações – em alguns anos (1837, 1839, 1844, 1845, 1850) sequer houve alunos reprovados (VEIGA, 1981, p. 252, nota 26). Em São Paulo a situação não era diferente: segundo cálculo de Almeida Júnior, a taxa de reprovação nos exames entre 1855-1864 foi de 5,1% (aliás, a mais alta dentre as instituições de ensino superior da época) (ALMEIDA JÚNIOR, 1956, p. 46).

[186] Cf. MELLO, 1861, p. 14-15.

[187] Mais uma tradição de Coimbra, que lá tomavam (e ainda tomam) o nome de "sebentas".

[188] O lente Antônio José Coelho, catedrático de Direito Civil em Olinda e no Recife entre 1832 e 1855, chegou a perder parte do polegar da mão esquerda após ser atacado por um aluno que não lidou bem em ser reprovado (GAMA, 1842).

[189] A colação de grau de bacharel era o momento oportuno para tanto. Até 1854, os bacharelandos tinham que agradecer individualmente aos lentes e, após essa data, isso ficava a cargo de um representante (o "orador" da turma). Não raro foram os momentos em que no lugar de agradecer, o estudante os atacava; se não o fizesse na hora da cerimônia, ia depois aos jornais

a benevolência dos lentes no que era conhecido como "ano figurativo"[190]. Em 1871, promoveu-se uma reforma nos exames, de modo que ao exame oral somou-se o exame escrito; isso provocou verdadeiro celeuma no corpo acadêmico e vários alunos se revoltaram; contudo, uma vez posto em prática o novo sistema, eles logo perceberam que as antigas facilidades ainda lhes eram franqueadas e outras possibilidades se abriam, como a de se saber de antemão qual o ponto a ser dissertado e, por suposto, a facilitação da "cola"[191]. Presença constante nos exames era o patronato, isto é, a intervenção de algum parente em prol do candidato por meio das famosas "cartas de empenho" (seja nos exames preparatórios, seja nos exames orais das Faculdades) – os lentes, receosos de se indispor com alguma liderança política ou algum parente (ou ambos), facilitavam o julgamento dos exames. Se mesmo assim o estudante achasse que estava em perigo, pedia transferência para a outra Academia Jurídica (Olinda e depois Recife tinham fama de ser mais benevolentes nos exames).

---

extravasar sua insatisfação, o que gerava atritos e polêmicas entre corpo docente e discente que eram lidas por todos os cidadãos de São Paulo ou Olinda/Recife.
[190] E não era qualquer aprovação: os acadêmicos contavam já com a aprovação plena, para não "mancharem" sua carta de bacharel (o que, na prática, pouco importava para o exercício profissional). Assim se exprime Aprígio Guimarães sobre esse "direito adquirido" dos quintanistas: "Passou em julgado, para estudantes e não estudantes, que o 5º ano tem foros e privilégios de **intangibilidade**. (...)
Poucas, muito poucas exceções feitas, os estudantes do 5º ano nem procuram os compêndios; e tal é o contágio do mal, que, como eu, tereis visto estudantes exemplares precipitarem-se no 5º ano até o ponto do esquecimento dos livros!
E para os estudantes do 5º ano os lentes tornam-se como assalariados seus, que só vivem para lhes dar o grau!
E os nossos colegas catedráticos desse ano fazem um triste papel de pregadores no deserto, de juízes cujo julgamento é previamente sabido e inalterável! (...)" (GUIMARÃES, 1860, p. 11, grifo no original).
Com efeito, a primeira reprovação de um quintanista em São Paulo se deu apenas em 1850, motivada pelo fato do estudante ter sido avistado comemorando a aprovação de um colega em vez de estar estudando o ponto para seu exame, que seria no dia seguinte (NOGUEIRA, 1907, v. 2, p. 168).
[191] Na Faculdade de Direito da Universidade de São Paulo é conhecida a seguinte trova acadêmica, que mostra a perenidade de certas tradições: "Escola sem 'es' é cola/ Escola sem cola não há/ tirando a cola da escola/ ninguém vai poder passar".

No mais, fazia também parte da cultura acadêmica algumas tradições que vieram da Universidade de Coimbra[192]: os nomes de acordo com o ano em que o aluno estava[193], os apelidos[194], as gírias[195] e os trotes, principal responsável pelos conflitos entre veteranos e calouros e que chegou a resultar inclusive em mortes[196].

No que concerne aos empregados das Faculdades de Direito, pouco ou nada registram as crônicas acadêmicas além de seus nomes. Os que são mencionados, ainda que de passagem, são acusados de mancomunarem-se

---

[192] O início dos cursos sofreu uma forte influência coimbrã, principalmente nos usos e costumes de docentes e discentes, do modo de se vestir à nomenclatura das aulas (aulas maiores e menores) e dos exames (atos maiores e menores), inclusive nos espaços físicos – por exemplo, o pátio interno era chamado de "Gerais" no Norte e no Sul.

[193] Novamente, em mais uma das práticas incorporadas de Coimbra, ao estudante era atribuída uma denominação conforme o ano em que estava: em São Paulo, calouro (1º anista), calouro enfeitado (2º anista), terceiranista (3º anista), quartanista (4º anista) e quintanista (5º anista) (VAMPRÉ, 1977, v. 1, p. 243); em Olinda/Recife, calouro (inicialmente chamado de novato, como em Coimbra) (1º anista), futrica (inicialmente; posteriormente um nome indecente que não conseguimos localizar) (2º anista), pé de banco (3º anista), quartão (4º anista), bacharel (5º anista) (CAMARA, 1904a, p. 12 e BEVILÁQUA, 2012, p. 435-436, nota 793). Em São Paulo, denominava-se "bicho" o estudante de preparatórios (o curso anexo era chamado de "curral dos bichos") e "futrica" a quem não pertencia ao corpo acadêmico (NOGUEIRA, 1910, v. 8, p. 128-129).

[194] Almeida Nogueira (1907 a 1912), em seu estilo anedótico, registra vários dos apelidados em São Paulo: o "Reis Caçador" (distinto de outros Reis da época – o "Reis Filósofo", o "Reis Sem Nariz", o "Reis Patusco", o "Reis Cavaquista"), o "Cardoso Magro" (em oposição ao "Cardoso Gordo"), o "Pai João" (por ser descuidado com o vestuário), o "Rufino Pitada" (por fumar), o "Rocambole" (por ser relapso), o "Motta Gato" (por ser feio – e que de gato nada tinha), o "Araújo Picapau" (pelo nariz adunco), o "Motta Cabeça" (por ser cabeçudo), o "Cunha Vovô" (pela idade avançada em relação aos demais), o "João das Regras" (pela sua aplicação aos estudos), etc. Os professores e seus filhos também não ficavam de fora, como é o caso de Falcão Velho (ou "Pai") e Falcão Filho (o "Falcãozinho").

[195] Cf. NOGUEIRA, 1910, v. 8, 1910, p. 128-129.

[196] Os trotes eram realizados comumente pelos segundanistas sobre os primeiranistas. Tomavam diferentes formas, principalmente assuadas, estalos, busca-pés e outros maus-tratos, como vaias (nos primeiros e últimos dias letivos), outra tradição herdada de Coimbra. Em São Paulo, a violência das vaias era intensa (em 1849, José Bonifácio quase foi enforcado numa árvore no Largo de S. Francisco, cf. NOGUEIRA, 1912, v. 9, p. 92). Em Olinda, a violência do trote ocasionou a morte de um calouro em 1831 e de um veterano em 1847 (BEVILÁQUA, 2012, p. 47-48 e 91).

com os estudantes[197] e, no caso dos bedéis, de corromperem-se para abonarem faltas de alunos[198].

É de se destacar o papel do Governo na vida acadêmica. Se, por um lado, ele fazia questão de fiscalizar o que era ensinado mediante a aprovação dos compêndios[199] e a proibição de doutrinas subversivas, por outro também era um dos principais responsáveis pelo baixo nível do ensino jurídico no século XIX, pois seus avisos passavam por cima da lei (permitia-se matrícula sem aprovação nos exames preparatórios, sem idade legal ou de alunos ouvintes, perdoava-se ou amenizava-se facilmente as penas impostas pelas congregações, etc.)[200]. Várias disposições legais dos Estatutos nunca saíram do papel e, como já dissemos, eles mesmos sequer foram aprovados, funcionando sempre provisoriamente. Esta parece ser a marca do ensino jurídico em todo o período aqui analisado: provisoriedade, expectativa de melhorias e frustração.

---

[197] Em 1864, reclamava Menezes Drummond: "(...) estes agentes Policiais [contínuos, bedéis e porteiro], pelo imediato contato, estreitas relações com os Acadêmicos (para não atribuir à má parte), sem prestígio algum para com os Estudantes – **não têm olhos para ver, nem ouvidos para ouvir**; e por isso mesmo são os menos azados para conter qualquer conflito que porventura possa haver" (DRUMMOND, 1864, p. 87, grifos no original). E mais de uma década depois, o problema persistia, segundo Coelho Rodrigues ao referir-se aos bedéis: "há entre alguns daqueles empregados e a maioria dos estudantes uma intimidade excessiva e muito prejudicial à polícia interna do estabelecimento" (RODRIGUES, 1879, p. 4).

[198] Em seu libelo contra algumas práticas na FDSP, assim escreve um estudante sob o pseudônimo de Figaro Junior: "O bedel, essa guarda impudente do espírito, esse burro gendarme que faz sentinela às ideias, esse bípede safado que é o oficial de justiça da razão; o carcereiro do talento; a estúpida pêndula que mede a gravitação acadêmica ao estudante; o inconsciente executor da parvalheira magistral; o mendigo da bolsa dos moços, o sicário dos mesmos; a traição cabalística que escuta nas repúblicas, nos clubes e nos cafés para narrar na secretaria; o miserável que aluga a consciência nos processos acadêmicos; o servil subalterno que marca ponto a 60$000 e tira cada um a 10$000. Eis o bedel! O bedel de São Paulo!" (FIGARO JUNIOR, 1873, p. 24).

[199] Em teoria o Governo era o responsável por esta fiscalização, mas na prática ficava a cargo das Congregações a aprovação dos compêndios.

[200] Apenas a título exemplificativo, cite-se o Decreto nº 26, de 13 de setembro de 1836 (admitia a fazer os atos maiores os estudantes que não tivessem sido matriculados por falta de preparatórios) e o Decreto nº 1.073, de 8 de agosto de 1860 (admitia a matrícula do Império os alunos que por motivos justificados não tiverem comparecido no prazo fixado para as matrículas).

Isto pode ser observado na viagem que D. Pedro II fez ao Norte do Brasil em 1859, quando visitou a Faculdade de Direito do Recife: ele acompanhou os atos dos diversos anos e examinou minuciosamente a biblioteca da instituição em 25 e 26 de novembro; recebeu cortejos da FDR em 28 de novembro; foi recepcionado em Olinda por Nuno Ayque de Alvellos Annes de Brito Inglez, lente de direito civil e que morava de favor no Mosteiro de São Bento desde os tempos de estudante (BEDIAGA, 1999, v. 3, 3 de dezembro de 1859), em 3 de dezembro; e acompanhou um concurso para lente substituto da instituição, em que foram candidatos Francisco Pinto Pessoa e Tarquínio Bráulio de Souza Amarantho em 22 de dezembro (foi escolhido o primeiro) (SOUSA, 1867, p. 55, 58, 69 e 149). Em seu diário, assim ele registrou sua passagem pelo curso jurídico:

> casa acanhada. Assisti a exames de todos os anos. Estudantes fracos, entre os quais o filho do visconde de Albuquerque no 2º ano[201]. Ouvi a todos os lentes menos o Pereira Rego e Aprígio Guimarães, e dos que não conhecia gostei do Portela, Bandeira de Mello Filho, Braz Florentino e Pinto Júnior. O Loureiro parece saber o que ensina, mas parece carranca e tem pronúncia portuguesa muito acentuada. O Nuno creio que também sabe o compêndio. O Aguiar repisou muito as ideias. Vi na sala de exames do 3º ano um púlpito do princípio da Escola. Indo à Secretaria contei 50 estudantes, entre os quais grande número dos que figuram agora na vida pública, que fizeram exame do 1º ano em 1829, primeiros exames do novo curso jurídico, porém, muitos vieram de Coimbra, segundo me disse o Aguiar, um dos estudantes da criação do curso. A biblioteca está no Colégio das Artes, que visitarei amanhã (BEDIAGA, 1999, v. 3, 25 de novembro de 1859).

E no dia seguinte:

> depois do almoço fui à Faculdade, mas os lentes Pereira Rego e Aprígio já tinham arguido. Ouvi o resto do exame do dia do 5º ano e fui à livraria do Curso. Tem bons livros novos, porém muito pouco próprios dum curso de

---

[201] Manuel Pereira Guimarães (1º ano), Manuel Arthur de Holanda Cavalcanti (2º ano), Bernardo José Corrêa de Sá (3º ano), João Gomes de Almeida Coimbra e Guilherme Cordeiro Coêlho Cintra (4º ano) e Joaquim Theotonio Soares de Avelar; todos foram aprovados plenamente, com exceção do terceiranista, que foi reprovado (CAMARAGIBE, 1859).

direito e das matérias preparatórias e bastantes alfarrábios de teologia talvez vindos de algum convento. Há catálogo que está se acabando de imprimir; mas não vejo classificação dos livros nem indicações dos lugares para achá-los (...). Nas notas dos exames de ontem e que assim julgo pelo que presenciei, que houve favor para todos os aprovados plenamente que mereciam levar um R. As duas casas da Faculdade de Direito e Colégio das Artes são até quase indecentes e muito acanhadas; ao menos caiem-nas e pintem-nas" (BEDIAGA, 1999, v. 3, 26 de novembro de 1859).

Sobre o concurso, disse o Imperador:

fui para o concurso que não foi brilhante, dando eu a preferência ao Dr. Amaranto. O Pinto Pessoa vê-se que pode estudar; mas não muito por causa não só do estado intelectual da sua cabeça, como mesmo físico, carecendo de fechar os olhos para se lembrar, e esquecendo muito as [sic]. Havia pouca gente na faculdade; o que prova pouca curiosidade literária; é verdade que estamos em férias (BEDIAGA, 1999, v. 3, 22 de dezembro de 1859).

Antes, D. Pedro II já havia cruzado com Pinto Pessoa, de quem tinha tido a impressão de que "é muito preguiçoso, e diz que não sabe completar a leitura duma obra" (BEDIAGA, 1999, v. 3, 26 de novembro de 1859). Foi após esta viagem que então Barão tornou-se Visconde de Camaragibe, e vários lentes da FDR receberam a Ordem da Rosa e a Ordem de Cristo pelo Decreto de 14 de março de 1860 (AULER, 1952, p. 13-17). Retornando à cidade em 1871, ele mantinha sua opinião sobre os edifícios do Curso Jurídico e do Colégio das Artes, apenas registrando: "Que miséria!".

Muitos anos depois, sua filha visitou a Faculdade do Sul, e também ficou desgostosa com o que viu:

(...) assistimos a exame de um aluno do 5º ano. Que exame, meu Deus, e me dizem que assim são muitos?!, e quando eu pensava que houvesse talvez dúvida em aprovar o rapaz, vejo-o muito concho enfiar suas luvas, para passar ao doutoramento! Exames mais complicados passei eu! Fiquei ainda mais desiludida sobre exames, do que já estava. Assistimos ao doutoramento de cinco ou seis rapazes, entre os quais o neto de Madame de Morais [Pedro Carvalho de Morais]. Outra desilusão: que salas para aulas e me dizem que o Pádua Fleury [diretor], tem melhorado muito! (...) (ISABEL, 1957, p. 28).

No mais, e na linha do que acabamos de dizer, vale ressaltar que os outros cursos de ensino superior do Império padeciam dos mesmos males das Academias Jurídicas, com problemas nas instalações, no professorado e no alunado. O descaso com a educação não era um privilégio das Faculdades de Direito[202].

## 1.4. A função e o *ethos*
As Faculdades de Direito no Império tiveram uma função importante quando se analisa seu papel na formação da elite política[203].

José Murilo de Carvalho (2017) parte da concepção de que o que permitiu a manutenção da unidade nacional após a independência do Brasil foi, mais do que a transmigração da Corte portuguesa em 1808, a homogeneidade da elite política brasileira[204]. Ao contrário do que ocorreu nas repúblicas hispânicas vizinhas, a elite do Brasil era homogênea ideologicamente em função de sua socialização, de seu treinamento e de sua carreira – em outras palavras, tal homogeneidade foi alcançada pela educação, ocupação e circulação das pessoas.

O papel que os cursos jurídicos desempenharam é compreensível, ainda mais se lembrarmos que foram criados com o objetivo de formarem "homens de Estado". As Faculdades de Direito eram responsáveis por fornecer o ensino do Direito a uma parcela diminuta da população – os letrados. Dois aspectos devem ser destacados: a socialização e a ideologia oficial do Governo. Em relação à primeira, devemos apontar que a mudança para São Paulo ou Olinda/Recife e as atividades extramuros

---

[202] Almeida Júnior (1956, p. 15-124) trata da vida acadêmica das quatro instituições de ensino superior – Faculdades de Direito de São Paulo e de Olinda/Recife e Faculdades de Medicina da Bahia e do Rio de Janeiro. Os problemas por nós apontados para o ensino jurídico eram praticamente os mesmos ou até mesmo piores no ensino médico.

[203] Não é nossa intenção fazer um estudo sobre as "elites políticas", mas apenas ressaltar a função das Faculdades de Direito no marco teórico proposto por José Murilo de Carvalho (2017). Sobre o que ele entende por elite política, cf. CARVALHO, 2017, p. 20.

[204] A tese da homogeneidade da elite política brasileira já foi muito debatida na historiografia – um bom panorama pode ser encontrado em Ilmar Rohloff de Mattos (2017, p. 143, nota 84 e p. 144, nota 85). Esse autor, inclusive, não vê uma homogeneidade, mas antes uma clivagem, na qual os conservadores se sobrepuseram aos liberais durante todo o Império (MATTOS, 2017). José Murilo de Carvalho, por sua vez, defende a homogeneidade, o que fica claro em sua discussão sobre os partidos políticos imperiais, cf. CARVALHO, 2017, p. 199-228.

criavam laços de amizade entre os alunos que perduravam muitas vezes a vida toda (o caso exemplar é o de Nabuco de Araújo e Sinimbú, formados em Olinda em 1835). Em relação à segunda, ainda que as aulas não fossem das mais empolgantes (a regra, na verdade, eram aulas maçantes), o Governo acompanhava de perto o ensino nas Faculdades de Direito[205], nomeando lentes e diretores, expedindo inúmeros Avisos e Decretos[206], e (teoricamente) aprovando os compêndios a serem utilizados pelos lentes; além disso, tanto nos Estatutos de 1831 quanto nos de 1854 previa-se o combate a doutrinas subversivas.

Uma vez com a Carta de Bacharel em mãos, o percurso a ser seguido era relativamente semelhante: ingressar na magistratura[207]. Como tal ingresso se dava mediante nomeação imperial e sem a necessidade de concurso, a escolha era no mais das vezes política. Até a década de 1870, um número expressivo dos egressos tornava-se magistrado (ou passava a ocupar algum cargo no judiciário, como o de promotor público) logo após a formatura; com o aumento do número de bacharéis, tal tendência foi aos poucos dando espaço à entrada de profissionais liberais no cenário jurídico. Seja como for, a burocracia e, em especial, a magistratura, era a "vocação" de todos (CARVALHO, 2017, p. 40).

Outro ponto que deve ser ressaltado é a relativa facilidade com que os homens da elite circulavam pelo território nacional nas diversas posições que ocupavam. Como Estado unitário, no Brasil Imperial as províncias

---

[205] Essa também é a visão de José Murilo de Carvalho (2017, p. 82-83) e Thomaz Pompêo de Sousa Brasil, que afirma ser "enfadonho enumerar todos os atos de interferência do governo na economia dos Institutos Jurídicos; a lição que deles se colhe é que tais Institutos nenhuma independência tinham e que o Estado exerce neles completa e absoluta ingerência, mesmo em atos de somenos importância. Sem autonomia administrativa, e apertados pela fiscalização do ensino, então dominado pela concepção teológica, preponderante, esses institutos eram simples aparelhos ministradores de uma ciência bastarda, peca, sem elevação, estritamente profissional e sectária, da qual se ausentaram a originalidade, a erudição, o espírito analítico, e o exame imparcial dos fatos e das suas leis" (BRASIL, 1913, p. 51-52).
[206] A lista é vasta, cf. BRASIL, 1913, p. 51, nota 5.
[207] Nas palavras de José Murilo de Carvalho, os magistrados "apresentavam a mais perfeita combinação de elementos intelectuais, ideológicos e práticos favoráveis ao estatismo. Na verdade, foram os mais completos construtores do Estado no Império, especialmente os da geração coimbrã. Além das características de educação (...), eles tinham a experiência da aplicação cotidiana da lei e sua carreira lhes fornecia elementos adicionais de treinamento para o exercício do poder público" (CARVALHO, 2017, p. 99).

não possuíam autonomia e, portanto, era comum que, conforme fossem galgando posições na burocracia estatal e aproximando-se do "núcleo duro" do Governo, as pessoas ocupassem diferentes cargos em diferentes localidades – o exemplo por excelência é o de Presidente de Província. Essa circulação tanto por cargos quanto por localidades geográficas foi essencial à manutenção da ordem, com a prevalência dos interesses nacionais sobre os regionais.

Ao lado da função homogeneizante[208] das Faculdades de Direito, deve-se atentar para o fato de que elas também favoreceram a formação de um *ethos*, para falar com Bourdieu (1986). Nesta esteira, tais instituições desempenham um papel muito importante no campo jurídico, podendo ser consideradas a "porta de entrada" na vida profissional. São elas que instituem o limite do "espaço judicial", determinam e classificam aqueles que estão aptos a entrar no jogo e, assim, moldam a visão do caso, a visão técnica do perito (jurídico) em contraposição à visão vulgar das normas jurídicas. É por meio delas que os bacharelandos adquirem essa visão profissional, entram no campo jurídico e se apropriam da "gramática do direito". Em outras palavras, a entrada no campo permite o conhecimento das regras do jogo jurídico, sua linguagem em forma de jargão profissional, e faz com que incorporem o *habitus* jurídico e, assim, têm o poder de determinar o que e quem entra no campo, o que é disputável e o que é relevante ou não no âmbito do direito (BOURDIEU, 1986, p. 8-9 e 11)[209].

## 1.5. Negros nas Faculdades de Direitos: exclusão, preconceito e apagamento

Passada em vista a teoria e a prática do ensino jurídico no período, resta a pergunta: e os negros? Em uma tese que se propõe a estudar a justificação teórica da escravidão, não podíamos deixar de mencionar, ainda que brevemente, a situação dos negros nas Faculdades de Direito de São Paulo e Olinda/Recife.

O aspecto mais evidente é a exclusão, uma vez que o ingresso no ensino superior era exclusividade de uma parcela diminuta da população brasileira, isto é, os alfabetizados e detentores de meios financeiros para entrar e se manter nos cinco anos do curso. Essa é a razão pela qual o

---

[208] Teotonio Simões fala em termos de uma "coterie", cf. SIMÕES, 2006, p. 38 e 58-62.
[209] Sobre a constituição do campo jurídico à luz da teoria de Bourdieu, cf. FERREIRA, 2021.

ensino jurídico era dominado por homens, brancos e católicos[210]. Ainda que tal exclusão nunca esteve formalmente na legislação, prevaleciam os privilégios de cor, de classe e de gênero.

Como decorrência disso, o segundo aspecto a ser reconhecido é o preconceito com pessoas "de cor", para utilizar a expressão da época – e vários são os casos e incidentes que demonstram a aversão e o preconceito racial inerente à população da época. É conhecido o caso do conselheiro Veiga Cabral, catedrático de Direito Civil em São Paulo, que não simpatizava com os estudantes negros e com eles sempre implicava:

> Começava por não admitir que lhe estendessem a mão.
> Uma vez deu o pé a um deles, que o queria cumprimentar.
> — Desaforo! – dizia – Negro não pode ser doutor. Há tantas profissões apropriadas: cozinheiro, cocheiro, sapateiro...
> Nos dois anos do curso de Civil, levou de canto chorado um estudante de nome Fogaça[211], mulato feio e maltrapilho, pois o descuido na *toilette* era também, para o conselheiro Cabral, caso de forca! Às vezes, estando presente o Fogaça, o Cabral nem olhava para o lado dele, mas perguntava ao bedel:
> — Sr. Mendonça, já marcou ponto no negro?
> — Mas, sr. conselheiro, protestava respeitosamente o Fogaça, eu estou presente!...
> — Quer o negro esteja ausente, quer o negro esteja presente, marque ponto no negro! (NOGUEIRA, 1907, v. 2, p. 47-48).

Com efeito, há relatos de estudantes negros, "caboclos", "de cor", "escuros", "mestiços", "miscigenados", "morenos", "crioulos", "mulatos", "pardos", "trigueiros" e "cor de jambo" desde a fundação dos cursos jurídicos, assim como funcionários e professores.

---

[210] As primeiras mulheres a se formarem na Faculdade de Direito do Recife foram Delmira Secundina da Costa, Maria Coelho da Silva e Maria Fragoso em 1888. Na Faculdade de Direito de São Paulo foi Maria Augusta Saraiva, em 1902.
Quanto à religião, basta lembrar que apenas em 1879 foi facultado aos estudantes não católicos que deixassem de fazer a prova de exame eclesiástico.
[211] Na verdade, tratava-se de Egídio Mariano de Sousa Bessa, como o próprio Almeida Nogueira afirma em "Great Attraction! – Reminiscencias e Tradições da Academia de São Paulo – Estudantes, Estudantões e Estudantadas (em 1863)". **Correio Paulistano**, São Paulo, n. 15.324, 16 de abril de 1906, p. 1-2.

Por fim, o terceiro aspecto é o apagamento que os negros sofreram na história das Faculdades de Direito no Brasil.

Acontece que o negro sempre esteve presente na vida dos estudantes e dos lentes.

Nas repúblicas (de São Paulo), havia alguns empregados típicos (NOGUEIRA, 1909, v. 6, p. 166-169): a cozinheira, sempre uma liberta, que cuidava da alimentação dos rapazes; a lavadeira, comumente uma jovem de alguma família paulistana[212], responsável por lavar e engomar a roupa dos estudantes; e criados (um ou mais), escravizados responsáveis pelas demais atividades dentro e fora da moradia estudantil[213]; também podia ser uma escravizada (ama[214]). Tal "criado de estudante", que podia ser da república ou de um estudante em específico, geralmente o acompanhava quando de sua mudança para São Paulo e seguia de perto sua trajetória acadêmica, ascendendo na hierarquia conforme seu "senhor-moço", isto é, acompanhava sua ascensão de calouro a quintanista[215] e, segundo a praxe, era libertado quando seu senhor recebia a carta de bacharel (NOGUEIRA, 1908, v. 5, p. 168-169).

Como dissemos, os negros também foram empregados nas Faculdades de Direito. Há relato de um servente em São Paulo, José Alves Fernandes,

---

[212] Segundo a crônica da turma acadêmica de 1867-1871, cf. NOGUEIRA, 1908, v. 5, p. 276-277.

[213] Por exemplo, Francisco de Paula Ferreira de Rezende (primo de Perdigão Malheiro), quando estudante em 1853, tinha uma criada que "pôs ao ganho" e com isso conseguia um adicional de 400 réis por dia para incrementar sua mesada (REZENDE, 1944, p. 279).

[214] O famoso poema "A vida do estudante", atribuído a Antônio Augusto de Queiroga (turma de 1834) e cantado por várias gerações acadêmicas, mostra diversos aspectos interessantes da época e possui os seguintes versos, provavelmente fazendo alusão à criada: "As horas sete se escutam/ No triste sino tocar,/ Que nos faz alevantar/ Da quente cama. (*bis*)// À pressa grita-se à ama / Que ponha água no fogo,/ E ela vem dizer logo:/ — Chá 'stá na mesa! (*bis*)" (NOGUEIRA, 1907, v. 2, p. 94, grifos no original).

[215] Segundo Almeida Nogueira, tais criados "eram amigos dos brancos a quem serviam, e dedicadíssimos ao senhor-moço. Identificavam-se com eles e formavam entre si uma espécie de subclasse acadêmica, à sombra dos seus senhores. Eram, como eles, **calouros**, ou veteranos, e, à medida que aqueles gradualmente subiam ao ano superior, também os seus **criados** passavam ao ano equivalente entre os seus pares ou os seus *colegas*; chamavam-se entre si **caloiro** ou quintanista e os de ano superior mandavam os outros **medir a distância que os separa**" (NOGUEIRA, 1908, v. 5, p. 168-169, grifos no original).

o "Zé Quieto"[216] (NOGUEIRA, 1907, v. 2, p. 26) e ofícios da Faculdade de Direito do Recife dão notícia de africanos livres[217] que lá trabalhavam, como Malaquias, que lá serviu por pelo menos uma década (entre 1852 e 1862) (PEREIRA, 1977, v. 2, p. 662-663).

Por fim, devemos lembrar que o corpo docente das duas Faculdades também possuiu negros (pardos) em seus quadros. Em São Paulo, José Rubino de Oliveira foi lente catedrático de Direito Administrativo entre 1882 e 1891, ano de seu falecimento. Em Recife, Tobias Barreto de Menezes[218] é a figura que se sobressai, tendo sido lente de 1882 a 1889, quando faleceu.

### 1.6. Síntese: "todos os proprietários, e homens ricos devem tomar suas tinturas de Jurisprudência"

A criação dos cursos jurídicos no Brasil foi uma necessidade frente à independência política recém-conquistada – afinal, como afirmava Montezuma, "todos os proprietários, e homens ricos devem tomar suas tinturas de Jurisprudência" (BRASIL, 1977, p. 138). Por isso que logo na Assembleia Constituinte de 1823 discutiu-se a criação de Faculdades de Direito, discussão esta que foi retomada em 1826 e 1827 e que culminou na Lei de 11 de agosto de 1827.

Os novos cursos foram criados à imagem e semelhança da Universidade de Coimbra, o que se refletia desde o currículo até os costumes acadêmicos que atravessaram o oceano Atlântico. Apesar de algumas reformas e outras tentativas de reformas, certo é que o ensino jurídico permaneceu

---

[216] Almeida Nogueira (1907, v. 2) relata que quando Avellar Brotero era secretário ou assumia o exercício interino da diretoria ele implicava com os empregados. Um dos episódios se deu com o servente José Alves Fernandes, negro, conhecido como "Zé Quieto" e que "findo o serviço, gostava de postar-se humilde, quase oculto, a um canto da biblioteca, e ali ler alguns dos jornais do dia.

O conselheiro Brotero irritava-se com isto, e, logo que percebia o Zé Quieto com uma folha nas mãos, dava-lhe imediatamente algum serviço a fazer" (NOGUEIRA, 1907, v. 2, p. 26).

[217] A Lei de 7 de novembro de 1831 (conhecida como "Lei Feijó") declarou livres todos os escravos que viessem de fora do Brasil, com algumas poucas exceções. A lei foi regulamentada em 1835 e criou-se a figura do "africano livre", isto é, o africano que poderia ser empregado no serviço público e privado. Na prática, tratava-se de escravização de negros, mas de um jeito "formal". Os africanos livres só foram emancipados em 1864.

[218] Sobre ele, ver item 4.5.

com sua estrutura inalterada durante todo o Império. O maior ponto de inflexão foi a reforma do ensino livre de 1879, que, ao instituir a liberdade de frequência, esvaziou as Academias de Direito. Não obstante, mesmo antes desta famigerada reforma, vimos que as Faculdades possuíam inúmeros problemas, da estrutura dos edifícios à "cola" nos exames de final de ano, entre (muitos) outros.

Apesar das dificuldades que professores e alunos enfrentavam, tais instituições eram importantes na medida em que representavam um espaço de socialização da elite política imperial e lhe propiciava uma homogeneidade de formação e de visão de mundo. Além disso, desempenhavam importante função enquanto porta de entrada para a atuação no campo jurídico. Todos esses fatores favoreceram uma visão conjunta, visão essa que influenciou os rumos que o "elemento servil" tomou no longo século XIX, vez que os "homens de Estado" eram, em sua maioria, egressos das Academias de Direito – ainda que tais egressos fossem em sua maioria homens, brancos e católicos, uma vez que os negros eram excluídos, sofriam preconceito e foram apagados da(s) narrativa(s) histórica(s) oficial(is).

# PARTE II
# DIREITO NATURAL

"Quod attinet ad ius civile, servi pro nullis habentur; non tamen et iure naturali, quia, quod ad ius naturale attinet, omnes homines aequales sunt" (D. 50, 17, 32)[219]

"Eram onze horas da manhã do dia ** com os meus compêndios debaixo do braço, cabisbaixo me dirigia do templo das três irmãs – **Ciência, Verdade e Justiça** – para a minha pobre **locanda**. Ao dobrar a primeira esquina, deparo, não muito longe, com uma locafa encasacada; seu semblante era constritado e **intimamente** inquieto. O que será? Eis a primeira interrogação que me veio ao espírito. Mais um passo, e a cínica expressão de um leiloeiro feriu-me os ouvidos: – **Duzentos e cinquenta mil réis pelo escravo Antônio**! Então eu tudo compreendi! Era um açougue de carne humana! Era a imoralidade erigida em seu altar pela mão da lei! Era o sangue que do Gólgota correu espicaçado pela insaciabilidade da harpa!!!

..............................................................................

A poucos minutos a eloquente voz de meu mestre tinha me falado da igualdade humana!... Abri então meu compêndio e dele arranquei essa página de escárnio... Tive ímpetos de oferecê-la em resgate pelo **irmão dos homens**,

---

[219] "No que diz respeito ao *ius civile*, os escravos não são tidos como alguma pessoa. Entretanto, não pelo direito natural, porque, no que diz respeito ao direito natural, todos os homens são iguais" (MORAES, 2021, p. 118).

a quem a **obra** dos homens havia convertido nessa **máquina**, cuja mola única é a **submissão do idiota**, e à que se dá o nome de escravo. Continuei porém meu caminho, e rompendo em pedaços bem diminutos essa **mentira** que tinha nas mãos, a atirei para o ar, lembrando-me da poeira dos **Gracos!**... Ao dobrar a seguinte esquina, ainda aí me acompanhou a voz do leiloeiro; – **afronta faço, que mais não acho, se mais achara, mais tomara!**...

E esta terra é o Império do Brasil? O Império do Brasil, que se ufana de sua Constituição?"

– autor anônimo, **O Tymbira**, São Paulo, n. 3, 19 de maio de 1860, p. 4.

O conceito de Direito Natural é, talvez, um dos mais difíceis de se definir, tendo em vista que ele pertence a uma tradição de longa duração – já estava presente entre os gregos e romanos e passou por diversas modificações de sentido e de uso com o passar dos séculos. O Direito Natural que aqui nos interessa é o concebido pelos jusracionalistas dos séculos XVI e XVII, ou seja, quando a disciplina foi alvo de uma nova elaboração teórica e passou a contemplar aspectos que se fizeram presentes até o século XIX. Os autores que levaram a cabo esta empreitada, dentre eles Hugo Grócio e Samuel Pufendorf, imprimiram uma nova visão ao direito natural, conforme veremos abaixo.

Essa concepção moderna do Direito Natural foi recepcionada em Portugal ao final do século XVIII, quando da reforma da Universidade de Coimbra. Ao instituírem-se os cursos jurídicos no Brasil, era justamente a cadeira de Direito Natural que inaugurava o currículo, juntamente com Direito Público Universal e Análise da Constituição do Império (na 1ª cadeira do 1º ano). Entendia-se que o Direito Natural seria o responsável por fornecer os conceitos elementares aos futuros bacharéis, conceitos estes fundamentais tanto ao estudo do Direito quanto à organização política e civil da sociedade. Não por acaso, o Direito Natural permaneceu na 1ª cadeira do 1º ano durante todo o período imperial e somente foi extinta na República pela Reforma Benjamin Constant (decreto nº 1.232-H, de 2 de janeiro de 1891), que em seu lugar instituiu a cadeira de Filosofia do Direito.

Nesta parte, nosso objetivo é analisar a "readequação" do Direito Natural nos séculos XVI e XVII, sua recepção em Portugal e posterior acomodação no Brasil, com ênfase na cadeira de Direito Natural das Faculdades de Direito, bem como analisar os argumentos a favor e contra a escravidão e quais as ideias filosóficas disponíveis no Brasil do século XIX. No mais, iremos analisar sua inclusão no currículo dos cursos jurídicos e o ensino efetivamente realizado ao longo dos Oitocentos em São Paulo e em Olinda/Recife: quem eram os lentes catedráticos, quais eram os compêndios utilizados e como a escravidão neles aparecia.

# CAPÍTULO 2
# A TRADIÇÃO JUSNATURALISTA NO BRASIL

## 2.1. Uma velha ciência para um novo mundo: a tradição jusnaturalista e sua acomodação no Brasil

O Direito Natural pertence a uma longa tradição[220] e aqui nos interessam as mudanças que ele teve de enfrentar a partir do século XVI, com o início do que se pode chamar de modernidade jurídica. É o momento em que o "jusnaturalismo tradicional", isto é, aquele que concebia o Direito Natural como "o direito que está de acordo com a natureza" – conceito utilizado por Cícero, Santo Agostinho e São Tomás de Aquino, dentre outros – dá lugar ao "jusnaturalismo moderno", isto é, fundado na razão (daí o nome de "jusracionalistas" atribuído a seus teóricos). Esse novo jusnaturalismo punha ênfase no indivíduo e nos direitos a ele subjacentes – é aqui que surgem os "direitos naturais" no plural e também a elaboração das teorias do contrato social, entendido justamente no âmbito de limitação dos direitos naturais em prol da sociedade. Além disso, ganha força o conceito de vontade, isto é, o Direito teria como fonte a vontade do indivíduo (voluntarismo) e desenvolve-se a ideia de um Direito Natural objetivo, em consonância com o avanço nos descobrimentos das ciências naturais e, por conseguinte, passível de ser um conhecimento científico – e, enquanto tal, apto a ser ensinado nas universidades (WIEACKER, 2015, p. 279-395

---

[220] Para a evolução histórica do direito natural e do jusnaturalismo moderno, ver WIEACKER, 2015, p. 290-305, STRAUSS, 1953 e TUCK, 1979.

e HESPANHA, 2015, p. 301-333). Assim, vê-se que o jusracionalismo jurídico trouxe algumas rupturas em relação ao pensamento político e jurídico até então vigentes, principalmente por ter como características o individualismo, o formalismo, o voluntarismo, o contratualismo, o laicismo, o liberalismo e o cosmopolitismo (HESPANHA, 2015, p. 340-348)[221].

Dois autores de destaque deste movimento foram Hugo Grócio[222] e Samuel Pufendorf[223]. Outros autores filiados ao jusracionalismo foram os alemães Christian Thomasius (1655-1728), Christian Wolff (1679-1754) e Johann Gottlieb Heineccius (Heinécio) (1681-1741), o austríaco Karl Anton von Martini (1726-1800), o francês Jean de Barbeyrac (1674-1744), e os suíços Jean-Jacques Burlamaqui (1694-1748) e Emer de Vattel (1714--1767). Tais autores ocuparam as primeiras cátedras da disciplina[224] e muito dos compêndios escritos por eles foram utilizados em Portugal já no século XVIII e no Brasil no século XIX.

Em Portugal, pela forte influência da Contrarreforma, as novas ideias jusnaturalistas não foram prontamente recepcionadas. Ao movimento acima descrito houve, em realidade, uma reação conservadora: o "jusnaturalismo tradicional" ganhou novo fôlego nos séculos XV e XVI com a chamada Escola Ibérica de Direito Natural, composta por juristas e teólogos (em sua maioria religiosos jesuítas ou dominicanos), que conciliavam o jusnaturalismo de matriz tomista com as ideias do Renascimento – daí porque valorizavam um Direito de viés empírico, racional e até mesmo laicizado. Fizeram parte dessa Escola acadêmicos das universidades de Salamanca e Valladolid (Espanha) e Évora e Coimbra (Portugal), como De Soto (1494-1560), Afonso de Castro (1495-1558), Francisco de Vitória (1486-1546), Luís de Molina (1535-1600) e Francisco Suárez (1548-1617). Curiosamente, tais autores foram lidos por autores do norte da Europa (Países Baixos e no norte da Alemanha) e influenciaram o posterior

---

[221] Segundo António Manuel Hespanha, "É esta a forma de pensar a sociedade e direito que irá estar na base da cultura jurídica da modernidade, desde o século XVIII até ao presente, só no século XX começando a ser confrontada com outros imaginários sociais e jurídicos. O seu legado foi, portanto, estruturante das ideias que ainda hoje vigoram quanto à organização social e sua tradução em termos jurídicos" (HESPANHA, 2015, p. 343).
[222] Sobre ele, cf. WIEACKER, 2015, p. 323-340.
[223] Sobre ele, cf. WIEACKER, 2015, p. 346-353.
[224] Cf. MONCADA, 2003, p. 27, nota 1 e VEIGA, 1982, p. 140-141.

desenvolvimento do jusracionalismo em autores como Johannes Althussius e Hugo Grócio (HESPANHA, 2015, p. 306-307).

No século XVII – o século do jusracionalismo por excelência – Portugal passou ileso às novas mudanças. Isso se deu em função da presença dos jesuítas, que controlavam o sistema educacional, inclusive o ensino superior. Ainda, ocorria a censura oficial de livros considerados subversivos pelo Tribunal do Santo Ofício, de modo que seria difícil os ensinamentos dos jusracionalistas serem difundidos em terras portuguesas (não que isso não ocorresse[225]: a circulação de manuscritos, ainda que pequena, garantia certa penetração de suas ideias).

A mudança viria a ocorrer apenas em meados do século XVIII[226], a partir do reinado de José I e com as reformas empreendidas pelo Marquês de Pombal. Após a expulsão dos jesuítas em 1759, percebe-se a influência do novo Direito Natural em duas importantes reformas, concernentes às fontes do Direito – Lei da Boa Razão, de 1769 – e ao ensino do Direito – os novos Estatutos da Universidade de Coimbra, de 1772[227]. De acordo com esta última, passou-se a ensinar oficialmente o Direito Natural nos cursos de Direito (Leis) e de Teologia (Cânones) – a primeira cadeira de ambos os cursos[228] seria Direito Natural, Público Universal e das Gentes.

Já antes da reforma de 1772 a importância do estudo do Direito Natural em Portugal era reconhecida: no **Verdadeiro Método de Estudar** (1746), Luís Antônio Verney já se mostrava a par dos debates sobre a disciplina que ocorriam na Europa, debates estes que também influenciaram sua obra (CABRAL, 2011, p. 100–101). Além disso, o **Compêndio Histórico do Estado da Universidade de Coimbra** de 1771, que preparou o terreno para a reforma do ano seguinte, também dava um papel destacado ao direito natural, recomendando seu estudo (UNIVERSIDADE DE COIMBRA, 1906, p. 217-242). Nele, entendia-se que o Direito Natural e das Gentes "constitui hoje uma das pré-noções mais substanciais do Estudo Jurídico", sendo que o primeiro devia "preceder a todos os Direitos

---

[225] Cf. SEIXAS, 2016, p. 176.
[226] Para a relação entre jusracionalismo e iluminismo, cf. WIEACKER, 2015, p. 353-365. Para essa relação no Brasil, cf. LOPES, 2003.
[227] Ver item 1.1.
[228] Vale ressaltar que pelos estatutos de 1772 as cadeiras dos dois primeiros anos dos cursos de Leis e de Cânones seriam as mesmas.

positivos", pois era "a Disciplina mais útil, e a mais necessária, com que os Juristas se devem dispor, e preparar para fazerem bons progressos nas Ciências Jurídicas" (UNIVERSIDADE DE COIMBRA, 1906, p. 154, 172 e 217)[229].

Após a reforma dos estudos universitários em Coimbra, o influxo jusnaturalista logo se fez sentir em Portugal[230]: justamente em 1772 vem a lume o **Tratado de Direito Natural** de Tomás Antônio Gonzaga (1744-1810). Pouco após a promulgação dos novos estatutos adotaram-se oficialmente compêndios de autores jusracionalistas: Karl Anton von Martini e Heinécio, utilizados, respectivamente, nas cadeiras de Direito Natural e de Direito Civil. Foi também em matéria de direito civil que Paschoal José de Mello Freire (1738-1798), lente catedrático de Direito Pátrio (cadeira introduzida pela reforma de 1772), publicou suas famosas **Institutiones Juris Civilis Lusitani, cum Publici tum Privati [Instituições de direito civil lusitano]**[231] (4 tomos, 1789-1793), em que fazia amplo uso de autores jusnaturalistas (CABRAL, 2011, p. 106 e 143). Além disso, autores como Arnold Vinnius (1588-1657), Pufendorf, Vattel, Barbeyrac e Burlamaqui[232] também eram lidos pelos estudantes de Coimbra (HESPANHA, 2015, p. 362). No mais, vale ressaltar que a influência jusnaturalista também se espraiou para a jurisprudência portuguesa por meios dos assentos da Casa da Suplicação (o tribunal máximo do Reino)[233].

No Brasil, o referido Tomás Antônio Gonzaga é considerado por A. L. Machado Neto (1969, p. 15-18) o iniciador da tradição jusnaturalista no país. Com efeito, podemos incluí-lo na "geração de Coimbra", isto é, dos homens formados após a reforma da Universidade de Coimbra e que estudaram as obras dos jusracionalistas nos bancos acadêmicos.

---

[229] O **Compêndio Histórico** elenca nove razões pelas quais o Direto Natural deveria ser estudado (UNIVERSIDADE DE COIMBRA, 1906, p. 217 –230).

[230] Sobre o papel do Direito Natural e a influência de autores de língua alemã em Coimbra no século XVIII, cf. RODRIGUES, 2007, v. 1, p. 629-634 e 636-642.

[231] Esta obra de Mello Freire teve grande impacto em Portugal e no Brasil – neste, foi utilizada pelo menos até 1884 em um manual de Trigo de Loureiro, lente da Faculdade de Direito do Recife, conforme veremos adiante.

[232] Seus **Elementos de Direito Natural** haviam sido traduzidos em 1768 por José Caetano de Mesquita, antes mesmo da reforma da universidade (MONCADA, 2003, p. 27, nota 2).

[233] Sobre a recepção do Direito Natural e do iluminismo na Casa da Suplicação, cf. CABRAL, 2011, p. 153-199.

Essa geração também foi responsável por estabelecer as bases do Estado brasileiro após sua independência e dela saíram os primeiros docentes dos cursos jurídicos de São Paulo e Olinda.

Em que pese trazerem um conhecimento comum de Coimbra, o Direito Natural ensinado nas Academias de Direito teve que se acomodar ao ideário liberal então dominante, por exemplo, tendo que conviver com a questão da escravidão (convenientemente mantida após a Independência). Assim, veremos como cada lente imprimiu certa concepção do e sobre o Direito Natural, sempre em diálogo com, por um lado, a tradição jusracionalista e, por outro, os novos avanços no pensamento filosófico dos séculos XVIII e XIX.

## 2.2. Os argumentos a favor e contra a escravidão[234]

Desde a Antiguidade se teorizava sobre a relação entre escravidão e o Direito Natural. Aristóteles[235], cujas ideias influenciariam os teóricos jusnaturalistas até o final do século XVII, entendia que a escravidão era legítima porque (i) seria natural para alguns seres humanos, que nasceram para serem escravos (escravidão natural) e (ii) em caso de conquista, deveria ser utilizada em substituição à pena de morte (escravidão convencional) (BOUCHER, 2009, p. 22-26).

Foi a partir do século XV, com a descoberta da América, que essa relação entre escravidão e o Direito Natural foi não somente modificada, como passou a chamar mais atenção dos pensadores, que começaram a se debruçar sobre o tema de forma mais detida[236]. Afinal, se por um lado era necessário fornecer uma teoria que justificasse a escravização dos indígenas, por outro lado a introdução de escravizados africanos com o tráfico transatlântico também demandava explicação[237].

---

[234] Cf. PIMENTEL, 1995, p. 134-235; HENRIQUES; SALA-MOLINS, 2002; DAVIS, 1967, p. 109-114; e DOGUET, 2016.

[235] Cf. SEIXAS, 2016, p. 50, nota 92, entre outros.

[236] Sobre a apropriação do pensamento aristotélico pelos pensadores espanhóis e seus reflexos sobre a escravização dos nativos, cf. TIERNEY, 1997, p. 255-287.

[237] Nas palavras de Louis Sala-Molins: "L'entreprise, ce génocide utilitariste qui traverse toute la modernité et le premier siècle de l'ère contemporaine au vu et au su de tout le monde, n'aurait pas été viable sans un support idéologique, de nature plutôt philosophique ou plutôt théologique selon les régions et les saisons, sans une traduction juridique du même support" (SALA-MOLINS, 2002, p. 27).

Ao contrário dos economistas políticos, que adotaram uma posição contrária à escravidão desde o começo e a ela se ativeram até o final, não é possível identificarmos um ideário comum entre os autores jusnaturalistas. Em realidade, havia autores que defendiam a escravização e autores que escreviam contra ela.

De início apelou-se para a ideia de guerra justa e a obra de maior repercussão foi **De iure belli ac pacis [O direito da guerra e da paz]** de Hugo Grócio, em que, ainda que reconhecesse que todo homem era livre por natureza, admitia a escravidão à luz do *ius gentium*, fosse ela adquirida pela guerra, por nascimento, como pena ou pela venda de si próprio ou dos filhos (SEIXAS, 2016, p. 79). Esta ordem de ideias prevaleceu nos séculos XVI e XVII[238], sendo que os dois argumentos de Aristóteles ainda eram os mais utilizados para justificar a escravidão (BOUCHER, 2009, p. 198).

Na linha de Grócio, Thomas Hobbes aceitava a escravidão decorrente da guerra, cujo poder senhorial era absoluto, no que era seguido por John Locke, para quem tais cativos eram propriedade do senhor e não pertenciam à sociedade (SEIXAS, 2016, p. 79-81).

Outros autores jusnaturalistas também se posicionaram sobre o tema. Samuel Pufendorf aceitava abertamente a escravidão, fosse ela resultante do direito de guerra, fosse pela livre sujeição dos escravos, e não a entendia como um mal; pelo contrário, ele acreditava que a instituição poderia ser benéfica em muitas situações, tanto para o indivíduo quanto para o Estado. Jean-Jacques Burlamaqui, para quem o direito de liberdade era o mais importante, justificava a escravidão como uma defesa, i. e., de um homem contra outro que quisesse subtrair sua liberdade. Christian Wolff, para quem a escravidão dependia da vontade humana e era contrária ao estado de natureza, concebe a legitimidade da escravidão tanto por liberalidade (sujeição de um homem por outro voluntariamente) quanto por submissão (guerra). Emer de Vattel sugeria que a escravidão é legítima apenas enquanto substituta da pena de morte. Fortunato Bartholomeo De Felice

---

[238] "In general, slavery was considered by natural law and natural rights thinkers of the sixteenth and seventeenth centuries as a human institution, sanctioned by natural law and the Law of Nations, an acceptable alternative to death in conditions of conquest, but also for sins committed that may otherwise lead to death or indefinite incarceration. During such time slaves became pieces of property who could be bought and sold as other possessions (...)" (BOUCHER, 2009, p. 195).

é totalmente contrário à abdicação da liberdade, fosse ela natural ou civil; para ele, a liberdade é o bem supremo, daí porque entendia que a escravidão era contrária ao Direito Natural e ao Direito Civil. Contudo, à luz do Direito das Gentes, seria possível reduzir alguém ao estado de escravo se isso fosse fazer com que o escravizado continuasse a viver, ou seja, se ela fosse estabelecida de modo voluntário e o poder senhorial fosse limitado. Assim, não seria a escravidão um mal, mas sim a opressão ilimitada que o senhor exerce sobre o escravo. Gaetano Filangieri analisa o tema sob a ótica do Direito Criminal, ou seja, da pena privativa de liberdade, sendo-lhe favorável[239]. Pode-se dizer, em síntese, que

> Para estes autores jusnaturalistas, a escravatura é não só legítima como justa. É legítima porque, seja em que caso for, o estado de escravidão é sempre resultante de um contrato, direto ou indireto, entre indivíduos. Esse contrato é possível, devido à liberdade original que cada homem tem de dispor como entender da sua pessoa e dos seus direitos. E se é legítima, é por conseguinte justa. Por fim, pode até mesmo contribuir para a felicidade humana porque, como vimos, é uma alternativa possível para certas situações irremediáveis em que a vida do indivíduo está em jogo. É igualmente um benefício para toda a comunidade em que o escravo esteja inserido, pois não só a torna mais rica com o seu trabalho, como liberta os senhores dos afazeres caseiros mais pesados (PIMENTEL, 1983, p. 45)[240].

Assim, conclui Maria do Rosário Pimentel que

> No fundo, os jusnaturalistas justificaram uma velha prática com uma construção teórica nova, de onde ressaltam alguns dos princípios mais discutidos do século XVIII: Direito Natural, Liberdade, Igualdade, Felicidade, Sociedade. A prática vinha já da antiguidade, mas, agora, era revestida de uma roupagem teórica adaptada ao tempo (PIMENTEL, 1983, p. 47).

---

[239] Para a posição de Pufendorf, Burlamaqui, Wolff, Vattel, De Felice e Filangieri, cf. PIMENTEL, 1983.
[240] Além disso, "o contratualismo é outra constante nestes autores que é necessário realçar. Quer o contrato se faça diretamente de indivíduo para indivíduo, quer resulte indiretamente de uma concepção contratualista da sociedade, é no fundo esse o fato que vai dar toda a legitimidade à escravatura. (...)" (PIMENTEL, 1983, p. 45).

No século XVIII, a escravidão continuou a ser justificada com base na conquista, mas isso era feito com muito mais cuidado (BOUCHER, 2009, p. 202). Em realidade, já em meados desse século

> Começou a entender-se que a escravatura – definida por uns com base no direito de conquista e, por outros, com base nas necessidades da colonização, nas vantagens de comércio, no costume estabelecido, ou, simplesmente, no processo de evangelização dos gentios – não poderia justificar-se nem pelos ditames da Natureza, que confere igual dignidade a todos os seus filhos, nem pelos da Razão, uma vez que por esta não se admite que a diferença de pigmentação seja motivo de glória ou motivo de desgraça (PIMENTEL, 1983, p. 2).

Com efeito, os iluministas tinham dificuldade de conciliar o instituto com as ideias que propagavam, em especial com o Direito Natural, e em sua maioria escreviam contra o cativeiro[241].

Rousseau entendia que as justificativas de Aristóteles não tinham fundamento e argumentava que a escravidão não possuía base no direito natural. Montesquieu não encontrava justificativa para a instituição no Direito das Gentes, no Direito Civil ou no Direito Natural, mas compreendia sua utilização em algumas partes do mundo em função do clima. Burke também era contra a imposição de arbitrariedades ao povo colonizado, mas não era favorável à abolição imediata, em função da desorganização que isso traria à economia[242]. Tal ordem de ideias foi incorporada à Revolução Americana de 1776[243] e à Revolução Francesa de 1789[244].

No século XIX a argumentação utilizada pelos jusnaturalistas e pelos iluministas foi inserida no debate sobre a escravidão e repercutiu no ensino jurídico, como veremos.

---

[241] Cf. PIMENTEL, 1995 e ESTÈVE, 2002, entre outros.
[242] Para a posição de Rousseau, Montesquieu e Burke, cf. BOUCHER, 2009, p. 202-208.
[243] Cf. DYER, 2012 e PIMENTEL, 1995, p. 143-149. Vale lembrar que William Blackstone, maior comentarista do *Common Law*, também se pronunciou sobre a escravidão, cf. MICHALS, 1993 e PREST, 2007.
[244] Cf. PIMENTEL, 1995, p. 149-160, entre outros.

## 2.3. A criação dos cursos jurídicos e o Direito Natural
### 2.3.1. Debates parlamentares

Tanto nos debates ocorridos em 1823, quanto nos ocorridos em 1826-1827, os parlamentares concordavam com a necessidade de uma cadeira de Direito Natural – preferencialmente como a 1ª cadeira do curso jurídico, como havia sido instituído na Universidade de Coimbra em 1772, local onde a maioria dos bacharéis em Direito que tomaram parte nas discussões havia se formado.

Tamanha era sua importância que o deputado Cavalcanti de Albuquerque não via problema em se criarem tantas cadeiras de Direito Natural quantas fossem necessárias:

> (...) eu estabeleceria no Rio de Janeiro uma cadeira de Direito Natural, e das Gentes, e outra de Direito Pátrio Civil e Criminal, e História desta legislação. Na Bahia poria também duas cadeiras, uma de Direito Natural, e outra de Economia Política. Em Pernambuco, Maranhão, Minas e S. Paulo uma cadeira de Direito Natural e outra de Direito Público, Estatística Universal, e Geografia Política (**ACD**, sessão em 7 de agosto de 1826, p. 67).

Batista Pereira, por sua vez, sintetizava a discussão com a seguinte pergunta retórica: "não têm todos concordado na cadeira de Direito Natural?" (**ACD**, sessão em 8 de agosto de 1826, p. 78). Contudo, a ordem nem sempre foi consensual: Luís Cavalcanti não achava bom "dar-se primeiramente Direito Natural e Público, que dependem de mais conhecimento de Jurisprudência; e depois dar-se Direito Pátrio: parece-me que o Direito Pátrio deve ser ensinado primeiro (...)" e, por isso, propunha que "Direito Natural e Princípios de Justiça Universal" fosse a 1ª cadeira do 3º ano (**ACD**, sessão de 23 de agosto de 1826, p. 239). Tal ordem de ideias foi desde logo combatida – Batista Pereira entendia que o conhecimento do Direito Civil não deveria anteceder o de Direito Natural, vez que este é

> base e fundamento de todas as instituições civis; é indispensável que o homem aprenda, primeiro de tudo, quais os princípios imutáveis da equidade natural, do justo e injusto, enfim, a Jurisprudência natural, que nos ensina as regras da justiça universal, regras que têm tanta relação com a natureza do homem quanto as leis físicas com a natureza do corpo, e nestes sentimentos concordam todos os jurisconsultos (...) (**ACD**, sessão de 23 de agosto de 1826, p. 239).

Essa opinião foi seguida de perto pela maioria dos deputados, como Luís Cavalcanti e Clemente Pereira (**ACD**, sessão de 23 de agosto de 1826, p. 240-241). Para este,

> O Direito Natural funda-se nas leis da natureza, que são sempre as mesmas, ou se alguém não concorda com estes princípios, infalivelmente erra; tão somente o que se pode dizer é que com o Direito Natural considera o homem no estado da natureza absolutamente, tratando-se de aplicar este Direito a circunstâncias particulares, pode fazer alguma diferença, mas nunca tão grande, que altere o mesmo Direito. A lei para ser boa deve sempre casar-se quanto seja possível com as leis naturais; se a lei não é conforme a razão, se se opõe às leis da natureza, não pode nunca trazer em si a força da convicção e, por conseguinte, não pode produzir o bem que por ela se pretende; sendo assim (...) é necessário que concordemos que todo aquele que não tiver estudado bem os princípios da razão, ou das leis naturais, não pode bem estudar a aplicação, que estes princípios devem ter nas circunstâncias particulares a qualquer sociedade; pretender o contrário é o mesmo que pretender que se deve principiar a edificar uma casa pelo telhado, para depois estabelecer-lhe os alicerces (...) (**ACD**, sessão de 23 de agosto de 1826, p. 241).

Essa opinião também era compartilhada por Lino Coutinho, para quem o Direito Natural: "é o código que todos entendem, é o código da razão ensinado pela natureza a todos os homens, é constante, é sempre o mesmo em todas as partes do universo" e, assim, o "código do coração humano" (**ACD**, sessão de 23 de agosto de 1826, p. 242).

Ao final, a disciplina de Direito Natural foi incluída junto com o estudo de Direito Público, Análise da Constituição do Império, Direito das Gentes, e Diplomacia (1ª cadeira do 1º ano) na Lei de 11 de agosto de 1827. Sua inclusão no 1º ano não era, contudo, uma novidade: já havia sido prevista nos Estatutos do Visconde da Cachoeira da 1825.

## 2.3.2. Estatutos do Visconde da Cachoeira (1825)

Para regular o curso jurídico criado provisoriamente na Corte em 1825, baixaram-se os Estatutos do Visconde da Cachoeira[245]. Na 1ª cadeira do

---

[245] Ver Capítulo 1.

1º ano seria ensinado Direito Natural e Público Universal. O ensino do Direito Natural (ou "direito da razão") era entendido como

> a fonte de todo o direito, porque na razão apurada, e preparada por boa e luminosa lógica, se vão achar os princípios gerais e universais para regularem todos os direitos, deveres, e convenções do homem, é este estudo primordial o em que mais devem de ser instruídos os que se destinam ao estudo da jurisprudência (CACHOEIRA, 1878, p. 17).

Assim, o professor encarregado da matéria deveria

> levar os seus ouvintes ao conhecimento dos princípios gerais das leis, cujo complexo forma este código da natureza: dará no princípio um resumo da sua história, e da inteligência que dele tiveram os antigos e modernos, e a verdadeira, e genuína que deve ter, afastados os erros dos que com confusão escreveram; e fazendo um resumo histórico das compilação de Grócio, Pufendorfio, Wolfio, e Thomassio, que apanharam do direito romano muitas regras, que a filosofia dos jurisconsultos tinha sugerido como leis da razão, observará que convém considerar todas as relações dos homens, não em abstrato, nem como entes separados, e dispersos, mas como cidadãos que já vivem em sociedade (CACHOEIRA, 1878, p. 17).

O professor também deveria atentar-se para a diferença entre Direito Natural, Direito Público e Direito das Gentes – o primeiro limitando-se apenas "ao regulamento dos direitos e obrigações dos homens entre si" (CACHOEIRA, 1878, p. 17).

Enquanto não se organizasse um compêndio "metódico, claro e apropriado aos conhecimentos do século" (CACHOEIRA, 1878, p. 17), deveria ser adotado o compêndio **De Jure Naturae Positiones** (1815), de José Fernandes Álvares Fortuna (1758-1819)[246], auxiliado pelos ensinamentos de Johann Gottlieb Heineccius (Heinécio) (1681-1741), Fortunato Bartolomeo de Felice (1723-1789), Jean-Jacques Burlamaqui (1694-1748), Christian Wolff (1679-1754) e Vicente José Ferreira Cardoso da Costa

---

[246] Em realidade, como veremos adiante, trata-se de compêndio de autoria de Karl Anton von Martini, atualizado por José Fernandes Álvares Fortuna.

(1765-1834) (no projeto para o Código Civil[247]); contudo, tais autores não deveriam ser usados inadvertidamente, mas apenas quando servissem para "dar aos seus ouvintes luzes exatas, e regras ajustadas, e conformes aos princípios da razão, e justiça universal, e aos direitos, e deveres dos cidadãos" (CACHOEIRA, 1878, p. 17). No mais, previa-se que o professor deveria ser "mui breve e claro nas suas exposições. Não ostentará erudição por vaidade, mas aproveitando o tempo com lições uteis, trará só de doutrina o que for necessário para perfeita inteligência das matérias, que ensinar (...)" (CACHOEIRA, 1878, p. 17-18).

---

[247] Referência à sua obra **Que he o codigo civil?**, publicada em Lisboa em 1822.

# CAPÍTULO 3
# NA FACULDADE DE DIREITO DE SÃO PAULO

## 3.1. Os lentes

O Direito Natural era ensinado pelo lente catedrático da 1ª cadeira do 1º ano e da 1ª cadeira do 2º ano. Após o Decreto de 8 de novembro de 1828, eles alternavam-se anualmente: quem desse aula para o 1º ano acompanhava-o no 2º e o lente que havia dado aula para o 2º ano no ano anterior voltava ao 1º. Por exemplo, Avellar Brotero lecionava ao 1º ano nos anos pares e Amaral Gurgel nos ímpares (NOGUEIRA, 1910, v. 8, p. 66)[248].

**1ª cadeira do 1º ano**
### 3.1.1. José Maria de Avellar Brotero (1798-1873)[249]: entre 1828 e 1871

José Maria de Avellar Brotero nasceu em Lisboa, em 1798, filho do brigadeiro Manuel Ignacio de Avellar Brotero e de Maria Mamede de Avellar Brotero. Era sobrinho-neto do famoso botânico português Félix da Silva e Avellar Brotero (1744-1828).

Após formar-se em Direito em Coimbra em 1820, foi nomeado juiz de fora em Celorico da Beira em 1822. Posteriormente, viu-se envolto em

---

[248] Para a lista de catedráticos, cf. MACHADO JÚNIOR, 2010, p. 66-67.
[249] Cf. BLAKE, 1899, p. 37-38; NOGUEIRA, 1907, v. 1, p. 28-30, 1907, v. 2, p. 25-30 e 1908, v. 3, p. 214-215; VAMPRÉ, 1977, v. 1, p. 63-69; FERREIRA, 1928b, p. 41-42; BROTERO, 1933, em especial p. 71-74; e VIOTTI, 1974.

uma conspiração anti-miguelista em 1824 e fugiu para a Ilha do Faial, nos Açores – reduto dos liberais portugueses à época. No mesmo ano, passou a advogar e contraiu núpcias com Anna Dabney, com quem teve sete filhos[250]. No ano seguinte, veio ao Brasil[251] e começou a advogar na Corte. Em 1826 foi incumbido de lecionar em uma das cadeiras no curso jurídico que se criaria no Brasil[252]. Assim, logo após a criação dos cursos de São Paulo e Olinda, já em 1827, foi nomeado lente catedrático da 1ª cadeira do 1º ano e nela permaneceu até ser jubilado em 1871 (em 1851, quando poderia aposentar-se, permitiram-lhe que continuasse a lecionar). Obteve o título de doutor na FDSP em 1831, vez que ainda não o tinha. Foi agraciado com o título de conselheiro em função dos anos dedicados à docência; também era comendador da Ordem de Cristo. Faleceu em 1873.

Avellar Brotero notabilizou-se na cátedra por sua longevidade[253], severidade[254] e excentricidade[255]. Ao contrário de seus pares, não ocu-

---

[250] Cf. BROTERO, 1933, p. 81-85 e BROTERO, 1961.
[251] Segundo Sacramento Blake (1899, p. 37), a convite do Ministro do Império Antônio Luiz Pereira da Cunha (Marquês de Inhambupe), quando se pretendia criar um curso jurídico na Corte em 1825; esta versão é contestada por Almeida Nogueira (1907, v. 1, p. 29), para quem o convite teria partido do dr. Mamede, médico do Paço Imperial e seu tio materno, além do fato de não se sentir seguro nos Açores.
[252] Pelo decreto de 6 de outubro de 1826, como ele próprio anotou: "Atendendo ao que me representou José Maria de Avellar Brotero, Hei por bem fazer-lhe mercê de uma das cadeiras do curso jurídico, que em tempo oportuno lhe será designada" (BROTERO, 1933, p. 45 e 74).
[253] Serviu quarenta e três anos na docência e, como anota Dario Abranches Viotti, sua influência se fez também presente nas gerações futuras da Faculdade de Direito, vez que "sua árvore genealógica inclui sete professores da Faculdade de Direito, em cinco gerações consecutivas (JOSÉ MARIA DE AVELAR BROTERO, JOÃO DABNEY DE AVELAR BROTERO, JOSÉ MARIA CORRÊA DE SÁ E BENEVIDES, FREDERICO JOSÉ CARDOSO DE ARAÚJO ABRANCHES, GABRIEL JOSÉ RODRIGUES DE REZENDE, GABRIEL JOSÉ RODRIGUES DE REZENDE FILHO, JORGE INÁCIO PENTEADO DA SILVA TELES)" (VIOTTI, 1974, p. 269) (este último era irmão de Goffredo da Silva Telles Júnior, também professor). Além disso, vemo-lo ter um parecer seu citado em artigo de doutrina da revista **O Direito** em 1888, o que comprova sua influência mesmo após seu falecimento ("Divisão de terras", **O Direito**, anno XVI, v. 46, p. 5-12, mai./ago. 1888).
[254] Sobre esta característica, assim se manifesta seu neto, Frederico de Barros Brotero (1933, p. 7): "O Conselheiro era intransigente em suas opiniões e princípios; não cedia no terreno de ideias e de teorias. Era meticuloso em questões de serviço, a ponto de ocasionar ruidosas polêmicas e rusgas com colegas e com a Administração".
[255] As famosas "Broteradas", que veremos abaixo.

pou nenhum cargo na política ou na administração pública, sendo uma exceção no período – dedicou quase toda a vida à Faculdade de Direito de São Paulo, como lente, secretário e diretor (interino). Mesmo assim, envolveu-se em questões políticas, afiliado que era às ideias liberais[256], cuja influência "se fez sentir sobre as gerações às quais lecionou até bem tarde no século" (LACOMBE, 2013, p. 422).

Foi o Conselheiro Brotero quem inaugurou o curso jurídico de São Paulo em 1º de março de 1828[257]. É dessa época que surgem os primeiros desentendimentos entre ele e o diretor, o Tenente-General Arouche Rendon, cujos ofícios ao Governo dão o tom do que se passava na instituição. Dizia Rendon, em fevereiro de 1828 (antes, portanto, da inauguração do curso):

> (...) estou na idade de 73 anos, idade em que não só faltam as forças do corpo, como do espírito; que me não acho com forças de poder aturar e sofrer a um homem que, se não é mais alguma coisa, é de certo um louco, capaz de atacar moinhos; e que, portanto, em prêmio dos meus serviços, me conceda a demissão de diretor, para viver em paz os poucos dias que me restam (NOGUEIRA, 1907, v. 2, p. 10).

E a querela entre ambos continuou nos anos seguintes, a ponto de Rendon escrever que "é verdade que quando vou encontrar-me com aquele homem, vou disposto a sofrê-lo, e que o sangue já me circula nas veias vagarosamente, mas nem por isso deixa de ser certo que sou homem e que podem chegar as coisas a um ponto que eu perca o tino" (NOGUEIRA, 1907, v. 2, p. 12), razão pela qual clamava ao Imperador sua demissão "por humanidade". Dizia ainda o diretor que o estrangeiro[258]

---

[256] Princípios esses que ele divulgava em suas aulas: "reza a tradição, falava com eloquência extraordinária e extraordinária erudição, doutrinando sempre os princípios do mais adiantado liberalismo" (NOGUEIRA, 1907, v. 1, p. 123).
[257] Sobre a inauguração, cf. NOGUEIRA, 1907, v. 1, p. 37-44. A aula inaugural foi publicada em **O Farol Paulistano**, São Paulo, 8 de março de 1828, p. 1-4.
[258] Rendon fazia questão de sublinhar a origem portuguesa de Brotero, possivelmente em função da lusofobia pós-Independência do Brasil. Também dá provas disso um requerimento de Odorico Mendes na Assembleia Geral, que pedia explicações da em lei que se fundara o Governo para nomear lentes dos cursos jurídicos Antônio José Coelho Louzada, Manuel

Brotero, "na opinião da maior parte da gente sensata, é tido por louco, e na de outros por mais alguma coisa" (NOGUEIRA, 1907, v. 2, p. 13). A demissão de Rendon, contudo, só veio em 1833 – mesmo ano em que Brotero se naturalizou brasileiro (BROTERO, 1933, p. 74).

Brotero também colecionava inimizades com outros lentes da Academia. É desse período sua antipatia para com Balthazar da Silva Lisboa, catedrático de Direito Eclesiástico e irmão do Visconde de Cairú; tanto Brotero fez – na Faculdade, no Foro e na imprensa – que já em 1830 Silva Lisboa se aposentou[259]. Ele também se indispôs com o outro lente de Direito Natural, Antônio Maria de Moura, acerca do compêndio a ser adotado pela cadeira – este preferia Fortuna, enquanto aquele optava por Perreau (NOGUEIRA, 1908, v. 5, p. 21-22); tal desentendimento continuou com o sucessor de Moura, Amaral Gurgel, que preferia o compêndio de Vicente Ferrer. Em outra ocasião, quando D. Pedro II visitou a cidade de São Paulo, Brotero disse que fosse ver uma preleção de Veiga Cabral, catedrático de Direito Civil e conhecido por sua baixa assiduidade e desleixo no preparo das lições (em contraposição a Brotero, conhecido pela pontualidade e rigor[260]). Todavia, Cabral deu uma ótima aula e até causou admiração ao Imperador (NOGUEIRA, 1907, v. 2, p. 41-42).

Os funcionários da Faculdade também não lhe passavam despercebidos, principalmente quando ele exercia a função de secretário ou diretor interino[261]. Severo, não gostava de vê-los sem serviço e causava-lhes todo tipo de constrangimento, a ponto de um contínuo ter-lhe dito: "– Sr. Conselheiro, eu suplico a V. Ex.ª que não me persiga, não; porque eu também sou maluco" (NOGUEIRA, 1907, v. 2, p. 27).

Com os alunos, mantinha seu rigor, mas com indulgência, e logo se esquecia das rixas por ele causadas (NOGUEIRA, 1908, v. 5, p. 122). Mesmo assim, envolvia-se em brigas, como as que tiveram lugar quando reprovou o padre Valladão, estudante de preparatórios, que lhe chamou de "chumbo, patife e ladrão" (NOGUEIRA, 1909, v. 6, p. 134-139), e o

---

Caetano Soares e José Maria Brotero, uma vez que nenhum deles era cidadão brasileiro (**ACD**, sessão em 16 de outubro de 1827, p. 127). O requerimento foi respondido na sessão de 20 de outubro (**ACD**, p. 136).

[259] Cf. NOGUEIRA, 1908, v. 4, p. 26-38.
[260] Tanto na vida profissional como na vida doméstica, cf. BROTERO, 1933.
[261] Cf. NOGUEIRA, 1907, v. 2, p. 26-27.

primeiranista Baptista Caetano de Almeida Nogueira, que ameaçou-lhe com um chicote (NOGUEIRA, 1909, v. 7, p. 93-99).

Enquanto lente, o Conselheiro Brotero destacava-se por sua vasta erudição e grande eloquência, a ponto de receber aplausos dos estudantes, aos quais respondia: "– Não, meus m'ninos, não, nada de aplausos; isto não ó permitido pelos Estatutos", mas logo arrematava: "– Mas, quem é que pode dominar a emoção? Ora! aplaudam, meus m'ninos, aplaudam quanto quiserem ao seu velho mestre!" (NOGUEIRA, 1907, v. 2, p. 25-26). O preço dessa eloquência é que era pouco metódico na exposição[262] e por vezes as palavras saíam-lhe apressadamente, de modo que trocava as sílabas das palavras – eram as famosas "broteradas", como "cidadeiro brasilão" (cidadão brasileiro), "vidrada quebraça" (vidraça quebrada), "limenta com pimão" (pimenta com limão), "palavras moucas, ouvidos loucos" (palavras loucas, ouvidos moucos) e "Imperial constitucionador" (Imperador constitucional, broterada referida pelo próprio Imperador) (NOGUEIRA, 1907, v. 2, p. 28-29). A transposição também se dava com palavras, frases e até ideias[263]; outro vício era intercalar nas frases a locução "por consequência" – por exemplo, quando uma vez apresentou seu genro Sá e Benevides (de quem falaremos adiante): "Apresento a V. Ex.ª o meu genro Dr. José Maria Corrêa por consequência de Sá e Benevides" (NOGUEIRA, 1907, v. 2, p. 30).

Ele era colaborador na imprensa (**Diario de S. Paulo, Correio Paulistano, O Ypiranga**, etc.) e publicou as seguintes obras: **Principios de Direito Natural** (1829), **Principios de Direito Publico Universal** (análise de alguns parágrafos de Vattel, 1837), **Questões sobre Presas Maritimas** (1ª edição em 1836, 2ª edição aumentada em 1863), **A Philosophia do Direito Constitucional** (1842, reeditado em 2007) e **Tumulto do Povo em Évora** (drama político, 1854).

---

[262] Como testemunha Francisco de Assis Vieira Bueno: "Quanto a talento, ele tinha-o, sem dúvida, e não vulgar; mas as suas explicações eram amálgamas indigestos das doutrinas desoitistas, expostas com eloquência, mas sem método e em linguagem por vezes incorreta" (NOGUEIRA, 1908, v. 5, p. 122).

[263] Conforme relato de Almeida Nogueira (1907, v. 2, p. 29): "é muito conhecida a seguinte, por ocasião da visita do imperador a S. Paulo, em 1847: – Apresento a V. M. o sr. cônego Retórica, professor de Fidélis" e "fazendo a descrição de uma bela manhã no campo, dizia o conselheiro Brotero '... o gado a saltar de galho em galho, os passarinhos a pastarem pelo campo, etc.'".

Após seu manual de 1829 ter sido reprovado pela Comissão de Instrução Pública da Câmara dos Deputados, ele passou a adotar o compêndio de Jean-André Perreau, **Élémens de Législation Naturelle** (1800). Brotero utilizou tal livro durante todo o período em que esteve à frente da cadeira de Direito Natural, lecionando-a nos anos pares, entre 1828 e 1871 (NOGUEIRA, 1910, v. 8, p. 66) (e nos anos ímpares lecionava na 1ª cadeira do 2º ano, dando continuidade à turma iniciada no ano anterior).

Mesmo tendo dito em seu referido compêndio de 1829 que a escravidão era "o maior de todos os males" (BROTERO, 1829, p. 215), até o final de sua vida o Conselheiro Brotero possuiu muitos cativos em sua casa, que auxiliavam no serviço doméstico (BROTERO, 1933, p. 12-13 e 56-58) – consta de seu inventário que, ao falecer, possuía o equivalente a 2:100$000 em escravos e 1:480$000 em escravos libertos (AYRES, p. 231). No mesmo documento podemos ver sua biblioteca[264], que foi avaliada em 899$200 por José Antônio Dutra Rodrigues, lente de Direito Romano, e José Inocêncio de Moraes Vieira, bibliotecário da Faculdade de Direito.

### 3.1.2. Ernesto Ferreira França Filho (1828-1888)[265]: entre 1875 e 1877

Neto de Antônio Ferreira França (1771-1848) e filho de Ernesto Ferreira França (1804-1872) e de Isabel Helena Velloso de Oliveira França (filha de Antônio Rodrigues Velloso de Oliveira), Ernesto Ferreira França Filho nasceu em Recife em 1828. Formou-se em Direito em Leipzig[266], na Alemanha, onde também se doutorou em Direito Civil e Canônico em 1856[267]. Ainda na Europa, travou contato com o compositor Richard Wagner (1813-1883), a quem tentou convencer a ir ao Brasil, vez que D. Pedro II era um entusiasta da música e da cultura alemã (STEVENSON, 1983). Dizia-se que Ernesto Ferreira França fora professor em Heidelberg,

---

[264] Para uma descrição dos 1.161 volumes de sua biblioteca, cf. AYRES, 2018, p. 232-233.

[265] Cf. BLAKE, 1893, p. 286-288; NOGUEIRA, 1907, v. 1, p. 262-263; VAMPRÉ, 1977, v. 2, p. 92-94; e FERREIRA, 1928b, p. 71-72.

[266] O livro de matrículas, contudo, não contém seu nome (BLECHER; WIEMERS, 2008, p. 552-554).

[267] Informação obtida no arquivo da Universidade de Leipzig (UAL, Jur. Fak. 01/02, Bd. 2). Possivelmente o doutoramento de Ferreira França se deu sob os auspícios do professor Dr. Karl Friedrich Günther (1786-1864).

mas tal informação não procede[268]. Em 1857 ele entrou com um requerimento na Câmara dos Deputados no qual pedia licença para candidatar-se ao posto de lente substituto nas Faculdades de Direito do Brasil (**ACD**, sessão em 30 de julho de 1857, p. 134). Seu pedido foi convertido em decreto em 1860[269] e, no mesmo ano, doutorou-se na FDSP – sua defesa de teses foi das poucas que marcou época na instituição (NOGUEIRA, 1907, v. 1, p. 263)[270], mas nem por isso ele deixou de ser aprovado "simplesmente"[271]. Obteve o 1º lugar em concurso em 1861 e tornou-se lente substituto no mesmo ano; uma década depois foi nomeado para a cadeira de Direito Natural antes ocupada por Avellar Brotero, tomando posse apenas em 1875 e nela permanecendo até 1877. Mudou-se para a Corte e lá passou a advogar[272] até falecer em 1888. Foi agraciado com o título de conselheiro e era membro do IAB.

Joaquim Nabuco (1899, t. 3, p. 22) nos lembra que em 1831 o avô e o pai do lente propuseram um projeto pioneiro de abolição da escravatura no Brasil[273]; tal posição emancipacionista também pode ter sido compartilhada por Ernesto Ferreira França Filho – enquanto advogado, há um

---

[268] Em consulta, o Arquivo da Universidade de Heidelberg não encontrou o nome dele entre alunos e professores. Além disso, conforme vemos de sua correspondência com Wagner: em 1857, ele afirma não ter conseguido uma posição de *Privatdozent* (livre-docente) por não ter cidadania em nenhum Estado germânico e, aproveitando que o compositor se encontrava na Suíça, pergunta se este não poderia interceder em seu favor na Universidade de Zurique (STEVENSON, 1983, p. 83)

[269] Decreto nº 1.050, de 08 de junho de 1860.

[270] Na dissertação, o tema foi "Incompatibilidade das penas e prescrições dos delitos, em todas as suas questões" (FERREIRA, 1928b, p. 72). Seu discurso de doutoramento foi publicado nos **Ensaios Literarios do Ateneu Paulistano** em duas partes (n. 2, maio de 1861, p. 21-26 e n. 3, junho de 1861, p. 41-46).

[271] Segundo um aluno, isso deveu-se ao fato de Ferreira França ter se graduado na Alemanha e a banca julgou que ele não estava a par do Direito Civil Pátrio. Este fato causou a revolta do aluno: "O sábio, respeitado na Universidade Alemã, foi chamado ignorantão na Academia de São Paulo!!!!" (FIGARO JUNIOR, 1873, p. 29).

[272] Cf. "Revista Civel n. 9163", **O Direito**, anno VI, v. 15, p. 352-367, jan./abr. 1878, dentre outros. Ele também advogou para o Conselho de Estado ("Appellação n. 1694", **O Direito**, anno IX, v. 26, p. 16-76, set./dez. 1881). Logo após a abolição, há registro dele advogando em favor de pessoas mantidas ilegalmente em cativeiro, cf. MARTINS; GOMES, 2022, p. 213.

[273] Cf. **ACD**, sessão em 16 de junho de 1831. No ano anterior, Antônio Ferreira França já havia apresentado um projeto de lei para acabar com a escravidão em cinquenta anos (**ACD**, sessão de 18 de maio de 1830, p. 169).

caso em que ele defendeu a manutenção da liberdade do preto Máximo contra a inventariante de uma herança jacente[274]; como membro do IAB, ele apoiou a tese de José da Silva Costa[275], para quem "as limitações da lei [dos Sexagenários, de 1885] não destroem a liberdade do "estadolivre" [*statuliber*], assim como a contingência não elimina a essência" (**RIAB**, tomo XI, 1887, p. 352).

Conhecido por sua erudição, de sua produção literária destacam-se obras poéticas (por exemplo, **O livro Irtilia**, 1854), histórico-geográficas ("Apontamentos diplomáticos sobre os limites do Brasil" na **Revista do Instituto Histórico e Geographico Brasileiro**, 1870), linguísticas (como a **Chrestomathia da Lingua Brazilica**, 1859) e jurídicas – em especial as publicadas em Leipzig na década de 1850[276], como **Institutionum D. Iustiniani, libri IV**: in usum Academiarum Brasiliensium [**Das instituições de D. Justiniano, livro IV**: para uso das Academias Brasileiras], 1858. No mesmo ano, publicou o livro **Brasilien und Deutschland**: ein offener Brief an die Redactionen der deutschen Tagespresse [**Brasil e Alemanha**: uma carta aberta aos editores da imprensa diária alemã]. Nesta obra, Ferreira França defende a tese da abolição gradual: "assim como nos Estados Unidos da América do Norte, a escravidão existe no Brasil, e eu lamento (...) que este seja o caso; mas é um mal legado para nós pelo domínio português, e sua eliminação não depende do presente, mas deve ser deixada principalmente ao tempo. (...)" e, mais adiante, ele diz que

> "O Brasil deve, portanto, antes lamentar e não ser culpado a esse respeito, e nos consideramos afortunados em poder provar aqui que a legislação brasileira sobre os escravos de longe não contém a mesma dureza que a dos Estados Unidos da América do Norte, e favorece ao máximo a possibilidade de sua

---

[274] Cf. "Aggravo de petição n. 2617", **O Direito**, anno IX, v. 26, p. 106-109, set./dez. 1881.
[275] Exposta em José da Silva Costa, "Das relações juridicas dos sujeitos á condição de servir, especialmente após a promulgação da Lei n. 3270 de 28 de setembro de 1885", **RIAB**, tomo XI, 1887, p. 10-32. Nas p. 33-52 deste periódico o autor respondeu às críticas ao seu trabalho feitas por Baptista Pereira em uma publicação autônoma (PEREIRA, 1887). Cf. CHALHOUB, 2015, p. 186-187.
[276] Muitas de suas publicações em Leipzig saíram pela casa que pertencera a Friedrich Arnold Brockhaus, cujo filho Friedrich Brockhaus era cunhado justamente de Richard Wagner.

emancipação individual; em suma, os escravos têm direitos. (...)" (FRANÇA, 1868, p. 26, tradução nossa)[277].

Por fim, é de sua autoria a memória histórica da FDSP de 1866 (FRANÇA, 1867). Segundo Almeida Nogueira,

> Ferreira França era principalmente, ou talvez exclusivamente – romanista. Sentia-se deslocado na cátedra de Direito Comercial[[278]] e achava meios de, na regência dela, explicar digressivamente – Direito Romano. Mesmo assim, era prolixo e difuso nas suas preleções (NOGUEIRA, 1907, v. 1, p. 262).

Esse interesse pelo Direito Romano pode ser explicado pela sua formação, vez que, à época, a Universidade de Leipzig era um importante centro de estudos romanistas – basta lembrar que a primeira tradução integral do **Corpus Iuris Civilis** para o alemão foi realizada entre 1830 e 1833 pelos professores Carl Friedrich Ferdinand Sintenis, Carl Eduardo Otto e Bruno Schilling (FERRINI, 1893, p. 124).

Na cadeira de Direito Natural ele não deixou obra escrita e, segundo Renato Matsui Pisciotta, tampouco exerceu a atividade docente no período em que foi catedrático, ocupado que estava com a carreira política (PISCIOTTA, 2017, p. 87). De fato, de acordo com o levantamento do autor, Ferreira França não regeu sua cadeira em nenhum ano, delegando a tarefa aos lentes substitutos (PISCIOTTA, 2017, p. 301-302). Isto é corroborado pela memória histórica de 1876, segundo a qual ele esteve "em comissão do Governo Imperial" entre novembro de 1870 e novembro

---

[277] No original: "Ebenso wie in den Vereinigten Staaten von Nordamerika, besteht in Brasilien die Sklaverei, und ich beklage (...), dass dies der Fall ist; aber es ist ein Übel, das uns die portugiesische Herrschaft vermacht hat und dessen Beseitigung nicht von der Gegenwart abhängt, sondern hauptsächlich der Zeit anheimgestellt bleiben muss. (...)" e "Brasilien ist daher in dieser Beziehung eher zu beklagen als zu beschuldigen, und wir schätzen uns glücklich hier nachweisen zu können, dass die brasilianische Gesetzgebung über die Sklaven bei weitem nicht dieselbe Härte enthält, wie die der Vereinigten Staaten von Nordamerika, und die Möglichkeit ihrer individuellen Emanzipation, soviel sie kann, begünstigt; kurz, die Sklaven haben Rechte. (...)".
[278] Ele ocupou a cadeira como lente substituto em 1864.

de 1876 (CAMARGO, 1877, p. 3); no ano seguinte, jubilou-se por motivo de saúde (CAMARGO, 1878, p. 7). Assim, certo é que sua passagem pela cadeira não impactou o ensino da disciplina.

### 3.1.3. José Maria Corrêa de Sá e Benevides (1833-1901)[279]: entre 1877 e 1890

Nasceu em Campos (RJ) em 1833, filho de José Maria Corrêa de Sá e Benevides e Leonor Maria Saldanha da Gama. Bacharelou-se em Letras no Colégio Pedro II e formou-se em São Paulo em 1854[280]. Após a conclusão do curso, casou-se com Emília Dabney de Avellar Brotero, filha do lente Avellar Brotero, e com ela mudou-se para a Corte, onde passou a exercer a advocacia em sociedade com José Bonifácio, o Moço. Em 1855, foi nomeado juiz municipal na Província do Rio de Janeiro, mas logo voltou a advogar em São Paulo. Em 1858 obteve o grau de doutor e em 1865 prestou concurso e foi nomeado de lente substituto na FDSP. Em 1877 foi promovido a lente catedrático de Direito Natural, cadeira que ocupou até 1890, quando pediu para ser jubilado em solidariedade a Justino de Andrade, aposentado compulsoriamente pelo Governo republicano[281]. Faleceu em 1901.

Sua posição política alinhava-o ao Partido Conservador, embora nem sempre concordasse com as ideias de seus correligionários. Foi presidente da Província de Minas Gerais entre 1869 e 1870 e da Província do Rio de Janeiro em 1870 e deputado provincial em São Paulo entre 1872 e 1873. Na tribuna era Sá e Benevides "ilustrado, eloquente, opinático, e sempre grave, tomando os assuntos a sério, discutindo e esmiuçando tudo, com calor e altivez" (VAMPRÉ, 1977, v. 2, p. 144). Após a proclamação da

---

[279] Cf. BLAKE, 1899, v. 5, p. 41-42; AZEVEDO, 1900; NOGUEIRA, 1912, v. 9, p. 161-170; VAMPRÉ, 1977, v. 2, p. 142-147; e FERREIRA, 1928b, p. 74-75.

[280] Quando estudante, morou em uma república junto com Caetano José de Andrade Pinto, Evaristo Ferreira da Veiga e Paulino José Soares de Souza Júnior, formados em 1855 (NOGUEIRA, 1908, v. 3, p. 140). Neste período também fundou a associação acadêmica "Ensaio Filosófico Paulistano" em 1850, ao lado de Álvares de Azevedo, Francisco Ribeiro Escobar, Paulino José Soares de Sousa, Antônio Carlos Ribeiro de Andrada Machado e Silva e outros (AMARAL, 1977b, p. 302); também contribuiu nos **Ensaios Litterarios do Atheneo Paulistano**.

[281] Cf. PISCIOTTA, 2017, p. 88.

República, tentou formar o Partido Católico ao lado de José Rubino de Oliveira, também lente da FDSP (PISCIOTTA, 2017, p. 88).

Além de conservador, era católico ultramontano[282] e monarquista. Nesta esteira, combatia com vivacidade o positivismo e outras tendências filosóficas da época, que nunca passavam incólumes aos seus comentários em aula (VAMPRÉ, 1977, v. 2, p. 145). Com efeito, "imprimiu à sua atuação um toque radical de reacionarismo ultramontano que rejeitava quase tudo que de novo os séculos XVIII e XIX tinham acrescentado ao mundo das ideias e das instituições" (MACHADO NETO, 1969, p. 34). Veremos adiante como essas características marcaram-lhe seus escritos e ensinamentos de Direito Natural.

Sua obra é composta pelo seu doutoramento[283], as teses e dissertação para o concurso de 1865, pela memória acadêmica de 1865 (BENEVIDES, 1866) e por alguns discursos[284], bem como por três obras jurídicas: **Elementos da Philosophia do Direito Privado (1884)**, **Philosophia Elementar do Direito Publico Interno, Temporal e Universal (1887)** e **Analyse da Constituição Política do Império do Brasil (1891)**. Há também anotações de aula feita por alunos na biblioteca da FDUSP, a saber **Licções de Direito Romano (1877)**, **Licções de Direito Natural (1880)**[285] e **Apontamentos de Direito Natural (1884)**.

Ele colaborou na imprensa, sendo presidente de **A Revista Mensal do Instituto Científico (1866)**, proprietário dos periódicos **O Vinte e Dous de Maio (1872-1873)** e **A Ordem (1874-1876)** e redator-chefe da **Revista de Jurisprudencia e Legislação do Instituto dos Advogados de S. Paulo** (década de 1890). Nessa atividade destacou-se por seu viés polemista, já que, segundo Spencer Vampré, "salientara-se como argumentador, – um dos mais notáveis da Academia. Nas defesas de teses, nos exames, brilhava sempre sob este aspecto" (VAMPRÉ, 1977, v. 2, p. 145).

---

[282] Sobre o ultramontanismo no Brasil, ver, entre outros, BARROS, 2012 e SANTIROCCHI, 2015.
[283] O ponto da dissertação foi: "os governos despóticos podem ser justificados pelos princípios do direito público?" (BENEVIDES, 1858).
[284] Por exemplo, por ocasião do doutoramento de Afonso Pena, cf. BENEVIDES, 1929.
[285] Sobre essa obra, cf. AYRES, 2018, p. 394-400.

No mais, atuou no foro como advogado[286], jurado[287], perito[288] e árbitro[289]. Enquanto advogado, Sá e Benevides atuava em prol dos proprietários de escravizados, por exemplo em ação de indenização por falta de matrícula (NEQUETE, 1988, p. 200)[290].

Logo que assumiu o lugar de lente, em 1865, envolveu-se em um conflito com os estudantes – substituindo o Conselheiro Carrão em Economia Política, os alunos sentiam-se no direito de confrontar o estreante, conforme aponta Spencer Vampré: "rara era a aula, em que não vinha um quintanista com uma objeção, um pedido de explicações, uma observação; em suma, uma impertinência, com o fim de embaraçar o professor" (VAMPRÉ, 1977, v. 2, p. 141). Nos exames finais, Sá e Benevides resolveu cobrá-los no mesmo nível, o que resultou em várias simplificações e dezesseis reprovações – a única reprovação no 5º ano, considerado um ano apenas "formal" pelos alunos, havia sido em 1850 e mesmo assim por motivos alheios ao exame[291]. Certo é que, segundo o próprio Sá e Benevides relata na memória histórica de 1865, os quintanistas pouco se aplicavam ao estudo para os exames por acreditarem que não haveria reprovações – principalmente às portas da conclusão do curso (BENEVIDES, 1866, p. 7-8).

---

[286] Cf. "Revista civil n. 9593", **O Direito**, anno VIII, v. 23, p. 65-93, set./dez. 1880 e "Revista cível n. 9194", **Gazeta Juridica**, anno VI, v. XIX, p. 50- 56, abr./jun. 1878, dentre outros. O primeiro processo envolvia indenização por falta de matrícula de escravos e o segundo venda de escravo depois de liberto em testamento (Sá e Benevides advogava pelo ex-proprietário e João Dabney de Avellar Brotero, seu cunhado, pela parda Bárbara, liberta).

[287] Cf. **O Direito**, anno V, v. 13, p. 93, mai./ago. 1877.

[288] Por exemplo, ao lado de José Bonifácio, o Moço, Francisco Justino Gonçalves de Andrade, e João Theodoro Xavier de Mattos (**O Direito**, anno V, v. 12, p. 825, jan./abr. 1877).

[289] Por exemplo, "Revista Civel n. 9366", **O Direito**, anno VII, v. 19, mai./ago. 1879, p. 337--344; o outro árbitro era o Conselheiro Carrão.

[290] Sacramento Blake (1899, v. 5, p. 41) dá notícia de um "Discurso pronunciado no jury da capital de S. Paulo no dia 22 de junho de 1875 em defesa de dona Maria Fernandes Senra, accusada de maos tratos na pessoa de Sabina". É possível que se tratasse de ação que envolvia uma escravizada, seja pela natureza do delito (art. 193 do Código Criminal de 1830, crime de homicídio), seja pela impessoalidade com que se tratava a vítima (apenas nomeada como "Sabina"). Contudo, em nossas pesquisas não conseguimos localizar mais informações sobre o caso, tampouco obter o referido discurso.

[291] Cf. NOGUEIRA, 1907, v. 1, p. 266 e VAMPRÉ, 1977, v. 2, p. 141.

Outro episódio que entrou para os anais acadêmicos foi registrado por Rui Barbosa, dessa vez a contragosto de Sá e Benevides: em seus pareceres de 1882, Rui fez questão de anexar uma aula transcrita de Direito Romano proferida pelo lente paulista em 1877. Assim se exprimia sobre ela:

> A lição de **direito romano** (!), que aqui se transcreve, é o corpo de delito da falta de seriedade que lavra em grande escala no ensino superior, entre nós. Não qualificamos a **filosofia**, a **ciência** e a **crítica** de que esse documento é revelação. O fim da publicidade que ora se lhe dá, é expor ao país a incrível amostra de um **ensino**, em que se trata de tudo menos do assunto que corre ao lente o dever de professar. Uma lição de **direito romano**, em que o direito romano nem remotamente se alude! Este método de ensinar as **Pandectas**, endeusando o **Syllabus**, e caricaturando a ciência moderna, devia vir a lume, para que os bons espíritos toquem a chaga que denunciamos, e contra a qual propomos severas medidas. Fazemos justiça aos lentes de mérito, que as nossas Academias contêm; mas o ensino em geral tem descido de um modo incalculável. Parece impossível baixar mais. (...) (BARBOSA, 1882).

Com efeito, a aula – que era já a 39ª do curso[292] – não lidava com nenhum tema de Direito Romano; pelo contrário, Sá e Benevides aproveitava a ocasião para divagar sobre suas concepções filosóficas[293], concepções estas que eram alvo das mais variadas críticas, como de Júlio Ribeiro, que se perguntava: "Que Filosofia é a do sr. Benevides, que esbofa-se ridiculamente a refutar na aula Comte e Darwin, Spencer e Haeckel, malbaratando um tempo que poderia muito melhor aproveitar?" (RIBEIRO, 1885, p. 86)[294] e de Antônio da Silva Jardim, que escreveu:

---

[292] É possível conferir na íntegra o curso de Direito Romano que ele ofereceu naquele ano em BENEVIDES, 1877.

[293] Para o debate que se seguiu posteriormente entre Sá e Benevides e Rui Barbosa, cf. BASTOS, 2000, p. 118-121. A resposta de Sá e Benevides pode ser encontrada em BENEVIDES, 1882.

[294] E ele continuava: "O que o exm. sr. dr. Benevides; tem por alta filosofia é muito boa metafísica, é dialética escolástica, medieval, aristotélica. Se possível fora que S. Ex. tivesse retrogradado na existência, como tem retrogradado nas ideias, é provável que tivesse feito um figurão, discutindo com Santo Tomás ou com Scott sobre os trabalhos ginecológicos do Espírito Santo no parto da Virgem, ou sobre a cor dos cabelos dos anjos" (RIBEIRO, 1885, p. 88).

Terrível, o dr. Sá e Benevides!
Tomara-se de uma raiva medonha contra o positivismo e toda a ciência moderna. Adepto sincero e eloquente do Syllabus, em discordância com a própria Academia não obstante o espírito retrógrado desta, todos para ele eram positivistas, materialistas, socialistas "encapotados" (JARDIM, 1891, p. 78).

Mesmo assim, Spencer Vampré diz que, "não obstante os excessos e suas opiniões, a Academia de S. Paulo venera a memória de Benevides, como a de um homem austero, de grande pureza d'alma, e de arraigadas e sinceras convicções" (VAMPRÉ, 1977, v. 2, p. 147)[295].

Na cadeira de Direito Natural, consta que em 1878 adotava o **Eccletismo Catholico** (FORMIGA, 2010, p. 142) e em 1884 o compêndio de Perreau, o mesmo utilizado por Avellar Brotero em 1829 (BENEVIDES, 1884b, p. 1). Suas ideias à frente da cadeira foram sintetizadas em seu livro **Elementos da Philosophia do Direito Privado**, publicado no mesmo ano de 1884.

**1ª cadeira do 2º ano**
**3.1.4. Antônio Maria de Moura (1794-1842)[296]: entre 1829 e 1831**
Nascido em Sabará, Minas Gerais, em 1794, Antônio Maria de Moura formou-se em Leis e Cânones em Coimbra em 1824. Nomeado para reger a cadeira de Direito Natural, Público, Análise de Constituição do Império, Direito das Gentes e Diplomacia (1ª do 2º ano) em Olinda em 1828, não tomou posse; no ano seguinte, foi nomeado para a mesma cadeira em São Paulo e nela lecionou até 1831, quando foi transferido para a cadeira de Teoria e Prática do Processo adotado pelas Leis do Império (2ª do 5º ano) – foi nesta cadeira que notabilizou-se, pois, segundo Almeida Nogueira, "possuía vasta erudição jurídica e era um repertório vivo das Ordenações do Reino e das Leis Extravagantes" (NOGUEIRA, 1908, v. 5, p. 114). O motivo de tal mudança foi uma altercação com Avellar Brotero acerca do

---

[295] Segundo Vivian Ayres, "Benevides (...) deixou nas memórias da Academia, do parlamento e na imprensa, a imagem de possuir um caráter bastante rígido e contrário ao debate de ideias, mantendo-se fiel aos seus dogmas até o último instante, apesar de ser um erudito e conhecedor das ideias que combatia" (AYRES, 2018, p. 379).

[296] Cf. "Necrologia", **Diario do Rio de Janeiro**, Rio de Janeiro, 17 de maio de 1842, p. 1; BLAKE, 1883, p. 258; NOGUEIRA, 1908, v. 4, p. 132-142; VAMPRÉ, 1977, v. 1, p. 102-105; e FERREIRA, 1928b, p. 44-45.

compêndio a ser utilizado nas aulas, bem como a vaga deixada pelo lente Fagundes Varella (avô do poeta de mesmo nome), que faleceu naquele ano. Para o estudo do Direito Natural em 1828, ele adotava o compêndio de Martini, mas Brotero preferia o de Perreau – como solução, decidiu-se que a escolha dos compêndios seria livre, desde que algum não houvesse sido adotado legalmente ou por ordem governamental (NOGUEIRA, 1908, v. 5, p. 22). Ainda na cadeira de Direito Natural, tem-se notícia de que, na falta de um compêndio organizado por ele, em 1831 Moura continuava a adotar interinamente o compêndio de Martini, bem como o compendio de Vattel para Direito Público, como havia feito em 1829[297]. Neste mesmo ano de 1831 seu discurso inaugural da 1ª cadeira do 1º ano foi publicado no **O Observador Constitucional**[298].

Ele permaneceu na cadeira de Teoria e Prática do Processo até 1833, ano em que também foi nomeado diretor interino do curso. Entretanto, logo no mesmo ano pediu exoneração de ambos os cargos. Em 1834, recebeu o grau de doutor na instituição e foi novamente nomeado para reger a cadeira de Teoria e Prática do Processo, a qual ocupou até 1842, quando faleceu.

O Padre Antônio Maria de Moura foi deputado por Minas Gerais à Assembleia Geral entre 1830 e 1837, chegando a ser presidente dela entre 1834 e 1835, e também foi deputado na Assembleia Provincial de São Paulo entre 1838 e 1841 (foi vice-presidente dela em 1839). Enquanto padre, tomou parte nas discussões sobre a questão do celibato clerical ao lado de Diogo Feijó e Manuel Joaquim do Amaral Gurgel[299]. Por este motivo, sua eleição para bispo do Rio de Janeiro em 1833 não foi confirmada pelo Papa Gregório XVI. Segundo Sacramento Blake (1883, p. 258), deixou inédita a obra **Instituições de Direito Eclesiástico**.

Assim se exprime Almeida Nogueira sobre o Padre Moura na função de professor: "em todas as disciplinas em que doutrinou, revelou-se o padre Moura lente conscencioso e ilustrado. Estudava as preleções e fazia-se ouvir com agrado pelos discípulos. Era, em suma, um talentoso e erudito mestre, possuidor da última palavra da ciência jurídica da época"

---

[297] Cf. "Aviso", **O Observador Constitucional**, São Paulo, 20 de dezembro de 1830, p. 444.
[298] Cf. "Discurso, que na abertura da Aula do 1.º anno Juridico, recitou o Doutor Antonio Maria de Moira [sic]", **O Observador Constitucional**, São Paulo, 8 de abril de 1831, p. 556.
[299] Cf. VAMPRÉ, 1977, v. 1, p. 103.

(NOGUEIRA, 1908, v. 4, p. 133). Como "tratava fraternalmente os discípulos" (NOGUEIRA, 1908, v. 5, p. 114), tinha uma boa relação com o corpo discente.

### 3.1.5. Manuel Joaquim do Amaral Gurgel (1797-1864)[300]: entre 1834 e 1858

Nascido em São Paulo em 1797, Manuel Joaquim do Amaral Gurgel pertenceu à primeira leva de formados na Faculdade de Direito de São Paulo em 1832 e atribuíam-lhe o lugar de primeiro estudante da turma, estimado por lentes e colegas[301] – a própria Congregação o reconheceu, dando-lhe um dos prêmios de mérito literário em seu 5º ano. Logo no ano seguinte à sua formatura foi nomeado lente substituto interino e, após alguns meses, passou a substituto efetivo; neste ano, defendeu teses de doutorado e foi aprovado por unanimidade. Em 1834, foi promovido a lente catedrático de Direito Natural, disciplina que lecionou até seu jubilamento em 1858. Foi diretor interino entre 1837 e 1838 e diretor efetivo da instituição entre 1858 e 1864, quando faleceu.

Ao contrário de outros colegas de docência, Amaral Gurgel não provinha de família abastada; com efeito, seus biógrafos ressaltam sua origem humilde – o sobrenome "Gurgel" veio da família que o criou[302]. Talvez por isso tenha sentido necessidade desde cedo de realizar os estudos com afinco para poder destacar-se. Em 1807, frequentou as aulas de latim de André da Silva Gomes e teve por companheiros Vicente Pires da Motta, João Crispiniano Soares, Joaquim Ignacio Ramalho, Ildefonso Xavier Ferreira e Raphael Tobias de Aguiar, entre outros. Em seguida, iniciou o curso de Teologia no Convento dos Carmelitas, dirigido por frei Antônio do Bom Despacho Macedo. Em 1814 tomou lições de filosofia

---

[300] Cf. PINTO JUNIOR, 1868; "Manoel Joaquim do Amaral Gurgel", **O Polichinello**, São Paulo, 2 de julho de 1876, p. 7; CASTRO, 1878; BLAKE, 1900, v. 6, p. 109-111; NOGUEIRA, 1908, v. 4, p. 98-107; VAMPRÉ, 1977, v. 1, p. 94-97 e 157-158; FERREIRA, 1928a, p. 21-23; e EDITOR, 1993a.

[301] "Como aluno de Direito, salientou-se sempre em todos os prélios da Academia, nas lições, nas sabatinas, nos atos e logo depois na tribuna e na imprensa das associações literárias que começavam a fundar-se" (NOGUEIRA, 1908, v. 4, p. 104). Olegário Castro afirma que o ramo em que mais se destacou durante o curso foi a Economia Política (CASTRO, 1878, p. 294).

[302] Foi criado por Beatriz Leoniza do Amaral Gurgel e educado pela irmã dela, Maria Polucena do Amaral Gurgel (FERREIRA, 1928a, p. 21).

no Convento de São Francisco com Frei Francisco Monte Alverne e, posteriormente, estudou francês com o engenheiro Marechal Daniel Pedro Muller. Em 1816 ordenou-se presbítero e em 1817 continuou a estudar filosofia com Francisco de Paula Oliveira, ocasião em que aprofundou seus conhecimentos sobre Immanuel Kant. Depois, foi ao Convento de Carmo aperfeiçoar-se em Teologia Dogmática e Moral com o frei José de Santa Eufrásia Péres e lá ingressou como professor, passando a lente de história eclesiástica (e substituto da cadeira de Exegética) (PINTO JUNIOR, 1868). Posteriormente, sua vocação para a filosofia fê-lo ser aprovado em concurso para lente de filosofia do Curso Anexo em 1829 (EDITOR, 1993a, p. 33).

Ele também teve destacada atuação política, tanto em prol da Independência do Brasil[303], quanto junto à causa liberal, principalmente em nível regional: já nos bancos acadêmicos foi eleito membro do conselho geral da Província e do conselho do Governo[304]. Posteriormente, foi eleito deputado provincial em São Paulo entre 1834 e 1843 e entre 1847 e 1848; na Assembleia Geral, atuou como deputado suplente em 1834 e como efetivo entre 1835 e 1837[305] (e foi eleito para a legislatura de 1842, previamente dissolvida). Neste ano de 1837 ele foi convidado por Feijó para ser Ministro da Justiça, mas recusou a oferta (CASTRO, 1878, p. 314). Foi vice-presidente da Província de São Paulo em mais de uma ocasião (1859, 1860, 1861, 1862 e 1864). Ao contrário de seus colegas liberais, não tomou parte na Revolução de 1842, o que lhe custou a futura preterição a cargos políticos por parte de Rafael Tobias de Aguiar, líder do movimento. Foi agraciado com o título de Conselho, com a Comenda de Cristo e também foi membro do Instituto Histórico e Geográfico Brasileiro.

Alinhado a Diogo Feijó e a seu antecessor de cátedra, Antônio Maria de Moura, defendeu posições contrárias à Igreja de Roma, atacando em

---

[303] O que não impediu que fosse deportado para o Rio de Janeiro por ordem de D. Pedro I após a queda dos Andradas.

[304] Segundo Carlos Eduardo França de Oliveira, "Amaral Gurgel foi eleito para as três Reuniões do Conselho Geral de São Paulo, entre 1828 e 1834. Em 1833, foi secretário do órgão. No Conselho da Presidência, foi suplente na 2ª Sessão e membro efetivo na 3ª" (OLIVEIRA, 2021, p. 46, nota 31).

[305] Neste período, segundo Olegário Castro, teria colaborado com os membros externos da comissão de organização do Código Comercial, sendo que algumas de suas ideias teriam sido aproveitadas (CASTRO, 1878, p. 314).

especial a imposição do celibato aos clérigos brasileiros. Talvez por isso nunca tenha sido eleito bispo, a despeito de suas qualidades (CASTRO, 1878, p. 317).

Sua obra abarca escritos biográficos[306], políticos – estes contemplam questões eclesiásticas e relatórios de administração de província –, eclesiásticos (discursos[307] e sermões) e traduções – como a tradução do **Cathecismo historico** do abade Fleury (1840) e o **Cathecismo** de Bossuet e de obras literárias (**Eliezer e Nephtaly**: poema sentimental de Fiorian, 1833) e filosóficas (**Sonho**, de Marco Aurélio, 1856). Ele também teve importante atuação na imprensa, sendo um dos responsáveis pela redação do **Observador Paulistano**, jornal de caráter liberal; também sofreu forte oposição dos conservadores, responsáveis pela publicação da **Phenix** (CASTRO, 1878, p. 318-321).

Na função de diretor da FDSP, muitas vezes tinha que lidar com a insubordinação dos alunos, como foi o caso com o doutorando Pedro Elias Martins Pereira (formado na FDSP em 1859). Em 1860, após sua defesa de teses, chamou-o "padre hipócrita, padre burro, papada reverenda" e pouco depois apareceu uma publicação intitulada **Impressões de leitura sobre os estudos, no baile do pequeno Zacharias, apelidado o Cinabre, pelo Dr. Splendiano Acarmboni di Trabachio**. Neste folheto, Pedro Elias chama Amaral Gurgel de "estúpido, besta vesga, grande em manhas e em velhacaria, urubu, vil, raposo velho, e burro". Por tais ações, a Congregação suspendeu-lhe a colação do grau de doutor por dois anos (VAMPRÉ, 1977, v. 2, p. 92).

Os membros do corpo acadêmico chamavam-lhe "Manuel Joaquim", "Caianá" ou "padre Caianá", "por ser alto e gordo" como uma cana-de--açúcar caiana (VAMPRÉ, 1977, v. 2, p. 92). Francisco Otaviano, um de seus alunos, assim testemunha a atuação de Amaral Gurgel na cátedra: "A linguagem de Amaral Gurgel era fluente, sem artifício, sem preparo: não se elevava muito, mas era elegante na sua naturalidade: jamais se

---

[306] Cf. a biografia que ele escreveu sobre o Tenente-General José Arouche de Toledo Rendon (GURGEL, 1843).

[307] Por exemplo, a **Oração funebre por occasião das exequias feitas ao Revm. Sr. Padre Diogo Antonio Feijó na egreja do Convento do Carmo, em S. Paulo, a 15 de novembro de 1843**. A oração foi recitada pelo padre Pedro Gomes de Camargo, mas era de autoria de Amaral Gurgel.

tornou acrimoniosa. Nunca lhe ouvimos uma agressão pessoal, sequer mesmo uma insinuação" (CASTRO, 1878, p. 299). Tal visão também é corroborada por Joaquim Antônio Pinto Júnior, formado na FDSP em 1838, para quem "o conselheiro Gurgel era de um trato ameno, acessível a todos, conquistou por suas maneiras delicadas e atenciosas uma estima geral; contava por amigos todos os seus discípulos (...)" (PINTO JUNIOR, 1868, p. 28).

Enquanto lente, é novamente Francisco Otaviano quem nos dá um retrato vivo de Amaral Gurgel e sua predileção por ensinar matérias referentes ao Direito Público:

> Não pude apreciar bem o talento de Amaral Gurgel no meu primeiro ano de estudos jurídicos (1841), em que ele leu na cadeira de Direito Natural. Andava enfermo e triste, e pouco mais fazia do que exornar o compêndio com alguma citação, ou expor mais amplamente as teorias que ali apareciam de relance.
>
> Mas, no ano seguinte, analisando a constituição e estabelecendo as regras do Direito Público, o ilustre professor já era todo outro. A filosofia e a história vinham dar colorido vigor ao seu pensamento. Liberal e homem de partido, porque era homem de convicções profundas, apontava embora os serviços prestados pela força ou concentração do poder em certas épocas da história da humanidade, mas concluía por mostrar que esses serviços nada fundaram de permanente e que todas as conquistas frutíferas foram devidas à liberdade (CASTRO, 1878, p. 298).

Em que pese tal predileção, Amaral Gurgel teve grande importância nos estudos de Direito Natural na Academia de São Paulo, tendo dividido o ensino com Avellar Brotero por longos anos. Assim se expressa Almeida Nogueira sobre as diferenças de ambos: "Brotero era socialista, Manuel Joaquim da escola liberal; Brotero eloquente, imaginoso, mas obscuro e pouco metódico; Manuel Joaquim, de elocução correta, fluente, mas de falar pausado; em compensação, claro, lógico e persuasivo" (NOGUEIRA, 1908, v. 5, p. 149). Também Francisco Rezende nos dá seu testemunho:

> Os dois lentes do primeiro ano que acompanhavam ao segundo os seus discípulos, eram o Dr. Manuel Joaquim e o Dr. José Maria de Avellar Brotero. Entre ambos havia o mais completo contraste; porque ao passo

que o primeiro era um homenzarrão pesado tanto física como intelectual ou moralmente falando; o segundo era um homem pequeno e que parecia um verdadeiro azougue. Os discípulos deste último sentiam por ele um verdadeiro entusiasmo; e diziam, que não havia quem fosse como ele tão eloquente e tão instruído na matéria que ensinava. Uma vez que todos assim o diziam, é porque assim o era com efeito. Para quem, porém, como eu, apenas passava de relance pela sua aula, o que ficava realmente conhecendo, é que o Brotero, se tinha todas essas qualidades, era ao mesmo tempo o maior de quanto trapalhões eu tenho visto; porque não proferindo uma frase que não fosse acompanhada desta outra – meus senhores, meus senhores – ele ainda baralhava todas essas frases por um tal feitio; que uma vez querendo servir-se desta comparação – como o pescador escandinavo pescando na pinguela; – o que na realidade ele disse e repetiu mais de uma vez foi – como o pescador escandinavo pinguelhando na pesquela.

O Manuel Joaquim que foi o nosso lente, creio que era inteligente e que tinha alguma ilustração. Não era, porém, homem que o mostrasse muito nem que muito agradasse (REZENDE, 1944, p. 261-262).

No início de sua carreira, Amaral Gurgel era filiado aos ensinamentos de Kant, com os quais tomou contato quando estudou filosofia na década de 1810 e para o que contribuiu o influxo dado por Martim Francisco, o Velho (VAMPRÉ, 1977, v. 1, p. 94). Além disso, as lições tomadas junto a Monte Alverne devem tê-lo aproximado do sensualismo de Étienne Bonnot de Condillac e do ecletismo de Victor Cousin[308]. Com o tempo, ele acabou por aproximar-se do espiritualismo de Krause, um divulgador de Kant – isso foi feito pela introdução, na década de 1840[309], do compêndio de Vicente Ferrer Neto Paiva, **Elementos de Direito Natural, ou Filosofia do Direito**. Além da afinidade quanto à visão filosófica, as tendências liberais de Ferrer também podem ter contribuído para sua adoção por Amaral Gurgel[310]. Tal movimento em direção ao espiritua-

---

[308] Cf. COSTA, 1967, p. 70 et seq.

[309] Renato Matsui Pisciotta afirma que o compêndio foi adotado a partir de 1849, baseado em informações de Spencer Vampré (PISCIOTTA, 2017, p. 216).

[310] "Da mesma forma que Tiberghien e Ferrer eram representantes do pensamento liberal em seus países de origem, é de se imaginar que o mesmo acontecesse por aqui. Amaral Gurgel era também sabidamente um liberal e, provavelmente, era neste contexto que o compêndio de Ferrer se espraiou. A má vontade do conservador Dutra Rodrigues para com o manual

lismo, que já deitava raízes na Europa, encontrou ampla repercussão no Brasil e na Faculdade de São Paulo, na qual suas vertentes – o ecletismo de Victor Cousin e a doutrina de Krause – foram desde logo abraçadas pelo corpo acadêmico (PISCIOTTA, 2017, p. 163 e 213). Sobre esta doutrina espiritualista, pode-se dizer que

> Desta data [1849], até a geração dos anos 70, este será o modelo intelectual dominante. Durante este período, Gurgel e Brotero parecem ter aderido a este fluxo de ideias. Gurgel, por ser o introdutor do tema em nosso meio acadêmico. E Brotero porque é o que verificamos nas dissertações que cobrava de seus alunos entre o final dos anos 50 e durante a década seguinte (PISCIOTTA, 2017, p. 213).

### 3.1.6. João da Silva Carrão (1810-1888): entre 1858 e 1859

João da Silva Carrão foi promovido a lente catedrático de Direito Natural após o jubilamento de Amaral Gurgel em 1858. Nomeado em setembro deste ano, assumiu a cadeira em maio de 1859 e já em outubro permutou com Luiz Pedreira do Couto Ferraz e passou à cadeira de Economia Política (SILVA, 1859, p. 2 e SILVA, 1860, p. 2). Assim mesmo, em 1859 achava-se na Assembleia Geral e não regeu nenhuma aula, de modo que sua influência sobre a disciplina foi nula. Voltaremos a ele quando analisarmos a cadeira de Economia Política.

### 3.1.7. Luiz Pedreira do Couto Ferraz (Visconde do Bom Retiro) (1818-1886)[311]: entre 1859 e 1868

Filho do desembargador Luiz Pedreira do Couto Ferraz e de Guilhermina Amalia Corrêa Pedreira, nasceu no Rio de Janeiro em 1818. Formou-se em 1838, doutorou-se em 1839[312] e, a convite de vários professores, prestou concurso no mesmo ano e foi aprovado, sendo empossado com apenas 21 anos de idade. Em 1858 foi nomeado lente catedrático de Economia

---

de Ferrer na Memória Histórica Acadêmica de 1872 talvez seja um indicativo de paixões políticas em torno do tema" (PISCIOTTA, 2017, p. 216-217).

[311] Cf. BLAKE, 1899, v. 5, p. 447-449; NOGUEIRA, 1907, v. 1, p. 60-62; VAMPRÉ, 1977, v. 1, p. 205-207; FERREIRA, 1928b, p. 58-59; e BEDIAGA, 2017.

[312] Avellar Brotero, então diretor interino, tentou impedir o doutoramento, mas o Governo resolveu em contrário (VAMPRÉ, 1977, v. 1, p. 204).

Política e, no ano seguinte, permutou de cadeira com João da Silva Carrão e permaneceu na cadeira de Direito Natural até seu jubilamento em 1868.

Couto Ferraz atuou ativamente na política imperial: foi deputado à Assembleia Provincial do Rio de Janeiro em 1845 e presidente das Províncias do Espírito Santo (1846-1848) e do Rio de Janeiro (1848-1853). Posteriormente, foi eleito deputado à Assembleia Geral entre 1848 e 1863 pelo Espírito Santo (7ª e 8ª legislaturas) e Rio de Janeiro (9ª a 11ª legislaturas), chegando a senador por esta última em 1867. Fez parte dos Gabinetes Paraná (1853-1856) e Caxias (1856-1857), sendo em ambos Ministro do Império[313], ocasião em que efetuou a já referida reforma do ensino em 1854[314]. A partir de 1866, ocupou a posição de Conselheiro de Estado. Além disso, acumulou diversos outros cargos, como o de inspetor geral da caixa de amortização (entre 1858 e 1859 e 1867 e 1877), e obteve muitas honrarias[315] – por exemplo, em 1877 foi agraciado com o título de Visconde do Bom Retiro.

Enquanto Conselheiro de Estado, Couto Ferraz posicionou-se contra um projeto de libertação do ventre em 1868, por entendê-lo contrário ao direito de propriedade garantido na Constituição (COSTA, 2010b, p. 410), posição esta que manteve quando da discussão da Lei do Ventre Livre[316] (de cuja votação ele se ausentou, pois estava na comitiva de viagem do Imperador ao exterior). Ele continuou com este posicionamento em 1884, quando foi instado a se manifestar sobre a libertação dos escravos velhos: "a libertação forçada e sem indenização dos escravos que tiverem atingido e atingirem a 60 anos é um atentado contra o direito de propriedade,

---

[313] Sobre sua atuação à frente desta pasta, cf. NABUCO, 1898, t. 1, p. 165-167.

[314] Ver Capítulo 1.

[315] Segundo Sacramento Blake, "gentil-homem da imperial câmara, doutor em direito pela faculdade de S. Paulo, professor jubilado da mesma faculdade, desembargador honorário, senador pela província do Rio de Janeiro, do conselho do Imperador, conselheiro de estado, comissário do governo imperial junto ao Instituto dos meninos cegos, presidente do Instituto histórico e geográfico brasileiro, e do Instituto fluminense de agricultura, vice-presidente da associação Protetora da infância desvalida, membro de várias associações nacionais e estrangeiras, oficial da ordem da Rosa e da do Cruzeiro, grã-cruz da ordem de Cristo do Brasil e da de Portugal, grã-cruz da ordem portuguesa de Nossa Senhora da Conceição de Vila-Viçosa, da ordem francesa da Legião de Honra, da ordem austríaca de Leopoldo, da ordem italiana de São Maurício e S. Lázaro e da ordem dinamarquesa do Danebrog" (BLAKE, 1899, v. 5, p. 447-448).

[316] Cf. BEDIAGA, 2017, p. 398-400.

uma restrição arbitrária e odiosa da propriedade servil, que deve ser tão respeitada e garantida como qualquer outra" (BRASIL. CONSELHO DE ESTADO, 1884, p. 88).

Ele era muito próximo de D. Pedro II, tendo acompanhado ele e sua esposa em viagens pelo Brasil e exterior; talvez fosse o único amigo íntimo do Imperador[317]. Conforme relata Sacramento Blake: "o Imperador, que lhe era sinceramente afeiçoado, foi visitá-lo no seu leito de agonia, demorando junto a ele quatro horas, e ao retirar-se disse com lágrimas: 'é a consciência mais pura que tenho conhecido'" (BLAKE, 1899, v. 5, p. 448).

Poucos são seus escritos, resumindo-se a relatórios oficiais e a discursos. Em relação ao Direito Natural, nenhuma contribuição trouxe ao seu ensino no período em que esteve à frente da cadeira – em realidade, em nenhum ano chegou sequer a lecionar a disciplina (PISCIOTTA, 2017, p. 297-300)[318]. Assim, é possível supor que o ensino tenha seguido a direção imposta por seu predecessor Amaral Gurgel, i. e., a adoção do compêndio de Vicente Ferrer de Paiva Neto em paralelo ao de Perreau por Avellar Brotero. Com efeito, em 1862 a livraria A. L. Garraux anunciava livros para o 1º ano e entre eles incluía Ferrer e Perreau[319]. Encontramos anúncios de venda do compêndio de Ferrer também em 1864[320] e 1865[321], por exemplo.

### 3.1.8. Francisco Justino Gonçalves de Andrade (1823-1902)[322]: entre 1869 e 1870

Natural da Ilha da Madeira, era filho do Tenente Francisco Joaquim Gonçalves de Andrade e Caetana Maria de Macedo, e veio ainda menino

---

[317] Essa é a opinião de Spencer Vampré (1977, v. 1, p. 205).
[318] Begonha Bediaga afirma que após sua passagem como Ministro do Império (1853-1857) "nunca retornou às aulas na Faculdade de Direito em São Paulo" (BEDIAGA, 2017, p. 391).
[319] O anúncio dizia: "1º ano – Ahrens, Jouffroy, Warnkoenig, Perreau, Ortolan, Belime, Ferrer, Kant, Lagrange, Leminier, Taparelli, Makeldey, Heineccius, Corpus Juris, Du Caurroy, Savigny, Ancillon, B, Constant, Garnier-Pagès, Mello, Tieralin, Ventura, e em geral todos os livros do primeiro ano" ("Livros", **Correio Paulistano**, São Paulo, 4 de junho de 1862, p. 4). E uma década depois tais autores continuavam a ser vendidos para os acadêmicos (LIVRARIA ACADEMICA DE A. L. GARRAUX, 1872, p. 5-7, 75 e 87).
[320] Cf. "Livros de Direito", **Correio Paulistano**, São Paulo, 28 de julho de 1864, anno XI, n. 2457, p. 3.
[321] Cf. "Livros", **Correio Paulistano**, São Paulo, 6 de junho de 1865, anno XII, n. 2710, p. 4.
[322] Cf. VAMPRÉ, 1977, v. 2, p. 42-47; FERREIRA, 1928b, p. 66-67; e ROBERTO, 2016, p. 235-252.

para o Brasil a pedido de seu tio Monsenhor Dr. Manuel Joaquim Gonçalves de Andrade (bispo de São Paulo entre 1827 e 1847, quando faleceu). Tinha como irmão o Padre João Jacinto Gonçalves de Andrade, também lente em São Paulo. Francisco Justino Gonçalves de Andrade formou-se em 1850 e defendeu teses em 1851. Disputou concurso em 1859 e obteve o segundo lugar, atrás de Clemente Falcão de Souza Filho (o "Falcãozinho"); entretanto, Justino possuía um amigo íntimo na pasta do Império (Almeida Pereira) e por isso conseguiu ser aprovado e tomou posse como lente substituto no mesmo ano (NOGUEIRA, 1908, v. 3, p. 152). Em 1868 foi promovido a catedrático de Direito Natural, mas logo em 1870 permutou de cadeira[323] e passou a reger a de Direito Civil até 1890[324], quando, após um incidente acadêmico, foi jubilado por Benjamin Constant[325]. Isto causou-lhe muito desgosto, a ponto de deixar de publicar um tratado de direito civil que vinha escrevendo. Waldemar Ferreira resume-lhe os traços enquanto lente: "Era um tipo de rígida austeridade, ríspido no trato, incapaz de rir em presença dos estudantes. O seu carregado sotaque madeirense lembrava os velhos professores da velha universidade portuguesa. Falava dogmaticamente. Tinha o orgulho do cargo" (FERREIRA, 1928b, p. 67). Além de lente, também atuou como parecerista[326], advogado[327] e era membro honorário do IAB.

Sua obra resume-se às dissertações de doutoramento e concurso, à memória histórica de 1861 (D'ANDRADE, 1862), alguns pareceres e ao livro **Da Posse** (doutrina) (1924), anotações de aulas editadas após seu

---

[323] Houve uma troca tripla de cadeiras neste ano: José Bonifácio, o Moço (Direito Civil) foi para a cadeira de Direito Criminal; João Theodoro Xavier de Mattos (Direito Criminal) foi para a cadeira de Direito Natural; e Francisco Justino Gonçalves de Andrade (Direito Natural) foi para a cadeira de Direito Civil.

[324] Ela já havia obtido e conseguido sua aposentadoria em 1884, mas o Governo imperial permitiu-lhe que continuasse no cargo. Foi como lente de Direito Civil que ele integrou a comissão encarregada de emitir um parecer sobre os **Apontamentos para o Codigo Civil Brazileiro**, de Joaquim Felício dos Santos; também compuseram a comissão Antônio Ferreira Vianna, Antônio Joaquim Ribas, Lafayette Rodrigues Pereira e Antônio Coelho Rodrigues (cf. **O Direito**, anno IX, v. 26, p. 660-664, set./dez. 1881).

[325] O poeta José Severiano de Rezende saiu em defesa de Justino de Andrade e publicou no mesmo ano o livro **Cartas paulistas**: artigos sobre a questão academica (1890).

[326] Cf. "Recibo de dinheiro em transporte", **Gazeta Juridica**, anno IX, v. XXX, p. 200-203, jan./mar. 1881.

[327] Cf. "Revista Civel n. 9114", **O Direito**, anno V, v. 14, p. 57-80, set./dez. 1877.

falecimento por seu sobrinho Sebastião de Lacerda, então Ministro do Supremo Tribunal Federal e que havia sido seu aluno.

No que concerne ao Direito Natural, não apresentou nenhuma inovação.

### 3.1.9. João Theodoro Xavier de Mattos (1828-1878)[328]: entre 1871 e 1878

Nascido em Mogi-Mirim em 1828, era filho do capitão João Theodoro Xavier e de Gertrudes Thereza de Moraes. João Theorodo fez os estudos primários naquela localidade, sob orientação do padre José Joaquim de Oliveira Brazeiros. Formou-se em Direito em São Paulo em 1853 e defendeu teses em 1856. Prestou concurso em 1859, mas foi preterido por Antônio Carlos Ribeiro de Andrada; prestou novo concurso em 1860 (teve como concorrente o Padre Mamede José Gomes da Silva) e foi nomeado lente substituto no mesmo ano. No ano de 1870 foi promovido a lente catedrático de Direito Criminal, mas no ano seguinte permutou para a cadeira de Direito Natural, onde permaneceu até seu falecimento em 1878.

Casou-se com Maurícia Fernandes Cantinho, filha do Comendador Mateus Maurício Cantinho e Benedita Fernandes, com quem teve duas filhas: Isaura, que se casou com o major Celestino Cintra, e Antonieta, que permaneceu solteira. Posteriormente separou-se da esposa. Teve ainda um terceiro filho natural, Benedicto Theodoro Xavier, com Maria do Carmo Fonseca, filha de Mariano da Purificação Fonseca. Conforme o estudo de Vivian Nani Ayres, podemos dizer que João Theodoro não era abastado; pelo contrário, os bens deixados em testamento[329] refletem alguns objetos de mobília e de uso pessoal e a imensa maioria – praticamente 80% dos bens – de livros[330] (avaliados em 1:860$950), que ele possivelmente adquiriu com seu parco ordenado de lente (AYRES, 2018, p. 288-290).

---

[328] Cf. BLAKE, 1898, v. 4, p. 59-60; VAMPRÉ, 1977, v. 2, p. 75-80; FERREIRA, 1928b, p. 70-71; VITA, 1956; GOMES, 1967; PERAMEZZA, 1982, p. 19-61; e AYRES, 2018, p. 278-285 e 313-318.

[329] Os bens foram deixados para seu filho natural. Suas filhas não aparecem em seu inventário, possivelmente em função da relação pouco amistosa entre João Theodoro e D. Maurícia, de quem havia se separado (AYRES, 2018, p. 285-286).

[330] Para a análise de sua biblioteca, composta por 187 títulos e 603 volumes, cf. AYRES, 2018, p. 293-313.

Além de lente, atuou ativamente na política de São Paulo, junto ao partido conservador: foi deputado provincial entre 1862 e 1865[331] e presidente da Província entre dezembro de 1872 e maio de 1875. Sob sua gestão, a capital passou por profundas modificações urbanas, com o desenvolvimento da viação pública, do transporte, do saneamento, etc.[332]. João Theodoro sofreu forte oposição nos jornais da época, que lhe atacavam os defeitos físicos (seus problemas de locomoção e dicção), bem como sua vida conjugal. Ele também foi promotor público da comarca da capital paulista, procurador fiscal do Tesouro em São Paulo, Juiz do Comércio, delegado de polícia[333] da cidade e advogado. Nesta última posição anunciava no **Correio Paulistano** em 1860 que oferecia seus serviços profissionais de forma gratuita "às pessoas necessitadas" (GOMES, 1967, p. 230), mostrando sua sensibilidade – talvez inclusive com os cativos[334].

De sua produção bibliográfica[335], destacam-se suas teses e dissertações para doutoramento e concursos, relatórios governamentais[336], artigos que escreveu enquanto estudante, a memória histórica de 1862[337] (XAVIER, 1863) e, no que aqui nos interessa, seu compêndio **Teoria Transcendental do Direito**, publicado em 1876 e que condensa seus ensinamentos à frente da cadeira de Direito Natural. É de se mencionar também algumas das postilas com anotações de aula tomadas pelos estudantes[338], quando ele já era catedrático, a saber: **Curso de Direito Constitucional** (1876,

---

[331] Havia sido suplente entre 1856 e 1857 e entre 1860 e 1861.

[332] Para informações mais detalhadas sobre sua gestão enquanto presidente da Província de São Paulo, ver GOMES, 1967, p. 119-126 e AYRES, 2018 p. 354-366.

[333] Quando ele era delegado suplente em Sorocaba foi acusado de protelar por dois anos a decisão sobre a liberdade de uma africana livre ("Escandalo Inaudito", **Imprensa Academica**, São Paulo, 21 de agosto de 1864, p. 3).

[334] Não conseguimos localizar este anúncio referido por Alfredo Gomes.

[335] Cf. GOMES, 1967, p. 26-31.

[336] Cf. GOMES, 1967, p. 231-236.

[337] Esta memória destoava das anteriores pela extensão e teor, pois João Theodoro resolveu nela expor algumas ideias para a reforma dos estatutos de 1854, cf. XAVIER, 1863. Um breve resumo das principais ideias pode ser encontrado em VAMPRÉ, 1977, v. 2, p. 120--123. Ela também repercutiu na Faculdade de Direito do Recife, como se vê na memória histórica do ano subsequente escrita por Antônio de Vasconcellos Menezes de Drummond (DRUMMOND, 1864).

[338] Hoje presentes na biblioteca da FDUSP.

manuscritas)[339], **Direito Constitucional** (1876, manuscritas), **Direito Natural** (1877, manuscritas) e **Direito Constitucional e Direito das Gentes** (1878, manuscritas) (GOMES, 1967, p. 27). No mais, também colaborou na imprensa, em **O Constitucional**, sempre expressando seus ideais como monarquista e católico liberal.

Foi na posição de Presidente da Província[340] que João Theodoro defendeu o aumento de imposto de importação dos escravos das províncias do norte para São Paulo, como forma de desestimular o tráfico interprovincial e fomentar a colonização estrangeira. Tal linha de pensamento – de uma evolução gradual do trabalho escravo para o trabalho livre e assalariado de estrangeiros – estava em consonância com o que defendia em sua **Teoria Transcendental do Direito** (1876), que veremos adiante. Ainda, nesta função chegou a ser acusado de proteger escravo fugitivo, abrigando-o dentro do Palácio do Governo[341].

Spencer Vampré aponta que João Theodoro era "versado nas grandes doutrinas filosóficas, – a tolerância, a bondade, e um risonho ceticismo, lhe caracterizavam o espírito" (VAMPRÉ, 1977, v. 2, p. 75). E também lhe destaca o caráter excêntrico:

> Gostava imenso de ouvir discutir, e ria-se, às escâncaras, dos despautérios com que se saíam, em arguições em aula, e em conversações familiares, estudantes e amigos.
>
> Na academia, escolhia sempre para arguentes os mais diferentes tipos: – um muito alto e magro, outro baixo e gordo; um calvo e um cabeludo, um estudante com cara de menino, e outro que parecesse grave pai de família.
>
> Amava os contrastes, e os sofismas, e ninguém (...) jamais sofismou com maior talento (VAMPRÉ, 1977, v. 2, p. 77).

Este seu talento para o sofisma vinha de sua sólida formação filosófica, a ponto de expender "doutrinas esdrúxulas, talvez para experimentar até a que ponto chegava a receptividade mental dos seus alunos" (NOGUEIRA,

---

[339] Ele publicou uma aula em "Direito Constitucional – Lição Academica, analysando o art. 101 § 8º da Constituição", **O Direito**, anno IV, v. 11, p. 281-288, set./dez. 1876.

[340] Para um resumo de seus relatórios enquanto esteve no Governo, cf. EGAS, 1926, p. 477-510.

[341] Cf. GOMES, 1967, p. 216-217.

1908, v. 5, p. 264-265). Além disso, sustentava paradoxos em aula (por exemplo, que animais tinham direitos[342]) e por vezes incentivava a discussão de indivíduos com posições totalmente antagônicas. Almeida Nogueira diz que ele possuía um "tom **debicativo** peculiar" no trato com os calouros, mas a ele se refere como "talento primoroso, porém excêntrico e eivado de profundo ceticismo" (NOGUEIRA, 1907, v. 1, p. 257, grifo no original, e 261). Suas excentricidades e zombarias, contudo, não lhe impediram de obter o reconhecimento de seus pares, como de João Crispiniano Soares (NOGUEIRA, 1909, v. 6, p. 76). Outro exemplo é a seguinte anedota, contada por Eugênio Egas:

> Quando queria libertar-se de importunos pretextava não poder resolver nada sem primeiro consultar a opinião pública.
> Para isso, reunia em palácio o capitão Antônio Bernardes Quartim, empreiteiro crônico das obras públicas, o modesto alfaiate Mariano da Purificação Fonseca, o bedel da Academia Valeriano Neves, o velho Goulartinho, seu assíduo comensal e outros tipos populares da época, como: o Nhô Paulo Pica Fumo, o Rafaelzinho, tenente coronel dos bugres e Nhá Maria Café, vendedora no Mercado, de quem se dizia – "para empenho, é Deus no céu e Nha Maria Café na terra" (EGAS, 1909, p. 294-295).

Enquanto lente, "explicava o dr. João Theodoro com clareza, e com alguma lógica, ainda que sem nenhuma eloquência, por defeito nos órgãos vocais" (VAMPRÉ, 1977, v. 2, p. 79). Outro "defeito" que tinha era a perna direita fortemente curvada, daí a alcunha de "diabo coxo"[343] (NOGUEIRA, 1910 v. 8, p. 155 e VAMPRÉ, 1977, v. 2, p. 143). Em 1871 adotava por compêndio a obra de Vicente Ferrer (VAMPRÉ, 1977, v. 2, 213) e tudo indica que a manteve até o advento de seu próprio livro em 1876, a já referida **Teoria Transcendental do Direito**, à qual voltaremos quando analisarmos os compêndios adotados em São Paulo. Em conclusão, Spencer Vampré diz que João Theodoro foi "bela alma, cheia da mais pura bondade, e filósofo risonho e cético, que não aprofundava muito

---

[342] Cf. NOGUEIRA, 1908, v. 5, p. 288-289 e VAMPRÉ, 1977, v. 2, p. 78.
[343] Segundo Alfredo Gomes (1967, p. 74), o periódico **Diabo-Coxo**, editado em 1875 por Luiz Gama e Ângelo Agostini, levou esse nome em referência a João Theodoro, então Presidente da Província.

os problemas, por falta de um grande ideal. Preferia argumentar, ou mesmo sofismar, a convencer-se. E convencer os outros" (VAMPRÉ, 1977, v. 2, p. 80).

### 3.1.10. João Jacintho Gonçalves de Andrade (1825-1898)[344]: entre 1878 e 1880

Nasceu na Ilha da Madeira em 1825, filho do Tenente Francisco Joaquim Gonçalves de Andrade e Caetana Maria de Macedo e irmão de Francisco Justino Gonçalves de Andrade, também lente da FDSP e que acima nos referimos. Fez o curso jurídico quando já era padre, matriculando-se em 1860. Foi lente substituto de latim, francês e inglês no Curso Anexo em 1862 e no ano seguinte ascendeu a catedrático de francês e inglês. Formou-se em 1864 e defendeu teses em 1865, sendo unanimemente aprovado. Prestou concurso em 1868 e, mesmo obtendo o 2º lugar, foi nomeado[345] e passou a integrar o corpo de lentes substitutos em 1869, até ser promovido a catedrático de Direito Natural em 1878. Em 1880, permutou com Martim Francisco Ribeiro de Andrada e passou a reger a cadeira de direito eclesiástico até 1890, quando se jubilou, na mesma data em que sua cadeira foi extinta.

Em paralelo à docência, seguiu carreira eclesiástica. Em 1861 era Capelão da Santa Casa de Misericórdia de São Paulo, em 1865 tornou-se Cônego penitenciário e, por fim, Arcipreste, em 1874. Em contrapartida, não exerceu cargos na política ou na administração pública.

Sua produção bibliográfica é escassa: resume-se à oração fúnebre do Exmo. e Revmo. Sr. D. Sebastião Pinto do Rego, bispo de S. Paulo em 1868, ao seu doutoramento[346] e teses e dissertação de concurso e à memória histórica da FDSP de 1870 (ANDRADE, 1871).

Na função de lente, registra-se ser o padre Andrade distraído, mas estimado pelos estudantes, principalmente em face de sua benevolência

---

[344] Cf. BLAKE, 1895, v. 3, p. 451; NOGUEIRA, 1909, v. 6, p. 233-241; VAMPRÉ, 1977, v. 2, p. 199-201; e FERREIRA, 1929, p. 75-76.

[345] Competiu com Almeida Reis e Dutra Rodrigues. Ele entrou na vaga de substituto deixada por seu irmão Justino de Andrade, que por sua vez fora promovido a catedrático pela exoneração de Couto Ferraz (VAMPRÉ, 1977, v. 2, p. 195).

[346] O ponto da dissertação foi: "Os governos despóticos podem ser justificados pelos princípios de direito público?". Foi posteriormente publicada em **O Direito**, anno XVIII, v. 53, p. 337-342, 1890.

nos exames. Segundo Almeida Nogueira, embora irritadiço no final da carreira, ainda conservava sua mansidão habitual, ao contrário do irmão Justino de Andrade, impaciente e até mesmo grosseiro (NOGUEIRA, 1909, v. 6, p. 238-240). Nenhuma inovação trouxe ao ensino do Direito Natural.

### 3.1.11. Martim Francisco Ribeiro de Andrada (1825-1886)[347]: entre 1880 e 1881

Era filho de Martim Francisco Ribeiro de Andrada e Gabriella Frederica de Andrada (filha de José Bonifácio, o Patriarca da Independência e, portanto, sua sobrinha) e nasceu em 1825 em Mussidan, França, durante o exílio de seu pai. Formou-se em São Paulo em 1845 e durante seu curso participou da Revolução Liberal de 1842. Ainda, em 1844, no 4º ano, acusou contrabandistas de escravos e conseguiu que fossem presos (NOGUEIRA, 1907, v. 2, p. 66-85 e 132-134). Após a formatura, doutorou-se em 1852 e foi nomeado lente substituto (sem concurso) em 1854, até ser promovido a lente catedrático de Direito Eclesiástico em 1859. Nessa cadeira permaneceu até permutar com João Jacintho Gonçalves de Andrade em 1880; mas não demorou-se muito nela, pois já no ano seguinte jubilou-se. Casou-se com Anna Bemvinda Toledo Bueno, filha de Antônio Manuel da Silva Bueno e Anna Margarida Martins de Toledo[348]. Faleceu em 1886, em estado de penúria.

Teve larga carreira política, sempre no Partido Liberal: ao lado do irmão José Bonifácio, o Moço, e do primo Antônio Carlos, compunha a "tríade andradiana" na FDSP do século XIX – todos liberais, assim como os lentes Ramalho, Furtado de Mendonça e Carrão (VAMPRÉ, 1977, v. 2, p. 62). Martim Francisco foi eleito deputado provincial em São Paulo entre 1848--1849, 1852-1853, 1856-1865 e suplente do mesmo cargo entre 1850-1851, 1854-1855. Foi suplente por São Paulo na Câmara dos Deputados entre 1853 e 1856 e deputado entre 1861 e 1868 e entre 1878 e 1886 e chegou a presidi-la em 1882. Compôs o Gabinete Zacarias (1866), ocupando a pasta dos Negócios Estrangeiros (1866) e depois a da Justiça (1866-1868). Foi como ministro da primeira que respondeu a Laboulaye,

---

[347] Cf. BLAKE, 1900, v. 6, p. 246-247; NOGUEIRA, 1907, v. 2, p. 128-139; VAMPRÉ, 1977, v. 1; FERREIRA, 1928b, p. 60-61.

[348] Informação da Ancestry Library (https://www.ancestrylibrary.com/).

comprometendo o Governo brasileiro a tratar da questão escrava tão logo se encerrasse a Guerra do Paraguai[349]. Também foi membro do Conselho de Estado.

Martim Francisco seguiu carreira no Direito – foi juiz municipal em Santos, promotor público em Itu[350] e advogado em São Paulo[351] – e no jornalismo, colaborando com diversos periódicos em São Paulo, como **O Nacional** e **Imprensa Paulista**. Ainda, publicou alguns trabalhos de cunho literário – poesias e uma peça teatral. De sua obra jurídica, restam apenas seu doutoramento e a memória histórica da FDSP de 1856 (ANDRADA, 1857).

Segundo Almeida Nogueira, que conviveu com Martim Francisco e demonstra ter admiração por sua figura, ele era excelente orador e "em matéria doutrinária, de uma independência de espírito, compatível com a sua elevação de caráter" (NOGUEIRA, 1907, v. 2, p. 135). Spencer Vampré, por sua vez, afirma que "não obstante o seu imenso talento, não deixou Martim Francisco fama de grande lente, – porventura devido a pouco amor aos estudos jurídicos, e à inclinação política" (VAMPRÉ, 1977, v. 1, p. 280).

### 3.1.12. Carlos Leôncio da Silva Carvalho (1847-1912)[352]: entre 1881 e 1891

Filho do Dr. Carlos Antônio de Carvalho, formado na FDSP em 1836, e de Maria Luiza de Azevedo Carvalho, nasceu Leôncio de Carvalho na cidade do Rio de Janeiro em 1847. Formou-se em 1868[353] e no ano seguinte obteve seu doutoramento, no qual foi aprovado plenamente. Prestou concurso em

---

[349] Cf. NOGUEIRA, 1907, v. 2, p. 134.

[350] Spencer Vampré diz que ele foi promotor público em São Paulo e depois juiz municipal em Itu (VAMPRÉ, 1977, v. 1, p. 278-279).

[351] Cf. "Revista civel n. 8986", **Gazeta Juridica**, anno V, v. XIV, p. 69-80, jan./mar. 1877. Nesta ação ele defendia a preta Donaria, afirmando ser ela livre por abandono do senhor.

[352] Cf. BLAKE, 1893, v. 2, p. 82-83; NOGUEIRA, 1908, v. 4, p. 270-271; VAMPRÉ, 1977, v. 2, p. 211-212; e FERREIRA, 1928a, p. 26-27.

[353] Almeida Nogueira relata de Leôncio de Carvalho e João Cesarino dos Santos eram os únicos da turma que nunca faltavam às aulas (NOGUEIRA, 1908, v. 4, p. 206). Curiosamente, o primeiro tornou-se um feroz defensor do ensino livre – que englobava a liberdade de frequência, entre outras.

1870 e obteve o 3º lugar[354], mas mesmo assim foi escolhido pelo Imperador e ingressou no quadro de lentes substitutos em 1871. Em 1881 foi promovido a lente catedrático de Direito Natural, cadeira que ocupou até a disciplina ser extinta em 1891. Depois, foi designado para a cadeira de Direito Público e Constitucional em 1895 (3ª cadeira do 1º ano) e nela permaneceu até 1901, quando foi jubilado. No mais, ocupou outros cargos na Faculdade, como o de bibliotecário (entre 1885 e 1890) e diretor (entre 1890 e 1891). Depois de jubilado em 1901, mudou-se para o Rio de Janeiro e ali foi professor na Faculdade Livre de Direito até seu falecimento em 1912. Casou-se com Ângela de Souza Queiroz[355].

Leôncio de Carvalho militou ativamente no Partido Liberal, principalmente pela imprensa – em 1874, adquiriu a propriedade do **O Correio Paulistano**[356]. Foi deputado geral por São Paulo entre 1878 e 1880 e, neste período, ocupou a pasta do Império no Gabinete Sinimbú (1878) – que a princípio havia sido reservada a José Bonifácio, o Moço, mas que declinou o convite. Enquanto ministro, efetuou a famigerada Reforma do Ensino Livre em 1879[357], que muita discussão causou à época e ocasionou-lhe a queda menos de um ano após ter assumido a pasta. Mesmo com a má recepção, foi um defensor do ensino livre até o final de sua vida[358]. Na República, deu seguimento à carreira política, compondo o Senado do Congresso Legislativo do Estado de São Paulo entre 1891 e 1892, e, enquanto membro do Congresso Constituinte, foi um dos relatores da primeira Constituição de São Paulo.

---

[354] Ficou atrás de José Joaquim de Almeida Reis e Américo Brasiliense de Almeida Melo, respectivamente. Ao que consta, Américo Brasiliense era o candidato preferido pelo Imperador, mas ele foi obrigado a ceder à argumentação de Pimenta Bueno, que não considerava legítimo nomeá-lo por sua filiação ao republicanismo (NOGUEIRA, 1908, v. 3, p. 93-95 e VAMPRÉ, 1977, v. 1, p. 87-88). Outro ponto digno de nota, já referido anteriormente, é o fato de que em sua prova Leôncio de Carvalho confundiu-se e no ponto referente a Embargo (Direito Internacional) dissertou sobre Embargos (Processo Civil), o que, como se vê, não foi um impeditivo para sua nomeação (VAMPRÉ, 1977, p. 211).
[355] Informação da Ancestry Library (https://www.ancestrylibrary.com/).
[356] Nos tempos de estudante também participou de alguns periódicos, como **Palestra Acadêmica** (1866), **Tribuna Liberal** (1867) e **O Acadêmico** (1868).
[357] Ver Capítulo 1.
[358] Cf. PESSO, 2018, em especial o capítulo 3.

Não deixou nenhuma obra jurídica de relevância, resumindo-se sua produção ao seu doutoramento[359], teses e dissertação para o concurso de 1870 e memórias históricas da FDSP em 1871 (em que já defendia o ensino livre) e 1873 (CARVALHO, 1872 e 1874). Digno de nota é seu relatório enquanto Ministro do Império em 1878 (CARVALHO, 1879). Ainda, mostrou-se preocupado com questões concernentes ao ensino no Brasil, com uma grande introdução às atas e pareceres da primeira Exposição Pedagógica do Rio de Janeiro de 1883 e um relatório apresentado ao primeiro Congresso Jurídico Brasileiro de 1908, em que discutia questões concernentes ao ensino jurídico. Foi também dele a iniciativa de se fundar o Liceu de Artes e Ofícios de São Paulo.

Apesar de excelente estudante, deixou fama de mau professor – segundo Almeida Nogueira, "não estudava as preleções. Explicava a doutrina muito pela rama" (NOGUEIRA, 1908, v. 4, p. 271) e, para Spencer Vampré, ele parecia "preocupar-se mais em agradar, pelo brilho da palavra elegante, do que em ensinar simplesmente as disciplinas jurídicas" (VAMPRÉ, 1977, v. 2, p. 212). Mesmo assim, era muito popular entre os alunos, principalmente por ter sido o introdutor do ensino livre no Brasil.

## 3.2. Os compêndios

### 3.2.1. *Principios de Direito Natural* (1829), de José Maria de Avellar Brotero

O compêndio de Avellar Brotero foi confeccionado logo no primeiro ano de funcionamento do curso jurídico de São Paulo, tendo sua redação sido finalizada em 21 de dezembro de 1828, conforme aviso aos leitores (BROTERO, 1829, p. 3). A obra foi feita para ser utilizada pelos estudantes do 1º ano, sendo elaborada aos poucos: Brotero remetia os capítulos ao Ministro do Império, José Clemente Pereira, conforme os finalizava (BROTERO, 1933, p. 45-49 e 53-54). Ele mesmo o confessa em advertência que inseriu no meio do livro, na qual tentava justificar as extensas notas de rodapé em francês:

> O Leitor deve saber, que estas Lições eram prontas à noite para servir de manhã, e que estas notas eram parte, ou fundamento da explicação,

---

[359] O ponto da dissertação foi: "nas ações executivas tem lugar a suspeição do juiz?". Foi publicada em **O Direito**, anno IV, v. 10, p. 645-650, mai./ago. 1876.

que fiz na Aula, e a qual se não escreveu nas postilas. Recebi do Governo Ordem para remeter este Compêndio quanto antes, e por isso muito à pressa mandei tirar uma cópia da minuta, que tinha servido para os Atos; e como a experiência me tinha mostrado a necessidade de pôr estas notas no Compêndio, as fiz copiar dos mesmos Autores, e dos lugares já marcados, isto é, segundo as marcas, que tinha posto nos mesmos Livros (BROTERO, 1829, p. 285).

Como a Lei de 11 de agosto de 1827 previa uma compensação pecuniária aos lentes que organizassem compêndios que fossem aprovados pelo Governo, a obra de Brotero foi publicada em 1829 e em maio do ano seguinte foi remetida à Assembleia Geral para ser apreciada. A pressa em publicá-la deveu-se também à pressão do Governo e, possivelmente, como forma de justificar sua indicação ao cargo de lente (REALE, 1976, p. 65) – e o fato de ser considerado um "estrangeiro" deve ter contribuído para isso.

Entretanto, a recepção não foi nada positiva.

Em 8 de junho de 1830, o deputado Lino Coutinho tomou a palavra e assim se manifestou:

> Foi oferecido aqui à câmara um compêndio de direito natural, feito por um lente dessa escola de direito [São Paulo], compêndio este que é vergonha das vergonhas pelas suas imbecilidades, e mesmo compêndio prejudicial pelas más doutrinas que nele se encerram, e que não sei como o Sr. ex-ministro do império sem examinar este compêndio, sem cousa nenhuma, mandasse ou decretasse que se ensinasse à mocidade brasileira por tão infame compêndio, este compêndio foi oferecido à câmara, e se diz recebido com especial agrado, isto aparecendo nas nações estrangeiras é vergonha para a câmara dos deputados e para o Brasil inteiro pelas imbecilidades que contém (...) (**ACD**, sessão em 8 de junho de 1830, p. 357).

E ele apontava uma dessas "imbecilidades":

> (...) num artigo em que este compêndio trata da existência de Deus, diz que é um ponto duvidoso para muitos grandes espíritos, e para muitos grandes filósofos; ora, isto num compêndio para se ensinar direitos? E então a definição do homem? Faz rir, um catecismo que aqui apareceu, que era um

catecismo de asneiras, não sei se trazia tantas imbecilidades no artigo homem; entretanto o nosso ex-ministro do Império, que puniu tanto pela instrução pública, como aqui se disse, mandou que se ensinasse nas escolas de direito por este catecismo que parece ser feito por um homem tresloucado; não sei se o Sr. ex-ministro do Império o leu; mas se o leu, muito mal conceito fico fazendo do Sr. ex-ministro do Império e de seus talentos. Requeiro portanto que o compêndio seja remetido a uma Comissão (**ACD**, sessão em 8 de junho de 1830, p. 357).

Da mesma opinião eram os deputados Paula e Souza e Antônio Maria de Moura – este último, inclusive, também lente de Direito Natural em São Paulo.

Em 1º de julho a Comissão de Instrução Pública (deputados J. R. Soares da Rocha, A. J. do Amaral e A. Ferreira França) manifestou-se sobre o compêndio, também fazendo-lhe censuras em parecer datado de 30 de junho:

> A Comissão de Instrução Pública examinou o compêndio de direito natural, composto e oferecido a esta augusta Câmara pelo lente do primeiro ano jurídico de São Paulo, e, observando que não tem ligação e harmonia nas matérias, nem uniformidade no estilo, sendo uma verdadeira compilação de diferentes autores, que não seguiram os mesmos princípios nem se exprimiram no mesmo estilo; que os raciocínios não têm força de convicção, nem os termos clareza e precisão; que compreende matérias heterogêneas ao direito natural, e notas repetidas e mui extensas; é, portanto, de parecer que não seja admitido no curso jurídico, devendo-se ensinar o direito natural por outro compêndio que melhor desempenhe a matéria (**ACD**, sessão em 1 de julho de 1830, p. 6).

Aprovado o parecer, logo o Ministro do Império expediu ordem ao diretor do curso de São Paulo para que se ensinasse Direito Natural por outro compêndio (**ACD**, sessão em 10 de julho de 1830, p. 88) e assim foi feito: Brotero adotou os **Élémens de Législation Naturelle** (1800), de Jean-André Perreau, e com ele permaneceu até sua aposentadoria em 1871. Segundo Miguel Reale (1976, p. 70), além do possível ressentimento do Conselheiro, nada mais se sabe de sua reação frente à recusa de seu compêndio.

Vale destacar que a Congregação do curso jurídico de Olinda também optou por não adotar o compêndio de Brotero, uma vez que já utilizavam o compêndio de Fortuna e o lente Moura Magalhães trabalhava na elaboração de um compêndio próprio (BEVILÁQUA, 2012, p. 45-46).

Alguns autores entendem que a rejeição do compêndio de Brotero se deu menos por motivos técnicos e mais por motivos de políticos, seja pelo compêndio conter "doutrinas melindrosas" (REALE, 1976 e PISCIOTTA, 2017), seja pela incompatibilidade entre o liberalismo português de Brotero e o liberalismo brasileiro encarnado na Câmara dos Deputados (AYRES, 2018, p. 269-271).

Muito já se escreveu sobre o livro do Conselheiro Brotero. Almeida Nogueira, que não conseguiu localizar a obra, afirma que "para tão rigorosa condenação muito contribuiu o atraso mental da época, em contraste com o espírito adiantado que o dr. Brotero sempre revelou" (NOGUEIRA, 1907, v. 2, p. 15). Spencer Vampré, por sua vez, acompanha o julgamento da Câmara dos Deputados: "pelo confuso, e espraiado, das ideais, pela ausência de método e de divisões sistemáticas, pela falta de crítica apurada, pelo desleixo do estilo, pela consideração unilateral dos assuntos, o livro não corresponde à fama de cultura, que deixou o seu autor" (VAMPRÉ, 1977, v. 1, p. 66). Ele também chama a atenção para a pouca ou nenhuma menção aos filósofos que vinham exercendo forte influência desde a segunda metade do séc. XVIII, como Montesquieu, Kant, Wolff, Leibnitz, Burke, Hume e Bentham (VAMPRÉ, 1977, v. 1, p. 67-68). Para Dario Abranches Viotti, não obstante o tom teísta e católico da obra, as ousadias de Brotero causaram escândalo (VIOTTI, 1974, p. 262)[360].

A doutrina "melindrosa" a que Brotero fazia referência era, em parte, devido ao espírito "iluminista" do Conselheiro[361], formado que era na Universidade de Coimbra reformada. Nesta esteira, entendia, por exemplo, que o casamento era um contrato e posicionava-se a favor da perfeita igualdade entre os cônjuges; defendia o divórcio e o uso cordial e benigno

---

[360] Ele mesmo reconhecia isto, conforme missiva que enviou ao Ministro do Império em 1 de janeiro de 1829: "V. Exia. tem agora na sua respeitável presença aquela parte do compêndio, cuja doutrina é melindrosa, e fez alguma novidade entre meus amigos e inimigos; pode portanto V. Exia. dar a sua perspicaz e eruditíssima sentença sobre a mesma doutrina, e com conhecimento de causa determinar afinal sobre a sua impressão (...)" (BROTERO, 1933, p. 47).

[361] Cf. REALE, 1976, p. 84-88.

da autoridade paterna; e era contra o celibato clerical e, como veremos, a escravidão. Além disso, defendia a liberdade de pensamento e a liberdade religiosa (REALE, 1976, p. 71-72 e 88).

Também Reinaldo Porchat desconfiava do valor da obra, afirmando que "as ideias filosóficas, expostas no compêndio, não eram de molde a constituir segura base de cultura para os moços que estudavam" (PORCHAT, 1928, p. 339) e, mais adiante,

> a julgar pelo compêndio de direito natural que escreveu para ser adotado na sua aula, vê-se que o diplomado de Coimbra, a despeito do talento e da eloquência que a tradição lhe reconhece, não tinha noção precisa da matéria, e o seu trabalho é uma mistura de teorias, onde o que de mais notável há a registrar é a confusão em que se obumbram. Sem discriminar ideias, entra o professor em uma exposição indigesta de conceitos da escola teológica e da escola racionalista ao mesmo tempo (PORCHAT, 1928, p. 345-346).

Com efeito, as excessivas notas de rodapé – em português, latim e, principalmente, francês –, o estilo de Brotero[362] e a rapidez com que a obra foi escrita a tornam confusa e, por vezes, contraditória, na medida em que o autor tenta conciliar doutrinas inconciliáveis[363].

---

[362] Para Miguel Reale, "o certo é que, ao redigir as suas aulas, a sua personalidade de escritor quase que se biparte entre forças contrárias, e, às vezes, temos a estranha impressão de estarmos lendo dois livros justapostos: no texto, repontam doutrinas tradicionais, com a sua fraseologia anacrônica e convencional; e, ao pé das páginas, as transcrições dos autores prediletos, ressumando, apesar de todas as suas falhas, um espírito novo, tocado pelas preocupações das ciências naturais e da problemática complexa do homem no limiar do século XIX" (REALE, 1976, p. 80).

[363] Como lembra Dario Abranches Viotti: "Brotero era sem dúvida um mau estilista. E tinha tanta percepção de que estava justapondo ideias discordantes que, em dois pontos do livro, manda o leitor combinar (ou conciliar) determinadas doutrinas" (VIOTTI, 1974, p. 263). E Machado Neto: "convicto da necessidade de propagar as teses do sensualismo de Condillac e seus discípulos e continuadores, especialmente o materialista Cabanis e o teórico da ideologia como uma ciência zoológica que estudaria no homem a formação e a gênese das ideias, Destutt de Tracy, Brotero tinha, porém, a maior precaução de evitar qualquer suspeita de heresia, razão pela qual ora tentava conciliações entre teorias inconciliáveis, ora eludia a atitude monística do materialismo ou do panteísmo através da distinção entre *natureza naturata* e *natureza naturante*, a esta conferindo atributos idênticos aos da divindade cristã. (...)

Não obstante, alguns autores saíram em sua defesa. Silvestre Pinheiro Ferreira, seu contemporâneo, teceu elogios ao compêndio em 1831 (BROTERO, 1933, p. 68). Isso motivou Frederico de Barros Brotero, quase um século depois, a defender a obra de seu avô, afirmando que, para a época, era um trabalho "bom e apreciável" e cumpriu ao que se propunha, isto é, a ser um compêndio didático (BROTERO, 1933, p. 68-69). Essa também é a opinião de Miguel Reale:

> apesar de seu estilo anacrônico e monótono, de suas contradições manifestas, de sua falta de sistema e de organicidade, e de suas afirmações ingênuas e às vezes grotescas, há na improvisada obra do mestre recém-chegado a São Paulo, um sopro vivo de modernidade, de arrojo e de entusiasmo, que não mereciam as críticas acerbas ditadas pela paixão que suas ideias suscitaram. Com todos os seus inegáveis defeitos, talvez o Compêndio, condenado pelas autoridades públicas, tivesse sido mais benéfico, pelo fermento das ideias que provocava, do que as lições de Perreau, bem alinhadas e polidas na mediocridade e no bom senso (REALE, 1976, p. 91).

Nesse estudo de Reale, inclusive, ele rebate as ideias de que o compêndio era anacrônico, situando-o no contexto em que foi escrito e mostrando que Brotero estava a par das doutrinas e influências contemporâneas[364], fazendo uso das ideias de Condillac, Cabanis, Destutt de Tracy, Helvetius, Holbach (cujo nome foi convenientemente omitido do compêndio, em função de suas posições ateístas e anticlericais), Filangieri, Mably, etc. (REALE, 1976, p. 75-90)[365].

---

Até ao final do Compêndio segue essa atitude ambígua de quem aceita as ideias novas, mas não ousa proclamá-las, buscando conciliações impossíveis ao preço da coerência, ou encontrando hábeis esquivanças que a ninguém convencem" (MACHADO NETO, 1969, p. 25-26, grifos no original).

[364] Esta também é a opinião de António Braz Teixeira: "Lido hoje, o compêndio do novel lente luso-brasileiro, mau grado as condições pouco propícias em que foi redigido e publicado, não desmerece do seu autor, denotando, pelo contrário, um conhecimento razoável da reflexão jurídica sua contemporânea e dos autores em que, nessa época, em Coimbra, se apoiava o ensino filosófico do Direito, pelo que a imposição da sua substituição pelo medíocre manual de Perreau nenhum benefício terá trazido aos jovens escolares de lei do velho convento de São Francisco " (TEIXEIRA, 2011, p. 17-18).

[365] Para os autores utilizados por Brotero, cf. AYRES, 2018, p. 271-277.

O compêndio[366] do Conselheiro Brotero era uma compilação dos ensinamentos de diversos autores. Tanto é assim que, além de trazer em seu título esta informação – **Principios de direito natural compilados por José Maria Avellar Brotero** –, na já referida advertência no meio da obra o autor justificava a utilização das extensas notas de rodapé (em sua maioria em francês). Segundo Brotero, quatro haviam sido as razões para tanto: (i) cumprir com os Estatutos de 1825 (Cap. 3, § 3), (ii) facilitar aos estudantes a explicação do compêndio, (iii) tirar a "secura" que o Direito Natural, à primeira vista, possuía e (iv) acostumar os estudantes a aplicarem o Direito Natural ao Direito Público (BROTERO, 1829, p. 284-285).

O Conselheiro Brotero definia o Direito Natural como "Norma ou complexo de Leis ditadas pela Natureza Naturante[367], poder criador, onisciente e onipotente", que "gravou no coração do homem, e a promulgou, por meio da luz da razão, de maneira, que o mesmo homem ficou ciente de qual é o fim da sua criação, isto é, o conservar-se, e aperfeiçoar-se" (BROTERO, 1829, p. 59).

O tema da liberdade era tratado em dois momentos: primeiro no capítulo 2º, "Do Homem", em que se referia à liberdade como faculdade moral (§ 65)[368]; e segundo, no capítulo 4º, "Direitos do Homem" (§ 85). É nesta última acepção que o termo nos interessa, pois o Conselheiro Brotero entendia que os direitos do homem, sagrados e que formam sua essência, eram quatro: liberdade, igualdade, propriedade e segurança (BROTERO, 1829, p. 210). Nessa esteira, dizia ele sobre o direito de liberdade que

> O Compêndio (...) estabelece como regra, que o homem digno de ser chamado livre, é aquele, que per si trabalha para esclarecer os meios de usar convenientemente da sua razão, e conhecer o verdadeiro bem, e o verdadeiro

---

[366] Para a análise do compêndio, cf. REALE, 1976, p. 63-91; PISCIOTTA, 2017, p. 200-206; e AYRES, 2018, p. 247-277.

[367] Explica Spencer Vampré que Natureza Naturante "outra coisa não é senão a Providência Divina, não sabemos porque batizada, por ele, com tão extravagante denominação, mais própria de um filósofo panteísta" (VAMPRÉ, 1977, v. 1, p. 67). Sobre a distinção entre "Natureza Naturante" e "Natureza Naturata", cf. REALE, 1976, p. 78.

[368] "A Liberdade é a faculdade, com que a nossa alma depois de determinar-se a praticar a ação, põe em execução esta mesma determinação", isto é, a "faculdade, que o animal dotado de aptidão de razão tem de executar toda e qualquer ação, que não é contraditória, e repugnante com as Leis da natureza" (BROTERO, 1829, p. 146-147).

mal, e executar para si, e para os outros este mesmo bem, e evitar este mesmo mal, vivendo desta maneira com igualdade no estado social natural, o qual estado é essencialmente inseparável da raça humana para a sua conservação e perfeição (BROTERO, 1829, p. 212-213).

Nessa esteira, liberdade individual era "o verdadeiro uso da faculdade da razão relativamente a si, e relativamente aos outros" (BROTERO, 1829, p. 213), isto é, "a Liberdade é uma faculdade do homem, a qual lhe foi concedida pela Natureza Naturante; a liberdade existe em todo e qualquer homem, que tenha razão, e vontade (...)" (BROTERO, 1829, p. 214). Por isso, "todo o homem tem um direito imprescritível, à sua liberdade, isto é, à faculdade que ele tem de fazer aquilo, que lhe agrada, uma vez que não viole a Lei natural, e que não seja nocivo nem a si, nem a seu próximo (...)" (BROTERO, 1829, p. 214).

Como consequência, ele intitula o § 87 do compêndio "A escravidão é o maior de todos os males" e, utilizando-se das ideias de Gabriel Bonnot de Mably (L'Abbé de Mably) (1709-1785)[369] em **Des Droits e des Devoirs du Citoyen [Dos Direitos e dos Deveres do Cidadão]** (1789)[370], Brotero ataca o regime servil:

> (...) toda alma grande e generosa olha para a escravidão como um dos maiores males; e com efeito parece um excesso de baixeza, e de corrupção, e até parece, que não pode existir na natureza um homem, que se acostume por um longo hábito a ser escravo, e que possa olhar para si próprio, e considerar-se como propriedade de outro homem, e conter sua indignação à vista de

---

[369] Sobre ele, cf. BASDEVANT-GAUDEMET, 2008. Mably não era de todo desconhecido para os intelectuais de São Paulo – na biblioteca de Luís Nicolau Fagundes Varella (avô do poeta e lente da FDSP) havia 12 volumes de suas **Oeuvres Complètes** (DEAECTO, 2011, p. 170).

[370] Vivian Ayres faz um apontamento interessante: "Aqui, o autor referencial é Mably. A citação que aparece no texto é um trecho de **Droits et Dovoirs du citoeyn** (sic), no qual este autor afirmava que a guerra civil, apesar de ser um mal, poderia ser positiva para se extirpar da sociedade uma 'gangrena' que a fazia perecer. Essa teoria, certamente, era uma das mais alarmantes para uma sociedade escravista na qual mesmo aqueles que criticavam a escravidão pretendiam que o fim desse sistema fosse efetivado sem grandes conflitos. Além disso, frisemos, o livro foi escrito em 1829, quando a abolição não estava realmente em pauta, e quando a memória da Revolução do Haiti era ainda muito recente" (AYRES, 2018, p. 257-258).

um tirano, que quer reduzir seus semelhantes a uma condição miserável, que degradando as criaturas, que Deus dotou de razão, lhes rouba aquilo, que não pode dar-lhes (falando moralmente). Parece repugnante à espécie humana, que haja um homem tão degenerado, que possa perder o sentimento da Liberdade e a ideia da dignidade do seu ser! (BROTERO, 1829, p. 215).

E, um pouco adiante, "o nome de senhor e de escravo destrói toda a ideia de dever, todo o comércio de afeição, e põem os homens em um estado de hostilidade recíproca; e neste mísero estado, a força é o direito, e o medo a única obrigação" (BROTERO, 1829, p. 215-216). Essa visão é corroborada pelo direito de igualdade (§ 94), uma vez que "a natureza fez todos os homens iguais" – iguais de direito, não de fato (podem variar quanto à raça, temperamento, fisionomia, estrutura corporal, etc.) (BROTERO, 1829, p. 230-231).

É interessante notar que Brotero se utiliza das ideias menos revolucionárias de Mably, oriundas da Filosofia Moral e Política. Assim, ele afasta-se de sua Filosofia Social, isto é, suas ideias coletivistas, seu ataque à propriedade e à desigualdade social (REALE, 1976, p. 76).

No mais, ao tratar do direito de propriedade, "direito, que o homem tem de gozar, e usar do bem (bens móveis, ou imóveis) móvel, ou imóvel, que possui, e pode possuir, e o direito que tem de proibir aos outros o gozo e o uso deste mesmo bem" (BROTERO, 1829, p. 240), o Conselheiro Brotero nada diz sobre escravidão. Além disso, ele defendia, em relação ao direito de propriedade, que "esse direito cumpriria uma função específica, que era a conservação do ser humano, sendo recomendável que o homem possuísse apenas o necessário para a sua sobrevivência", razão pela qual "essa teoria não devia ser muito bem-vista pela sociedade patrimonialista e escravista brasileira, ainda mais se tivermos em conta que o autor considerava que o direito de testar não era um direito natural" (AYRES, 2018, p. 259-269).

Miguel Reale aponta que o Conselheiro Brotero seguia de perto a doutrina de Perreau no que concernia aos direitos dos homens e a outros temas, o que deve ter facilitado a adoção do compêndio do autor francês após o seu próprio ter sido recusado pela Câmara dos Deputados. Perreau opunha-se a Fortuna, que entendia ser possível alienar tais direitos sagrados (REALE, 1976, p. 87). Veremos ambos os autores a seguir.

No mais, vale ressaltar que o compêndio de Brotero, em que pese ter sido recusado, encontrou certa repercussão no meio jurídico, pois vemo-lo citado na imprensa em 1840 e à venda na década de 1860[371], apesar de não mais ser mencionado nas dissertações dos alunos da FDSP da década de 1850 (PISCIOTTA, 2017, p. 200).

### 3.2.2. *Élémens de Législation Naturelle* (1800-1801[372]), de Jean-André Perreau

Os **Élémens de Législation Naturelle** [**Elementos de Legislação Natural**] (1800)[373] de Jean-André Perreau (1749-1813)[374] foram utilizados durante todo o período em que Avellar Brotero lecionou Direito Natural[375] após o fracasso de seu próprio compêndio, isto é, entre 1830 e 1871[376]. Em 1880 e 1884, Sá e Benevides também o adotava, conforme registram suas **Lições de Direito Natural** (BENEVIDES, 1880, lição 1ª, p. 1) e seus **Apontamentos de Direito Natural** (BENEVIDES, 1884b, p. 1) – antes dele, Ferreira França esteve à frente da cátedra, mas por apenas dois anos (1875 a 1877) e provavelmente não introduziu novo compêndio. Assim, é certo que a obra de Perreau foi lida por várias gerações acadêmicas[377] – outra prova são os anúncios de venda nos jornais de São Paulo, que vão pelo

---

[371] Cf. "Sr. Redactor da *Phenix*", **A Phenix**, S. Paulo, 9 de dezembro de 1840, n. 283, p. 3-4 e "Livros de Direito", **Correio Paulistano**, S. Paulo, 1º de janeiro de 1862, anno IX, n. 1699, p. 5.
[372] A obra foi publicada no mês de Messidor do ano 9 (pós-Revolução Francesa), que correspondia aos meses entre o outono de 1800 e o verão de 1801.
[373] Sobre a obra, cf. THIREAU, 2010.
[374] Sobre ele, cf. RICHARD, 2008.
[375] Vale a seguinte ressalva feita por Renato Pisciotta ao analisar as dissertações dos alunos da FDSP: "o professor Brotero, ao que tudo indica, não seguia à risca apenas um compêndio. As dissertações abrangem uma certa quantidade de autores e as contraposições e aproximações entre eles" (PISCIOTTA, 2017, p. 129). Entretanto, a utilização de mais autores indica antes a circulação de ideias entre alunos, sendo que o compêndio era aprovado pela congregação para ser utilizado em sala de aula e nos exames.
[376] Em nossa pesquisa, encontramos o compêndio como sendo adotado por Avellar Brotero em 1836 (MÜLLER, 1923, p. 256), 1849 (VAMPRÉ, 1977, v. 1, p. 235) e ainda em 1870, conforme memória histórica referente àquele ano (ANDRADE, 1871, p. 7). Em 1872, ele consta no catálogo da livraria Garraux, mas estava esgotado (LIVRARIA ACADEMICA DE A. L. GARRAUX, 1872, p. 6).
[377] Em 1887, havia na biblioteca a 1ª edição de 1801 e a 3ª de 1834 (FACULDADE DE DIREITO DE S. PAULO, 1887, p. 67).

menos até 1884[378]. A longevidade da adoção de tal compêndio é criticada por Miguel Reale, para quem

> O século XIX avançava com os seus problemas prementes, entrechocavam-se escolas, reviam-se pressupostos, estremeciam-se convicções antigas ao impacto do criticismo, do positivismo, do evolucionismo, e o anacrônico compêndio de Perreau, com suas "verdades" desacompanhadas de inquietações e de dúvidas, permanecia no altar de nosso oficialismo cultural, como se tudo estivesse de antemão aceito e resolvido no mundo da Filosofia... (REALE, 1976, p. 70).

A primeira edição do compêndio de Perreau foi publicada em Paris no 9º ano da Revolução Francesa (1800) e trazia em sua capa as informações de que era destinado "ao uso dos alunos da Escola Central do Pantheon". Àquela altura, o autor era professor de legislação na referida Escola, professor suplente de Direito da Natureza e das Gentes no *Collège de France* e membro do *Tribunat* (PERREAU, 1800). O livro obteve relativo sucesso, tendo sido reeditado em 1807 e 1834; esta 3ª edição póstuma era corrigida e aumentada de uma notícia histórica sobre a vida do autor e trazia em sua capa a informação de que era adotado nos cursos jurídicos de Olinda e São Paulo, no Brasil; mais do que isso, trazia duas informações sobre a publicação: uma em Paris e outra no Rio de Janeiro, ambas pela casa editorial Seignot-Plancher de Laroe (PERREAU, 1834). Nessa esteira, estudaremos esta edição de 1834, devido ao fácil acesso que a ela os estudantes brasileiros tinham (e que provavelmente foi a edição mais utilizada por eles). Essa edição também foi traduzida para o espanhol por Mariano de Cabrerizo em 1840[379].

O manual de Perreau iniciava-se com um discurso preliminar aos seus alunos, em que ele justificava a importância do estudo da "legislação natural", que contemplava os conhecimentos de nossos direitos e deveres para com nós mesmos, nossos semelhantes e, consequentemente, os princípios

---

[378] Cf. "Vende-se nesta Typographia", **Diario de S. Paulo**, São Paulo, 24 de maio de 1868, p. 3; "Livros", **Correio Paulistano**, São Paulo, 7 de fevereiro de 1874, p. 3; "Livros", **Correio Paulistano**, São Paulo, 27 de março de 1884, p. 3.

[379] A obra já havia sido traduzida para o espanhol em 1821 por Francisco Rodríguez de Ledesma, tendo sido reeditada em 1836.

de todos os ramos da legislação positiva[380]. Após um excurso histórico sobre a disciplina, o autor dividia a obra em duas partes, conforme sua justificativa mencionada: (i) o homem considerado como indivíduo e (ii) o homem em relação a seus semelhantes (que contemplava também o Direito das Gentes)[381].

Na opinião de Miguel Reale, "livro incolor, que resumia, em estilo amplos os ensinamentos superficiais de Burlamaqui, por quem o escritor francês devotava entusiasmo incondicional (...)" (REALE, 1976, p. 70).

A escravidão era tratada dentro do direito natural de liberdade, que vinha depois do direito de igualdade e antes do direito de propriedade e do direito de segurança – os mesmos direitos do homem que vimos no compêndio de Brotero. Para Perreau,

> (...) Qualquer ideia de servidão **voluntária** ou **involuntária** (a menos que seja considerada como uma punição merecida) implica contradição com toda a ideia justa da verdadeira natureza do homem. Sua liberdade é inseparável de sua existência. O contrato pelo qual o homem se comprometeria para sempre com o uso absoluto dessa faculdade não seria, portanto, senão um atentado contra sua própria vida, e um ato de loucura que não produziria nenhum compromisso legítimo. O ato pelo qual (exceto a espécie de punição merecida) um outro homem, sob qualquer pretexto, o sujeitaria às disposições arbitrárias de sua vontade, não seria, portanto, mais do que um ato de violência que nenhum direito poderia jamais justificar.
>
> Assim, quanto a este suposto direito de servidão que foi imaginado como consequência deste outro igualmente falso direito que o conquistador teria de matar o conquistado, é fácil apontar que a força por si só nunca pode dar origem a qualquer direito, nem consequentemente a qualquer dever PERREAU, 1834, p. 51, grifos no original)[382].

---

[380] "(...) embrasse les connaissances de nos obligations envers nous-mêmes, de nos droits et de nos devoirs envers nos semblables, et, par une conséquence nécessaire, les principes de toutes les branches de la législation positive" (PERREAU, 1834, p. I).

[381] Para uma breve exposição do conteúdo do compêndio de Perreau, cf. PISCIOTTA, 2017, p. 153-162.

[382] No original: "(...) Toute idée de servitude **volontaire** ou **involontaire** (à moins que celle-ci ne soit regardée comme un châtiment mérité) implique contradiction avec toute idée juste de la vraie nature de l'homme. Sa liberté est inséparable de son existence. Le contrat par lequel l'homme engagerait à jamais l'usage absolu de cette faculté ne serait donc qu'un

Vale lembrar que ele publicou a obra em 1800, quando a escravidão na França e em suas colônias havia sido extinta durante a Revolução, pelo decreto de abolição da escravidão de 4 de fevereiro de 1794. Mesmo após sua reintrodução nas colônias pela Lei de 20 de maio de 1802, Perreau manteve sua posição emancipacionista nas edições de 1807 e 1834 (póstuma).

Em 1884 vemos o compêndio de Perreau ainda adotado pelo lente de Direito Natural Sá e Benevides que, contudo,

> reconhecia o inconveniente de pertencer ele a escola diversa da sua e de já não se achar a par do progresso atual da ciência do Dir. Natural, mas que apesar disso o seguia em suas explicações, fazendo-lhe os necessários reparos, porque esse escritor em muitos pontos consagra teoria aceitável e tem o mérito de não se achar eivado de laivos, de socialismo, o que em geral se nota nos Compêndios da atualidade (BENEVIDES, 1884b, p. 1).

### 3.2.3. *De Jure Naturae Positiones* (1815), de Karl Anton von Martini, atualizado por José Fernandes Álvares Fortuna

O compêndio de José Fernandes Álvares Fortuna foi adotado por Antônio Maria de Moura no início dos cursos jurídicos de São Paulo[383]. O livro de Fortuna, em realidade, era uma atualização de compêndio de Karl Anton von Martini (1726-1800)[384], que foi adotado em Coimbra logo após a reforma de 1772.

---

attentat contre sa vie même, et un acte de folie qui ne produirait aucun engagement légitime. L'acte par lequel (l'espèce du châtiment mérité exceptée) un autre homme, sous quelque prétexte que ce fût, le soumettrait aux dispositions arbitraires de sa volonté, ne serait donc non plus qu'un acte de violence qu'aucun droit ne pourrait jamais justifier.
Ainsi, quant à ce prétendu droit de servitude que l'on a imaginé comme suite de cet autre droit également faux qu'a, dit-on, le vainqueur de tuer le vaincu, il est facile de faire remarquer que la force seule ne peut jamais donner lieu à aucun droit, ni par suite à aucun devoir" (PERREAU, 1834, p. 51, grifos no original). O mesmo trecho aparece na 1ª edição, cf. PERREAU, 1800, p. 67-68.

[383] Não consta do catálogo da biblioteca da FDSP. Apenas sua **Ordo Historiae Juris Civilis in usum auditorii vulgatus** lá está referida (FACULDADE DE DIREITO DE S. PAULO, 1887, p. 85).

[384] Sobre ele, cf. WIEACKER, 2015, p. 382; SCHLOSSER, 1987; HEBEIS, 1996; CASSI, 1999; e NESCHWARA, 2001.

Martini foi professor de Direito Natural na Universidade de Viena e um importante representante do jusracionalismo austríaco, tendo ocupado diversos cargos estatais, inclusive no *Obersten Justizstelle*. Ele foi autor do **Westgalizisches Gesetzbuch [Código Civil da Galícia Ocidental]** de 1797, que inspirou o **Allgemeine bürgerliche Gesetzbuch [Código Civil Geral]** da Áustria de 1811, cujo autor Franz von Zeiller era seu discípulo direto[385].

José Fernandes Álvares Fortuna (1758-1819)[386] era lente de Direito Natural em Coimbra e se propôs a modernizar dois compêndios de Martini: **De lege naturali positiones** (1764) e **Positiones de jure civitatis**, dividido em duas partes (*jus publicum universale* e *jus gentium*) (1768). O compêndio de Direito Natural de Martini seguia os ensinamentos de Wolff[387], procurando conciliá-los com as ideias de Grócio e Pufendorf, de modo a tornar tais autores acessíveis aos estudantes mediante uma exposição mais simples e didática (MONCADA, 2003, p. 28)[388]. Na linha dos iluministas do século XVIII, em suas obras Martini condenava a escravidão (MONCADA, 2003, p. 33, nota 32 e SEIXAS, 2016, p. 175-176).

Em 1815 e 1816, Fortuna publicou com novo nome em Coimbra as obras de autoria de Martini em dois volumes, **De Jure Naturae Positiones, dilucidiori stylo et ordine a doct. Josepho Fernandes Alvares Fortuna**[389]. Como anota Luís Cabral de Moncada,

> embora apresentados como uma nova edição da própria obra de Martini, são, contudo, pelo maior desenvolvimento dado a certas matérias e ainda pela grande quantidade de notas e escólios, bem como de indicações bibliográficas, que a enriquecem, uma obra independente, atualizada e, até certo ponto, original (MONCADA, 2003, p. 34).

Não obstante, Fortuna não se afasta de todo das ideias de Martini ao analisar os grandes problemas do Direito Natural, ainda que de um lado

---

[385] Em Olinda foram adotados compêndios de Martini e de Zeiller. Ver itens 5.2.1 e 5.2.3.
[386] Sobre ele, cf. RODRIGUES, 1992.
[387] Cf. WIEACKER, 2015, p. 360-363.
[388] Para uma breve exposição das ideias de Martini, cf. MONCADA, 2003, p. 29-32.
[389] O Liber I foi publicado em 1815 e o Liber II em 1816. Para uma breve exposição das ideias do compêndio de Fortuna, cf. MONCADA, 2003, p. 35-37.

se apartasse do espírito iluminista setecentista e, de outro, se aproximasse da filosofia escolástica (MONCADA, 2003, p. 34-35).

Iremos nos ater ao Livro I (1815), por tratar da matéria específica de Direito Natural. Fortuna aborda do tema da liberdade logo no começo da obra (§ 17):

> A alma humana foi adornada por seu Criador, DEUS Ótimo Máximo, não apenas com a faculdade de conhecer (...), de desejar e de inclinar-se àquilo que é bom e conveniente para si, bem como de afastar-se daquilo que julga mal e que não convém para si (...); mas também com a **liberdade**, por cuja força – depois de, por algum princípio interno a ela ligado e incorporado, ter-se tornado mais certa a respeito da natureza de seu apetite ou de sua aversão – ela não somente escolhe, sem nenhuma sujeição a qualquer necessidade interna ou externa, aquela intermediária, a qual, para o fim que preferiu obter, julga mais apta, mas também excita, no corpo, instrumento de suas ações externas, os movimentos convenientes para isso; e conforme lhe apraz, e quando e de que modo quer, (...) coloca[-os] em proveito disto, ou daquilo, ou, ainda, de modo contrário (MARTINI, 1815, p. 14-15, grifo no original)[390].

E conclui que a liberdade é "fazer, pela própria força e sem a dependência de nenhum outro, o que quer que queiramos que à nossa conservação e perfeição destine-se e, de modo nenhum, oponha-se à reta razão e aos mandamentos de DEUS" (MARTINI, 1815, p. 17-18)[391].

Mais adiante, afirma Fortuna (§ 153):

---

[390] Tradução de Leandro Dorval Cardoso. No original: "non modo facultate cognoscendi (...), et appetendi, et se inclinandi ad quod bonum, et sibi conveniens, et declinandi ab eo, quod malum, et sibi disconveniens judicat (...), humana anima ab ejus Creatore DEO Opt. Max. exornata fuit; sed **libertate** etiam, vi cujus, postquam de natura suae appetitionis, aut aversationis certior fit, principio quodam interno, ei inhaerenti, et insito, sine ulla internae, externaeve alicui necessitati subjectione, non modo media illa eligit, quae ad praeoptatum finem obtinendum aptiora judicat, sed convenientes ad id motus in corpore, externarum suarum actionum instrumento, excitat, et, prout sibi placet, et quando, et quomodo vult, hoc, vel illo, vel opposito etiam modo, (...) in usu ponit".

[391] Tradução de Leandro Dorval Cardoso. No original: "faciendi propria vi, et sine dependentia ab alio, quidquid voluerimus, quod ad conservationem, perfectionemque nostram conferat, et rectae rationi, DEIque mandatis minime adversetur".

A partir da igualdade natural entre os homens (...), também é compreendida a **liberdade** deles da **sujeição**, ou a independência do arbítrio de quem quer que seja o outro homem; um direito pelo qual, na verdade, um quer ordenar, ao outro, que faça qualquer coisa, ou que não faça; o mesmo direito pelo qual este, por sua vez, poderia dominar as ações do outro e pedir-lhe que admitisse seguir, ao agir, seu juízo (MARTINI, 1815, p. 93, grifo no original)[392].

Sobre a escravidão em si, Fortuna a ela se refere quando discute a ocupação militar (§ 459, nota a), definindo-a como a **servidão** dos romanos:

Os romanos dizem **servidão** a condição na qual um homem permanece então sujeito a outro, sendo mantido para que não apenas lhe prestasse trabalhos de todos os gêneros e por todo o curso de sua vida somente em troca de alimentos, mas também para que, como qualquer outra posse, pudesse por ele ser dado, trocado, vendido e outras coisas!!! (MARTINI, 1815, p. 274, grifo no original)[393].

Desse modo, podemos verificar que Fortuna não aborda o instituto da escravidão de forma objetiva, mas coloca-se a favor da liberdade, não se coadunando assim com a instituição do regime servil.

Até o advento dos **Elementos de Direito Natural** de Vicente Ferrer em 1844, o ensino de Direito Natural em Coimbra regeu-se durante setenta anos pelo compêndio de Martini (ainda que adaptado por Fortuna em 1815), de modo que "por ele estudaram os homens mais eminentes que nos fins do século XVIII e princípios do XIX exerceram qualquer espécie de influência sobre a vida jurídica e política portuguesa" (MONCADA,

---

[392] Tradução de Leandro Dorval Cardoso. No original: "ex naturali hominum aequalitate (...), eorum quoque **libertas** a **subjectione**, seu independentia ab cujusvis alterius hominis arbitrio intelligitur; quo enim jure unus alteri, ut aliquid faceret, vel non faceret, imperare vellet, eodem jure hic vicissim illius actiones posset moderari, et ab eodem petere, ut suum se in agendo judicium sequi patiatur".

[393] Tradução de Leandro Dorval Cardoso. No original: "**Servitutem** dixere Romani statum, in quo homo alteri ita subjectus manet, ut non modo totius generis operas, et per totum vitae suae curriculum, ei pro alimentis tantum modo praestare teneatur; sed et ab eo, tamquam res quaelibet, donari, permutari, vendive possit, cet. !!!".

2003, p. 33). Segundo Luís Cabral de Moncada, o compêndio de Martini era "confuso, prolixo, e tinha, apesar de tudo, uns ares escolásticos de 'farragem velha', como lhes chamava Ferrer em 1843, que, por outro lado, o faziam parecer anacrônico. Exigiam-se outras ideias mais modernas" (MONCADA, 2003, p. 235-236). Tais "ideias modernas" seriam buscadas no krausismo, como veremos.

O livro de Fortuna foi utilizado em Olinda, logo no início dos cursos jurídicos, e em Coimbra e em São Paulo[394] até o começo da década de 1840, quando foi substituído pelo compêndio de Vicente Ferrer. Não obstante, não deixou de circular entre os estudantes, como se percebe pelos anúncios de venda de livros[395] e por esse trecho de autoria de Francisco Manuel Raposo de Almeida, em sua crônica "Recordações de Viagens" de 1850: "Os compêndios adotados para as matérias do curso [de São Paulo] são ao presente os seguintes. No primeiro ano Perreau, Fortuna e Ferrer, qualquer destes compêndios *ad libitum* do lente com aprovação do corpo catedrático" ("Parte Litteraria", **O Mercantil**, Santos, 16 de novembro de 1850, p. 2).

### 3.2.4. *Elementos de Direito Natural, ou de Philosophia de Direito* (1844), de Vicente Ferrer Paiva Neto

No bojo da luta entre o sensualismo[396] da "filosofia moderna" e a filosofia idealista e transcendente de Kant, o compêndio de Martini, na roupagem que lhe foi dada por Fortuna, foi progressivamente abandonado em prol das ideias filosóficas do kantismo e do krausismo[397], o que foi feito pela

---

[394] Adotado em 1830 (Aviso, **O Observador Constitucional**, São Paulo, 20 de dezembro de 1830, p. 444).

[395] Por exemplo, em Olinda: "Compras", **Diario de Pernambuco**, Pernambuco, 27 de março de 1838, n. 69, p. 4 e "Vendas", **Diario de Pernambuco**, Pernambuco, 15 de janeiro de 1850, anno XXVI, n. 12, p. 3.

[396] Assim define Luís Cabral de Moncada o sensualismo: "é a doutrina filosófica que faz derivar dos sentidos e das sensações todas as nossas ideias e representações mentais, em oposição à doutrina cartesiana das ideias natas. É, por conseguinte, uma teoria causal-genética e psicológica sobre a origem das ideias. Os seus principais representantes são, na história da filosofia moderna, Bacon, Hobbes, Gassendi, Locke, Condillac e Destutt de Tracy (...)" (MONCADA, 2003, p. 33, nota 33).

[397] Sobre a adoção do ideário krausista como reação ao jusnaturalismo de Martini, cf. CUNHA, 2000, p. 211-221.

publicação dos **Elementos de Direito Natural, ou de Philosophia de Direito** de Vicente Ferrer (MONCADA, 2003, p. 60-62).

Vicente Ferrer Neto Paiva (1798-1886)[398] formou-se em Coimbra em 1821 e passou a lecionar em 1834 na 2ª Cadeira de Direito Natural, chamada de Direito Público Universal e das Gentes (criada em 1805), a qual ocupou até 1865. Na opinião de Luís Cabral de Moncada, Ferrer foi o verdadeiro reformador do ensino de Direito Natural na Universidade de Coimbra em Portugal no século XIX, ainda que tenha iniciado sua carreira, como seus antecessores, como comentador de Martini (MONCADA, 2003, p. 62)[399].

Em 1843, ele publicou o **Curso de direito natural, segundo o estado actual da sciencia, principalmente em Allemanha** (2ª edição em 1856), em que combatia o obscurantismo do compêndio de Martini (**Positiones de Lege Naturali**): "as dificuldades porém, que encontram [os estudantes] no Compêndio de Martini, desanima a uns, e a todos desgosta; de modo que (...) a maior parte dos Estudantes não compreende a fundo a metafísica de Martini, apesar dos maiores esforços do professor em suas preleções orais" (PAIVA, 1843, p. VII). Por este motivo, Ferrer decidiu escrever o **Curso**, com o fim de "expor brevemente o indispensável para a inteligência de Martini, despindo-o do método matemático e das palavras sacramentais dos Escolásticos, e substituir-lhe e aditar-lhe as novas teorias dos Escritores modernos" (PAIVA, 1843, p. VIII)[400] – com destaque para Heinrich Ahrens (1808-1874), seguidor de Karl Christian Friedrich Krause (1781-1832), fundador do krausismo.

---

[398] Sobre ele, ver, entre outros, MONCADA, 2003, p. 217-234 e CALHEIROS, 2006, p. 161--225. Para uma visão geral sobre suas ideias jusfilosóficas, ver MARQUES, 1990 e DIAS, 1999; para sua relação com o krausismo, cf. CALHEIROS, 2019, entre outros.

[399] Segundo o historiador das ideias português, "cabe-lhe a glória de ter sido o primeiro filósofo-jurista que se soube emancipar dum texto oficial, tornado velho e fossilizado, e de compor para o substituir uma obra independente que elevou esta disciplina à altura que no seu tempo ela tinha atingido em outros centros de estudo europeus" (MONCADA, 2003, p. 62).

[400] Vale destacar que já há algum tempo ele vinha tentando adotar outro compêndio para a cadeira de Direito Natural que não o de Martini – em 1834 sugeriu os **Élémens de Législation Naturelle** de Perreau (adotado por Brotero em São Paulo) e posteriormente ele conseguiu, por um breve período, adotar os **Éléments de Droit Natural** de Burlamaqui, mas logo teve que voltar ao livro de Martini (CUNHA, 2000, p. 216–217).

Seus **Elementos de Direito Natural, ou de Philosophia de Direito** foram publicados em 1844 e aprovados para servirem de compêndio na Universidade de Coimbra e nos cursos jurídicos de São Paulo e Olinda – daí sua grande influência nos dois lados do Atlântico. A obra foi reeditada em 1850[401], 1857, 1863, 1873[402] e 1883, mas conservou-se praticamente inalterada[403]. Para Moncada, esta obra foi o "evangelho científico" do liberalismo português (MONCADA, 2003, p. 233).

Este compêndio deveria cobrir o conteúdo programático da cadeira de Direito Natural – e, por isso, era mais enxuto que o **Curso** do ano anterior, mas não menos influenciado por ele.

No compêndio, Ferrer utilizou-se de diferentes autores e obras[404], dividindo-o em quatro partes: (i) princípios gerais de direito natural, (ii) direito natural absoluto, (iii) direito natural hipotético, e (iv) garantias do direito[405].

Assim o autor definia o Direito, na mesma linha de Krause (§ 16): "a ciência particular, que expõe o complexo das condições externas e internas, dependentes da liberdade, e necessárias para o desenvolvimento e cumprimento do destino racional, individual e social do homem e da humanidade" (PAIVA, 1850, p. 13-14). Nessa esteira, os direitos poderiam ser absolutos – resultantes exclusivamente da natureza do homem, portanto a base para aquisição de outros direitos – ou hipotéticos – derivados da natureza do homem, intervindo algum fato que gere aquisição de outros direitos (PAIVA, 1850, p. 51). Dentre os direitos absolutos do homem – também chamados de direitos inatos, primitivos, universais ou

---

[401] Iremos utilizar esta edição em nossa análise.

[402] Neste ano, passou a chamar-se **Philosophia de Direito**, contando com dois tomos, o primeiro dedicado ao Direito Natural e o segundo ao Direito das Gentes.

[403] Conforme se depreende dos prólogos reunidos na 6ª edição de 1883 (PAIVA, 1883, p. III-XII). Vale mencionar ainda, como extensão do compêndio de Vicente Ferrer, sua obra **Princípios Gerais de Philosophia de Direito, ou Comentario á Secção I da Parte I dos Elementos de Direito Natural, ou de Philosophia de Direito**, publicada em Coimbra em 1850 (mesmo ano da 2ª edição dos seus **Elementos**) e as **Annotações aos Elementos de Direito Natural**, de José Dias Ferreira, publicada em Coimbra em 1858 (em que se menciona a injustiça da escravidão nas p. 77-79).

[404] Cf. PAIVA, 1850, p. 213-215.

[405] Para uma visão geral das ideias contidas no compêndio de Vicente Ferrer, cf. MONCADA, 2003, p. 65-67.

comuns – estavam o direito da justa atividade (o direito do homem sobre as suas ações), da qual derivava o direito de liberdade, i. e, uma faculdade que todos possuíam "e todo o homem tem direito ao exercício dela, sem que a sociedade ou os outros homens lhe oponham obstáculos alguns" (PAIVA, 1850, p. 54).

Ao discutir a natureza dos direitos absolutos (PAIVA, 1850, p. 61-66), Ferrer perpassa por duas vezes o tema da escravidão, ligado que estava à liberdade: primeiro (§ 81), "(...) o homem não pode por um contrato tornar-se escravo, renunciando totalmente à sua liberdade natural, sem a qual deixaria de ser pessoa" (PAIVA, 1850, p. 61) e, segundo (§ 87), "(...) o homem não pode ceder a outrem totalmente a **liberdade da sua justa atividade**, tornando-se seu escravo; mas pode contrair a obrigação de praticar ou omitir algumas ações a favor d'outrem (...)" (PAIVA, 1850, p. 64-65, grifo no original).

Aos direitos absolutos correspondiam obrigações absolutas (PAIVA, 1850, p. 67-73), como deixar de prejudicar o justo exercício da **liberdade** dos outros ou o **direito de independência**, fosse pelo rapto, cárcere privado, escravidão, etc. (PAIVA, 1850, p. 69). Neste sentido, Vicente Ferrer opunha-se abertamente ao regime servil:

> Não falamos do infame **tráfico da escravatura**, que pertence ao **Direito das Gentes**, nem da **escravidão dos governos despóticos**, própria do **Direito Público**; e só falaremos da **escravidão individual** e **particular**. Se todo o ser racional é para si seu próprio fim, e em nenhuma situação deve servir de meio à vontade arbitrária d'outrem (...), é evidente, que a escravidão é injusta. Com efeito, nem o **contrato**, nem o **nascimento**, nem a **força** podem servir de pretexto para justificar a escravidão. **Vendendo-se** o homem como escravo, todos os seus bens entram na propriedade do senhor. Portanto o senhor nada daria, o escravo nada receberia, e a liberdade ficaria sem preço. Não seria menos absurda a renúncia gratuita da liberdade, por ser contra o bom senso e a natureza; porque d'envolta com a cedência da liberdade vinha a dos direitos e das obrigações (...), e até de toda a moralidade (...). O **nascimento** também não pode ser invocado; porque se um homem não pode alienar a sua liberdade, muito menos a de seu filho, que não foi ouvido. A **força** finalmente não faz direito: aliás aquela, que vencesse a primeira, sucederia em seu direito, e o mais forte sempre teria razão (...). O escravo pois feito pela força, pela força poderia recobrar sua liberdade; e ou a força primeira

era injusta, ou a segunda o não era também (PAIVA, 1850, p. 70, grifos no original).

A obra de Vicente Ferrer Neto Paiva foi adotada em São Paulo[406] já na década de 1840 por Amaral Gurgel[407] e em Recife a partir de 1859, por decisão da Congregação (GUIMARÃES, 1860, p. 1). Na FDSP, vemos Ferrer utilizado nas dissertações pedidas pelo Conselheiro Brotero – seja como tema da dissertação, seja nas respostas dos alunos (PISCIOTTA, 2017, p. 206). Não obstante, escrevia Dutra Rodrigues na memória histórica de 1872 que tal compêndio não lhe parecia satisfazer o fim a que se propunha, preferindo o manual de Perreau (utilizado por Brotero) (RODRIGUES, 1873, p. 8).

Vicente Ferrer Neto Paiva é o introdutor do espiritualismo em Portugal, doutrina que abarcava tanto o ecletismo de Victor Cousin[408] quanto o krausismo[409] de Karl Christian Friedrich Krause. Segundo Miguel Reale, os **Elementos de Direito Natural** de Vicente Ferrer eram uma tentativa de conciliação entre o jusnaturalismo metafísico de Krause e o idealismo crítico de Kant (REALE, 1976, p. 20-21) – tentativa esta malograda, na visão de Luís Cabral de Moncada (2003, p. 63-64 e 67-70)[410], não obs-

---

[406] No catálogo da biblioteca da FDSP de 1887 consta o **Curso de Direito Natural** (1856) e os **Elementos** (1857 e 1883) (FACULDADE DE DIREITO DE S. PAULO, 1887, p. 69).

[407] Para os motivos de sua adoção em São Paulo, cf. PAIM, 1999a.

[408] Sobre o ecletismo no Brasil, cf. PAIM, 1999b.

[409] Assim o define Luís Cabral de Moncada: "um novo e tardio jusnaturalismo romântico que, consagrando mais uma vez os princípios da ordem individualista da 'eminente dignidade da pessoa humana' e da liberdade, ancorados numa ordem natural objetiva, espécie de 'espaço absoluto' newtoniano no domínio do espírito, os procura conciliar com uma certa concepção metafísica e orfanológica, derivada de Schelling, acerca da sociedade e do universo" (MONCADA, 2003, p. 237). Sobre o krausismo, cf. JIMÉNEZ, 1998 e WIEACKER, 2015, p. 693, nota 54, entre outros. Sobre o krausismo no Brasil, cf. PAIM, 1999c e TEIXEIRA; PUERTO; EPIFÂNIO, 2019.

[410] "(...) foi isto o que ele tentou fazer: conciliar Kant e Krause; a filosofia crítica do primeiro com o jusnaturalismo metafísico e dogmático do segundo; a concepção puramente racional e formal do direito com uma doutrina jusnaturalista, repleta de conteúdos concretos e metafísicos, acerca da natureza humana e dos fins da sociedade e do Estado. Está nisso a particularidade mais característica da filosofia de Ferrer. Simplesmente: Kant e Krause eram inconciliáveis, e, querendo harmonizá-los, necessariamente ele havia de trair um ou outro, ou

tante ter sido Ferrer o introdutor das ideias kantianas em Portugal. Reale afirma ser o krausismo "um kantismo de terceiro grau", tendo obtido relativo sucesso na Polônia, Bélgica, Portugal[411] e Espanha[412], e na América Latina[413], principalmente por meio de seus divulgadores: Heinrich Ahrens (1808-1874)[414] e Guillaume Tiberghien (1819-1901)[415] (MONCADA, 2003, p. 236-237; REALE, 1947, p. 60; e CALHEIROS, 2006, p. 73-76). Não por acaso, foi em 1844 – ano que Ferrer publicou seus **Elementos de Direito Natural** – que parte do **Cours de droit naturel ou de Philosophie du droit**[416] [**Curso de direito natural ou de Filosofia do direito**] de Ahrens foi vertido do francês ao português por Francisco Cândido de Mendonça e Mello, primeiranista de Direito em Coimbra, e publicado em Lisboa

talvez os dois. E foi o que sucedeu: traiu os dois" (MONCADA, 2003, p. 240). Mesmo assim, Maria Clara Calheiros afirma, levando em conta sua obra como um todo, que ele "levou a cabo um trabalho de profundo rigor e precisão, fruto de um aturado estudo das obras filosóficas dos mais variados autores, que teve ao seu dispor. O seu trabalho não foi o de simples comentário, ou repetição de opiniões alheias, mas caracterizou-se antes por um esforço de inovação e, sobretudo, de renovação da filosofia do direito portuguesa" (CALHEIROS, 2006, p. 193), razão pela qual ele repercutiu no pensamento português da segunda metade do século XIX, chegando até o início do Estado Novo em Portugal (CALHEIROS, 2006, p. 210 e 325).

[411] Aponta Reale que "sem ter a amplitude e a profundidade do krausismo espanhol, o krausismo português traduziu o mesmo anseio de uma solução espiritualista de cunho democrático e de forte inspiração ética, sobre cujas bases se assentasse a estrutura do regime constitucional, romanticamente idealizado como chave para todos os males dos povos" (REALE, 1976, p. 20). Sobre o krausismo em Portugal, cf. CALHEIROS, 2006.

[412] Na Espanha, foram representantes do krausismo Sanz del Río e seu discípulo, Francisco Giner de los Ríos, principal expoente da doutrina no mundo ibérico (REALE, 1947, p. 60 e CALHEIROS, 2006, p. 77-113). Cf. https://www.ensayistas.org/critica/generales/krausismo/index.htm.

[413] O livro de Ahrens, traduzido para o italiano, espanhol, português, húngaro e alemão, também foi utilizado nas Academias de Direito do México, Cuba, Peru, Argentina, Chile, Bolívia e Uruguai, cf. GÓMEZ-MARTÍNEZ, 1989 e JIMÉNEZ, 2019.

[414] Sobre ele, cf. HERZER, 1993 e WIEACKER, 2015, p. 693, nota 54.

[415] Sobre ele e os krausistas belgas em geral, cf. MONREAL, 1993.

[416] O **Cours de droit naturel ou de philosophie du droit, fait d'après l'état actuel de cette science en Allemagne** havia sido publicado em Bruxelas em 2 volumes entre 1838 e 1840. Escrevendo em 1947, Miguel Reale afirmava que "ainda hoje se lê com positivo benefício" (REALE, 1947, p. 61).

(MONCADA, 2003, p. 239)[417]. Curioso que, conforme lembra Machado Neto, o krausismo obteve relativo sucesso nos países ibéricos, mas não deitou raízes na Alemanha, pátria de Krause, e em outros países europeus, com exceção talvez da Bélgica, pátria de Ahrens e Tiberghien. E conclui, por isso, que "hoje, o seu pensamento nos pareça expressivo de um filosofar menor" (MACHADO NETO, 1969, p. 40).

Deste modo, é possível afirmarmos que a doutrina de Krause chegou ao Brasil de maneira indireta através de Vicente Ferrer, bem como de Ahrens, também muito lido nos cursos jurídicos[418] – inclusive utilizado por Avellar Brotero em aula, ao lado de Perreau[419]. Na visão de Antônio Paim,

> a obra de Ferrer atuou no Brasil, especialmente na Faculdade de Direito de São Paulo, no sentido de eliminar, do ensino do direito natural, os resquícios do sensualismo. Por esse modo, o espiritualismo que já conquistara a preferência da intelectualidade nos principais centros do país, através de Maine de Biran (1766/1824) e Victor Cousin (1792/1867), passa a desfrutar do virtual predomínio (PAIM, 1999c, p. 11-12).

No mais, vale destacar que a recepção do compêndio de Ferrer deveu-se também ao seu liberalismo[420], como aponta Luís Cabral de Moncada: "a Filosofia do Direito de Ferrer foi a Filosofia jurídica do Liberalismo burguês, enxertada na cepa do velho jusnaturalismo racionalista" (MONCADA, 2003, p. 70). Por isso, "o seu êxito momentâneo esteve no fato de ele ter sabido articular, embora numa tosca linguagem filosófica, com pretensões a original e profunda, aquilo que todos queriam e que estava afinal no espírito da época" (MONCADA, 2003, p. 243).

---

[417] Já em 1841 havia aparecido uma tradução espanhola pelo advogado Navarro Zamorano (MONCADA, 2003 p. 239, nota 43).
[418] Em 1872 ele era arrolado entre os livros de Direito Natural vendidos aos acadêmicos (LIVRARIA ACADEMICA DE A. L. GARRAUX, 1872, p. 5). Em 1887, havia na biblioteca da FDSP o **Cours de droit naturel** (de 1860 e 1868) e a **Encyclopédie juridique ou exposition organique de la science du Droit Privé** (1880) (FACULDADE DE DIREITO DE S. PAULO, 1887, p. 65). Também Recife possuía um exemplar do **Cours** em 1860 (FACULDADE DE DIREITO DO RECIFE, 1860, p. 3).
[419] Cf. "A Pedido", **Correio Paulistano**, São Paulo, 4 de setembro de 1864, p. 3.
[420] Sobre o liberalismo de Ferrer, cf. MONCADA, 2003, p. 211-279.

A doutrina krausista encontrou algum sucesso em São Paulo[421], o que não ocorreu entre Tobias e seus discípulos[422] (VEIGA, 1982, p. 126). Na opinião de Gláucio Veiga, o krausismo em São Paulo harmonizou-se com a escolástica e o liberalismo de Krause orientou a Congregação da Academia paulista a evitar extremismos, tanto de direita quanto de esquerda. Além disso, há que se mencionar que enquanto os católicos pernambucanos guiavam-se pelos ensinamentos do padre Ventura, em São Paulo este lugar foi possivelmente preenchido pelo filósofo alemão (VEIGA, 1982, p. 128-129), cuja vinculação com a maçonaria também pode ter influído em sua recepção pelos paulistas (PAIM, 1999c, p. 15-17). Em todo o caso, através da obra de Vicente Ferrer em ambas as localidades o sistema krausista foi absorvido em suas linhas gerais – o que, no Sul, fica ainda mais explícito na **Theoria Transcendental do Direito** (1876), de João Theodoro Xavier de Mattos.

### 3.2.5. *Theoria Transcendental do Direito* (1876), de João Theodoro Xavier de Mattos

Publicado em 1876, após sua passagem pela presidência da Província de São Paulo, a **Theoria Transcendental do Direito**[423] era dedicada a Monsenhor Joaquim Manuel Gonçalves de Andrade[424] e ao senador João

---

[421] Na opinião de Gláucio Veiga, isso se deveu ao "aceno maçônico" de Krause, além de que "a vaga aliança entre um espiritualismo decadente e um socialismo utópico sensibilizou a juventude paulista, em plena euforia do romantismo" (VEIGA, 1982, p. 126). Não obstante, Pedro Lessa, lente de Filosofia do Direito no início da República, considera Ferrer, ao lado de Rodrigues de Brito e Dias Ferreira, "rançosos e justamente esquecidos" (LESSA, 1916, p. 9). Para Maria Clara Calheiros, a recepção de Krause na Academia de São Paulo se deu, entre outros motivos, pela ação da maçonaria, pela incorporação dos ensinamentos de Kant e da cultura germânica (com Julius Frank, por exemplo) e pelo liberalismo individualista de Ferrer (CALHEIROS, 2006, p. 148-154). Almeida Nogueira afirma que Brotero também era "sectário de Krause e de Ahrens" (NOGUEIRA, 1910, p. 246), e vemos tais autores serem citados nas dissertações dos alunos (PISCIOTTA, 2017, p. 127-142).

[422] Sobre a relação de Ferrer e Tobias Barreto e Silvio Romero, cf. TEIXEIRA, 1999 e CALHEIROS, 2006, p. 157-160.

[423] Para uma análise da obra, cf. PERAMEZZA, 1982, p. 63-180; PISCIOTTA, 2017, p. 221-226; e AYRES, 2018, p. 319-354.

[424] Como já nos referimos acima, tio dos lentes Francisco Justino Gonçalves de Andrade e João Jacintho Gonçalves de Andrade.

José Vieira Ramalho. Assim João Theodoro se manifestava sobre sua intenção com a obra:

> Com o fim modesto porém sincero de auxiliar o aprendizado do direito rompemos com o passado. Até hoje o compêndio de Ferrer tem nesta Faculdade fornecido os temas, e a ordem das preleções; porém os progressos das ciências, e a generalização dos conhecimentos patentearam sua insuficiência, e revelaram mesmo o sincretismo de seus princípios vitais (XAVIER, 1876, p. IX).

Contudo, não se tratava de um rompimento total com as ideias de Vicente Ferrer, uma vez que o compêndio de João Theodoro, se por um lado tentava afastar-se da "fórmula originária, negativa e individualista das doutrinas de Cousin e Kant", por outros aproximava-se das "teorias harmônicas" de Ahrens e Krause (XAVIER, 1876, p. IX).

No mesmo ano de sua publicação, o manual de João Theodoro Xavier obteve parecer favorável da Congregação de São Paulo, em comissão composta por Joaquim Augusto de Camargo, Francisco Antônio Dutra Rodrigues e Joaquim José Vieira de Carvalho. Foi adotado como compêndio oficial[425] e assim o era vendido[426].

Em sua obra, João Theodoro dividia o direito em três partes[427]: (i) geral, que continha os princípios primários e mais abstratos de justiça, (ii) especial, que enumerava e discutia cada um dos direitos naturais do homem, e (iii) aplicado, que descia à apreciação racional e jurídica das relações familiares. Por entender que a primeira parte era a principal e pela falta de tempo, sua obra dedicava-se apenas a ela[428] (XAVIER, 1876, p. X-XI), dividindo-se em sete capítulos: da natureza, definição, e objeto da metafísica do direito; da divisão; da coordenação das ciências; dos

---

[425] Cf. **Direito e Letras** – Revista Acadêmica do Atheneu Jurídico Litterario (São Paulo, v. 1, ago 1878).

[426] Cf. **Correio Paulistano**, São Paulo, 28 de março de 1877, p. 3.

[427] Vivian Peramezza (1982, p. 66) aponta que a apresentação da obra lembra a de Vicente Ferrer e a de Sanz del Río (**Ideal de la humanidad para la vida**, que também era dividida em parágrafos; em realidade, era a tradução para o espanhol da obra **Das Urbild der Menschheit**, de Krause).

[428] Como ele faleceu em 1878, não publicou obras referentes às partes especial e aplicada do direito, como era seu plano original.

elementos jurídicos; extensão do direito; relações do direito natural; e dos sistemas.

Para João Theodoro, o Direito Natural e Filosófico "é o complexo harmônico e sistemático dos princípios necessários, universais e incondicionais de justiça" (XAVIER, 1876, p. 1). No capítulo dedicado aos elementos jurídicos, ele explora a relação entre o direito e a liberdade (§ 48 a 52), não sem antes apropriar-se do conceito de liberdade de Jouffroy (tirado de suas **Mélanges philosophiques**), i. e., "a atividade livre, ou sob direção da liberdade, é o que denomina-se **faculdade**" (XAVIER, 1876, p. 39, grifo no original). Sua conclusão é a de que "**não há direito sem liberdade**" (XAVIER, 1876, p. 45, grifo no original).

Ao tratar dos "elementos essenciais da natureza para fundamentar-se o direito" (§ 53), aponta João Theodoro um terceiro elemento constitutivo do direito, ao lado de seu objeto e de sua natureza: o sujeito. Para ele, "um ser que, além do destino ou perfeições próprias, é dotado de liberdade, denomina-se **pessoa**. Sem ela – é **coisa**" (XAVIER, 1876, p. 46, grifos no original). É uma amostra do que está por vir no próximo tópico, em que discute justamente a escravidão, na qual a diferença entre pessoa e coisa é fundamental.

Logo adiante, ao discutir a exigibilidade do direito (§ 54), o autor diz que é fundamental ao direito o império da força, cuja eficácia restringe-se ou ao cumprimento efetivo do direito ou à pena imposta por sua violação (XAVIER, 1876, p. 46-47). Entretanto, poderiam sobrevir fatos que tornariam "extremamente perigoso o emprego da medida coercitiva, complicam as relações de direito, e alteram profundamente o princípio normal de justiça, tornando imprescindível o abandono da coação, para sustentar-se o respeito devido à interesses superiores, à própria ordem suprema" (XAVIER, 1876, p. 47). Este era o caso da escravidão no Império brasileiro:

> Tem o escravo o direito inauferível à liberdade, o proprietário a imprescritível obrigação de consagrar-lhe pleno respeito. **A teoria** arma aquele com a garantia da força para restaurar o livre exercício de sua atividade, porém as comoções sociais, o profundo abalo da agricultura, a deplorável decadência da riqueza pública, obstam a imediata, e **forçada** reabilitação da dignidade humana.

Esse ideal filosófico tem o legislador procurado realizar gradativamente, operando importantíssimas reformas (XAVIER, 1876, p. 47, grifos no original).

E ele continuava:

> Na vida prática e anômala dos homens, estes acontecimentos se multiplicam. O sistema completo do direito em tais condições, só mantém sua harmonia nas regiões elevadas **da teoria**. Naquela situação, nos limites da hipótese figurada, e em casos similares, não permite a justiça a coação para cumprimento do direito, nem também para efetividade da pena.
> Só em tese subsiste ela, e tanto basta para caracterizar a liberdade como direito (XAVIER, 1876, p. 47-48, grifo no original).

Ao tratar da extensão do Direito Natural em relação aos deveres jurídicos *erga se* (§ 81), aponta João Theodoro que as obrigações jurídicas são "um corolário dos direitos reconhecidos, encontrados e não criados pelos homens" (XAVIER, 1876, p. 71). Nesse sentido, em respeito aos direitos inalienáveis, são ilícitos "o suicídio, a escravidão e os atentados que nulificam a perfectibilidade humana" (XAVIER, 1876, p. 71).

Mais à frente, ao explorar as relações do Direito Natural com as leis positivas injustas (§ 151), João Theodoro ratifica sua posição, afirmando que, em que pese algumas leis positivas serem injustas, elas devem ser respeitadas e cumpridas, para que não ocorresse violação dos direitos que a elas se prendiam. E, como exemplo, voltava a utilizar o regime servil:

> A escravidão no Brasil, garantida pela tradição e pela reforma de 1871, está nessas circunstâncias.
> A abolição deve ser filha de meios legais e pacíficos, e não de comoções revolucionárias, que ofenderão os direitos privados e sociais de tranquilidade, de ordem e de paz (XAVIER, 1876, p. 138).

E a essa "solução pacificadora" ele volta ainda em outro momento, ao tratar do utilitarismo de Bentham, em especial sua influência benéfica sobre a vida prática (§ 216). Afirma João Theodoro que

É também com auxílio de suas regras prudenciais, que os legisladores bem inspirados, operam reformas gradativas, e assoberbam as propagandas vertiginosas, radicais e revolucionárias. Respeitam as teses gerais de justiça, convertendo-as em puro ideal, e transigem por necessidade com os abusos inveterados, retardando sua completa abolição, porque conhecem, como observa Reybeau, que esses abusos não podem ser desentronizados imediata e fundamentalmente. Como todos os soberanos ilegítimos – tem ele um exército para defenderem-se e elevam tanto mais o soldo, quanto mais duvidoso é o direito.

A história da escravidão no Brasil, e sua gradual reforma ou abolição, decretada pela lei de 1871 são prova cabais desta verdade e da imprescindível obrigatoriedade – das regras sociais utilitárias (XAVIER, 1876, p. 217).

Por fim, ao examinar as "excentricidades do último século", João Theodoro aborda o direito dos animais, discutindo em determinado momento o percurso das grandes revoluções sociais, que se iniciam como ideia(s) e resultavam em direito(s). Curiosamente ele dá como exemplo a escravidão – os escravos romanos viraram servos de senhores feudais e estes, com a complacência da religião, converteram-se nos séculos XVIII e XIX em livres, de modo que a liberdade passou a ser um dever de justiça (XAVIER, 1876, p. 357-359). Mas isso, é claro, no plano da teoria; como vimos, para ele a escravidão no Brasil deveria ser extinta gradualmente, alinhado que era ao Partido Conservador e às políticas do Gabinete do Visconde de Rio Branco (AYRES, 2018, p. 336-341). Na síntese de Vivian Ayres,

> É certo que defender a necessidade desse ritmo lento e seguro nas transformações sociais e políticas refletia o alinhamento de João Theodoro ao consenso estabelecido pelas elites imperiais. No entanto, poderíamos pensar que a sua insistência neste ponto, pregando a moderação e a prudência com tanto afinco para seus jovens alunos, refletisse uma certa reação aos debates dos estudantes na Academia, visto que, a essa altura, muitos deles estavam envolvidos nas discussões em torno do abolicionismo (AYRES, 2018, p. 341).

Vivian Peramezza (1982, p. 84-85) lembra que Belime[429], autor da predileção de João Theodoro, dizia que poucos foram os filósofos que se

---

[429] Em sua obra **Philosophie du Droit** (na 2ª edição de 1856, ele trata da escravidão no vol. 2, capítulo 2).

posicionaram contra a escravidão (Rousseau, Montesquieu e Kant), ao passo que a maioria a apoiava, justificando-a ou não (Platão, Aristóteles, Grócio, Thomasius, Wolff, Burlamaqui e outros). Talvez isso explicasse a posição gradualista adotada pelo autor.

Ainda segundo Peramezza, João Theodoro citava com frequência, além de Belime, Cousin, Jouffroy, Ancillon, Felice, Hello, Wollaston, Tiberghien e Fergusson – em sua maioria filósofos espiritualistas franceses do final do século XVIII e início do XIX. A maior parte das informações sobre os autores ele retira da **Histoire de la philosophie [História da filosofia]** de Cousin (PERAMEZZA, 1982, p. 135 e 211)[430], daí sua leitura e reflexão do pensamento filosófico europeu se ter dado quase sempre por via indireta. Curioso que ele não cita Comte, um indício de que talvez o positivismo não fosse assim tão presente na FDSP (PERAMEZZA, 1982, p. 157).

A obra de João Theodoro, ao lado dos ensinamentos de Galvão Bueno (1834-1883), professor de filosofia do Curso Anexo da FDSP e que em 1877 publicou suas **Noções de philosophia**[431] representa o segundo momento krausista no Brasil[432], inserido no movimento de renovação de ideias da década de 1870 e voltado "para a crítica ao liberalismo de índole individualista" (PAIM, 1999c, p. 7). Nas palavras de António Braz Teixeira,

> Se, por um lado, João T[h]eodoro Xavier de Matos e Galvão Bueno acompanharam os seus colegas conimbricenses no intento de libertar a doutrina filosófica do direito da visão negativa e individualista do *neminem laedere* de Ferrer, contrapondo-lhe uma concepção eminentemente social da vida e da realidade jurídicas, por outro lograram ir mais longe do que eles no modo de conceituar os temas fundamentais da Filosofia do Direito (TEIXEIRA, 2011, p. 48).

Nesta esteira, Miguel Reale afirma que a obra de João Theodoro era "uma tentativa de superar o individualismo jurídico característico da doutrina de Kant", sendo que foi com ele "que o krausismo apresenta no Brasil raros lampejos de desenvolvimento autônomo, ao passo que em outros autores se transforma em um ecletismo impreciso" (REALE, 1947,

---

[430] Com efeito, ao falecer ele possuía onze volumes de diferentes obras do autor em sua biblioteca pessoal, cf. AYRES, 2018, p. 293-299.
[431] Cf. PAIM, 1999c, p. 15-16.
[432] Cf. CALHEIROS, 2006, p. 154-157.

p. 67-68). Ainda segundo Reale, a preferência pelo sistema de Krause deveu-se a uma aparente conciliação de doutrinas, bem como "por seus propósitos de renovação espiritual e política, por suas tendências internacionalistas e humanitárias, assim como pela tentativa de harmonizar os ensinamentos dos grandes metafísicos alemães, Kant, Fichte, Schelling e Hegel (...)" (REALE, 1976, p. 22). No mais, afirma Reale que a influência do krausismo "valeu mais como um estado geral de espírito, ligado a atitudes político-sociais, do que como consciência filosófica especial" (REALE, 1947, p. 69). Com efeito, tal influência deitou raízes entre os juristas brasileiros, sendo que ideias krausistas podem ser encontradas na obra de Teixeira de Freitas, Pedro Lessa e João Arruda (CALHEIROS, 2006, p. 156).

Todavia, não leu João Theodoro a doutrina de Krause no original[433]. Suas fontes foram as obras dos discípulos e divulgadores Ahrens e Tiberghien[434] que, como já vimos, encontraram sua porta de entrada na península ibérica através de Julián Sanz del Río (Espanha)[435] e Vicente Ferrer (Portugal).

A obra do lente paulista não repercutiu no meio acadêmico[436] a longo prazo[437], principalmente devido ao estilo que o autor imprimiu ao texto,

---

[433] Por isso que afirma João Gomes (1967, p. 61), acertadamente: "Não se pode afirmar que João Teodoro haja assimilado os ensinamentos de Krause de maneira satisfatória, que autorize pô-lo na qualidade de discípulo. O próprio livro sofre da carência de espírito crítico ao examinar problemas focalizados (...)".

[434] Segundo Vivian Peramezza, enquanto João Theodoro foi influenciado mais por Ahrens, Galvão Bueno preferia a obra de Tiberghien (PERAMEZZA, 1982, p. 212).

[435] Vivian Peramezza acredita que João Theodoro tenha utilizado amplamente as ideias krausistas da obra de Sanz del Río, tanto pela forma como pelo conteúdo (1982, p. 167, 196 e 213). Contudo não encontramos nenhum livro deste autor na biblioteca do lente paulista e o único volume presente na biblioteca da FDUSP de **Ideal de la humanidad para la vida** é de 1884, posterior, portanto, ao falecimento de João Theodoro. O autor espanhol sequer é citado na **Theoria Transcendental do Direito**. Em todo o caso, o livro **Ideal de Humanidade para a Vida** de Krause adaptado por Sanz del Río foi editado em português em Buenos Aires em 1881 traduzido por J. A. Freitas, o que demonstra sua possível difusão no meio intelectual brasileiro (CALHEIROS, 2006, p. 154).

[436] Ele possivelmente era lido no Norte, pois existia um exemplar da obra na biblioteca da FDR (FACULDADE DE DIREITO DO RECIFE, 1896, p. 11).

[437] Vale ressaltar, entretanto, que em 1944 João Braz de Oliveira Arruda, formado na FDSP em 1881 e posteriormente lente catedrático de Filosofia de Direito entre 1910 e 1911 e entre

confuso e desprovido de unidade e sequência lógica[438], bem como ao falecimento de João Theodoro em 1878. Ela tampouco era totalmente explorada pelo lente em suas preleções – por exemplo, em 1877 ele contemplou em suas explicações apenas o intervalo entre o § 90 e 184 de seu manual, no total de 28 lições) (MATTOS, 1877). Em 1927, afirmava Reinaldo Porchat que era "um livro que poucos leram, e que hoje parece que ninguém lê" (PORCHAT, 1928, p. 352).

### 3.2.6. *Elementos da Philosophia do Direito Privado* (1884), de José Maria Corrêa de Sá e Benevides

Sá e Benevides publicou seus **Elementos da Philosophia do Direito Privado** em 1884, após sete anos à frente da cadeira de Direito Natural[439]. Ele foi aprovado pela Congregação na primeira sessão de 1885[440] (SÃO PAULO, 1996, v. 2). Até então, havia adotado principalmente o compêndio de Perreau, conforme anotações de suas aulas que chegaram até nós (BENEVIDES, 1884b, p. 1).

A obra inicia-se com um substancioso prefácio de cinquenta e quatro páginas, no qual o autor justifica suas posições – principalmente sua

---

1914 e 1935, rende homenagens a João Theodoro, que havia sido seu professor de Direito Natural em 1877 (GOMES, 1967, p. 67-69) (inclusive suas anotações manuscritas dessa disciplina encontra-se atualmente na biblioteca da FDUSP). Além disso, em sua obra **Filosofia do Direito** (2 volumes, 1ª edição em 1908, 2ª em 1915 e 3ª em 1942), que era uma reunião de suas preleções, João Arruda menciona a divisão feita pelo seu "saudoso mestre" João Theodoro ao discutir a classificação das escolas (ponto VI) (ARRUDA, 1942, v. 1, p. 198-199).

[438] Este é o juízo que Miguel Reale faz da obra (REALE, 1976, p. 23), no que é acompanhado por Spencer Vampré (1977, v. 2, p. 80), João Gomes (1967, p. 62) e Vivian Peramezza (1982, p. 66). Em 1878, dizia Antônio Herculano de Souza Bandeira Filho que a obra do lente paulista era "um compêndio de filosofia do direito, onde as ideias revestem-se de forma tão hiperbolicamente metafísica, e é quase impossível acompanhá-lo; até admirável como os seus discípulos podem compreendê-lo" (BANDEIRA FILHO, 1878, p. 9). Maria Clara Calheiros, por sua vez, afirma que "o que lhe terá faltado em originalidade e espírito crítico, compensou-o o fato de representar uma reação contra o liberalismo individualista em favor de um entendimento do direito mais abrangente: como englobando as condições materiais essenciais ao desenvolvimento pleno do homem" (CALHEIROS, 2006, p. 156).

[439] Ele finalizou o compêndio em dezembro de 1883, conforme data do prefácio.

[440] Na ocasião, os lentes Américo Brasiliense e João Monteiro declararam que a aprovavam, mas não concordavam com as doutrinas nela incluídas.

profissão de fé no Cristianismo[441]. Vê-se que sua intenção com o compêndio estava de acordo com seu espírito ultramontano, já que, segundo Sá e Benevides mesmo o confessa, ele formulou os princípios fundamentais da obra com base no **Syllabus Errorum** (1864) e no Concílio Vaticano 1º (1869-1870) (BENEVIDES, 1884a, p. XXXVII). Por isso que os autores católicos que ele recomendava em sala de aula eram Matteo Liberatore, Luigi Taparelli d'Azeglio, Antonio Francesco Davide Ambrogio Rosmini--Serbati, Benzer, Prisco, M. B., San Severino, Beaurain e José Soriano de Souza[442] (BENEVIDES, 1884b, p. 1)[443].

Sua visão de mundo ultramontana está impregnada na obra: se, por um lado, Sá e Benevides afirmava que o Direito e a sociedade são de origem divina e que não compreendia "o mundo sem Deus nem a sociedade sem princípio divino" (BENEVIDES, 1884a, p. IV)[444], por outro combatia com veemência as tendências filosóficas modernas, i. e., sensualismo e materialismo, espiritualismo (ecletismo e krausismo), racionalismo, kantismo, positivismo, evolucionismo, etc. Analisando suas práticas de leitura,

---

[441] "Resolvi escrever esta obra, convicto da necessidade de compendiar os princípios da ciência do Direito Natural, em sua harmonia com o Cristianismo.
A maior parte dos Compêndios, que tem grande circulação, acha-se imbuída dos princípios racionalistas absolutos, de teorias revolucionárias e protestantes. Não contesto completamente o mérito de tais escritores, pois que reconheço, a par do seu racionalismo absoluto e liberalismo revolucionário, há muitas doutrinas verdadeiras. Seu estudo é, porém, perigoso à mocidade, porque nessas obras há o erro e a verdade com engenhosa mistura. (...)
A filosofia social da maior parte dos Compêndios mais em voga é dominada pelo espírito do século XVIII, revolucionário e anticristão, ou pelo espírito do século XIX, que, depois de doutrinário ou ecléctico e de racionalista harmônico, manifesta tendência para a filosofia positivista ou materialista.
É indispensável, pois, que se vulgarizem as doutrinas de Taparelli, de Rosmini, de Bensa e de outros notáveis filósofos Católicos que luminosamente têm escrito sobre a filosofia do Direito, reagindo contra as doutrinas do século XVIII" (BENEVIDES, 1884a, p. III).
[442] Ver item 4.2.6.
[443] Sobre eles, cf. AYRES, 2018, p. 446. Mas Sá e Benevides não se limitava a eles, pois em seus **Apontamentos de direito natural**, ele também se utilizava de São Tomás e Santo Agostinho, Constantino James, Claudio Janet, Claudio Janet, Ramière, Nicolas, Benza, Suarez, Mignetti, Blunstchli, Stahl, Tolomei, Prisco, De Bonald e De Maistre (AYRES, 2018, p. 446-447).
[444] Como ele afirma mais à frente: "Acredito que Deus criou o mundo e instituiu a ordem universal, Deus criou o homem, a sociedade, as leis naturais jurídicas. Deus é o princípio do Direito, A lei natural é obrigatória pela autoridade de Deus e porque é a expressão da justiça divina (...)" (BENEVIDES, 1884a, p. XX).

Vivian Nani Ayres aponta corretamente que Sá e Benevides "realizava uma apropriação seletiva, aproveitando-se apenas de uma parte da doutrina e, em seguida, criticava os erros que continha. Através desses processos, ele ia construindo a sua própria teoria" (AYRES, 2018, p. 448).

No prefácio, o autor manifesta-se sobre a liberdade:

> Sobre a liberdade humana professo a doutrina de ser limitada por Deus, pelo bem e pela justiça, sendo direito absoluto dos homens. Sustento filosoficamente que a liberdade é a vontade que se determina por motivos. (...)
> O direito de liberdade reside na isenção de necessidade intrínseca ou extrínseca nos atos da vontade humana, realizando o seu destino na sociedade, e na repressão justa dos obstáculos à sua ação. (...) (BENEVIDES, 1884a, p. XLIV-XLV).

E também o faz em relação à propriedade, cujo "fundamento é o direito de existência, de conservação, de perfeição e de liberdade". Assim, a propriedade individual é uma "necessidade social e fundada na natureza humana" (BENEVIDES, 1884a, p. XLVI), rejeitando-se as doutrinas socialistas[445] e comunistas.

Ao final, ele sustenta mais uma vez o fato de que o manual não tinha pretensões de originalidade, apenas de compendiar as melhores doutrinas, e conclui que empreendeu "este trabalho especialmente para meus discípulos, para facilitar o estudo dos princípios do direito, e os preservar da influência maléfica das doutrinas materialistas, socialistas e comunistas, que infestam atualmente a literatura jurídica" (BENEVIDES, 1884a, p. LIV).

Ao todo, a obra possuía cinquenta e quatro capítulos, e era dividida em (i) parte geral e (ii) parte especial ("direito individual", "direito social" e "direito religioso ou teocrático"). Os capítulos são divididos em parágrafos curtos, verdadeiras "proposições dogmáticas, desacompanhadas de qualquer observação, ou explicação" (VAMPRÉ, 1977, v. 2, p. 146). Segundo Spencer Vampré, o livro era "orientado pelo desejo de conciliar a

---

[445] Vale notar que a referência ao socialismo pode muito bem ter sido direcionada ao compêndio de João Theodoro Xavier, **Theoria Transcendental do Direito** (1876), em que o autor faz uma defesa – à sua maneira – desse regime. Sobre o "socialismo filantrópico" de João Theodoro, cf. REALE, 1976, p. 19-25.

revelação divina, a razão humana, e a natureza da sociedade e do homem, num misto singular de religião e de filosofia, de dogmas e de conceitos, estabelecidos pelo raciocínio" (VAMPRÉ, 1977, v. 2, p. 146).

De início, Sá e Benevides afirmava ser a Filosofia do Direito "a ciência que expõe os princípios fundamentais da justiça, temporal externa e espiritual externa, derivados da natureza humana, da sociedade e de Deus, revelados por Deus e conhecidos pela razão humana" (BENEVIDES, 1884a, p. 1). Lei natural é "o princípio diretor da justiça temporal externa e da justiça espiritual externa, que se deriva da natureza humana, da natureza da sociedade, e da natureza de Deus e é conhecido pela razão humana e revelado por Deus: é o princípio da ordem divina que dirige a liberdade humana na ordem social" (BENEVIDES, 1884a, p. 3). Nessa esteira, sua aplicação implica "as ideias de Deus, de autoridade, de liberdade, razão e sociedade" (BENEVIDES, 1884a, p. 6).

Ao tratar do direito individual, afirmava Sá e Benevides, na linha dos autores que já vimos, existirem direitos inatos ao homem, "inalienáveis, irrenunciáveis, imprescritíveis, incondicionais, universais, necessários, divinos" e "inerentes à natureza humana" (BENEVIDES, 1884a, p. 25). O direito inato "é o poder, racional, moral, social, inviolável, do homem sobre suas qualidades e faculdades, sobre sua própria pessoa, sobre as pessoas estranhas, e sobre as cousas, a fim do desenvolvimento pleno de sua natureza para realização de seu destino na vida social" (BENEVIDES, 1884a, p. 26). Os direitos inatos, entre os quais não há colisão (conflito), seriam: direito de personalidade, de existência, de integridade física e espiritual, de dignidade, de perfeição, de igualdade, de liberdade, de propriedade, de segurança, de sociabilidade.

O direito de igualdade jurídica, calcado no princípio de que "todos os homens têm a mesma natureza, origem e destino", era um "atributo essencial da humanidade". Para o autor, era

> o poder racional, moral e inviolável que tem o homem na sociedade de fazer o que os outros homens podem fazer para realizar o seu destino na ordem social; é a aptidão jurídica, perante a lei natural, de qualquer homem, fundada na natureza humana, igual à dos outros homens; é a identidade entre os homens, quanto aos direitos absolutos (BENEVIDES, 1884a, p. 33).

O direito de liberdade contemplava duas acepções, a liberdade interna (psicológica ou moral) e externa (jurídica, dividindo-se em civil, política e moral). Tendo por objeto a verdade, o bem e o justo, assim definia o autor a liberdade de ação jurídica: "é o poder do homem de procurar e cumprir o fim próprio na sociedade, segundo as normas do bem e do justo, independente do arbítrio dos outros homens e do Estado, e de repelir os obstáculos à sua legítima atividade" (BENEVIDES, 1884a, p. 36). Contudo, tal direito é limitado "pela Moral, pelos direitos dos outros homens, pelo Estado e pelas leis de Deus e de N. S. Jesus Cristo" (BENEVIDES, 1884a, p. 37). Ademais, o direito de liberdade compreendia o de instrução, de educação, de indústria, comércio, de fazer o bem na sociedade, de fazer a justiça, de exercer plenamente seus direitos individuais e sociais. Sendo um direito absoluto, "a ela corresponde o dever jurídico geral dos outros homens de não perturbar o seu exercício" (BENEVIDES, 1884a, p. 38).

O direito de propriedade vinha em seguida, sendo uma "consequência do direito de existência, conservação e perfeição, e do direito de liberdade" (BENEVIDES, 1884a, p. 38). Seus limites eram físicos (coisas e atividade física do homem), morais (ordem moral) e jurídicos (direitos dos outros homens, e dos do Estado). Também sendo um direito absoluto, a ele correspondia "o dever jurídico geral negativo do respeito dos outros homens" (BENEVIDES, 1884a, p. 38).

Partindo do princípio de que não há colisão entre os direitos, visto que sua natureza geral era a mesma, poderia existir conflitos em seu exercício e "nestes casos deve ser exercido o direito pertencente a uma ordem mais universal, de título mais evidente, e de matéria mais importante" (BENEVIDES, 1884a, p. 46). Desta afirmação podemos inferir que entre o direito de liberdade e de propriedade, possivelmente o primeiro prevaleceria.

Em nenhum momento Sá e Benevides aborda o tema da escravidão. No limite, ao tratar do trabalho, afirma ele que "o homem tem o direito natural de trabalhar, porque o trabalho é meio de conservação e perfeição" (BENEVIDES, 1884a, p. 76). Em outras partes ele faz alusão à necessidade de ter liberdade, por exemplo, para celebrar-se um contrato (BENEVIDES, 1884a, p. 110), presumindo que poderiam existir pessoas sem liberdade.

Para sua opinião sobre este assunto, devemos recorrer às suas anotações de aula feitas pelos estudantes, tipografadas nesse mesmo ano de 1884 sob o nome de **Apontamentos de Direito Natural** (BENEVIDES, 1884b)[446]. Foi o último ano em que utilizou o compêndio de Perreau em suas aulas[447]. Sá e Benevides trata do tema ao falar sobre o direito de personalidade (um dos direitos absolutos do homem), uma vez que a instituição da escravidão seria atentatória a este direito:

> (....) Em todos os períodos da civilização humana, desde o Oriente antigo até os tempos modernos deparamos com a escravidão como instituição social, mantida pelas conveniências sociais.
> Esta instituição anômala[,] porém, foi abolida neste século por quase todas as nações civilizadas, graças ao influxo benéfico do Cristianismo, dos princípios filosóficos do Direito e das leis econômicas que têm provado os maus efeitos da escravidão sobre a formação da riqueza privada e pública, atenta a inferioridade do trabalho escravo sobre o trabalho livre. O Cristianismo proclamando como princípios a igualdade e a fraternidade dos homens, fulminou expressamente a escravidão como um atentado contra a inviolabilidade da pessoa humana; é falso portanto, afirmar-se que o Cristianismo não teve parte no movimento que se operou nos tempos modernos, despertando na consciência dos povos civilizados a ideia humanitária da redenção dos escravos.
> O Cristianismo sendo essencialmente conservador, devendo exercer sua ação civilizadora por meios calmos e pacíficos, não podia de chofre aconselhar a extinção de uma instituição que encontrou estabelecida nas sociedades, e por isso foi que o Cristianismo, ao lado da propaganda que fazia contra a escravidão, aconselhava aos escravos que tivessem resignação e não se revoltassem contra seus senhores. Para prova de que o Cristianismo não legitimou a escravidão, temos várias bulas pontifícias fulminando o tráfico de escravos, como um ato anti-humanitário. É pois, ao Cristianismo, ao influxo do princípios do Direito Natural e ao desenvolvimento da ciência econômica,

---

[446] Para a análise de alguns temas da obra, cf. AYRES, 2018, p. 401-445. As **Lições de Direito Natural** de 1880 acabam antes que Benevides atingisse o tema do direito de personalidade e da condenação da escravidão (§ 214 do Compêndio de Perreau, na numeração feita por Benevides).

[447] No Programa de 1885 consta que o compêndio adotado são os **Elementos de Philosophia do Direito Privado** publicados em 1884 (FACULDADE DE DIREITO DE S. PAULO, 1885a, p. 3).

que se deve atribuir o reconhecimento nos tempos hodiernos (BENEVIDES, 1884b, p. 364-365).

E ele retoma este assunto ao final das anotações, quando trata do direito de liberdade:

> No § 214 o Compêndio [de Perreau[448]] faz considerações tendentes a condenar a escravidão, matéria esta intuitiva. Já por vezes temos dito que a escravidão é uma instituição anômala, porque é atentatória do direito de personalidade, de igualdade e liberdade, que são direitos absolutos do homem (BENEVIDES, 1884b, p. 383).

No mais, Vivian Nani Ayres mostra como Sá e Benevides defendia a vocação agrícola do Brasil[449] nos **Apontamentos** e na tribuna da Assembleia Provincial de São Paulo. Nessa esteira, a autora indica que Benevides não defendia a escravidão, mas também não advogava por sua abolição[450]: "embora fosse claramente conservador do ponto de vista político, do ponto de vista econômico, Benevides era um liberal, seguidor de Adam Smith e defensor ferrenho da livre iniciativa e da não intervenção do Estado" (AYRES, 2018, p. 429). Sua visão fica clara nesta passagem dos **Apontamentos**, ressaltada por Ayres:

> (...) o Direito Filosófico sustenta que a escravidão é uma instituição anormal porque é contrária ao direito absoluto de liberdade: a ciência econômica corrobora a afirmação do Direito Natural provando com sua estatística que o trabalho livre é mais produtivo que o trabalho escravo. Ainda mais: o Direito Natural sustenta que é legítima a propriedade individual, e que o socialismo e comunismo não têm fundamento racional: a Economia Política prova com sua estatística que o trabalho individual ou associado livre é mais vantajoso que o trabalho forçado em comum ou em associação: prova ainda que a miséria se

---

[448] Como o compêndio de Perreau (em francês, 1ª edição de 1800 e 3ª de 1834 e espanhol, 2ª edição em 1836) não está dividido em parágrafos, não conseguimos localizar o trecho a que Benevides faz referência. Ele numerava os parágrafos para facilitar sua explicação (1880, lição 77ª, p. 1).
[449] Cf. AYRES, 2018, p. 422-432.
[450] Ele sustentava que a abolição seria arbitrária e antieconômica e a escravidão tenderia a desaparecer naturalmente (AYRES, 2018, p. 429-430).

aumenta com a aplicação do socialismo, ao passo que ela diminui e a riqueza pública e privada progride com o desenvolvimento da liberdade industrial e de liberdade de associação (BENEVIDES, 1884b, p. 208).

Assim como a obra de João Theodoro, o compêndio de Sá e Benevides não frutificou e hoje o lemos apenas pelo seu valor histórico[451]. Pela sua defesa intransigente do Cristianismo e ataque às tendências filosóficas modernas – com destaque para o positivismo –, seus ensinamentos eram palavras pregadas ao vento[452]. Com efeito, Arthur Orlando tece ácidas críticas à obra do lente paulista, afirmando ser "uma monstruosidade jurídica, sem nenhuma viabilidade científica" e que era "o meio mais pronto e eficaz de um tutor reduzir o seu pupilo a idiota"[453].

### 3.3. Os programas
Os programas de Direito Natural de 1885 e 1886 foram apresentados por Sá e Benevides e possuem o mesmo conteúdo. Inicialmente, há a indicação de que o compêndio utilizado são os **Elementos de Philosophia do Direito Privado**, do próprio Sá e Benevides. Assim, o programa era exatamente igual ao índice da obra – portanto, como vimos em suas anotações de aula, o tema da escravidão era abordado ao tratar dos direitos inatos do homem,

---

[451] Este é o diagnóstico de Spencer Vampré, para quem "não admira que tal livro haja envelhecido rapidamente. Ou melhor: é natural que jamais exercesse influência no pensamento nacional" (VAMPRÉ, 1977, v. 2, p. 146) e também de Reinaldo Porchat, para quem Sá e Benevides "defendia, com dedicação e competência, a escola teológica" (PORCHAT, 1928, p. 352). E ele continua: "Escreveu compêndios de direito público e de direito privado, onde os princípios da escola são rigorosamente expostos com lógica e convicção. Os direitos vêm de Deus, que os transmitiu aos homens pela revelação. A bíblia é a primeira fonte onde a ciência tem de ir buscar as bases da teoria jurídica. Esse é o postulado fundamental da escola. Essa doutrina, que por largos anos orientou a cadeira de direito natural, sustentada pela palavra vibrante e apaixonada de seu esforçado paladino, pôde-se dizer que não teve prosélitos. Retumbava na cátedra, mas não penetrava os espíritos" (PORCHAT, 1928, p. 352-353).
[452] Vivian Nani Ayres entende que isto não é de todo correto, pois, por exemplo, o pensamento de Eduardo Prado e João Mendes Júnior parecem repercutir o pensamento de Sá e Benevides (AYRES, 2018, p. 373).
[453] Cf. "Mundo Juridico", **Revista do Norte**, Recife, 10 de janeiro de 1887, anno I, n. I, p. 3.

em especial o direito de personalidade (FACULDADE DE DIREITO DE S. PAULO, 1885a e 1886)[454].

Após a Proclamação da República, a cadeira de Direito Natural foi substituída pela de Filosofia e História do Direito. Os programas de 1891 e 1892 dessa nova disciplina não mencionavam explicitamente o tema, mas há chances de ele ter sido abordado ao tratar da diferença entre pessoas, coisas e atos jurídicos (ponto IX), de pessoa natural (e seus direitos e obrigações, bem como seus requisitos (liberdade, cidade e família), ponto X) ou da liberdade individual, civil e política (ponto XI). A parte do programa dedicada ao estudo histórico possuía pontos vagos, como "História do direito pátrio. Período antigo, moderno e contemporâneo" (ponto XLI) (FACULDADE DE DIREITO DE SÃO PAULO, 1891a e 1892a).

Em 1893, já sob a direção de Pedro Lessa, o programa apresenta o ponto "Direitos fundamentais. Direito de existência, de igualdade, de liberdade, dignidade, etc., etc." (ponto VI), o que provavelmente contemplava o debate sobre escravidão (FACULDADE DE DIREITO DE SÃO PAULO, 1893a). No ano seguinte, o ponto foi desdobrado, mas continuava com o mesmo conteúdo: "direitos fundamentais e direitos adquiridos" (ponto 40), no que se seguia "direitos de existência, de integridade física e mental e de dignidade" (ponto 41), "liberdade civil e liberdade política" (ponto 43) e "igualdade" (ponto 45) (FACULDADE DE DIREITO DE SÃO PAULO, 1894a). Isso foi mantido em 1895, com pequenas alterações: "direitos fundamentais e direitos adquiridos" (ponto 31), "direitos de vida, de integridade física e psíquica, e de dignidade" (ponto 32), "liberdade. Liberdades individuais, civis e políticas" (ponto 34) e "igualdade" (ponto 35) (FACULDADE DE DIREITO DE SÃO PAULO, 1895a). Tais pontos foram reagrupados em 1896 – "direitos fundamentais e direitos adquiridos. Escolas que negam os direitos fundamentais. Conceito histórico desses direitos" (ponto 31) e "Direitos fundamentais: – de vida, de integridade física e psíquica, de dignidade, de legítima defesa, igualdade, liberdade, e de assistência" (ponto 32) (FACULDADE DE DIREITO DE SÃO PAULO, 1896a).

O mesmo não ocorria na cadeira de História do Direito Nacional (exclusiva para o curso de ciências jurídicas), que reservava o ponto VIII do

---

[454] FALTA TEXTO DA NOTA????????????

programa para o estudo do "Elemento servil" entre os anos de 1893 e 1895 (FACULDADE DE DIREITO DE SÃO PAULO, 1893b, 1894 e 1895b); ao ser transformada na cadeira de História do Direito e especialmente do Direito Natural, o ponto permaneceu no programa de 1896, mas a partir de 1898 já não é mencionado explicitamente (FACULDADE DE DIREITO DE SÃO PAULO, 1896b e 1898).

### 3.4. A imprensa acadêmica e as dissertações de alunos

A argumentação vista em sala de aula ecoava entre os alunos: eles refletiam sobre diversos temas relativos ao Direito Natural na imprensa acadêmica, principalmente na forma de debate de teses. Os temas eram variados: testamento[455], prescrição[456], direito ao trabalho[457], direito de necessidade[458], direito de propriedade[459], entre outros. Também teorias eram alvo da reflexão dos acadêmicos – por exemplo, a teoria da escola histórica[460]. O principal argumento utilizado em sala de aula, i. e., de que a escravidão era uma violação ao Direito Natural, aparecia constantemente, fosse em artigos contrários à escravidão[461], fosse em artigos cuja temática era outra,

---

[455] M. Euphrazio Correia, "O testamento tem seu fundamento em Direito natural", **Revista Mensal do Ensaio Philosophico Paulistano**, S. Paulo, agosto de 1851, 11ª serie, n. 5, p. 65-68 (discutida como tese de direito civil).

[456] José da Silva Costa, "Estudo sobre o legítimo fundamento da prescrição", **Ensaios Litterarios do Atheneu Paulistano**, S. Paulo, agosto de 1862, 2ª serie, n. 12, p. 221-227. Foi o tema da dissertação exigida dos primeiranistas nesse ano por Avellar Brotero e o estudante parece ter reaproveitado as ideias do trabalho em seu estudo.

[457] "Existe um direito ao trabalho, segundo a Legislação Natural, como pretendem alguns filósofos?", **Memorias da Associação Culto á Sciencia**, S. Paulo, abril de 1860, n. 5, p. 36-38. Este parecer foi refutado em **Memorias da Associação Culto á Sciencia**, S. Paulo, maio de 1860, n. 6, p. 92-94.

[458] M. Ferraz de Campos Salles, "Haverá um direito de necessidade?", **Memorias da Associação Culto á Sciencia**, S. Paulo, maio de 1861, n. 10, p. 153-155. Este parecer foi refutado por João Quirino em **Memorias da Associação Culto á Sciencia**, S. Paulo, julho de 1860, n. 12, p. 179-181.

[459] João Baptista Furtado de Mendonça, "Qual o fundamento do direito de propriedade?", **Annaes do Ensaio Academico**, S. Paulo, 15 de outubro de 1862, anno I, n. 1, p. 45-51.

[460] Domingos Ramos de Mello Junior, "Será verdadeira a teoria da escola histórica?", **Revista da Associação-Recreio Instructivo**, S. Paulo, setembro de 1861, anno I, n. 3, p. 33-37.

[461] Por exemplo, em "Escravidão – à F. de A. T.", **Imprensa Academica**, S. Paulo, 28 de maio de 1868, anno II, n. 2, p. 3-4.

mas que tangenciavam o tema[462]. Mesmo assim, não localizamos nessas publicações discentes nenhum debate específico sobre escravidão ou liberdade e Direito Natural, pelo menos não de um ponto de vista teórico.

Por sua vez, nas dissertações exigidas pelos lentes e apresentadas à cadeira de Direito Natural entre 1857 e 1870 também não há menção à questão[463] – o que é compreensível, uma vez que o tema sempre era oferecido pelo professor, que provavelmente o evitava. Vale mencionar que inúmeros outros autores de Direito Natural são citados pelos alunos – como Jouffroy, Ockham, Wollaston, Montesquieu, Aristóteles, Wolff, Cícero, Gaio, Ulpiano, Belime, Cujácio, Savigny, Troplong, Lobão, Vico, Kant, Hume, Vattel, Grócio, Bentham, Hobbes, Rousseau, Helvetius, Hegel, etc. (PISCIOTTA, 2017, p. 127-142) –, o que demonstra que o ensino e o estudo não ficava adstrito apenas ao compêndio adotado pelo lente.

### 3.5. Síntese: "A escravidão é o maior de todos os males"...?

O ensino de Direito Natural em São Paulo[464] apresentou um posicionamento claro desde o início: a escravidão era contrária à lei natural, pois a liberdade era intrínseca ao ser humano. Assim temos já no primeiro compêndio organizado por Avellar Brotero em 1829 a enunciação, dentro dos Direitos do Homem, de que "a escravidão é o maior de todos os males"[465],

---

[462] Por exemplo, em Duque Estrada Teixeira, "Direito Criminal – Fundamento do Direito de Punir", **Guayaná**, S. Paulo, 30 de junho de 1856, n. 3º, 1ª série, p. 85-87.

[463] As dissertações foram analisadas por Renato Pisciotta (2017, p. 127-142). Os temas foram: "Existe uma legislação natural? Qual o seu fundamento?" (1857), "Destino do Homem" (1858), "O que é Direito?" (1859), "Da utilidade do estudo do Direito Natural" (1860), "1. O que é Moral genérica e especificamente falando se? 2. Qual a divisão da primeira? 3. É o destino do homem fundamento de seu direito? 4. Tem por isto este o caráter essencial de ser meio?" (1861), "A prescrição é de Direito Natural?" (1862), "O Direito Natural é anterior a todas as leis estabelecidas pelo Homem e delas independente?" (1864), "A ideia do Direito é independente da ideia de um poder soberano que o faça executar por meio da força?" (1866), "Em que se distinguem os direitos absolutos e hipotéticos, sendo a personalidade título e fundamento comum tanto de um como de outro?" (1869) e "Qual a verdadeira noção de Direito Natural? Quais as fontes? Quais são os elementos orgânicos e constitutivos da natureza humana?" (1870) (PISCIOTTA, 2017, p. 127-128).

[464] Interessante notar que nos últimos anos surgiu um interesse crescente pelo ensino de Direito Natural na FDSP, cf. MARTINS, 2018; PISCIOTTA, 2017; e AYRES, 2018, e no Brasil, cf. FERREIRA, 2020.

[465] Cf. BROTERO, 1829, p. 215.

atacando-se o regime servil. Ainda que o compêndio de Brotero tenha sido rejeitado pela Câmara dos Deputados, ele utilizou-se do manual de Perreau até sua aposentadoria em 1871; nele, o autor francês também adotava posição contrária ao cativeiro, afirmando que a ideia de liberdade é inseparável da existência do homem.

A outra cadeira responsável pela disciplina foi por longos anos ocupada por Amaral Gurgel, cujos compêndios adotados compartilhavam do mesmo juízo sobre a escravidão: de início Martini, atualizado por Fortuna, entendia que a igualdade natural entre os homens impedia a sujeição ou arbítrio de um homem sobre o outro; posteriormente, Vicente Ferrer também afirmava ser a escravidão injusta e nenhum pretexto – fosse ele o contrato, o nascimento ou a força – era válido para justificá-la.

Tal posicionamento foi endossado pelos lentes que sucederam a Avellar Brotero e Amaral Gurgel, em especial João Theodoro Xavier e Sá e Benevides. O primeiro dizia que o escravo possuía "o direito inauferível à liberdade", enquanto o segundo, imbuído de ideais católicos, acreditava que a liberdade era limitada por "Deus, pelo bem e pela justiça", sendo assim um "direito absoluto dos homens"[466]. Ainda que Sá e Benevides nada dissesse sobre a escravidão em seu livro, em aula ele considerava-a uma "instituição anômala"[467] que atentava contra os direitos de personalidade, de igualdade e de liberdade.

Isso tudo no nível da teoria. Sabemos que a atitude deles na vida prática era bem diferente: Brotero possuía considerável escravaria em casa, pois ao falecer deixou 3:580$000 entre escravos livres e libertos. Já João Theodoro entendia que a dignidade humana dos escravizados não poderia ser de pronto restabelecida tendo em vista "as comoções sociais, o profundo abalo da agricultura, a deplorável decadência da riqueza pública" e, por isso, defendia sua abolição desde que fossem respeitados os "meios legais e pacíficos"[468]. Tal atitude se dê, talvez, pelo tempo em que escreveram, convivendo com uma agitação cada vez maior pelo abolicionismo.

---

[466] Cf. BENEVIDES, 1884a, p. XLIV-XLV.
[467] Cf. BENEVIDES, 1884b, p. 383.
[468] Cf. XAVIER, 1876, p. 47 e 138.

# CAPÍTULO 4
# NA FACULDADE DE DIREITO DO RECIFE

**4.1. Os lentes**
O Direito Natural era ensinado pelo lente catedrático da 1ª cadeira do 1º ano e da 1ª cadeira do 2º ano. Após o Decreto de 8 de novembro de 1828, eles alternavam-se anualmente: quem desse aula para o 1º ano acompanhava-o no 2º e o lente que havia dado aula para o 2º ano no ano anterior voltava ao 1º ano[469].

**1ª cadeira do 1º ano**
**4.1.1. Lourenço José Ribeiro (1796-1864)[470]: em 1828**
Lourenço José Ribeiro nasceu em São João del-Rei, Minas Gerais, em 1796. Iniciou seus estudos para a carreira eclesiástica, mas mudou de planos e formou-se em Direito na Universidade de Coimbra em 1823. Não conseguimos obter informações sobre seu doutoramento. Foi encarregado de instalar o curso jurídico em 1828[471], quando ocupou a diretoria interina da Academia (fora nomeado vice-diretor da instituição). Catedrático de Direito Natural, lecionou a disciplina em 1828 e já em 1829 foi transferido

---

[469] Para a lista de catedráticos, cf. PESSO, 2020, p. 217-218 e 219.
[470] Cf. BLAKE, 1899, v. 5, 321-322; BEVILÁQUA, 2012, p. 39-42; VALLADÃO, 1948; e PEREIRA, 1977, p. 83-94.
[471] Para o discurso de instalação, cf. PEREIRA, 1977, p. 95-101.

para a cadeira de Direito Civil. Demitiu-se em 1832 e foi morar na Corte, onde faleceu em 1864.

Além de advogado, Lourenço José Ribeiro ocupou diversas posições: foi deputado geral por Minas Gerais (1838-1841 e suplente entre 1843-1844), procurador da Coroa, Fazenda e Soberania Nacional, desembargador do Tribunal da Relação de Pernambuco e da Corte, secretário do Supremo Tribunal de Justiça, e juiz da 1ª vara cível da Corte. Foi encarregado de codificar a legislação militar. Era Comendador da Ordem de Cristo e possuía o título de conselheiro.

Sua obra é composta por **Conclusões philosophicas de logica e metaphysica** (1817, em coautoria com Francisco Pereira Monteiro), **Motivos, que determinam Lourenço José Ribeiro a deixar a Direção, e o Ensino de uma das Cadeiras do Curso de Ciências Jurídicas e Sociais da Cidade de Olinda.** (1831), a tradução de **História universal resumida para uso das escolas dos Estados-Unidos da America do Norte por Pedro Parley** (3ª edição em 1865), **História universal resumida desde a criação do mundo até nossos dias** (...) (nova edição em 1877) e **Analyse da Constituição Politica do Imperio do Brazil (1829)**[472].

Ele foi nomeado inicialmente para o 2º ano, mas logo transferido para o 1º ano[473] para que pudesse inaugurar o curso. Nada se sabe sobre seu tempo como catedrático de Direito Natural, mas Clóvis Beviláqua afirma que ele "deixou tradição muito honrosa entre os contemporâneos, discípulos e colegas, quer por sua competência, quer pela delicadeza dos seus modos e integridade do seu caráter" (BEVILÁQUA, 2012, p. 39). José Bento da Cunha e Figueiredo, formado em 1833 e, portanto, contemporâneo de Lourenço José Ribeiro, assim se exprime na memória histórica referente a 1864, quando do falecimento do antigo professor: "como Lente ninguém mais do que ele se esforçou por guiar com notável proficiência e inimitável brandura os passos vacilantes dos seus alunos, com os quais repartia os cuidados de um excelente pai de família" (FIGUEIREDO, 1865, p. 10).

---

[472] Segundo Beviláqua, "não tiveram publicações em volume, mas foram lidas em aula e insertas em periódicos, exercendo grande influência, tanto entre discípulos, como na sociedade pernambucana" (BEVILÁQUA, 2012, p. 447). Para uma breve análise desta obra, cf. VEIGA, 1980, p. 254-256.

[473] Pois a nomeação de Joaquim Gaspar de Almeida foi considerada sem efeito; cf. Decreto de 10 de janeiro de 1828.

O compêndio adotado por ele em 1828 e por seu sucessor em 1829 foi o **De Jure Naturae Positiones** de Karl Anton von Martini, atualizado por José Fernandes Álvares Fortuna, conforme ele o afirma em correspondência ao Ministro do Império[474] – suas razões seriam, segundo Gláucio Veiga (1980, p. 253), ter sido o compêndio indicado pelo Visconde da Cachoeira e o estilo claro e a boa ordem das matérias no manual[475].

### 4.1.2. Pedro Autran da Matta e Albuquerque (1805-1881)[476]: entre 1830 e 1855

Filho de Pierre Autran e de Gertrudes Maria da Matta e Albuquerque, Pedro Autran da Matta e Albuquerque nasceu na Bahia em 1805. Em 1821, ele foi para a França e fez um ano de Medicina na Universidade de Paris, passando depois para o curso de Direito, onde fez o 1º ano. Posteriormente, transferiu-se para a Universidade de Aix, onde colou grau em 1826 e obteve seu doutoramento em 1827. Ele regressou ao Brasil em 1828[477].

Autran tomou posse como lente substituto na Academia de Olinda em 1829 e, em 1830, foi promovido a proprietário da cadeira de Direito Natural (1ª cadeira do 1º ano)[478], nela permanecendo até 1855[479], quando

---

[474] Eram utilizados no 1º e 2º anos Fortuna, Vattel e Martens e, em Direito Eclesiástico, Gmeiner (RIBEIRO, 1829a). Em 1829, por determinação da Congregação, as apostilas de Lourenço Ribeiro do ano anterior passaram substituir o compêndio de Fortuna (VALLADÃO, 1948, p. 116).

[475] Mesmo assim ele acautelava-se contra o Fortuna: "(...) suposto tenha de refutar muita parte de sua doutrina incompatível com o atual sistema, enquanto não for possível arranjar outro mais acomodado às luzes do século" (VEIGA, 1980, p. 253 e VALLADÃO, 1948, p. 115-116).

[476] Cf. "Galeria do Jornal do Recife – O Conselheiro Autran", **Jornal do Recife**, Recife, 13 de agosto de 1859, p. 262; "Galeria da Faculdade do Recife – Conselheiro Pedro Autran da Matta Albuquerque", **Faculdade do Recife – Jornal Acadêmico**, Recife, 30 de agosto de 1863, p. 87-89; e "O Illm. e Exm. Sr. Conselheiro Dr. Pedro Autran da Matta e Albuquerque", **Diario de Pernambuco**, Recife, 11 de janeiro de 1868, p. 8; BLAKE, 1902, p. 21-23; BEVILÁQUA, 2012, p. 449-451; e VEIGA, 1984, p. 287-293.

[477] Cf. "Galeria do Jornal do Recife – O Conselheiro Autran", **Jornal do Recife**, Recife, 13 de agosto de 1859, p. 262.

[478] Por proposta de Moura Magalhães, ratificado por todos os membros da Congregação (MAGALHAENS, 1831).

[479] Como veremos adiante, a partir de 1842 ele passou a reger a cadeira de Economia Política sempre que o proprietário, Manuel Maria do Amaral, estivesse ausente (Aviso Imperial de 8 de janeiro de 1842), o que foi ratificado em 1849 (Aviso Imperial de 2 de abril de 1849).

foi transferido para a cadeira de Economia Política, na qual ficou até 1870, quando foi jubilado. Em 1835, também obteve o grau de doutor pela Academia de Olinda. Ocupou interinamente a diretoria da instituição em diversas ocasiões (quando anualmente o Visconde de Camaragibe ia assumir sua posição de senador na Corte, entre abril e outubro) e em 1871 foi promovido oficialmente a vice-diretor.

Autran é o maior representante da Faculdade de Direito do Recife da primeira metade do século XIX, tanto no que diz respeito ao tempo em que passou lecionando[480], quanto em relação à sua vasta e diversificada produção bibliográfica[481].

Inicialmente, ele tentou suprir a carência de compêndios nos cursos jurídicos com traduções – é nessa fase que surgem, vertidos ao português, os **Elementos de Economia Politica** de James Stuart Mill (1832) e os **Elementos de Direito Natural Privado** de Francisco Nobre Zeiller (1832, com 2ª edição em 1840). Ambos foram adotados como compêndios oficiais em Olinda. A publicação de traduções científicas e literárias[482] ocupou grande parte da vida de Autran.

Na década de 1840 e 1850, ele publicou seus trabalhos originais[483], fruto de anos lecionando como catedrático de Direito Natural, Direito Público Universal, Análise da Constituição do Império, Direito das Gentes e Diplomacia, além da experiência ao lecionar diversas cadeiras na condição de professor substituto, com destaque para a cadeira de Economia Política (para a qual, como vimos, posteriormente se transferiu). Nesta esteira, surgem os **Elementos de Economia Politica** (1844), os **Elementos de Direito Natural Privado** (1848, nova edição em 1883), os **Elementos**

---

[480] Apesar de Autran sempre estar adoentado, tanto que "seus pedidos de licença e dispensa se amontoam no arquivo" (VEIGA, 1984, p. 341). O mais longevo lente da Faculdade de Direito do Recife no século XIX foi Francisco de Paula Baptista, que ficou na cátedra 46 anos (entre 1835 e 1881).

[481] Como foi um autor profícuo, é difícil fazer um levantamento preciso de todas as suas obras, pois muitas das informações são contraditórias e não conseguimos localizar todas as publicações. Procuramos fazer tal levantamento mediante o cruzamento do maior número de fontes e de catálogos de bibliotecas.

[482] Por exemplo, **Elogio da loucura** de Erasmo (1832).

[483] Veremos adiante que alguns desses trabalhos possuíam uma originalidade mitigada, vez que eram traduções não creditadas.

de **Direito Publico Geral e Particular** (1849)[484], os **Elementos de Direito das Gentes** (1851)[485], os **Novos Elementos de Economia Politica** (1851), as **Prelecções de Economia Politica** (1859, com 2ª edição em 1860) e o **Tratado de Economia Politica** (1859). Nos anos 1860 vieram a lume trabalhos de cunho religioso e político, como **Poder temporal do papa** (1862), **Apologia do catholicismo e dos soberanos pontifices Gregorio XVI e Pio IX** (1869), **Reflexões sobre o systema eleitoral** (1862) e a 3ª edição da tradução de **Jesus Christo e a critica moderna** pelo padre Felix.

Após ser jubilado em 1870, Autran mudou-se para o Rio de Janeiro, onde continuou como lente de Economia Política no Instituto Comercial da Corte e de religião na Escola Normal até seu falecimento em 1881. É nesse período que surgem obras de difusão e voltadas ao ensino secundário – o **Manual de Economia Politica** (1873, 2ª edição quase toda reformulada em 1880), o **Manual de Philosophia, extrahido de differentes autores** (1874), o **Cathecismo de Economia Politica para uso das escolas normaes do Imperio** (1880), **Philosophia do direito privado para uso das Faculdades de Direito, das Escolas Normaes e de todos os que quizerem ter noções do Direito privado geral** (1881)[486], e **Philosophia do direito publico para uso das escolas normaes** (1881). No mais, há vários trabalhos espalhados em jornais, com destaque para **A União, Diário de Pernambuco**, e **O Catholico**, além de contribuições em periódicos estudantis (na condição de lente).

De sua produção, percebe-se seu espírito singular e, também, profundamente religioso. Autran era alinhado com Braz Florentino e, posteriormente, com Soriano de Souza – todos os três ultramontanos[487]. Gláucio Veiga afirma que tal posicionamento "deixou inafastável marca entre os estudantes, se bem que uma minoria" (VEIGA, 1982, p. 84)

---

[484] Foi reeditada em 1854, 1857, 1860 e 1878, posteriormente passando a se chamar **Elementos de Direito Publico Universal**. Em 1882 foi republicada por Manuel Godofredo de Alencastro Autran, filho de Pedro Autran, sob o título de **Direito Publico Positivo Brazileiro**.

[485] Sobre esta obra, cf. SILVA JÚNIOR, 2018.

[486] Trata-se da reformulação de sua obra **Elementos de Direito Natural Privado** de 1848 (ALBUQUERQUE, 1881, p. I-II).

[487] Sobre o ultramontanismo na Faculdade de Direito do Recife e outros temas afeitos à Igreja Católica, ver VEIGA, 1993, p. 95-196.

– com efeito, um "espírito religioso" na Academia do norte viria a se manifestar de forma mais perceptível após a mudança para o Recife em 1854[488], justamente quando Braz Florentino foi promovido a catedrático de Direito Natural. É também após a mudança que o prestígio de Autran seria consolidado (VEIGA, 1988, p. 10).

Nesta esteira, afirma acertadamente Clóvis Beviláqua que "as ideias de Autran eram as do seu tempo" (BEVILÁQUA, 2012, p. 449), de modo que seu "sincretismo embaralhante" (VEIGA, 1988, p. 64) não nos deve causar espanto: era, como a maioria de seus contemporâneos, conservador nos costumes e na política e liberal na economia. E isso, por suposto, refletia-se em sua atuação enquanto docente. Dotado de uma "verbosidade encantadora" (CAMARA, 1904a, p. 10), Beviláqua classifica-o como "inteligência lúcida, orador fluente e professor de variado saber" (BEVILÁQUA, 2012, p. 449). Alguns dos relatos que chegaram a nós dão conta do que o mesmo Beviláqua chama de suas "qualidades essenciais", i. e., "o dom de expor claramente e de transmitir as suas ideias aos ouvintes ou leitores" (BEVILÁQUA, 2012, p. 451). Escrevendo em 1859, Aprígio Guimarães, formado em Olinda em 1851 e aspirante a um cargo de lente substituto (ele já havia prestado três concursos sem sucesso), afirmava, sob o pseudônimo de Agrippa:

> O Conselheiro Autran, se Deus me tivesse dado alentos para ser um dia Lente de Direito, seria na cadeira o meu modelo; perfeito conhecimento da língua, fácil elocução, pronunciação elegante acentuada, lógica vigorosa na argumentação, muita vez ao modo dos grandes argumentadores da Escolástica, amenidade de estilo com que tão felizmente se faz entender, e eis um bom mestre. Mas, se a isto juntares verdadeira paixão pela ciência, o fogo da inspiração no gesto, na face e na voz, tereis mais do que um bom mestre, tereis um mestre privilegiado, um modelo que fará o desespero de mais de um copista (DRUMMOND, 1864, p. 34-35)[489].

No mesmo ano, Carlos Honório de Figueiredo, formado em Olinda em 1843, testemunhava: "eu que tive a honra de ouvir suas sábias lições

---

[488] Cf. NESTOR, 1930, p. 37.
[489] Reproduzido de "Galeria do Jornal do Recife – O Conselheiro Autran", **Jornal do Recife**, Recife, 13 de agosto de 1859, p. 262.

fiquei muitas vezes extasiado e encantado de tanta eloquência e erudição" (FIGUEIREDO, 1859, p. 522). A sua vocação para a docência também é atestada em vários dos documentos oficiais: em relatório de 1837, o diretor Lopes Gama afirmava que Autran "é não só assíduo, como de não vulgares talentos" (BEVILÁQUA, 2012, p. 68); em 1844, foi a vez do diretor Thomaz de Noronha afirmar que Autran "é dotado de bom talento, de variada instrução e tem sido de grande utilidade à Academia, pela sua frequência, estudo e excelentes princípios (...)" (BEVILÁQUA, 2012, p. 86).

Sua relação com os alunos nem sempre foi amistosa, principalmente no início. Logo em 1831, estudantes fizeram um dia de greve contra Autran, pois ele dava uma hora e meia de aula (conforme os Estatutos) em vez de uma hora, como faziam em São Paulo[490]. Em 1836, relata o diretor Lopes Gama uma altercação entre Autran e alunos do 5º ano, insatisfeitos que estavam com a exigência do lente nos exames[491]. Ainda em relação ao último ano do curso jurídico, Clóvis Beviláqua nos dá notícia de que em 1851 corria no foro de Olinda um processo de tentativa de morte contra Autran por parte de alunos, originado pelos tumultos nos exames do 5º ano – ao reprovar um estudante, outros lhe foram solidários e aos gritos de "morra o Autran" avançaram com punhais em direção ao lente[492]. À época, o juiz de Direito da comarca era Nabuco de Araújo, que absolveu um dos alunos da imputação de crime de ferimento, mas condenou-o por crime de ameaça (BEVILÁQUA, 2012, p. 99).

A convivência com seus colegas também não era fácil. É conhecida a desavença entre ele e Trigo de Loureiro por causa da tradução de Autran do livro de Economia Política de James Mill e que iremos abordar mais adiante. Em 1861, enquanto diretor interino, desentendeu-se com

---

[490] **Diario de Pernambuco**, Recife, 23 de agosto de 1831, p. 733-734.

[491] Nas palavras do diretor: "passava como princípio estável e incontroverso nesta Academia, desde seu começo, que o quinto ano era um ano de formalidade, e que o mesmo era ser nele matriculado que ter direito inquestionável à carta de bacharel, e, em consequência de tal corruptela, formaram-se moços perfeitamente estúpidos e escandalosamente vadios. Este ano, porém, começaram quase todos os lentes a exigir dos estudantes o cumprimento das suas obrigações" (BEVILÁQUA, 2012, p. 62). Daí a insatisfação dos quintanistas. No ano anterior Autran havia reprovado Filipe Lopes Neto no 4º ano e ambos travaram violenta polêmica pela imprensa (CHACON, 1981).

[492] **Diario de Pernambuco**, Recife, 23 de outubro de 1851, p. 2.

outros lentes (em especial João José Ferreira de Aguiar[493]), a ponto de J. B. Calogeras, diretor da quarta seção do Ministério do Império, afirmar que "a Faculdade de Direito do Recife está em completa desordem. Desafeição e desavenças constantes entre o diretor interino e os lentes, indisciplina dos empregados, insubordinação e desrespeito dos estudantes" (BEVILÁQUA, 2012, p. 153).

Em todo o caso, a marca de Pedro Autran no ensino jurídico nos Oitocentos é indelével. Nas palavras de Gláucio Veiga, era "Autran, sem dúvida, a imensa figura avassalando todo o Curso Jurídico. No século XIX, a Faculdade começa com Autran e termina com Tobias, representando Aprígio a transição" (VEIGA, 1981, p. 287). De fato, Aprígio Guimarães considerava-o o "mais vivo luzeiro" da Academia de Olinda[494]. Exaltando-lhe o mérito, afirma Veiga que:

> Em todas as disciplinas lecionadas deixou marca de capacidade e dedicação. Teoricamente, os diversos manuais de economia política editados por Autran, são impecáveis, quer na síntese, quer na clareza de pensamento. Sacrificou a contribuição pessoal em favor da limpa exposição dos autores europeus e dos problemas igualmente europeus (VEIGA, 1988, p. 272).

Foi dos poucos casos de lente que não se envolveu com política, apesar de lhe terem acenado uma cadeira no Senado pela Província da Bahia[495]. Pouco advogou[496], dedicando-se exclusivamente à docência[497]. Em 1854, na iminência de completar 25 anos de magistério e ser jubilado, recorreu ao então Ministro do Império, Couto Ferraz, para que pudesse continuar

---

[493] Informação colhida na correspondência referente a 1861 (por exemplo, ALBUQUERQUE, 1861b), localizada no AFDR.

[494] Cf. "Galeria do Jornal do Recife – O Conselheiro Autran", **Jornal do Recife**, Recife, 13 de agosto de 1859, p. 262.

[495] Cf. "Galeria do Jornal do Recife – O Conselheiro Autran", **Jornal do Recife**, Recife, 13 de agosto de 1859, p. 262.

[496] Por exemplo, ele se ofereceu para representar Luiz da França Pinto Garcez, Comandante das Armas da Província da Bahia quando da Sabinada (1837-1838) (ARQUIVO PUBLICO DO ESTADO DA BAHIA, 1938, p. 324-325).

[497] Ele atuou poucas vezes no júri em Olinda e Recife, optando por dedicar-se à carreira acadêmica ("O Illm. e Exm. Sr. Conselheiro Dr. Pedro Autran da Matta e Albuquerque", **Diario de Pernambuco**, Recife, 11 de janeiro de 1868, p. 8).

lecionando, vez que seus (parcos) vencimentos eram sua única fonte de renda a sustentar sua família; o Governo aceitou seu pedido e ainda agraciou-lhe com o título de conselheiro, na conformidade do art. 158 dos novos estatutos (BEVILÁQUA, 2012, p. 109). Era também comendador da ordem da Rosa e cavaleiro da ordem de Cristo. Casou-se duas vezes, a primeira com D. Francisca de Amorim Filgueiras e a segunda com a pernambucana Julia Carolina d'Alemcastro[498] e teve ao todo vinte e cinco filhos (VEIGA, 1984, p. 288), sendo de se destacar dois, do primeiro e segundo casamentos, respectivamente: Pedro Autran da Matta e Albuquerque, formado em medicina na Bahia, e Manuel Godofredo de Alencastro Autran, formado na FDR em 1869 (VEIGA, 1984, p. 291-292, nota 2).

### 4.1.3. José Bento da Cunha e Figueiredo (Visconde de Bom Conselho) (1808-1891)[499]: entre 1855 e 1858

Filho do Capitão Manuel da Cunha Figueiredo e de Joanna Alves de Figueiredo, nasceu em Barra do Rio de São Francisco, Pernambuco, em 1808. Pertenceu à primeira turma da Academia de Direito de Olinda, formando-se em 1833 (junto com os futuros lentes Francisco de Paula Baptista e João Capistrano Bandeira de Mello). Obteve seu doutoramento na mesma instituição em 1834. No ano seguinte, foi nomeado lente substituto provisório e em 1836 acedeu a catedrático de Direito Público Eclesiástico. Em 1855 foi transferido para a cadeira de Direito Natural, mas em 1858 foi novamente transferido para a cadeira de Direito Romano, na qual ficou até sua jubilação em 1870. Casou-se com Rosa Valeriano Duarte, com quem teve dois filhos: José Bento Cunha e Figueiredo Júnior e Walfrido Cunha e Figueiredo. Obteve o título de dignitário da Imperial Ordem da Rosa e de Visconde de Bom Conselho. Faleceu no Rio de Janeiro em 1891.

Iniciou sua vida profissional como advogado em Pernambuco – assim como Paula Baptista, morava e advogava em Recife na década de 1830,

---

[498] Cf. "Galeria do Jornal do Recife – O Conselheiro Autran", **Jornal do Recife**, Recife, 13 de agosto de 1859, p. 262. Gláucio Veiga afirma que seu nome era Julia Carolina d'Alcântara (VEIGA, 1984, p. 288), mas seu sobrenome deve ter sido, de fato, "Alemcastro" ou "Alencastro".
[499] Cf. BORGES, 1893; BLAKE, 1898, p. 336-337; e BEVILÁQUA, 2012, p. 59.

o que muito desagradou o diretor do curso jurídico Lopes Gama, que se queixou ao Governo (BEVILÁQUA, 2012, p. 66-67 e VEIGA, 1981, p. 276-279). Foi posteriormente nomeado auditor de guerra e promotor público do Recife.

Teve destacada atuação na política, junto ao Partido Conservador: foi deputado provincial em Pernambuco (1844), deputado geral por Pernambuco (1847[500], 1850-1852, 1856, 1857-1860, 1869) e posteriormente senador pela mesma província (1869-1889). Foi presidente das Províncias de Alagoas (1849-1853), Pernambuco (1853-1856), Minas Gerais (1861-1862) e Pará (1868-1869). Foi Ministro do Império (1875-1877) no Gabinete Caxias e, em 1876, passou a integrar efetivamente o Conselho de Estado. Ainda, foi diretor da instrução pública na capital do Império e membro honorário do IAB.

José Bento da Cunha e Figueiredo não deixou nenhuma obra jurídica ou literária de valor. Sua produção resume-se a relatórios oficiais (enquanto presidente de Províncias, à frente da Pasta dos Negócios do Império, etc.), à Memória Histórico-Acadêmica de 1864 (FIGUEIREDO, 1865) e um opúsculo de razões forenses (VEIGA, 1988, p. 86), bem como um parecer sobre a reforma dos estatutos de 1865, escrito com Pedro Autran e Menezes Drummond (PINTO JUNIOR, 1866, p. 6). Também colaborou na imprensa, em especial em **A União** (1848-1855), periódico de ideias conservadoras cujo corpo redacional era integrado por Paula Baptista, Nabuco de Araújo, Maciel Monteiro e Antônio Rangel de Torres Bandeira.

Gláucio Veiga afirma que o Visconde de Bom Conselho sempre esteve envolvido no contrabando de escravos (VEIGA, 1988, p. 277), mas Bernardino José Borges diz que, quando presidente de Alagoas, ele combateu os importadores de africanos, o mesmo se dando no famoso desembarque de Sirinhaém, quando ele era presidente de Pernambuco[501] (BORGES, 1893, p. 50 e 55-56).

Ainda segundo Gláucio Veiga, José Bento da Cunha e Figueiredo "deixou na Faculdade tradição de relapso e de 'profiteur' do Partido

---

[500] Foi suplente em 1846.

[501] Sobre este episódio, ele proferiu um discurso em 11 de julho de 1856 na Câmara dos Deputados (**ACD**, sessão em 11 de julho de 1856, p. 147-166). Foi depois impresso e publicado em livro no Rio de Janeiro sob o nome **Discurso proferido em sessão do dia 11 de julho na Camara dos Senhores Deputados**.

Conservador" (VEIGA, 1981, p. 279) – certo é que contava com a proteção de Visconde de Camaragibe, diretor do curso jurídico (VEIGA, 1988, p. 277). Sobre sua atuação enquanto lente pouco se sabe e Clóvis Beviláqua nada registra; possivelmente manteve a orientação de Autran quanto ao ensino de Direito Natural.

### 4.1.4. José Antônio de Figueiredo (1823-1876)[502]: entre 1858 e 1876

Nascido na Vila do Cabo, Pernambuco, em 1823, filho de Antônio José de Figueiredo e Rosa Maria da Conceição Figueiredo. Formou-se na Academia de Olinda em 1845 e foi provido no lugar de lente substituto em 1855 (sem concurso, em função da reforma do mesmo ano; na ocasião, obteve o título de doutor). Foi promovido a lente catedrático de Direito Natural em 1858 e permaneceu na cadeira até 1876, quando faleceu. Casou-se com Antônia Geracina de Paula Pessoa, com quem teve quatro filhos (dois falecidos) e sete filhas.

A partir de 1845, foi professor de Filosofia no Colégio das Artes e no Seminário Episcopal, ambos em Olinda. Após sua formatura, exerceu a advocacia, mas também dedicou-se à agricultura no Engenho São Paulo e foi oficial de gabinete de Antônio Chichorro da Gama quando esse foi presidente de Pernambuco em 1846. Pelo Partido Liberal[503] foi suplente de deputado provincial em Pernambuco em 1849 e deputado geral pela Província do Ceará entre 1864-1866[504]. Foi presidente da Sociedade Liberal Pernambucana e era católico ultramontano.

Não deixou obra jurídica ou literária. Contudo, ele colaborou ativamente na imprensa, escrevendo no **Diario Novo, Macabeu, Atheneu Paulistano**[505]**, Opinião Nacional, Diario de Pernambuco, Americano,**

---

[502] Cf. "Galeria da Faculdade do Recife – Dr. Jose Antonio de Figueiredo", **Faculdade do Recife**, Recife, 30 de junho de 1863, p. 40-43; "A Provincia", **A Provinicia**, Recife, 20 de abril de 1876, anno V, n. 848, p. 1-2; MELLO, 1877; COSTA, 1882, p. 527-531; BLAKE, 1898, v. 4, p. 291-292; BEVILÁQUA, 2012 p. 480-482; e VEIGA, 1984, p. 283-286.

[503] Mesmo liberal, não tomou parte na Revolução Praieira de 1848.

[504] Conseguiu adentrar a política cearense em função da proximidade com seu sogro, o senador Francisco de Paula Pessoa (BEVILÁQUA, 2012, p. 481). Sobre sua atuação enquanto deputado à Assembleia Geral, cf. MELLO, 1877, p. 11-12 e COSTA, 1882, p. 528.

[505] Periódico estudantil. Chegou a ser presidente de honra da associação acadêmica, cf. VEIGA, 1989, p. 243 e 245.

**Provincia** e outros[506]. Foi um dos autores do livro **Reforma eleitoral** (1862, reprodução de seus artigos publicados no **Diario de Pernambuco**) e da Memória Histórica de 1856 (FIGUEIREDO, 1857).

José Antônio de Figueiredo era querido pelos estudantes, a quem tratava como amigos e filhos, e também pelos colegas de docência. Quando de seu falecimento, Aprígio Guimarães discursou[507], elogiando-o: "mestre, estudava hoje, aguçava as potências do seu talento, dizia brilhantemente amanhã, e no dia seguinte não lhe acharíeis, nem ao menos, uma nota marginal no compêndio..." (COSTA, 1882, p. 529).

Segundo Clóvis Beviláqua,

> a influência que exerceu sobre os seus discípulos foi considerável, porque era estudioso e eloquente. Catedrático de Direito natural, emocionava a mocidade, expondo as doutrinas de Oudot, o conhecido autor do **Essai de philosophie du droit** e de **Conscience et science du devoir**, a quem Figueiredo chamava o divino Oudot, de Tappareli d'Azenglio, o ardoroso filósofo italiano, que teve o seu momento de celebridade (BEVILÁQUA, 2012, p. 481).

O próprio Beviláqua, quando ingressou na Faculdade em 1878, afirma que ainda encontrou "ecos da forte impressão, deixada por Figueiredo nos que o tinham ouvido na cátedra" (BEVILÁQUA, 2012, p. 482).

Na cadeira de Direito Natural, em que pese ter utilizado as obras de Oudot, Tappareli[508] e outros autores católicos (como Bellimi, Donoso Cortês, Ventura, Bantaris, etc.)[509], alinhados que eram à sua vocação ultramontana, José Antônio de Figueiredo adotou os compêndios oficiais, i. e., os **Elementos de Direito Natural Privado** de Pedro Autran e os **Elementos de Direito Natural, ou de Philosophia de Direito** de Vicente Ferrer.

---

[506] Cf. MELLO, 1877, p. 12-13. Também apoiou o periódico **A Esperança**, órgão ultramontano fundado por José Soriano de Souza e seus irmãos Braz Florentino Henriques de Souza e Tarquínio Bráulio de Souza Amaranto (VEIGA, 1993, p. 188).

[507] Cf. "Litteratura – Discurso no funeral do Dr. José Antonio de Figueiredo, aos 18 de maio de 1876, pelo Dr. Aprigio Justiniano da Silva Guimarães", **A Provincia**, Recife, 22 de maio de 1876, p. 2-3.

[508] Em 1874, anunciava-se a venda aos primeiranistas de obras desses autores sobre Direito Natural ("Aos Calouros", **A Provincia**, Recife, 23 de abril de 1874, anno III, n. 275, p. 4).

[509] "O Dr. José Antonio de Figueiredo", **Diario de Pernambuco**, Recife, 24 de dezembro de 1874, anno L, n. 294, p. 2.

### 4.1.5. Joaquim Corrêa de Araújo (Conde Corrêa de Araújo) (1844[510]--1927)[511]: entre 1876 e 1878

Natural de Pernambuco, obteve a graduação na Faculdade de Direito do Recife em 1864 e doutoramento na mesma instituição em 1868. Prestou concurso e foi nomeado lente substituto em 1870, sendo promovido a catedrático de Direito Natural em 1876 pelo falecimento de José Antônio de Figueiredo. Ficou na cadeira até 1878, quando foi transferido, a pedido, para cadeira de Direito Civil e em seu lugar entrou Antônio Coelho Rodrigues. Foi jubilado em 1891 com a Reforma Benjamin Constant.

Envolveu-se na política junto ao Partido Conservador (era próximo do Visconde de Camaragibe[512]), sendo secretário da presidência de Pernambuco no governo do Conde de Baependi (1868-1869), deputado provincial entre 1872-1873 e 1876, e deputado geral por Pernambuco em 1877. Na República, foi senador por Pernambuco entre 1894-1896 e 1900-1901, e presidente do Estado entre 1896-1899. Foi provedor da Santa Casa de Misericórdia do Recife por muitos anos. Católico fervoroso e ultramontano, recebeu do Papa o título de Conde. Casou-se duas vezes, com Ana dos Anjos Correia de Araújo e Gasparina Amabília dos Santos, mas não teve filhos.

Ao lado da docência exerceu o jornalismo e a advocacia[513], chegando a possuir uma banca "das mais rendosas do Recife, em certo tempo" (BEVILÁQUA, 2012, p. 189). Segundo Clóvis Beviláqua, era "bem repu-

---

[510] O jornal **A Provincia** (Recife, anno LVI, n. 83, de 9 de abril de 1927, p. 1) indica a data de 4 de maio de 1845, mas no **Livro de Registro de diplomas de Doutores (1833-1883)**, p. 15, consta que ele nasceu em 24 de janeiro 1844.

[511] Cf. BEVILÁQUA, 2012, p. 189; "Conde Joaquim Correia de Araujo", **Diario de Pernambuco**, Recife, 9 de abril de 1927, p. 3; "Conde Joaquim Correia de Araujo", **A Provincia**, Recife, 9 de abril de 1927, p. 1; e ROBERTO, 2016, p. 137-147.

[512] Assim se referiu Camaragibe ao Governo sobre a possível nomeação de Joaquim Corrêa de Araújo: "Moço, muito inteligente e aplicado, tendo sido aprovado plenamente quando defendeu teses para obter o grau de Doutor, gozando de muito bom conceito entre os seus Lentes e condiscípulos, de conduta exemplar e tendo já bem servido o lugar de Secretário da Presidência desta Província, o Doutor Correia de Araújo está, a meu ver, no caso de merecer do Governo Imperial a nomeação para o lugar vago a que se propôs" (CAMARAGIBE, 1870). Foi Corrêa de Araújo, por sua vez, quem doou em 1884 um retrato de Camaragibe para o salão de honra com os retratos dos diretores e lentes da FDR (PINTO JUNIOR, 1885, p. 5).

[513] Sua atuação no foro está registrada nas páginas da revista **O Direito**. Também foi curador de menores (cf. "Appellação civel", **O Direito**, anno XI, v. 30, p. 227-294, jan./abr. 1883).

tado" como professor: "a sua exposição, na cátedra, era clara e a doutrina, segura, ainda que sem brilho e sem pretensões à originalidade. Ouvi-lhe, no quarto ano, as preleções de Direito civil, explanando Loureiro, sem dele se alongar, mas dando noções precisas sobre o assunto explicado" (BEVILÁQUA, 2012, p. 189).

Como seus antecessores de cátedra, deixou poucos escritos: suas teses e dissertações para doutoramento (1868)[514] e concurso (1870) e a memória histórica da FDR referente a 1877 (ARAUJO, 1878). Ainda, mensagens apresentadas ao Congresso Legislativo de Pernambuco e o livro **Politica de Pernambuco** (1899), no qual se defende de acusações que lhe fizeram quando esteve à frente do Governo daquele Estado.

Nos anos que foi catedrático de Direito Natural, esteve afastado em função dos compromissos políticos (ROBERTO, 2016, p. 139). Por isso, não houve alteração no rumo da disciplina.

### 4.1.6. Antônio Coelho Rodrigues (1846-1912)[515]: entre 1878 e 1891

Filho de Manuel Rodrigues Coelho e de Ana Joaquina de Sousa, nasceu em Picos, no Piauí, em 1846. Formou-se na FDR em 1866[516] e obteve seu doutoramento na mesma instituição em 1870. Passou em concurso para lente substituto em 1871[517] e em 1878 foi promovido a lente catedrático de Direito Natural, cadeira que ocupou até 1891, quando foi extinta. Foi jubilado em fevereiro de 1891. Faleceu em 1912.

Participou da política imperial e republicana. Foi deputado provincial no Piauí (1874) e deputado geral pela mesma Província (1869-1872, 1877 e 1886-1889). Na República, foi senador pelo Piauí (1893-1896) e prefeito do Distrito Federal (1900). Obteve o título de conselheiro já no final do Império.

Na opinião de Clóvis Beviláqua, era Coelho Rodrigues "escritor político de muita verve, orador fluente e individualidade de linhas acentuadas" (BEVILÁQUA, 2012, p. 497). Sua obra é composta de suas teses e

---

[514] O ponto da dissertação foi: "quais os limites da liberdade religiosa?".

[515] Cf. BLAKE, 1883, v. 1, p. 138; BEVILÁQUA, 2012, p. 497-502; BRANCO, 1987; COELHO, 1998; e AGUIAR, 2006.

[516] Segundo Clóvis Beviláqua "coube-lhe a nota de aproveitamento distinto, conferida, neste ano, somente a ele e a Raimundo Honório da Silva" (BEVILÁQUA, 2012, p. 171).

[517] Neste concurso, classificou-se em 1º lugar, à frente de José Joaquim Tavares Belfort e Graciliano Paula Batista.

dissertações para doutoramento[518] e concurso, as memórias históricas da FDR referentes a 1875 e 1878 (RODRIGUES, 1876 e 1879), discursos[519], uma tradução das **Institutas do Imperador Justiniano** (1879-1881), **Consultas juridicas** (1873), **Projeto de Código Civil** (1893, reeditado em 1897), **A República na América do Sul ou um pouco de historia e critica offerecido aos latino-americanos** (1904, 2ª edição em 1906), **Manual do subdito fiel ou cartas de um lavrador á Sua Magestade o Imperador sobre a questão do elemento servil** (1884), além de outros escritos menores. Também era colaborador na imprensa (por exemplo, redigiu **O Piauí**, órgão do Partido Conservador) e atuava como advogado[520] e parecerista[521].

Sua maior contribuição se deu no âmbito do Direito Civil, uma vez que fez parte de duas das comissões incumbidas de preparar o Código Civil (1881 e 1889) e chegou a apresentar um **Projeto de Código Civil** em 1893, projeto este que motivou muita discussão[522]. Também foi o autor da lei do casamento civil (Decreto nº 181, de 24 de janeiro de 1890).

Enquanto lente de Direito Natural, Coelho Rodrigues não trouxe nenhuma modificação substancial, uma vez que durante a década de 1880 esteve licenciado na Corte. Analisando sua dissertação de concurso[523], afirma Gláucio Veiga que junto com Aprígio Guimarães foi ele "um dos poucos não-aliados à cultura europeia e consciente da necessidade do exercício de uma autognose da nossa realidade, não só para compreendê-la e, por igual, encontrar soluções nossas para os nossos problemas" (VEIGA, 1993, p. 263). Também participou ativamente na questão do elemento servil: votou a favor da Lei do Ventre Livre de 1871, tomou parte no Congresso Agrícola de 1878 e em sua obra **Manual do subdito fiel**, de 1884, ele discutia a escravidão, sendo partidário da abolição gradual

---

[518] O ponto da dissertação foi: "O aumento do capital fixo, sem acréscimo do circulante, importará aumento de riqueza?".

[519] Por exemplo, o discurso proferido na sessão da instalação do Congresso Agrícola do Recife, em 6 de Outubro de 1878.

[520] Foi, por exemplo, curador de menores (cf. "Appellação civel", **O Direito**, anno XI, v. 30, p. 227-294, jan./abr. 1883).

[521] Cf. **O Direito**, anno XV, v. 43, p. 400-401, mai./ago. 1887.

[522] Cf. BEVILÁQUA, 2012, p. 497-502.

[523] Para a dissertação do concurso, cf. **O Direito**, anno IV, v.11, p. 776-793, set./dez. 1876.

(SILVA, 2017). Em 1888, submeteu um projeto na Câmara dos Deputados para que os proprietários obtivessem indenização pelos prejuízos causados pela lei de 13 de maio[524] (CASTILHO, 2016, p. 183).

**1ª cadeira do 2º ano**
**4.1.7. João José de Moura Magalhães (1790[?]-1850)[525]: entre 1828 e 1834**
Nascido na Bahia, filho de Francisco José Moura e Maria Francisca de jesus e Moura, formou-se em Direito na Universidade de Coimbra em 1827, ano em que também obteve o doutoramento em filosofia e em matemática. Em 1828, tomou posse como lente catedrático de Direito Natural, posição que ocupou até 1834, quando foi demitido. Também ocupou interinamente a secretaria e a diretoria do curso jurídico de Olinda.

Após a docência, ingressou na carreira política, sendo deputado geral pela Bahia em 1835 (suplente), 1838-1841 e 1848 e pelo Maranhão em 1847-1847, e presidente da Paraíba (1838-1840), do Maranhão (1844-1846) e da Bahia (1847-1848). Ocupou também a posição de desembargador do Tribunal da Relação da Bahia, foi sócio do IHGB, comendador da Ordem de Cristo e foi agraciado com o título de Conselheiro. Foi casado com Laurentina Constância Tavares de Moura (filha de Eleutério Maximiniano da Silva Tavares e de Maria Rita de Moura Tavares). Faleceu em 1850.

Dentre sua obra, destacam-se relatórios oficiais, orações[526], um drama[527], composições e traduções (de Goethe e Schiller), um **Discurso preliminar para servir de introdução á analyse da Constituição do Imperio do Brasil** (1830) e a **Synopse do Direito Natural** (1860), impresso postumamente por um de seus filhos – são suas anotações do compêndio que estava preparando para os alunos primeiranistas em 1831, mas que nunca vieram a lume (BEVILÁQUA, 2012, p. 45).

---

[524] Cf. **ACD**, sessão em 24 de maio de 1888, p. 113-114.
[525] Cf. BLAKE, 1895, p. 464 e WILDBERGER, 1949, p. 297-304.
[526] Por exemplo, na abertura do curso jurídico de Olinda em 1829 ("Vende-se", **Diario de Pernambuco**, Recife, 30 de junho de 1829, p. 545).
[527] Cf. "Dia 6 e 7 de setembro", **Diario de Pernambuco**, Recife, 13 de setembro de 1831, p. 798.

Poucas são as informações de que dispomos sobre sua passagem pelo curso jurídico do Norte, e as que temos apontam para um certo espírito belicoso. Ele foi incumbido de confeccionar os estatutos dos cursos jurídicos em 1828, mas, não o fazendo, foi censurado pela Congregação, o que deu lugar às primeiras desinteligências entre o corpo docente. Consta que em 1832 brigou com Pedro Autran, com quem dividia o ensino da 1ª cadeira do curso, sobre os prêmios a serem conferidos aos alunos. Gláucio Veiga afirma que o lente "viveu em permanente conflito com os colegas e estudantes" (VEIGA, 1988, p. 278).

É ainda Gláucio Veiga (1980, p. 256-257) que lembra que ao final de 1829 um estudante foi aos jornais acusar Moura Magalhães e Autran de propagarem ideias subversivas e que, para ser aprovado, o aluno deveria tornar-se

> um papagueador, e entusiasta da demagogia, que não fale, senão em Rousseau, Helvecio, La Mettrie, e nos Direitos inalienáveis do homem, na regeneração do gênero humano, na injustiça da escravidão, nos horrores do Despotismo, e nas fogueiras do Santo Ofício, na inutilidade dos Padres, na tirania dos Reis, e de vez em quando suas rajadas a favor dos Pasquins e sua torquezada contra as Autoridades da Província ("Sr. Redactor", **O Amigo do Povo**, Recife, 21 de novembro de 1829, p. 113).

Em sua resposta[528], Moura Magalhães tratou de refutar tais imputações e chegou mesmo a dizer que "a respeito da escravidão falei contra ela, e falarei sempre", no que Gláucio Veiga visualiza um abolicionismo pioneiro (VEIGA, 1980, p. 257). Mesmo assim, era possuidor de escravos[529].

Em suas aulas utilizava o compêndio **De Jure Naturae Positiones** de Karl Anton von Martini, atualizado por José Fernandes Álvares Fortuna, enquanto preparava um manual próprio (RIBEIRO, 1829b) (que, como vimos, só foi publicado postumamente).

---

[528] Cf. "Correspondencias", **Diario de Pernambuco**, Recife, 25 de novembro de 1829, n. 255, p. 1019-1021.
[529] Cf. "Noticias Maritimas – Entradas", **Diario de Pernambuco**, Recife, 31 de março de 1830, n. 349, p. 1404.

### 4.1.8. João Capistrano Bandeira de Mello (1811-1881)[530]: entre 1835 e 1858

Nasceu em Sobral, Ceará, em 1811, filho de Jerônimo José Figueira de Mello e de Maria do Livramento Figueira. Era irmão mais velho do conselheiro Jerônimo Martiniano Figueira de Mello. Formou-se no curso jurídico de Olinda em 1833 e obteve prêmios em quatro anos seguidos (do 2º ao 5º) por seu alto desempenho nos estudos. Obteve seu doutoramento em 1834, ano em que prestou concurso para lente substituto e obteve o 1º lugar[531], tomando posse no ano seguinte como catedrático de Direito Natural. Em 1858 foi transferido para a cadeira de Direito Comercial a pedido e em 1861 obteve sua jubilação. Por vezes foi diretor interino do curso.

Pouco antes de ingressar no corpo docente foi auditor de guerra do Recife e foi nomeado juiz de direito na comarca de Icó, no Ceará, o que declinou em função da vaga de lente substituto em Olinda. A partir de 1861 passou a membro do Conselho Naval. Era comendador da Ordem da Rosa e obteve o título de conselheiro pelos serviços prestados junto à FDR. Casou-se com Umbelina Fernandes de Barros, com quem teve três filhos e uma filha, dentre eles João Capistrano Bandeira de Mello Filho, também lente da faculdade. Faleceu no Rio de Janeiro em 1881.

Além de advogado, teve larga carreira política: foi deputado geral pelo Ceará em 1838-1840, 1850-1852, 1853-1856, 1861-1863, 1871-1872 e 1872-1875. Nesta posição, votou a favor da Lei do Ventre Livre em 1871. Foi presidente das Províncias de Alagoas (1848-1849), Paraíba (1853--1854) e Minas Gerais (1877-1878).

Sua obra não contempla nenhuma produção jurídica de monta, apenas relatórios oficiais, a memória-histórica de 1860 (MELLO, 1861), suas teses e dissertações para o doutoramento e concurso, e livros de poesia: **Poesias** (1867, 2ª edição em 1875), **Jocelyn e Laura** (1875), **Um episódio** (1876), **A transviada** (1878), **Rodolfo** (1879) e **O túmulo** (1879), **À Camões** (1880) e **A vida e o amor** (1881, póstumo[532]). Além disso, também colaborou na imprensa.

---

[530] Cf. BLAKE, 1900, v. 3, p. 382-383; STUDART, 1910, v. 1, p. 417-420; BEVILÁQUA, 2012, p. 58; e VEIGA, 1981, p. 289-290.

[531] Ele ficou à frente de Francisco de Paula Batista, Francisco Joaquim das Chagas, José Bento da Cunha Figueiredo, Lourenço Trigo de Loureiro (BEVILÁQUA, 2012, p. 54).

[532] Em **Parnaso Brazileiro**, organizado por Mello Moraes Filho em 1885, v. 2, p. 183-185.

Pouco se sabe sobre sua passagem pela FDR. Em 1843 ele propôs à Congregação que lecionasse apenas na 1ª cadeira do 2º ano, da qual era o catedrático, deixando de revezar com o lente da 1ª cadeira do 1º ano; tal iniciativa, contudo, foi rechaçada pelos demais lentes[533]. Em relatório do ano seguinte, dizia o diretor: "o Dr. João Capistrano Bandeira de Mello tem distinto talento, instrução e boa moral e serviu assídua e utilmente, até que, há perto de três anos, passou para o Recife, onde se ocupa nos negócios do foro" (BEVILÁQUA, 2012, p. 86). Não redigiu nenhum compêndio sobre Direito Natural e provavelmente seguiu a direção que Autran imprimiu à disciplina – isto é, os manuais de Zeiller e do próprio Autran.

### 4.1.9. Braz Florentino Henriques de Souza (1825-1870)[534]: entre 1858 e 1861

Nascido na Paraíba, filho de Francisco José de Souza e Anna de Mello Muniz, decidiu-se primeiro pela carreira eclesiástica, mas mudou de ideia e graduou-se na Academia de Olinda em 1850[535]. Obteve seu doutoramento na mesma instituição em 1851 e passou a lente substituto (sem concurso[536]) em 1855. Em 1858 assumiu a cadeira de Direito Natural e nela permaneceu até 1861, quando foi transferido a pedido para a cadeira de Direito Civil (1ª cadeira do 3º ano). Permaneceu lecionando-a até 1870, quando faleceu (em dificuldade financeira)[537]. Foi casado com Custódia Carlota Augusta de Sousa e era irmão de Tarquínio Bráulio de Souza Amarante e José Soriano de Souza, também lentes da FDR.

Além de docente, foi membro e diretor do Conselho Diretor da Instrução Pública de Pernambuco, cavaleiro da Ordem de Cristo e sócio fundador do Instituto Histórico e Geográfico Pernambucano. Colaborou ativamente na imprensa pernambucana, desde os tempos acadêmicos

---

[533] Cf. **Atas da Congregação** da FDR de 2 e 6 de março de 1843.
[534] Cf. BLAKE, 1883, v. 1, p. 426-428; FERRER, 1905; BEVILÁQUA, 2012, p. 470-480; VEIGA, 1993, p. 95-141; e ROBERTO, 2016, p. 102-112.
[535] Nos tempos de estudante é provável que tenha participado da *Tugendbund*, sociedade secreta dos acadêmicos de Olinda e depois Recife. É dele o relato do ritual de iniciação registrado por Phaelante da Câmara (CAMARA, 1906, p. 30-33).
[536] Nomeado, segundo Clóvis Beviláqua (2012, p. 470), por indicação de Nabuco de Araújo.
[537] Cf. AGUIAR, 1871, p. 2.

na **União** (órgão do Partido Conservador)[538], até depois de formado, por exemplo no **Diario de Pernambuco** (que redigiu entre 1850 e 1855), e o jornal católico **A Esperança** (1865-1867). Também participou da política, sendo presidente da Província do Maranhão (1869-1870).

Foi dos poucos lentes cuja obra é considerável, em quantidade e qualidade[539]: publicou anotações ao Código Criminal (1858), ao Código do Processo Criminal (1859) e ao Código Comercial (1856). Além de discursos[540] e suas teses e dissertação para doutoramento (SOUZA, 1851), também publicou lições de direito criminal[541] – **Da reincidencia** (1858), **Do delito e do delinquente** (1860) e **Dos responsaveis nos crimes de liberdade de exprimir os pensamentos** (1866), posteriormente reunidas em **Licções de Direito Criminal** (1872, obra póstuma organizada por seu filho B. A. Henriques de Souza)[542]; livros que tangenciavam assuntos religiosos – **O casamento civil e o casamento religioso** (1859)[543] e **Flor Academica offerecida á Virgem do Bom-Conselho** (1868); um livro sobre assunto comercial – **O commercio a retalho** (1854); e livros afeitos ao direito público – **Do Poder Moderador**: Ensaio de Direito constitucional contendo a analyse do Titulo V, Cap. I da Constituição Política do Brazil (1864), sua obra mais famosa[544], e **Estudo sobre o Recurso á Coroa**:

---

[538] É deste período que deve ter surgido sua amizade com Nabuco de Araújo, que dirigia a **União** em 1848, quando Braz era segundanista (VEIGA, 1984, p. 241, nota 29).

[539] Para uma análise de sua obra, cf. BEVILÁQUA, 2012, p. 471-478. Seus trabalhos tiveram repercussão no foro, vez que eram citados em artigos de doutrina e na jurisprudência da revista **O Direito**, mesmo após seu falecimento.

[540] Por exemplo, **Discurso pronunciado por occasião de entrar no exercicio da cadeira de direito criminal da faculdade do Recife** (1855), entre outros.

[541] Para a posição de Braz Florentino na área de Direito Criminal, cf. VEIGA, 1993, p. 134-139.

[542] Este livro reúne alguns dos trabalhos que o lente publicou em vida e outros ainda inéditos, cf. SOUZA, 2003, p. XIII-XIV.

[543] Para a posição de Braz Florentino sobre o casamento civil, cf. VEIGA, 1993, p. 96-120 e 139-141. Pouco depois o jurista húngaro Carlos Kornis de Totvárad reagiu às ideias de Braz e outros sobre este tema (cf. VEIGA, 1993, p. 197-207) – ver, em especial, TOTVÁRAD, 1860.

[544] Braz Florentino a publicou para contrapor-se às ideias de Zacharias de Góes e Vasconcellos em **Da Natureza e Limites do Poder Moderador** (1860, 2ª edição em 1862) (BEVILÁQUA, 2012, p. 466 e 476). Segundo Clóvis Beviláqua: "O livro é oferecido a Pedro II. Conta-se que o Visconde de Bom Retiro estava a ler a lista dos lentes, que, por motivo da reforma das faculdades de Direito, deviam ser nomeados sem concurso (1855) e o imperador interrompera o ministro, perguntando: — E o Brás? — Está na lista, mais abaixo, assegurou o visconde. O oferecimento do livro, que trata das prerrogativas especiais do monarca, deve ser interpretado

a propósito de Projeto de lei approvado pela Camara dos Deputados, na sessão de 1866, revogando o art. 2º do Decreto nº 1911 de 28 e março de 1857 (1866)[545]. Além disso, realizou traduções das obras **Da abolição da escravidão**, de Gustave de Molinari (1854) e **Tratado dos dous preceitos da caridade e dos dez mandamentos da Lei**, de S. Tomás de Aquino (1858, 2ª edição em 1876).

Já como lente de Direito Civil foi nomeado para a Comissão encarregada de rever o Projeto de Código Civil Brasileiro de Teixeira de Freitas[546]. Disso decorreu um parecer (SOUZA, 1865) que, segundo Beviláqua, "é o exame dos 20 primeiros artigos do **Esboço**, feito com elevado senso jurídico. Teixeira de Freitas não lhe aceitou as observações, mas reputou-o doutíssimo" (BEVILÁQUA, 2012, p. 478).

Enquanto professor, avalia Clóvis Beviláqua que ele "foi uma grande figura nos fastos da Faculdade de Direito do Recife", pois

> perlustrou quase todos os domínios da ciência do Direito, sempre de modo distinto. Se as suas obras envelheceram mais depressa do que as do seu eminente colega [Paula Baptista], deve-se, principalmente, ao seu apego às ideias conservadoras em política e em religião, as quais lhe impunham, de ordinário, esforço contrário à evolução cultural da sociedade (BEVILÁQUA, 2012, p. 479-480).

Com efeito, o fato de ter trocado o seminário pelo curso jurídico na juventude não lhe impediu de continuar professando um catolicismo rigoroso, fazendo jus ao título de ultramontano que lhe atribuíam. Na opinião de Gláucio Veiga, Braz representava, ao lado de Pedro Autran e, posteriormente, José Soriano de Souza, a posição escolástica mais conservadora (VEIGA, 1982, p. 130-131); também partilhavam dessas ideias na FDR Manuel Mendes da Cunha Azevedo e Tarquínio Bráulio de

---

como um movimento de gratidão e como a demonstração de que o imperante não errara, considerando-o em condições de professar em uma das faculdades do país" (BEVILÁQUA, 2012, p. 477). Para a posição de Braz Florentino sobre o Poder Moderador, cf. VEIGA, 1993, p. 233-240. Vale destacar também a obra **Ensaio sobre o direito administrativo**, do Visconde do Uruguai, que também trata do tema do Poder Moderador.

[545] Para a posição de Braz Florentino sobre o Recurso à Coroa, cf. VEIGA, 1993, p. 120-134.

[546] Compuseram a comissão Caetano Alberto Soares, Joaquim Marcellino de Brito, Jerônimo Martiniano Figueira de Mello, Antônio Joaquim Ribas, Francisco José Furtado, Braz Florentino Henriques de Souza e José Carlos de Almeida Arêas.

Souza Amaranto. Daí a utilização por Braz dos livros de Taparelli, Ventura, Donoso Cortés e De Maistre, entre outros.

Aprígio Guimarães, que como veremos professava doutrinas liberais, não deixou que suas diferenças o impedissem de render homenagem ao colega quando de seu falecimento: "nossa luta havia de ser perpétua. Nunca, porém, desconheci no ilustre adversário a grande aptidão intelectual, a assombrosa tenacidade do estudo, a grande riqueza d'ilustração" (GUIMARÃES, 1872, p. 243).

Contudo, sua presença não era festejada por todos os colegas, como vemos de uma carta de Paula Baptista dirigida ao Visconde de Camaragibe:

> O Braz não tem gênio para viver em corpos coletivos: nunca vi uma alma tão pequenina como a deste homem. Intrigante, orgulhoso sem igual, a ponto de Lammenais e de Felice serem umas bestas para ele, vingativo, inimigo de todo merecimento alheio, pretencioso, eis a pequena cascavel, que nos há de dar que fazer (VEIGA, 1993, p. 59).

Também Tobias Barreto não lhe fazia melhor juízo e não escapou à sua crítica:

> O Dr. Braz era um homem convencido e sincero em suas convicções. Mas aborrecia o progresso e comprazia-se nas sombras. Escrevendo ou falando, na imprensa ou na cadeira, que honradamente exercia, alguma cousa o incomodava: como que uma réstea de sol invisível vinha sempre bater-lhe na fronte. Era o ideal dos tempos modernos, que ele não compreendia, nem julgava possível que alguém compreendesse.
>
> O erudito lente da Faculdade de Direito do Recife não podia ser o que se chama um escritor. Tinha a fibra literária pouco sensível, para render culto aos segredos e belezas da arte de escrever. Seus trabalhos não se recomendam por nenhum dos caracteres que têm as obras duradouras. Todos eles são hoje quase ilegíveis (...)" (BARRETO, 1892, p. 409).

Braz Florentino lecionou Direito Natural[547] na condição de catedrático em 1858 e 1860 – neste ano utilizou o compêndio de Vicente Ferrer

---

[547] Em 1857, um ano antes de assumir a cadeira de Direito Natural, propôs junto com o lente José Antônio de Figueiredo que se alterasse o regime do ensino das matérias da 1ª cadeira do

(MELLO, 1861, p. 11), que já havia sido adotado em 1859 por José Antônio de Figueiredo.

No mais, vale ressaltar sua posição acerca da escravidão – para tanto, devemos recorrer à substanciosa introdução que o lente escreveu em sua tradução da obra de Gustave de Molinari, **Da abolição da escravidão**, publicada em 1854. Seu objetivo com este opúsculo era divulgar a causa abolicionista para que, talvez, a opinião pública mudasse seu posicionamento, como ocorrera na Inglaterra. Na introdução, Braz toma uma posição assumidamente emancipacionista, para não dizer abolicionista[548]: "a escravidão doméstica e legal, bem como existe entre nós, é o maior e mais desastroso obstáculo que se pode opor a produção e crescimento da riqueza pública, à prosperidade e moralização do país: o trabalho do escravo é de todos o mais **caro**, tanto para o senhor como para a humanidade (SOUZA, 1854, p. XI, grifo no original)". Nesta esteira, ele considera ao trabalho escravo o grande responsável pelo atraso na produção de riqueza no Brasil, tanto do ponto de vista da agricultura, quanto da indústria. Além disso, ele denuncia os efeitos perniciosos da escravidão do ponto de vista físico, industrial, intelectual e moral[549]. Por fim, ele apresenta argumentos de cunho econômico (apoiado em C. Comte e Say) para demonstrar que, por um lado, o trabalho escravo era o mais dispendioso para o senhor (empregador) e, por outro, era o que menos retorno lhe daria (era menos lucrativo).

No mais, vale ressaltar que Braz também se posicionou sobre a escravidão em seu doutoramento em 1851 – um caso muito raro, já que o tema dificilmente aparecia nas defesas de teses ou nas dissertações apresentadas à FDR em doutoramentos ou concursos[550]. Na ocasião, ele defendeu as seguintes teses em Economia Política:

> (...) II. A escravidão doméstica é o maior e mais desastrado obstáculo, que se pode opor à produção e crescimento das riquezas: o trabalho do escravo é sempre mais caro, tanto para o senhor, como para a humanidade.

1º ano e 1ª cadeira do 2º ano: no 1º ano ensinar-se-ia Direito Natural, das Gentes e Diplomacia e no 2º ano, Direito Público Universal e Análise da Constituição; tal proposta, contudo, não foi adiante (BEVILÁQUA, 2012, p. 133-134).
[548] Cf. NABUCO, 1899, t. 3, p. 25, nota 4.
[549] Esta argumentação também está presente, ainda que em menor escala, em sua obra **O commercio a retalho**, também publicado em 1854.
[550] Cf. FACULDADE DE DIREITO DO RECIFE, 1882.

III. Ela exerce a mais perniciosa influência sobre a justa distribuição das mesmas riquezas (SOUZA, 1851, p. 6).

O fato curioso é que em Direito Natural ele defendeu teses favoráveis à propriedade:

I. A propriedade é de Direito Natural.
II. Mas o atual sistema de propriedade privada exige modificações, que previnam os seus funestos efeitos, e o tornem mais conforme ao Direito Natural (...) (SOUZA, 1851, p. 3).

### 4.1.10. João Silveira de Souza (1824-1906)[551]: 1861 e 1890

Nascido em 1824 em Desterro (atual Florianópolis), Santa Catarina, era filho de João Silveira de Souza e Anna Casimira da Veiga e Silveira. Formou-se na Faculdade de Direito de São Paulo em 1849 e passou a lente substituto em Recife em 1855 (sem concurso), mesmo ano em que obteve seu doutoramento. Foi promovido a lente catedrático de Direito Natural em 1861, por ocasião da transferência de cadeira de Braz Florentino. Nela permaneceu até sua jubilação[552] em 1890. Assumiu a diretoria da FDR em diversos momentos e foi diretor efetivo entre 1889-1890. Faleceu em 1906.

Em 1850 foi procurador fiscal de Santa Catarina, depois exerceu a advocacia antes de se mudar para Pernambuco em 1851. Em 1852 foi oficial-maior do Tribunal do Comércio de Pernambuco e posteriormente secretário do Governo do Pará (1853-1855). Foi inspetor da Alfândega do Rio de Janeiro e dirigiu o Banco Franco-Brasileiro entre 1889-1896. Foi comendador da Ordem de Cristo e obteve o título de Conselheiro em função dos anos de docência. Casou-se com Eugênia Amorim do Vale, filha de Severo Amorim do Vale.

Participou da política, representando Santa Catarina na Câmara dos Deputados entre 1864-1866, 1867-1868 e 1878-1881; foi eleito para a

---

[551] Cf. BLAKE, 1898, v. 4, p. 52-53; NOGUEIRA, 1907, v. 1, p. 116-119; BEVILÁQUA, 2012, p. 482-487 e 638; REDACÇÃO, 1904; e MEMÓRIA POLÍTICA DE SANTA CATARINA. **Biografia João Silveira de Sousa**. 2020. Disponível em: http://memoriapolitica.alesc.sc.gov.br/biografia/939-Joao_Silveira_de_Sousa. Acesso em: 28 de set. de 2021.

[552] Mesmo tendo completado 25 anos de serviço, cf. "Faculdade de Direito do Recife", **Gazeta Jurídica**, anno XI, v. XXXVII, p. 474, abr./jun. 1887.

21ª legislatura (1890-1891), mas com a Proclamação da República ela não chegou a ser instalada. Foi presidente da Província do Ceará (1857-1859), Maranhão (1859-1861), Pernambuco (1862-1865) e Pará (1884-1885); chegou a ser nomeado para presidir a província da Bahia (1867), mas recusou. Ainda, foi Ministro dos Negócios Estrangeiros em 1868 no gabinete Zacarias (1866).

João Silveira de Souza advogou[553] no Recife e colaborou na imprensa (**Diario de Pernambuco, União, Publicador Maranhense, O Liberal**, etc.). Sua obra contempla: **Minhas canções**: poesias (1849)[554], **Reforma eleitoral** (1862, reprodução de seus artigos publicados no **Diario de Pernambuco**), a memória histórica de 1866 (SOUZA, 1867), **Prelecções de direito publico universal sobre o compendio do Sr. Conselheiro Autran** (1871, 2ª edição em 1882)[555], **Licções de direito natural sobre o compendio do Sr. Conselheiro Autran** (1880) e **Licções elementares de direito das gentes sobre o compendio do Sr. Conselheiro Autran** (1889) e diversos relatórios oficiais como Presidente de Província e Ministro de Estado.

Clóvis Beviláqua foi seu aluno em 1878 e nos relata que suas aulas eram monótonas, pois lia em voz alta as lições[556]:

> Lidas, realmente, as lições eram apreciáveis, porque, em boa linguagem, forneciam as noções correntes sobre a matéria ensinada. Nas lições de Direito

---

[553] Cf. "Revista civel n. 9927", **Gazeta Juridica**, anno V, v. XV, p. 82-99, abr./jun. 1877.

[554] Para um poema bestialógico de Silveira de Souza, possivelmente composto ainda em tempos de estudante, cf. NOGUEIRA, 1908, v. 3, p. 20; já no final da vida continuava a escrever poesias, cf. "Amor reprovado", em **Cultura acadêmica** (1904, p. 185-187) (BEVILÁQUA, 2012, p. 483). Para uma bela produção poética de sua autoria quando estudante em São Paulo, cf. VALLE, 1881, p. 125.

[555] O Governo mandou ouvir a opinião da Congregação da FDSP sobre a obra (Aviso de 21 de junho de 1872). A comissão, composta por João Theodoro de Xavier e Leôncio de Carvalho, emitiu seu parecer dizendo que "não servindo de compêndio, porém como auxiliar muito interessante ao estudo e aperfeiçoamento da ciência, devia ser essa obra adotada" (RODRIGUES, 1873, p. 7).

[556] A ponto de um estudante, em 1876, preferir ler um jornal durante a aula em vez de ouvir a preleção do lente (BEVILÁQUA, 2012, p. 483-484). O hábito de ler acompanhou Silveira de Souza durante toda sua vida docente, pois em 1890 o lente J. J. Seabra, que fora seu aluno em 1873, também dizia que ele lia nas disciplinas do 1º ano ("Faculdade de Direito – Ao publico e ao governo dos Estados Unidos do Brazil", **A Provincia**, Recife, 6 de abril de 1890, p. 2).

natural e de Direito público universal, podemos dizer que as ideias de Silveira de Sousa representavam a transição entre as doutrinas clássicas do racionalismo e as novas correntes que iam empregando os melhores espíritos.

Aqui e ali, se sente que ao professor não eram estranhos os desenvolvimentos da ciência, da filosofia e do Direito nas altas esferas do pensamento. Mas não podia alijar a sua bagagem trazida da ciência velha (BEVILÁQUA, 2012, p. 484).

Ainda segundo Beviláqua, era Silveira de Souza liberal e defendia o direito de revolução e da liberdade de culto e de imprensa, entre outros temas. Como o título de suas obras jurídicas indica, era um discípulo de Pedro Autran e utilizava seu compêndio de Direito Natural nas aulas até que sobreveio sua própria obra em 1880.

## 4.2. Os compêndios

### 4.2.1. *De Jure Naturae Positiones* (1815), de Karl Anton von Martini, atualizado por José Fernandes Álvares Fortuna

O compêndio de Fortuna, de que já tratamos anteriormente[557], foi adotado no início do curso jurídico de Olinda[558]. Sabemos disso porque em 1829 a Congregação manifestou-se sobre o compêndio de Avellar Brotero, não aceitando-o, segundo Clóvis Beviláqua, pois, dentre outros motivos, os estudantes iam se remediando com o compêndio de Fortuna e João José de Moura Magalhães (lente da cadeira do primeiro ano) trabalhava em fazer o seu compêndio (BEVILÁQUA, 2012, p. 45).

Ao analisar a obra, verificamos que o autor não aborda a escravidão de forma direta. Não obstante, ele se posiciona a favor da liberdade, e, portanto, contra o regime servil. Tais ideias foram a princípio complementadas pelos ensinamentos de Moura Magalhães, que lecionou Direito Natural em Olinda até 1834 e cujo compêndio foi publicado postumamente. O compêndio de Fortuna também dividiu espaço com o de Francisco Nobre Zeiller, preferido por Pedro Autran e cuja tradução ele publicou em 1832.

---

[557] Ver item 3.2.3.
[558] Contudo, não consta do catálogo da biblioteca da FDR (FACULDADE DE DIREITO DO RECIFE, 1860 e 1896).

## 4.2.2. *Synopse do Direito Natural* (1860), de João José de Moura Magalhães

A **Synopse do Direito Natural** foi publicada na Bahia em 1860 e traz em seu frontispício a data de 1831; desconhecemos os motivos que levaram Moura Magalhães a não publicar o compêndio, o que foi feito por seu filho após sua morte. Na visão de Gláucio Veiga, a obra de Magalhães pecava pela ausência de originalidade e "não passava de repositório desenxabido de normas religiosas e morais" (VEIGA, 1988, p. 91). A argumentação contra a escravidão do autor, que veremos abaixo, mostra o contrário.

Ao todo, a obra possui 157 parágrafos. Como era de praxe, iniciava-se pela definição de Direito Natural: "o complexo daquelas Leis, prescritas pela Natureza ao homem, para por meio delas dirigir as suas ações, conservar-se, aperfeiçoar-se, e obter o fim último da sua criação" (MAGALHÃES, 1860, p. 3).

Moura Magalhães enfrenta abertamente o tema da escravidão e, assim como Avellar Brotero em São Paulo, afirma categoricamente que a escravidão é contrária às leis naturais. O tema surge ao discutir os diversos tipos de sociedade: conjugal, parental e, por fim, senhoril. Essa última se estabelecia entre senhor e criado (de direito, permitida pelas leis) ou entre senhor e escravo (de fato, "somente admitida pela prepotência, ambição, e caprichos do homem"[559]). Com efeito, na visão do autor, a escravidão era contrária às leis naturais (§ 147º), à moral e aos bons costumes (§ 148º)[560], e aos interesses da sociedade civil (§ 149º)[561]. Vejamos como ele se posiciona em relação à contraposição entre escravidão e direito natural:

> (...) A escravidão despoja o homem da sua liberdade, dom o mais precioso, que recebeu das mãos da Natureza, e sem a qual não pode preencher os altos fins, para que é destinado. A liberdade do homem anda a par da sua existência, são cousas inseparáveis, e tentar contra uma é seguramente tentar contra a outra. É impossível, que o homem, sem liberdade, possa existir com segurança, e sem esta debalde trabalhará em procura da felicidade. Concluamos pois, que a liberdade é tão necessária ao homem para a sua subsistência moral,

---

[559] Cf. MAGALHÃES, 1860, p. 83.
[560] Cf. MAGALHÃES, 1860, p. 87-89.
[561] Cf. MAGALHÃES, 1860, p. 89-92.

como o ar, que respira se torna absolutamente indispensável para manter a harmonia das suas funções animais. Aqueles que querem justificar a escravidão doméstica fundam-se em falsos princípios, que importa combater. O contrato, que alguns presumem, possa existir entre o senhor e o escravo, é ilícito, e reprovado pela Lei Natural, porque somente fazem objeto de contrato aquelas cousas, de que nós podemos dispor; mas a liberdade entra no número dos direitos conatos do homem[562], cuja natureza é tal, que ele não os pode renunciar, ou dispor deles sem perder a qualidade de homem, por isso que estão identificados com a sua mesma essência, logo ainda que o homem queira de boa vontade renunciar a sua liberdade por tornar-se escravo, não o pode fazer; e nem se diga – *volenti non fit injuria* – porque esta regra somente se pode verificar acerca daquelas cousas de que podemos livremente dispor. Além disto se houvesse um homem, que de bom grado quisesse dispor da sua liberdade para constituir-se escravo, este homem era um louco, mas a loucura, como diz Rousseau, não constitui direito. Por tanto estas palavras, direito e escravidão, são contraditórias, e se excluem mutuamente[563]. O mesmo devemos dizer acerca do comércio; porque só pode consistir sobre cousas susceptíveis de alienação; mas a liberdade é inalienável; logo por meio dele não pode constituir-se a escravidão. Todas as Nações têm sentido a força deste raciocínio, e de comum acordo têm trabalhado para banir inteiramente o horroroso tráfico de carne humana – *Non bene pro toto libertas venditur auro* – disse muito bem Horácio. O nascimento não pode igualmente autorizar a escravidão. A regra do D[ireito] Rom[ano] *partus sequitur ventrem* – é manifestamente insensata, ainda mesmo quando por hipótese admitíssemos a escravidão da mãe, menos que se não suponha o grosseiro absurdo de que a escravidão é uma espécie de pecado original, que se transmite de pais a filhos. O tanto devemos pensar acerca do direito da guerra pelo qual jamais se poderá legitimar a escravidão. (...) Assim as Nações modernas, mais bem ilustradas sobre esta matéria consideram os prisioneiros de guerra, como uma espécie de detenção para diminuir as forças do inimigo, cambiá-los por outros, enviá-los debaixo de palavra de honra, resgatá-los, ou finalmente fazer entrega deles depois da paz. Isto posto, já se vê, que não havendo direito de tirar a vida ao prisioneiro de guerra, não pode haver o direito de escravizá-lo.

---

[562] Cf. MAGALHÃES, 1860, p. 15-18.
[563] Ele retirou esta frase de **Du Contrat Social** (1762), de Jean-Jacques Rousseau: "Ces mots, esclavage et droit, sont contradictoires; ils s'excluent mutuellement".

Concluamos pois, que não há fundamento algum, que autorize a escravidão, e por conseguinte, que ela é oposta às Leis Naturais (MAGALHÃES, 1860 p. 84-87).

Como se pode ver, Moura Magalhães defendia ideias "avançadas" na cátedra. Ao combater a ilegalidade da escravidão nas suas fontes (contrato, comércio, nascimento e guerra), o lente de Direito Natural ia de encontro à argumentação utilizada pelos defensores do modo de produção escravista. A influência da posição de Moura Magalhães, contudo, foi pouco sentida, vez que já em 1834 ele foi demitido do curso jurídico de Olinda. Seu sucessor, João Capistrano Bandeira de Mello, não deixou obra escrita e deve ter utilizado o livro de Francisco Nobre Zeiller, traduzido por Pedro Autran.

### 4.2.3. *Direito Natural Privado* (1802), de Francisco Nobre Zeiller

O livro **Direito Natural Privado** de Francisco Nobre Zeiller foi traduzido em 1832 (com 2ª edição em 1840[564]) por Pedro Autran da Matta e Albuquerque para servir de compêndio à 1ª cadeira do 1º ano. No mesmo ano foi aprovado pela Congregação de Olinda (BEVILÁQUA, 2012, p. 48 e 449) e em 1835 a obra foi adotada como compêndio oficial de Direito Natural (GAMA, 1835a), permanecendo nesta posição até 1848, quando vieram a lume os **Elementos de Direito Natural Privado** do próprio Pedro Autran.

Franz von Zeiller (1751-1828)[565] estudou na Faculdade de Direito de Viena, onde travou contato com Karl Anton von Martini, tornando-se seu discípulo. Ambos são considerados importantes juristas do despotismo esclarecido austríaco. Posteriormente ele sucedeu a Martini e passou a ensinar Direito Natural, Instituições de Direito Civil Romano e Direito Penal em Viena, onde também foi reitor da Universidade. Zeiller é considerado o principal autor do Código Civil Austríaco de 1811 e é dele também o primeiro comentário a este diploma legal, publicado entre 1812 e 1813 (**Commentar über das allgem. bürgerliche Gesetzbuch für die gesammten deutschen Erbländer der österreichischen Monarchie**).

---

[564] Iremos utilizar esta edição por não conseguirmos localizar a publicada em 1832.
[565] Sobre ele, cf. WURZBACH, 1890; WIEACKER, 2015, p. 382-383; OBERKOFLER, 1987; KOHL, 2001; e DOLEMEYER, 2009.

Aqui nos interessa sua obra **Das natürliche Privatrecht** [**O direito natural privado**] (1802, reeditado em 1808, 1819 e 1835), que foi traduzida para o latim, italiano e português.

A tradução de Pedro Autran manteve-se fiel à obra em alemão de Zeiller, tendo ele provavelmente baseando-se nas traduções feitas para o italiano (1818, 1826 e 1830[566], por Giuseppe Carozzi[567]) e para o latim (1816, por Franz Ritter von Egger).

Logo de início Zeiller aponta que o objeto do Direito Natural (§ 1º) é "indagar na **natureza**, i. e. na própria consciência do homem esse sinal [discernir o justo do injusto], ou o conceito supremo do direito, e daí declarar os princípios gerais, e destes cada um dos direitos e deveres jurídicos, que competem aos homens em suas diversas relações" (ZEILLER, 1840, p. 5-6, grifo no original).

O homem possui as características da sensibilidade, racionalidade e liberdade e, por existirem em causa própria (são fins em si mesmo), são chamados **pessoas** (e não coisas) (§ 2º) (ZEILLER, 1840, p. 6). Nesta esteira, o **princípio primário** do direito natural era assim formulado (§ 4º): "são justas todas as ações que não repugnam à noção do estado social de entes igualmente livres em suas ações externas, e pelo contrário são injustas, ou lesões de direito, todas as ações opostas à estas" (ZEILLER, 1840, p. 6).

O Direito Natural dividia-se em social (direito da família e da sociedade) e extrassocial (direito de cada um dos homens, das famílias, e das nações entre si) (ZEILLER, 1840, p. 22). Em relação ao direito privado extrassocial (§ 39º), há que se reconhecer a existência de direitos inatos (imediatos, originários, absolutos ou direitos do gênero humano), "que nos competem só por natureza, como a entes sensíveis e racionais, que vivemos sobre a terra, sem intervenção de algum ato de aquisição (...)" (ZEILLER, 1840, p. 50). Estes se contrapunham aos direitos adquiridos (mediatos, derivados, hipotéticos), que apenas "podemos alcançar por um ato de aquisição propriamente tal" (ZEILLER, 1840, p. 51).

Posto que todos os direitos devem estar unidos entre si, eles derivam do que o autor chama de **direito primitivo** (§ 40º), isto é, o direito

---

[566] A biblioteca da FDR possuía em 1860 a edição em italiano de 1830, cf. FACULDADE DE DIREITO DO RECIFE, 1860, p. 5 e 1896, p. 417.
[567] Cf. VILLATA, 2015.

de **personalidade**, de **liberdade legítima**, e de **igualdade legítima** (ZEILLER, 1840, p. 51, grifos no original)[568]. No tocante aos direitos inatos **materiais** (que dizem respeito à própria pessoa de cada homem)[569] (§ 42), Zeiller aponta que o primeiro é o **direito de independência**, i. e., "o direito de conservar a própria pessoa **imune** de todo o arbítrio externo coativo" (ZEILLER, 1840, p. 54, grifo no original)[570]. Do direito primitivo e de independência decorreriam outros concernentes à alma e ao corpo (§ 43) (ZEILLER, 1840, p. 54-56). Há ainda que se destacar também a igualdade originária entre todos os homens (§ 50) (ZEILLER, 1840, p. 64-66).

Em relação às lesões aos direitos inatos (§ 51), Zeiller diz que em primeiro lugar está "a restrição (injusta) da livre disposição da **própria pessoa** de cada um (...), e especialmente da **independência** pela usurpação do império temporário, ou durável, pelo plágio, rapto, tratamento servil, encarceramento injusto etc." (ZEILLER, 1840, p. 66, grifos no original). Portanto, para o autor, a escravidão seria contrária à própria essência dos direitos inatos.

Mais adiante, ao tratar da ocupação e seus efeitos (§ 56), o autor afirma que pessoas não são passíveis de aquisição, mas "só em tanto, enquanto nela se acha alguma cousa, que se possa alienar" (ZEILLER, 1840, p. 71)[571] e à frente ele afirma que o homem não pode ser objeto de ocupação (§ 69): "este na verdade é por natureza **dono** de si mesmo, mas em sentido restrito (...) de nenhuma sorte é **proprietário** de si: com que razão outrem, e só por sua vontade, se tornará proprietário dele?" (ZEILLER, 1840, p. 85, grifos no original). E em nota ele explica:

---

[568] Tal direito primitivo não se pode perder ou alienar (§ 49): "certamente este direito tem o seu fundamento na essência do homem, em virtude da qual ele é pessoa, e não coisa; é pois tão necessário e imudável [sic], como aquela" (ZEILLER, 1840, p. 62).
[569] Os direitos materiais têm por objeto a pessoa (própria ou de outrem) ou as coisas, daí serem direitos de pessoas ou de coisas (§ 41) (ZEILLER, 1840, p. 53).
[570] E, por isso, "a nenhum homem, tão somente como **homem**, pode competir faculdade de constranger a outrem, conforme o que lhe aprouver, à ações ou omissões, que lhe são permitidas pela lei jurídica" (ZEILLER, 1840, p. 54, grifo no original).
[571] Ou seja, "suas forças, (a causalidade) e as várias ações externas por elas [pessoas] possíveis (as comissões e omissões) segundo os fins dos outros homens, porque nas mesmas as representam meras cousas" (ZEILLER, 1840, p. 71).

Esta é uma verdade jurídica, que pela sua evidência imediata faz quase pejo admitir em um compêndio de doutrina, e que todavia entre nações, que professavam às claras os direitos da humanidade, era posta em questão, não há muito tempo, nos discursos públicos, e por fatos, que ofendem o sentimento do justo. Mas que tese jurídica não se poderá impugnar, que injustiça não se poderá de algum modo colocar, enquanto o direito for pesado na balança da utilidade, e a ciência do direito dosposta [sic] à política sumamente louvada? Mais brevemente ainda resolve-se a questão, se se nega o caráter de natureza humana àquelas espécies de homens, cujas cabeças são conformadas diferentemente, ou que têm outra cor, ou que são imberbes, e não frequentam igrejas (V. **Hom**. Ensaio sobre a história do homem, p[arte] 2, p. 32) (ZEILLER, 1840, p. 86).

No mais, o trabalho servil reaparece quando Zeiller trata dos pactos em espécie, mais especificamente da locação de obras (§ 135), quando afirma que "o pacto, pelo qual o amo adquirisse o mesmo domínio da pessoa, que aluga obras, e pudesse dispor dela, como de uma cousa (escravidão), seria inválido (...)" (ZEILLER, 1840, p. 162)[572], ocasião em que ele explica:

> O mesmo direito romano não permite que alguém se constitua escravo por venda, (L. 37 D. de lib. caus.); porque, como diziam os Jurisconsultos romanos, é impossível que depois de ser pessoa se faça cousa, ou objeto de domínio. Por certo acha-se uma ótima refutação da escravidão nessa definição do escravo, que Aristóteles dá na parte 2ª da sua política, quando diz que o escravo é um instrumento vivo e racional de outro homem (§ 1). Porém se a escravidão se toma pelo estado, em que alguém se obriga a praticar ações em grande número à vontade e em proveito de outrem, ou ainda a prestar-lhe todas as obras física e moralmente possíveis, então ela pode subsistir juridicamente, e constituir o objeto de um pacto válido. **Feder**, Dir. Nat. § 38. **Hufeland**, System. § 386. Vej. **Hugo**, Doutr. do dir. nat. § 141 e seg.

[572] Anteriormente ele já havia afirmado que uma das condições essenciais para um pacto válido é a possibilidade do objeto em termos físicos, jurídicos ou éticos (§ 102). Com efeito, no tocante à possibilidade jurídica (§ 103), em sendo impossível alienar-se o direito primitivo, o homem enquanto ser racional não poderia submeter-se ao arbítrio de outro homem, sob pena de ser reduzido à qualidade de coisa. Enquanto tal, não seria um ente racional e moral, daí cairia na contradição de não poder ser sujeito de obrigação moral e de dever jurídico (ZEILLER, 1840, p. 125).

**Buhle**, Doutr. do dir. nat. § 177 nota (ZEILLER, 1840, p. 162-163, grifos no original).

Assim, havia possibilidade jurídica para a escravidão, mas somente se recaísse sobre o estado da pessoa e não sobre seu domínio.

O manual de Francisco Nobre Zeiller – que continha estas doutrinas contrárias à escravidão plena – foi utilizado oficialmente entre 1835 e 1847.

### 4.2.4. *Elementos de Direito Natural Privado* (1848), de Pedro Autran da Matta Albuquerque

Pedro Autran da Matta e Albuquerque publicou seus **Elementos de Direito Natural Privado** em 1848 e neste mesmo ano a obra foi adotada pela Congregação de Olinda como compêndio oficial da 1ª cadeira do 1º ano. Tendo utilizado o compêndio de Zeiller desde 1835, ele reconhecia não inovar no tocante às ideias, apenas expô-las de forma mais didática (ALBUQUERQUE, 1848, p. [I])[573]. Isto se comprova pelo fato de Autran estruturar o compêndio do mesmo modo que o de Zeiller – a escravidão, inclusive, é tratada nos mesmos momentos, como veremos abaixo.

Entendido o homem como "um ente **sensitivo**, **racional** e **livre**", Autran afirmava que "o homem não existe senão por causa de si mesmo (é fim para si); e como tal é **pessoa**, e não cousa" (§ 2º) (ALBUQUERQUE, 1848, p. 2-3). Portanto, assim era formulado o princípio primário do direito natural (§ 4º): "são justas todas as ações, que não repugnam ao estado social de entes igualmente livres; e são injustas, ou lesões de direito, todas as ações opostas" (ALBUQUERQUE, 1848, p. 4).

Por Direito Natural ele entendia "o complexo dos direitos e deveres fundados na natureza racional do homem" (§ 12), dividido em social (direito de família e do Estado) e extrassocial (direito dos indivíduos, das famílias e das nações entre si) (ALBUQUERQUE, 1848, p. 9-10). No tocante ao direito privado extrassocial (§ 21), há que se falar nos direitos inatos (imediatos, originários, absolutos), que "resultam imediatamente da natureza do homem, e são a condição para se poderem adquirir outros",

---

[573] Entendia ele que "a mesma doutrina se podia expor com mais clareza e facilidade para os que principiam a estudar o direito filosófico, e que também convinha acrescentar-lhe o que se pudesse colher de outros escritores modernos abalizados" (ALBUQUERQUE, 1848, p. [I]).

em contraposição aos direitos adquiridos (mediatos, derivados, hipotéticos), provenientes da atividade do homem (ALBUQUERQUE, 1848, p. 17-18).

Dentre os direitos inatos, o **direito primigênio**, do qual todos os direitos se podem deduzir, era o direito da **liberdade legítima**, "o direito a todas as ações compatíveis com o estado social de entes igualmente livres" (§ 22) (ALBUQUERQUE, 1848, p. 18)[574]. Ao tratar dos direitos inatos **materiais** que dizem respeito à própria pessoa[575] (§ 25), Pedro Autran salienta que em primeiro lugar há o **direito de independência**, ou seja, "o de praticar ou omitir todas as ações, permitidas pela lei do direito, sem nenhuma **coação** externa arbitrária". Além disso, "nenhum homem, como homem, pode ter a faculdade de **constranger** os outros a ações ou omissões, que a lei jurídica permite"[576] (ALBUQUERQUE, 1848, p. 20). Do direito de liberdade legítima (primigênio) e de independência decorreriam outros concernentes à alma e ao corpo do homem (§ 26) (ALBUQUERQUE, 1848, p. 20-21). No mais, como "cada homem é **igual** a outro especificamente", em sua essência "todos devem ter os mesmos **direitos** originários" (§ 33) (ALBUQUERQUE, 1848, p. 28-30).

Ao tratar das lesões aos direitos inatos (§ 34), Autran ressalta em primeiro lugar "a injusta restrição da livre disposição da **própria pessoa**, e especialmente da **independência**, por meio da escravidão, do império usurpado, do rapto, e da prisão injusta" (ALBUQUERQUE, 1848, p. 30). Deste modo, percebemos que o autor se mostra contrário à escravidão, uma vez que esta representaria uma lesão tanto à liberdade legítima quanto ao direito de independência.

Quando o autor analisa as condições de ocupação (§ 47), afirma que o "objeto deve ser **cousa**, e não **pessoa**, porque tendo esta fim próprio, e não sendo destinada a servir de **meio** aos fins dos outros entes racionais (§ 40), não pode ser adquirida" (ALBUQUERQUE, 1848, p. 41). E em nota ele explica:

---

[574] Tal direito não poderia ser perdido ou renunciado (§ 32) (ALBUQUERQUE, 1848, p. 27).
[575] Os direitos materiais se referem diretamente à própria pessoa, aos outros homens ou às coisas, daí serem direitos de pessoas ou de coisas (§ 23) (ALBUQUERQUE, 1848, p. 19).
[576] Autran admite a exceção pela qual com um pacto um homem pode renunciar o seu direito de independência.

É esta uma verdade jurídica, que, por sua evidência imediata, parece que se não devera referir em um compêndio da ciência filosófica do direito; mas que entre nações cultas foi questionada e combatida. Mas qual será a tese jurídica, que se tenha conservado incólume de impugnação? Qual a injustiça, que se não possa defender com razões de utilidade, ou por motivos políticos? Assim deve acontecer, sempre que o direito for pesado na balança da utilidade ou da política. Mas, atendendo-se unicamente ao direito, não pode o homem, sendo pessoa, ser objeto de aquisição para outro homem, nem ser nivelado com as cousas, destinadas naturalmente aos nossos usos (...) (ALBUQUERQUE, 1848, p. 42).

O tema da escravidão reaparece mais adiante, ao tratar da locação de serviços (§ 138), pois para ele "o pacto, pelo qual se adquirisse o domínio do locador de serviços, e se pudesse dispor dele, como se fora uma cousa, seria nulo" (ALBUQUERQUE, 1848, p. 124)[577]. Ao que ele explica em nota:

> O mesmo direito romano não permite que ninguém se constitua escravo, vendendo-se, porque diziam os jurisconsultos, que não era possível que uma pessoa se tornasse cousa ou objeto de domínio. Na mesma definição, que Aristóteles dá do escravo, acha-se a refutação da escravidão, pois diz ele, que o escravo é um **instrumento** vivo e **racional** de outro homem. Ora, instrumento racional são ideias contraditórias; porque o que é racional é agente **livre**, e o agente livre não pode ser **instrumento**, que é cousa passiva. Porém se por escravidão se entende o estado de quem se obriga a prestar, em proveito de outrem, todos os serviços física e moralmente possíveis, então a escravidão pode subsistir juridicamente, e ser objeto de um pacto válido (ALBUQUERQUE, 1848, p. 124, grifos no original).

Por este trecho depreende-se que Autran julgava ser a escravidão válida do ponto de vista jurídico, passível de ser realizada por um pacto,

---

[577] Autran já havia dito que uma das condições para o pacto era a possibilidade física, jurídica e moral da prestação (§ 95). Em relação à possibilidade jurídica, afirma o autor que o **direito primigênio** não admitia alienação: "quem se entregasse por um pacto ao arbítrio de outrem, para fazer, omitir, ou tolerar quanto lhe aprouvesse, se aviltaria à condição de cousa, ou de um bruto. Tal poder, porém, como direito, ninguém pode adquirir sobre um ente racional, ainda que se supusesse válida a promessa" (ALBUQUERQUE, 1848, p. 87).

desde que o objeto não fosse a pessoa, mas sim o serviço prestado por ela.

Como se percebe, com exceção de raros aportes de Autran, a obra manteve-se fiel ao manual de Zeiller, na forma e no conteúdo. Em realidade, era o livro de Zeiller, mas Autran não lhe dava o devido crédito[578]. O lente de Recife faz a paráfrase do autor austríaco, mas omite as referências a outros autores que este faz[579].

O livro obteve uma 2ª edição em 1883, mas conservou exatamente o mesmo plano da obra e as mesmas ideias no tocante à escravidão. Nela, há palavras elogiosas do jurista português Levi Maria Jordão à 1ª edição, para quem era "obra que merece não poucos elogios pela clareza com que está escrita, e pelo mérito que seu autor teve, resumindo em tão curto espaço doutrinas tão vastas e tão difíceis" (ALBUQUERQUE, 1883, p. I). Entretanto, uma década antes o lente Tavares Belfort escrevera na memória histórica de 1873 que

> O compêndio, que serve de texto às explicações do Direito Natural, é o do Sr. Conselheiro Autran, formulado segundo as doutrinas da escola de Kant e de seus sectários Zeiller e Ahrens.
>
> Não me demorarei em demonstrar os inconvenientes que há da adoção de um tal livro para o estudo da filosofia do Direito, livro feito sobre um sistema, que, posto melhor que os de Hobbes, Bentham, Grotius, Spinosa e os das escolas histórica e teológica, é todavia falso quanto à metafísica do Direito e à Moral (...).
>
> É certo que não se acha com facilidade um livro, que possa bem servir para substitui-lo; mas o professor é um livro vivo, e, para glória desta Faculdade, as lições impressas, embora incompletas, do ilustrado Sr. Conselheiro Silveira de Souza preenchem as lacunas, restabelecem a verdade dos princípios, corrigindo as inexatidões do compêndio, apresentando e desenvolvendo as mais sãs ideias e dando ao estudo do Direito Natural a importância que lhe é devida (...) (BELFORT, 1874, p. 19).

---

[578] Basta comparar ZEILLER, 1840, p. 86 e ALBUQUERQUE, 1848, p. 42 e ZEILLER, 1840, p. 162-163 e ALBUQUERQUE, 1848, p. 124.

[579] Autran volta a fazer a mesma coisa em seus **Elementos do Direitos das Gentes** de 1851, que em realidade era uma versão traduzida abreviada de **Droit des gens moderne de l'Europe** de Johann Ludwig Klüber – novamente, sem atribuir a autoria (SILVA JÚNIOR, 2018, p. 128-140).

Ele fazia coro às ideias presentes na memória histórica de 1868, redigida por Tarquínio Bráulio de Souza Amaranto, para quem na FDR os ensinamentos de Kant e seus discípulos estavam dando espaço à escola cristã, de Taparelli, Liberatori e Benza. Ele também criticava a divisão entre Direito e Moral feita por Autran (AMARANTO, 1869, p. 2-3).

Seja como for, as lições de João Silveira de Souza que Tavares Belfort menciona foram posteriormente reunidas e deram origem ao livro **Lições de direito natural sobre o compendio do Sr. Conselheiro Autran**, publicado em 1880 e que veremos abaixo.

### 4.2.5. *Elementos de Direito Natural, ou de Philosophia de Direito* (1844), de Vicente Ferrer Paiva Neto

O compêndio de Vicente Ferrer foi adotado pela Congregação do Recife entre 1859 e 1862[580], quando a obra de Autran voltou a ser o manual oficial. Em todo o caso, certo é que as obras do autor português já circulavam há muito no meio acadêmico: em 1847 vemos os **Elementos** de Ferrer serem reimpressos em Pernambuco "a instâncias do Sr. doutor Autran que a tem por uma das melhores na matéria de que trata, e mui apropriada ao uso das escolas de direito"[581]. O manual não foi adotado oficialmente porque em 1848 saíram os **Elementos** do próprio Autran. Com efeito, António Braz Teixeira aponta uma aproximação entre Autran e Ferrer:

> Não era apenas a comum atitude intelectual de abertura às nossas orientações especulativas acerca do direito, acompanhada de um certo ecletismo, que aproximava o mestre de Coimbra do lente de Olinda, já que partilhavam, ainda, idêntica visão racionalista do Direito Natural, a mesma concepção individualista e liberal do direito e pontos de vista análogos quanto à distinção entre o direito e a moral, em ambos sendo ainda possível detectar reconhecíveis ecos da doutrina jurídica kantiana, apenas indireta e superficialmente conhecida (TEIXEIRA, 2011, p. 27).

---

[580] Cf. GUIMARÃES, 1860, p. 1; MELLO, 1861, p. 11; BEVILÁQUA, 2012, p. 153; VEIGA, 1982, p. 146, nota 16; e TEIXEIRA, 2011, p. 28. Ela consta no catálogo da biblioteca da FDR de 1860, provavelmente sob o nome de **Philosophia do Direito** (FACULDADE DE DIREITO DO RECIFE, 1860, p. 3).
[581] Cf. Publicação literária. **Diario de Pernambuco**, Recife, 25 de março de 1847, p. 3.

Seja como for, o livro deve ter sido bem recepcionado[582], pois vemos as ideias de Ferrer serem utilizadas no periódico acadêmico **O Onze de Agosto** de 1857, no qual José Júlio de Albuquerque Barros invoca o autor português ao discutir se a prescrição era de Direito Civil ou de Direito Natural e Henrique do Rego Barros discute as teses do autor sobre propriedade[583]. E posteriormente, em 1882, Fernando de Castro discute o conceito de direito primigênio utilizando o manual de Ferrer[584].

Como visto anteriormente[585], em sua obra Ferrer opunha-se ao regime da escravidão, uma vez que dentre as obrigações absolutas dos homens estavam a de deixar de prejudicar o justo exercício da **liberdade** dos outros ou o **direito de independência**, fosse pelo rapto, cárcere privado, escravidão, etc. (PAIVA, 1850, p. 69).

As ideias de Vicente Ferrer foram aproveitadas por João Silveira de Souza em suas **Licções de direito natural sobre o compendio do Sr. Conselheiro Autran**, de 1880 (VEIGA, 1982, p. 143).

### 4.2.6. *Licções de direito natural sobre o compendio do Sr. Conselheiro Autran* (1880), de João Silveira de Souza

Conforme vimos, desde pelo menos 1873 as lições de Direito Natural de João Silveira de Souza circulavam entre os alunos (BELFORT, 1874, p. 19). Em 1880 tais lições finalmente foram reunidas e publicadas em livro intitulado **Licções de direito natural sobre o compendio do Sr. Conselheiro Autran**[586], cuja "*Weltanschauung* comum é o racionalismo iluminista e liberal dos fins do século XVIII e inícios do XIX" (MACHADO NETO, 1969, p. 19). A pretensão do Conselheiro Silveira de Souza com a obra estava longe de ser original[587]; com efeito, como o próprio título já

---

[582] Com efeito, era anunciada sua venda em 1849, 1851 e 1854 (Cf. **Diario de Pernambuco**, Recife, 11 de julho de 1849, p. 3; 22 [?] de março de 1851, p. 3; e 22 de maio de 1854, p. 5).

[583] Cf. **O Onze de Agosto**, Recife, nº 3, 05 de setembro de 1857, p. 19-20 e nº 6, 05 de outubro de 1857, p. 41-44. Encontramos essas referências em VEIGA, 1982, p. 144, nota 1 e p. 145, nota 5.

[584] Cf. "Discurso – Recitado no Ensaio Juridico e Litterario sobre a these: 'Qual o direito primigenio do homem?'", **O Porvir**, Recife, 18 de julho de 1882, p. 1-4.

[585] Ver item 3.2.4.

[586] Para uma breve análise da obra, cf. MACHADO NETO, 1969, p. 19-22.

[587] Como ele mesmo o afirmava no prólogo: "Na verdade nada tem esta nossa obra, de transcendental, nem se aprofunda ela nas altas e muitas vezes abstrusas regiões da metafísica da

o afirma, são lições (49 ao todo) proferidas com base no compêndio de Direito Natural de Pedro Autran publicado em 1848 (que já analisamos anteriormente[588])[589].

É por isso que Machado Neto afirma que a obra de João Silveira de Souza "está tão intimamente entrelaçada com a do mestre [Autran] que é, hoje, difícil fazer-lhe qualquer distinção" (MACHADO NETO, 1969, p. 19). Entretanto, ao contrário de seu antecessor na cátedra, ele também faz uso de ideias de Vicente Ferrer, Ahrens e Tiberghien (VEIGA, 1982, p. 130 e 143). Ao que tudo indica o compêndio foi adotado oficialmente e em 1883 o Conselheiro João Silveira de Souza recebeu um prêmio de 2:000$ pela publicação da obra (MACIEL, 1884, p. 37).

O compêndio debruça-se sobre a Introdução e as duas primeiras partes do manual de Pedro Autran[590] e assim define o Direito Natural: "complexo de preceitos impostos pela natureza aos homens para servirem de regras à sua conduta nas variadas e recíprocas relações da vida social, a que eles são destinados", sendo que tais preceitos pressupunham "a realidade do princípio ou lei do justo ou da justiça absoluta" (SOUZA, 1880a, p. 1).

Como Autran, inicia Silveira de Souza a parte primeira (direito privado extrassocial) com os direitos inatos (que se contrapunham aos direitos derivados), "assim chamados porque são congênitos com a natureza humana, são por isso mesmo, em geral ou na sua essência, iguais e idênticos para todos os homens em qualquer estado ou condição" (SOUZA, 1880a, p. 42)[591]. Tais direitos inatos poderiam resumir-se a um "direito supremo,

---

ciência jurídica; é nada mais nem menos do que uma exposição resumida, e tanto quanto nos foi possível clara e metódica das noções mais elementares do Direito Natural ou filosófico, acompanhada da discussão e soluções do mesmo modo caracterizadas das questões mais importantes que esta ciência encerra, e que mais se costuma suscitar na escola" (SOUZA, 1880a, p. V). Convém lembrar que ele também estruturou seus manuais de Direito Público e Direito das Gentes sobre as obras de Pedro Autran.

[588] Ver item 4.2.4.

[589] Sobre o compêndio de Autran, afirma o autor que ele continha "doutrinas ou opiniões que não nos parecem as mais adotáveis, ou que são imperfeitamente estabelecidas. Esses defeitos procuramos nós corrigir pelo modo que verão os nossos leitores" (SOUZA, 1880a, p. VI, grifo no original).

[590] Silveira de Souza diz no Prólogo que não havia tido tempo para analisar a terceira e última parte do compêndio do mestre (SOUZA, 1880a, p. VI).

[591] E ele continua: "Estes [homens] podem fazê-los valer em todos os tempos, lugares, ou circunstâncias, e em relação a todos, sem carecerem para adquiri-los ou prová-los, de qualquer

que em si resume todos os demais" (SOUZA, 1880a, p. 45), que era o direito primigênio de liberdade[592]. Para o autor, nove seriam os direitos inatos do homem: (i) conservação da sua existência, (ii) igualdade, (iii) independência, (iv) aperfeiçoamento do seu corpo e espírito e suas faculdades, (v) livre manifestação e exercício de todos os atos legítimos desta, (vi) boa reputação, (vii) aquisição e uso das cousas, (viii) beneficência e (ix) segurança (SOUZA, 1880a, p. 50).

Ao tratar do direito de independência individual recíproca, afirma Silveira de Souza que

> (...) nenhum homem por ato de autoridade própria, e mesmo em nome de quaisquer considerações por mais atendíveis que pareçam, pode legitimamente colocar-se para com outro na posição de superior, ou assumir sobre ele tal império que a sua pessoa fique presa ou avassalada. A escravização de qualquer homem ou raça de homens ainda a título de melhorar a sua sorte, ou de civilizá-los[593], é, como já vimos, um crime contra a natureza[594] (SOUZA, 1880a, p. 57).

Nesta esteira, afirmava o autor que o "império do homem sobre o homem" era juridicamente impossível em se tratando do pacto (contrato)[595], no que contrariava a lição de seu mestre:

> (...) ninguém pode validamente pactuar a sua própria escravidão, e menos ainda pode alguém impor-lha por esse ou por qualquer outro título. (...) Não

ato seu ou de outrem; são direitos que por si mesmos subsistem e se demonstram não só sem dependência de qualquer intervenção da vontade própria ou alheia, mas até apesar dela. Para tê-los basta ser-se homem" (SOUZA, 1880a, p. 42).

[592] "O direito primigênio, em suma, é a personalidade inteira do homem concebida ou posta em atividade nas suas relações externas na maior amplidão possível, e segundo as leis naturais que a devem dirigir. Todos os mais ou sejam absolutos ou derivados, por maior que seja a sua extensão ou importância, não passam de direções subordinadas àquele motor geral; de ramificações daquele grande tronco" (SOUZA, 1880a, p. 46).

[593] Ele reafirma esta ideia na lição XII (SOUZA, 1880a, p. 75).

[594] Ele reafirma esta ideia na lição XIII (SOUZA, 1880a, p. 79).

[595] Adiante ele retoma esta ideia, ao tratar da possibilidade do objeto do pacto (lição XXXI), que deve ser física, jurídica e moralmente possível. Novamente, ele endossa a posição de que "a renúncia ao uso ou exercício dos direitos absolutos do homem" é objeto juridicamente impossível – daí ser "nulo por impossibilidade jurídica absoluta de seu objeto o pacto pela qual alguém se constituísse escravo de outro" (SOUZA, 1880a, p. 202).

nos parece, pois, aceitável a ideia do Compêndio admitindo como possível o império do homem sobre o homem em virtude de pactos de renúncia da própria independência, se por esta se entende o direito absoluto de que tratamos (SOUZA, 1880a, p. 57-58).

Assim como Zeiller e Autran, João Silveira de Souza novamente aborda a questão da escravidão ao tratar da ocupação (lição XVI) e da locação de serviços (lição XXXVI), no que os acompanha: em relação à primeira, afirma que apenas coisas e não pessoas são passíveis de serem ocupadas[596]; em relação à segunda, afirma ser nula a locação em que "alguém se constituísse escravo de outrem, pois que isto importaria renúncia a um direito a que nenhum indivíduo pode validamente renunciar" (SOUZA, 1880a, p. 240).

No mesmo ano em que o Conselheiro João Silveira de Souza publicou sua obra, veio a lume também em Pernambuco os **Elementos de Philosophia do Direito** de José Soriano de Souza (1833-1895)[597], futuro lente da FDR[598]. Embora não tivesse sido adotado oficialmente, nem por isso deixou de exercer influência na Faculdade de Direito do Recife e mesmo na de São Paulo – Sá e Benevides recomendava aos alunos a leitura de seus trabalhos (BENEVIDES, 1884b, p. 1), bem como o cita em diversos momentos (AYRES, 2018, p. 372)[599].

---

[596] "(...) as pessoas ou qualidades que essencialmente lhes pertencem ou as caracterizam, em caso nenhum são suscetíveis de transações ou atos alienatórios de seu próprio sujeito, e ainda menos das usurpações ou disposições arbitrárias dos mais, por qualquer título, ou sob qualquer pretexto que seja" (SOUZA, 1880a, p. 98).
[597] Cf. BLAKE, 1899, p. 209-211; BEVILÁQUA, 2012, p. 580-581; VEIGA, 1993, p. 141-165 e 169-170; e **Ilustre Dr. José Soriano de Souza**. 2021. Disponível em: https://www.ufpe.br/arquivoccj/curiosidades/-/asset_publisher/x1R6vFfGRYss/content/ilustre-dr-jose-soriano-de-souza/590249. Acesso em: 24 fev. 2022.
[598] Após a reforma de 1891 ele passou a integrar o corpo docente da instituição como catedrático de Direito Público e Constitucional (2ª cadeira da 1ª série do curso de ciências jurídicas), posição que ocupou até seu falecimento em 1895.
[599] Afora o meio acadêmico, o livro de Soriano de Souza, imbuído de um "jusnaturalismo escolástico" (MACHADO NETO, 1969, p. 28-33), não obteve grande repercussão no meio jurídico brasileiro. Vemo-lo ser citado em artigo por Brasílio Machado ao discutir a licitude do divórcio (**O Direito**, v. 39, 1886, p. 12). Mas fora isso, os ataques direcionados a ele e a sua obra por Silvio Romero (1878, p. 45-48) e Tobias Barreto (2013, v. 1, p. 172-191 e BARRETO, 2013, v. 10, p. 174) – que a qualificou como um "mugido filosófico" (*mugissement philosophique*)

Católico ultramontano, Soriano de Souza era um representante da escolástica na FDR, ao lado de Autran e seu irmão Braz Florentino (VEIGA, 1981, p. 130). Nesta esteira, atuou ativamente na questão religiosa, bem como propôs a criação de um Partido Católico. Adepto do tomismo, utilizava-se majoritariamente das ideias dos pensadores católicos italianos – além de Liberatori, são citados, segundo Miguel Reale (1958, p. 734-735), Rosmini, Taparelli, Mamiani, Romagnosi, Tolomei, Prisco, etc.

Em seu manual, Soriano defendia que dos direitos inatos decorreriam seis direitos: (i) direito de dignidade pessoal, (ii) direito de liberdade de consciência, (iii) direito de independência, (iv) direito de viver, (v) direito à propriedade[600], (vi) direito de associação (SOUZA, 1880b, p. 119-120).

Como as pessoas têm entre si uma relação de fim, o direito de dignidade pessoal consiste no dever de toda pessoa "de tratar as outras como seres, que têm um fim próprio, e por sua vez tem o direito de ser reconhecida como um ente, que também tem seu fim próprio, e não é meio para outro" (SOUZA, 1880b, p. 121). Negar tal direito seria o mesmo que reconhecer a possibilidade de existência da escravidão, o que para Soriano de Souza era irracional e que nem precisava mais ser combatida[601]

---

– fizeram com que seu pensamento logo caísse no esquecimento. Em texto dedicado ao **Elementos**, Barreto afirma que se trata de "um grande volume de filosofia do direito, naturalmente, a filosofia como ele a mastiga, e o direito como ele o ignora" (No original, "un gros volume de philosophie du droit, bien entendu, la philosophie, comme il la mâchonne, et le droit, comme il l'ignore") (BARRETO, 2013, v. 10, p. 174), tratando de criticar a cosmovisão religiosa ditada por Soriano ao longo de sua obra. Entre os alunos da FDR suas ideias também não repercutiam: Benilde Romero, irmão de Silvio Romero, disse em sua colação de grau em 1883 que "nada tinha que agradecer, pois nada havia aprendido, desde a filosofia soriânica até as apostilas sebentas e recheadas de carolice, sucedendo aos que saíam graduados levar quinau de qualquer oficial de justiça" (ALMEIDA JÚNIOR, 1956, p. 104-105).

[600] Difere do direito de propriedade, cf. SOUZA, 1880b, p. 153.

[601] "Entre o escravo e o senhor não há igualdade; como escravo, o homem é apenas um meio, de que o senhor é fim, e meio e fim diferem essencialmente. Pelo contrário entre pessoas, como pessoas, há uma igualdade essencial, porque todas têm uma mesma natureza, e um só fim supremo a atingir. (...) Portanto nenhum homem pode ser **naturalmente** destinado ao bem de outro homem; isso significa que todo homem tem o direito de ser reconhecido como pessoa, isto é, como um ente, que tem um fim próprio" (SOUZA, 1880b, p. 121, grifo no original).

(SOUZA, 1880b, p. 121). No mais, reconhecia ele que a personalidade é inalienável, mas defendia a legitimidade do famulado (isto é, a obrigação jurídica de prestar a outro (amo) certos serviços pessoais) (SOUZA, 1880b, p. 122-123).

Em relação ao direito à propriedade, o autor aponta seus limites físicos, morais e jurídicos. O limite jurídico seria "que nas relações privadas o direito de propriedade se estende até o ponto do adquirente com a sua propriedade privada não se tornar causa eficiente do dano de outro" (SOUZA, 1880b, p. 182).

No mais, vale mencionar que, assim como ocorria em São Paulo[602], diversas outras obras eram lidas no Norte, para além dos compêndios oficialmente adotados. Por exemplo, o lente José Hygino Duarte Pereira, catedrático de Direito Administrativo entre 1884 e 1891, publicou em 1883 suas **Prelecções do curso de direito natural e direito privado**, que circulou ente os estudantes da FDR.

### 4.3. Os programas

Ao contrário do curso jurídico do Sul, a Faculdade de Direito do Recife não preservou muitos dos seus programas de ensino. Os dois únicos programas até a abolição que chegaram até nós são os de 1885 e 1888.

O programa de 1885 foi elaborado por Tobias Barreto e apresentava 30 pontos, em que ele buscava avançar suas concepções sobre o Direito, entendido como fenômeno cultural (ponto 5), à luz das teorias do naturalismo, darwinismo, mecanicismo, etc. Ele também diferenciava a teoria do Direito Natural da lei natural do direito (ponto 8). Em seu programa, o tema da liberdade ou da escravidão não era tratado de forma direta. Não obstante, é possível que esses temas aparecessem quando da discussão da posição do homem na natureza (ponto 1) ou na discussão sobre direitos pessoais e reais e propulsivos e compulsivos (ponto 17); no mais, ao tratar da teoria da propriedade, suas aplicações e consequências e o caráter social da propriedade (ponto 22), a debate sobre escravo-coisa poderia surgir (FACULDADE DE DIREITO DO RECIFE, 1885a)[603]. Um fato curioso é que, apesar dos esforços de Tobias, pouco foram os estudantes

---

[602] Ver item 3.4.
[603] Também disponível em BARRETO, 2013, v. 2, p. 65-66.

que seguiram suas doutrinas no exame final, já que as ideias dele não eram da predileção dos outros membros da banca julgadora[604].

O programa de 1888 foi organizado pelo lente substituto Albino G. Meira de Vasconcellos e trazia 31 pontos. Na linha dos compêndios adotados no Recife, o tema deveria aparecer ao tratar da "origem e caracteres dos direitos inatos" (ponto 5) e na "enumeração dos direitos inatos" (ponto 7) (FACULDADE DE DIREITO DO RECIFE, 1888a).

Já na República, o programa de Filosofia e História do Direito de 1892 – muito parecido com o de 1888 – trazia pontos que poderiam dar ensejo à discussão sobre escravidão: na parte de filosofia, "Sujeitos de direito: o indivíduo. Posição do homem na natureza" (ponto XI) e "A igualdade e a liberdade" (ponto XXXI); esse último esteve presente em todos os programas da disciplina até 1899, quando foi modificado[605]. Na parte referente à história do direito, o programa de 1892 (e os seguintes, até pelo menos 1894[606]) se mostrava panorâmico e a discussão sobre escravidão poderia aparecer no ponto LIII, "O direito nos tempos modernos" (FACULDADE DE DIREITO DO RECIFE, 1892a). Contudo, era na cadeira de História do Direito Nacional, lecionada por Isidoro Martins Júnior, que o tema surgia de forma explícita: o ponto XV se propunha a tratar da

---

[604] Informação de Henrique Martins em "O Direito moderno e o seu estudo entre nós", **A Tribuna Academica**, Recife, 15 de abril de 1886, anno I, n. 1, p. 1. Em 1884, a banca julgadora dos exames do 1º ano foi composta pelos lentes Pinto Junior, José Hygino e Barros Guimarães (exames de março) e Pinto Junior, Barros Guimarães e Tobias Barreto (exames de novembro de dezembro) (PINTO JUNIOR, 1885, p. 8 e 10).

[605] Cf. FACULDADE DE DIREITO DO RECIFE, 1893a, 1894a, 1897a e 1898a. O programa de 1899, organizado por Laurindo Leão, previa o ponto "A liberdade, teorias sobre a origem, evolução, estado atual, diferenciações e diversificações supra" (ponto 39, remetendo ao 36) e o ponto "Os sujeitos de direito: 1) O indivíduo: diversificação dos conceitos e fundamentos pelas escolas, etc." (ponto 40) (FACULDADE DE DIREITO DO RECIFE, 1899a, p. 9). O programa de 1900 também tem uma estrutura própria para o tema nos pontos 19, "A complexidade do direito: fundamento na igualdade, fim na liberdade, corpo na faculdade (jurídica), garantia na leio, meio de realização na justiça. (...)" e 21, "Os objetos do direito e sua influência nos direitos; a liberdade, direitos de liberdade (...)" (FACULDADE DE DIREITO DO RECIFE, 1900a). Não obstante, o ponto "A igualdade e a liberdade" reaparece no programa de 1901 (FACULDADE DE DIREITO DO RECIFE, 1901a).

[606] A partir de 1893, havia o ponto XLIV, "O direito no Brasil", que se repetiu no programa de 1894 (FACULDADE DE DIREITO DO RECIFE, 1893a e 1894a).

Elaboração popular e geral da Lei que devia abolir a escravidão no país. Os governos orientados por essa elaboração. Consagração legal da grande aspiração brasileira a 13 de Maio de 1888. Apreciação da lei sob os diversos pontos de vista em que pode ser encarada (FACULDADE DE DIREITO DO RECIFE, 1892b, p. 6).

Interessante que o tema aparecesse no programa e ainda fosse dedicado um ponto, dentre os 18, para estudá-lo. Este ponto permaneceu inalterado em 1893 e 1894[607]; a partir de 1896, a cadeira foi modificada e passou a denominar-se História do Direito e especialmente do Direito Nacional. Seu programa manteve a menção à abolição no ponto XXVIII, "O Código Negro do Brasil: história da legislação escravista. Lei de 13 de Maio de 1888"[608] (FACULDADE DE DIREITO DO RECIFE, 1897b), e ele assim permaneceu até 1900[609], último ano em que a cadeira funcionou antes de ser extinta pela reforma educacional de 1901.

## 4.4. A imprensa acadêmica

Os alunos aproveitavam o espaço da imprensa acadêmica para examinar diversos assuntos relacionados ao Direito Natural, na maioria das vezes na forma de discursos ou de pareceres em que discutiam diferentes teses sobre moral[610], matrimônio[611], direito de testar[612], propriedade[613], direito

---

[607] Cf. FACULDADE DE DIREITO DO RECIFE, 1893c e 1894b.

[608] Curioso observar que o ponto, como está redigido, vai de encontro ao vaticínio de Teixeira de Freitas – não somente reconhecia a existência de um Código Negro no Brasil, como também se referia à legislação "escravista" (justamente a "mácula" que o jurisconsulto queria evitar).

[609] Cf. FACULDADE DE DIREITO DO RECIFE, 1898b, 1899b e 1900b.

[610] Oliveira Santos, "Os officios moraes para com Deus comprehendem-se na esphera do Direito Natural?", **O Futuro**, Recife, 1878, [n. 1], p. 6-9.

[611] Florentino Meira, "Igualdade do matrimonio perante o Direito Natural", **O Atheneu Pernambucano**, Recife, agosto de 1856, v. 1, n. 2, p. 53-56 e C. de Lemos, "O matrimonio é uma sociedade igual?", **O Ensaio Philosophico Pernambucano**, Recife, agosto de 1857, anno I, n. 1, p. 9-11.

[612] M. S. Barreto Sampaio, "Será o direito de testar um direito natural? Ou uma determinação do direito positivo?", **O Preludio Academico**, Recife, 15 de outubro de 1858, I anno, n. 2, p. 11-12.

[613] H. do Rego Barros, "A propriedade", **O Onze de Agosto**, Recife, 15 de setembro de 1857, n. 4, p. 25-27; 25 de setembro de 1857, n. 5, p. 33-34; e 5 de outubro de 1857, n. 6, p. 41-44.

primigênio do homem[614], prescrição[615], etc. Outros assuntos relacionados também eram discutidos – por exemplo, a propriedade literária[616]. Uma das poucas teses em que se discutia abertamente a escravidão foi sobre a "influência do cristianismo sobre a escravidão"[617].

Na falta de artigos que refletissem especificamente sobre escravidão e Direito Natural do ponto de vista teórico, podemos dizer que, em geral, a argumentação utilizada pelos estudantes era a mesma apresentada nos compêndios dos lentes, ou seja, que a escravidão era contrária ao Direito Natural[618] e, por isso, deveria ser extinguida:

> O que poderá desculpá-la [a escravidão]? Não há de ser de certo a falta de civilização; a ignorância dos direitos naturais do homem; porque a civilização está ao menos tão adiantada, que desde muito proclama que a escravidão é contrária à natureza racional e livre do homem; e que os homens são iguais em direitos naturais absolutos ensina-o a ciência filosófica do direito (J. A. Souza Ribeiro Junior, "A escravidão", **O Onze de Agosto**, Recife, 1857, [n. 3], p. 22).

---

[614] Fernando de Castro Paes Barreto, "Qual o direito primigênio do homem?", **O Porvir**, Recife, 18 de julho de 1882, anno I, n. 1, p. 1-4 e 11 de setembro de 1882, anno I, n. 3, p. 2-4.

[615] J. J. D'Albuquerque Barros, "A prescripção é de Direito Civil, ou de Direito Natural?", **O Onze de Agosto**, Recife, 11 de agosto de 1857, n. 1, p. 2-4 e 1857, [n. 3], p. 19-20 e, em continuação, J. D'Albuquerque Barros, "A prescripção é de Direito Natural", **O Onze de Agosto**, Recife, 15 de setembro de 1857, n. 4, p. 27-29 e 5 de outubro de 1857, n. 6, p. 44-46; Candido Martins D'Almeida, "A prescripção tem o seu fundamento no direito natural", **O Atheneu Pernambucano**, Recife, 1863, v. VIII, n. 1, p. 12-14; Caetano M. de Faria Neves, "A prescripção tem o seu fundamento no Direito Natural", **Faculdade do Recife**, Recife, 30 de julho de 1863, anno I, n. 5 e 6, p. 64-67.

[616] Carlos A. Autran, "Haverá direito de propriedade literária?", **O Atheneu Pernambucano**, Recife, 1856, v. III, n. 1, p. 8-9; José Jansen Ferreira Junior, "A propriedade literária é transmissível e hereditária", **O Academico**, Recife, maio de 1865, anno I, n. 1, p. 4-13; e A. Augusto de Vasconcellos, "Da propriedade literaria", **Ensaio Juridico e Litterario**, Recife, 1878, [n. 3], p. 33-36.

[617] Pereira Franco, **Minerva**, Recife, 2 de junho de 1870, anno I, n. 3, p. 2-5.

[618] Por exemplo, R. B. L. Castello-Branco, "A escravidão no Brasil". **O Clarim Litterario**, agosto de 1856, v. 1º, n. 13, série 2ª, p. 3-5.

## 4.5. Escola do Recife: Tobias Barreto e a reação ao Direito Natural

A Escola do Recife[619] foi um movimento intelectual[620] que ocorreu na segunda metade do século XIX em Pernambuco, ao redor da Faculdade de Direito. Tal escola reuniu intelectuais que se contrapunham às velhas ideias que haviam prevalecido no Recife até então[621], preferindo acompanhar o "bando de ideias novas" que na década de 1870 invadiram o ambiente intelectual do Norte (ROMERO, 1900, p. XXIV). É neste cenário que autores como Rudolf von Jhering, Hermman Post, Augusto Comte, Herbert Spencer, Kant (e os Neokantianos), Edward von Hartmann, Haeckel, Littré, Stuart Mill, Darwin, Lange, Bluntschli, Ortloff, Holzendorf, Taine, Feuerbach, Le Play, Strauss, Noiré, Spir e outros (ADEODATO, 2003, p. 306-313) começaram a ser lidos e debatidos no Brasil e, como era de se esperar, a reação contra o Direito Natural não tardou.

Desde o famoso concurso de Silvio Romero de 1875[622] a questão da reação ao antigo ideário prevalecente foi colocada à prova – na ocasião,

---

[619] Sobre a Escola do Recife, cf. BEVILÁQUA, 2012, p. 518-537; SALDANHA, 1985; PAIM, 1999d; e CHACON, 2008, entre outros.

[620] Muito se discute sobre a Escola do Recife enquanto movimento intelectual, principalmente pela falta de unidade de pensamento entre os seus integrantes (ADEODATO, 2003, p. 317). Se é certo que se trata de uma tradição inventada (ALONSO, 2002, p. 134), difundida em especial por Sílvio Romero – que inclusive lhe cunhou o nome –, não deve por isso ser menosprezada enquanto importante movimento de renovação de ideias. Para João Adeodato, "a Escola do Recife foi um movimento intelectual aberto, no sentido da espontaneidade que inaugurou uma nova concepção jurídica, apenas norteada pelo princípio de que o direito seria uma forma de possibilitar a convivência social e, como tal, deveria ser estudado de forma objetiva, ao lado de qualquer outro fenômeno do universo" (ADEODATO, 2003, p. 320). Nas palavras de Alberto Venancio Filho, "o movimento da Escola do Recife representava (...) a realização daquela grande tarefa a que se tinham proposto as faculdades de direito, de representarem grandes centros de estudo das ciências sociais e filosóficas no Brasil, mas da qual, via de regra, se vinham omitindo ou escapando, pois trazia o movimento no seu bojo um problema de transformação de ideias no campo da filosofia, no campo do pensamento científico e no campo da crítica literária" (VENANCIO FILHO, 2004, p. 96).

[621] "Reinavam na Faculdade o espiritualismo aristotélico-tomista, uma filosofia idealista e eclética, assim como as ideias monárquicas e a tradição do feudalismo nordestino, dos senhores de terras explorando os trabalhadores; vigorava também um certo romantismo no plano intelectual e a mentalidade geral era conservadora" (ADEODATO, 2003, p. 304).

[622] Cf. BEVILÁQUA, 2012, p. 212-215.

encarnada na "metafísica", declarada morta por Romero[623]. Apesar de não terminar sua defesa de teses, preferindo abandoná-la a ter que argumentar com a "corja de ignorantes" que o avaliava, esse ato de enfrentamento de Silvio Romero captura perfeitamente o embate de ideias que já havia se iniciado à época. Em favor do candidato saiu Tobias Barreto, o maior expoente da Escola do Recife, com o texto "Deve a Metafísica ser Considerada Morta?" (BARRETO, 2013, v. 1, p. 199-202).

Tobias Barreto de Meneses (1839-1889)[624], nascido no Sergipe, iniciou seus estudos no seminário episcopal da Bahia, tornando-se exímio latinista. Abandonou o curso e foi estudar Direito no Recife, formando-se em 1869. Foi contemporâneo de Castro Alves, com quem inclusive chegou a rivalizar em contendas literárias[625]. Após a formatura, retirou-se para Escada, onde ficou entre 1871 e 1881. Nesta cidade do interior pernambucano ele aprendeu alemão de forma autodidata e militou ativamente na imprensa, fundando o **Der Deutscher Kaempfer [O Lutador Alemão]**, jornal redigido apenas por ele em língua germânica. Em 1882, retornou ao Recife e prestou concurso para o lugar de lente substituto na FDR, concurso esse que marcou época entre alunos e professores[626]. Em 1887 foi promovido a lente catedrático de Hermenêutica Jurídica, Processo Civil e Criminal, incluído o Militar, e Prática Forense, mas ocupou a cadeira apenas até 1889, ano de sua morte (BEVILÁQUA, 2012, p. 508-512).

Espírito combativo e polemista, Tobias Barreto não se curvou aos antigos lentes da Faculdade, tampouco às suas ideias conservadoras. Mulato[627] em uma sociedade escravocrata, Tobias teve que fazer prevalecer sua voz através dos vários embates que travou, inclusive com professores

---

[623] A epígrafe que ele inseriu nas teses que pretendia defender demonstrava seu posicionamento: "... as long as the human mind is only studied according to the narrow and contracted method of metaphysicians, we have every reason for thinking that the laws which regulate its movements will remain unknown (H. Th. Buckle, **History of Civilization in England**, v. 1, p. 174)" (ROMERO, 1875).

[624] Cf. BLAKE, 1902, p. 310-312; BEVILÁQUA, 2012, p. 514-518 e 537-553; LIMA, 1963; e GODOY, 2018. Para sua obra, cf. BARRETO, 2013, v. 1, p. 9 et seq. e MERCADANTE; PAIM, 1972.

[625] Para a obra poética de Tobias Barreto, cf. BARRETO, 2013, v. 6.

[626] Cf. TELES, 2013; BARRETTO, 1926, p. 257-270; e ARANHA, 1931, p. 147-151.

[627] Termo utilizado na época que Tobias Barreto viveu. Sobre a questão da diferenciação social do negro e do mulato em perspectiva histórica, cf. IANNI, 1988, p. 207-238.

da FDR – o exemplo paradigmático foi a discussão com Pedro Autran da Matta e Albuquerque, em que, nas entrelinhas, disputava-se qual ideário prevaleceria no seio da instituição, i. e., se o "velho" ou se o "novo"[628].

Um dos importantes impulsos que Tobias e seus colegas e discípulos trouxeram para os estudos jurídico-filosóficos foi a recepção e utilização de autores de língua alemã no original[629], em contraposição aos autores franceses que dominavam o ambiente intelectual brasileiro. Foi com a ajuda desses autores que Tobias Barreto realizou suas reflexões jusfilosóficas[630], inclusive sobre a própria concepção de Direito que, acompanhando Rudolf von Ihering, ele entendia ser um fenômeno histórico e cultural (REALE, 2000, p. 235).

Ainda que ele não tenha redigido uma obra que sintetizasse seu pensamento, os diversos escritos que nos legou permitem-nos compreender sua visão culturalista[631] sobre o Direito. No concurso para o lugar de lente substituto de 1882[632], Tobias defendeu em Direito Natural a tese de que "o direito não é uma entidade puramente metafísica nem uma abstração resultante das leis da evolução, que ainda se acham em estado de incógnitas, mas simplesmente a disciplina das forças sociais, o princípio da seleção legal na luta pela existência" (BARRETO, 2013, v. 2, p. 56)[633]. E na dissertação que teve que apresentar no mesmo concurso ele defendeu que "a teoria dos direitos naturais e originários pertence a uma época já um pouco distante de nós" e, ressoando o que Ihering escreveu em seu **Der Zweck im Recht [A Finalidade do Direito]**, ele diz que "desde que na ideia do direito entrou a ideia da luta, desde que o direito nos aparece, não mais como um presente do céu, porém como um resultado de combate, como uma conquista, caiu por terra a intuição de um direito natural"

---

[628] Cf. BEVILÁQUA, 2012, p. 534. Ele chegou a escrever um poema satírico sobre Autran, cf. BARRETO, 2013, v. 6, p. 355.

[629] Sobre o germanismo de Tobias Barreto e dos demais integrantes da Escola do Recife, cf. FREYRE, 1987; LOSANO, 2000; e BORRMANN, 2019.

[630] Cf. MERCADANTE; PAIM, 2013 e MACHADO, 2013b.

[631] Termo cunhado por Miguel Reale. Para o culturalismo de Tobias Barreto, cf. REALE, 1994, p. 51-57 e REALE, 2000.

[632] Para a dissertação, cujo tema foi "conforma-se com os princípios da ciência social a doutrina dos direitos naturais e originários do homem?", cf. BARRETO, 2013, v. 1, p. 287-291.

[633] Para as teses que Tobias Barreto apresentou no concurso de 1882, cf. BARRETO, 2013, v. 2, p. 56-65.

(BARRETO, 2013, v. 1, p. 289)[634]. E ele retomou esta sorte de ideias no ano seguinte: "a concepção do direito, como entidade metafísica, *sub specie aeterni*, anterior e superior à formação das sociedades (...) continua a entorpecer-nos e esterilizar-nos" e, adiante, "é mister bater cem vezes, e cem vezes repetir: o direito não é filho do céu, é simplesmente um fenômeno histórico, um produto cultural da humanidade (...)" (BARRETO, 2013, v. 2, p. 52). Como se percebe, tal posição era uma reação ao Direito Natural que ainda imperava nas Academias de Direito[635] e Tobias também não poupava os autores jusnaturalistas que há muito prevaleciam na FDR, como Krause, Ahrens e "qualquer outro ilustre fanfarrão da metafísica jurídica" (BARRETO, 2013, v. 1, p. 430). Em vez de ser um produto da natureza, o Direito era um produto da cultura, ou seja, uma criação humana.

Foi sob o influxo dessas novas ideias que Tobias imprimiu sua marca no ensino da FDR. Até seu provimento a lente catedrático de Teoria e Prática do Processo[636] em 1887, ele lecionou como substituto, dentre outras, as cadeiras de Economia Política[637] e Direito Natural[638] e Direito Público Universal[639].

---

[634] E, mais adiante, ele diz que "Não há direitos naturais e originários. O que nós hoje chamamos direito é uma transformação da força, que limitou-se, e continua a limitar-se, no interesse da sociedade. A ideia de direitos originários arrasta, como associado lógico, a de direitos derivados. São categorias que já não têm importância científica" (BARRETO, 2013, v. 1, p. 290-291).

[635] Nas palavras da Phaelante da Camara, "o compendiozinho de Autran, até então o catecismo que os professores impunham, logo no limiar do templo da ciência, aos estudantes do Direito Natural, foi atirado ao esquecimento. Ahrens, Taparelli e outros que por tanto tempo forneceram o **menu** intelectual aos jovens de Ulpiano, viam-se de repente apeados do altar por Tobias e os seus discípulos" (CAMARA, 1904a, p. 18, grifo no original). Sobre a reação de Tobias ao Direito Natural, cf. MENEZES, 2013, v. 2.

[636] Para o programa de Tobias à frente da cadeira, cf. BARRETO, 2013, v. 2, v. 2, p. 69-72.

[637] Em 1883, cf. MENEZES, 1884, p. 3. Para o programa de Tobias à frente da cadeira, cf. BARRETO, 2013, v. 2, p. 67-69. Para o conteúdo de suas aulas nesta cadeira, cf. MENEZES, 1888, p. 33-107 e BARRETO, 1892, p. 448-452, entre outros.

[638] Em 1884 (PINTO JUNIOR, 1885, p. 6 e 8) e 1885 ("Dia a dia", **Jornal do Recife**, Recife, 3 de julho de 1889, anno XXXII, n. 146, p. 1). Para o conteúdo dos oito primeiros pontos, cf. BARRETO, 2013, v. 1, p. 411-436; para sua concepção sobre o Direito, cf. BARRETO, 2013, v. 2, p. 49-55.

[639] Para o programa de Tobias à frente da cadeira, cf. BARRETO, 2013, v. 2, p. 66-67.

É à frente da cadeira de Direito Natural que temos um dos poucos momentos em que Tobias Barreto se manifestou sobre o tema da escravidão – um fato incomum, já que o tema quase não aparece em seus escritos[640]. Em uma breve nota ao considerar o surgimento do *jus naturale* dos romanos ele diz:

> (...) O primeiro protesto contra a desnaturalidade da escravidão não partiu de filósofos, nem de fundadores de religiões, porém de juristas. Foram de certo os jurisconsultos romanos que, ao feixarem o período do seu maior esplendor, deram àquela desnaturalidade um fundamento teórico, estabelecendo como princípio que, segundo o *jus naturale*. todos os homens são livres e iguais; pelo que a escravidão é contra o direito. Princípio este atualmente estéril, mas naqueles tempos fecundo e admirável (BARRETO, 2013, v. 1, p. 435, nota 17).

Para além dessa consideração de caráter histórico, não há outra menção ao tema em seus ensinamentos sobre Direito Natural.

## 4.6. Síntese: "estas palavras, direito e escravidão, são contraditórias, e se excluem mutuamente"

O ensino de Direito Natural em Olinda e no Recife apresentou um posicionamento claro desde o início, sendo contrário ao elemento servil. Por um lado, no compêndio organizado em 1831 por Moura Magalhães ele defendia que "estas palavras, direito e escravidão, são contraditórias, e se excluem mutuamente"[641]. Esta posição continuou com os manuais de Martini[642], atualizado por Fortuna, que entendia que a igualdade natural

---

[640] Cf. VEIGA, 1997, p. 316-327, REALE, 1994, p. 51-57 e BARRETO, 1994, p. 74 e 79-82. A relação entre Tobias Barreto e a escravidão há muito é debatida. Ele chegou a advogar em favor de escravizados, cf. BARRETO, 2013, v. 4, p. 93 et seq. Para Emília Viotti da Costa, o fato tanto de Tobias quanto de Machado de Assis não terem abertamente enfrentado o tema demonstra que o movimento abolicionista era antes uma questão socioeconômica do que racial (COSTA, 2010b, p. 482).

[641] Cf. MAGALHÃES, 1860, p. 85. Como já dissemos, ele muito possivelmente retirou esta frase de **Du Contrat Social** (1762), de Jean-Jacques Rousseau: "Ces mots, esclavage et droit, sont contradictoires; ils s'excluent mutuellement".

[642] Redigido antes que o de Moura Magalhães, mas cuja posição sobre a escravidão era a mesma.

entre os homens impedia a sujeição ou arbítrio de um homem sobre o outro, e Vicente Ferrer, que afirmava ser a escravidão injusta e nenhum pretexto – fosse ele o contrato, o nascimento ou a força – era válido para justificá-la.

Por outro lado, há também o manual de Zeiller, em que ele defende a precedência do direito de personalidade, de liberdade legítima, e de igualdade legítima sobre qualquer outro, pois o primeiro seria o direito primitivo. A escravidão, pois, seria contrária à própria essência dos direitos inatos. Esta ordem de ideias deitou profundas raízes na Academia do Norte, pois continuou a ser utilizada pelos conservadores Pedro Autran e João Silveira de Souza em seus respectivos compêndios ao entenderem que a escravidão limitava o exercício da liberdade e da igualdade das pessoas, que seriam direitos inatos a qualquer ser humano – por isso, a escravidão seria "um crime contra a natureza"[643]. Vale ressaltar que Zeiller e Autran entendiam que a escravidão, se recaísse sobre o estado (de quem se obrigasse a prestar, em proveito próprio de outrem, todos os serviços física e moralmente possíveis) (ZEILLER, 1840, p. 162 e ALBUQUERQUE, 1848, p. 124), era juridicamente válida; João Silveira de Souza, por sua vez, não reconhecia tal possibilidade e reputava ilegal toda espécie de escravidão. É curioso notar como doutrinas professadas no livro de Zeiller de 1802 atravessaram o século XIX e continuaram a ser repetidas até 1891, quando a cadeira foi extinta.

Também Soriano de Souza opunha-se ao regime servil, para quem negar o direito de dignidade pessoal era o mesmo que reconhecer a possibilidade de existência da escravidão, possibilidade esta que, para ele, era irracional e sequer merecia ser combatida.

Contudo, a imobilidade do Direito Natural sofreu um ponto de inflexão com o advento da Escola do Recife. Capitaneado por Tobias Barreto de Meneses, esse movimento intelectual representou uma reação à velha matriz do jusnaturalismo tomista da FDR, representada por Pedro Autran e Braz Florentino. Entendendo que o Direito é o produto da cultura, que decorria da ação humana, Tobias e seus discípulos negavam a existência de um Direito Natural, posição que repercutiu em sua atitude frente ao problema do "elemento servil".

---

[643] Cf. SOUZA, 1880a, p. 57.

# PARTE III
# ECONOMIA POLÍTICA

"(...) accordingly, from the experience of all ages and nations, I believe, that the work done by freemen comes cheaper in the end than that performed by slaves"

– Adam Smith, **An Inquiry into the Nature and Causes of the Wealth of Nations**[644]

---

[644] "(...) de acordo com a experiência de todas as épocas e nações, eu acredito, que o trabalho feito por homens livres acaba sendo mais barato do que o realizado pelos escravos" (SMITH, 1852, p. 34, tradução nossa).

A economia política surgiu e se difundiu em um mundo em constante mudança, ocasionada principalmente pelo avanço do capitalismo e pelas inovações da Revolução Industrial – fenômenos intrinsecamente ligados. A publicação de **An Inquiry into the Nature and Causes of the Wealth of Nations [Uma Investigação sobre a Natureza e as Causas da Riqueza das Nações]** de Adam Smith em 1776 é considerado o marco decisivo para a disciplina, pois é a partir dessa obra que se definiriam seu caráter científico e ideológico. Os discípulos e seguidores de Smith filiaram-se à escola liberal clássica, cujos ensinamentos repercutiram não apenas na Grã-Bretanha, mas em todo o mundo europeu e também americano.

É na virada do século XIX que começam a surgir as cadeiras dedicadas ao ensino da nova ciência e, curiosamente, a primeira cadeira de "Sciencia Economica" no mundo foi criada por D. João VI no Brasil, em 1808[645]. O encarregado de regê-la foi José da Silva Lisboa, o futuro Visconde de Cairu. A iniciativa, contudo, não saiu do papel e foi apenas em 1832 que se começou a ensinar Economia Política em terras tupiniquins – no caso, no 5º ano dos cursos jurídicos. Como não podia deixar de acontecer, o ensino nas cadeiras de São Paulo e Olinda alinhava-se ao liberalismo econômico em voga, com ênfase na escola clássica inglesa e francesa[646]. Essa foi a tendência durante todo o século XIX, com uma ligeira prevalência de teóricos ingleses, motivada pela influência do Império Britânico sobre o Brasil, principalmente no âmbito econômico.

A importância da Economia Política enquanto disciplina reside no fato de que argumentos a favor e contra a escravidão eram inerentes à ciência

---

[645] Cf. HOBSBAWM, 1996, p. 239. Na França, a cadeira surgiu em 1819 no *Conservatoire des Arts et Métiers*, lecionada por Jean-Batispte Say. Na Inglaterra, foi criada em 1825 na Universidade de Oxford por Nassau Senior (ROCHA, 1993, p. 49, nota 11). Em Portugal, a criação de uma cadeira de Economia Política foi aventada em 1827, mas somente incorporada à Universidade de Coimbra em 1836 (BRAGA, 1902, t. 4, p. 77-78 e 436).

[646] Como afirma Amaury Gremaud: "desde o seu início, o ensino de economia no Brasil esteve fortemente imbuído das concepções liberais clássicas. Mesmo por que as ideias do liberalismo econômico tinham fácil penetração em um país que ainda se ressentia das tradições coloniais, as quais mal acabavam de ser eliminadas. As concepções liberais que eram ministradas no curso foram mitigadas por aspectos críticos relativos a esta teoria. Estas diferentes concepções, juntamente com os problemas decorrentes da realidade brasileira, acabaram por constituir uma simbiose particular que será construída pelos lentes e também por outros intelectuais brasileiros" (GREMAUD, 1997, p. 30).

econômica da época e foram mobilizados pelos egressos das Faculdades de Direito no debate sobre o "elemento servil" – no foro, na imprensa, no parlamento.

Nesta parte, nosso objetivo é analisar o surgimento da Economia Política no mundo, sua difusão no Brasil e quais os argumentos a favor e contra eram mobilizados pelos economistas. Em seguida, veremos como se deu a inclusão da cadeira de Economia Política nos cursos jurídicos. Tal cadeira já foi estudada no que concerne ao ensino de economia no país, mormente por teóricos de História do Pensamento Econômico[647], mas ressente-se de uma análise pela historiografia jurídica (a cadeira de Economia Política é, no mais das vezes, mencionada apenas em caráter laudatório). Por fim, analisaremos como o ensino foi efetivamente realizado ao longo dos Oitocentos em São Paulo e em Olinda/Recife: quem eram os lentes catedráticos, quais eram os compêndios utilizados e como a escravidão neles aparecia.

---

[647] Cf. HUGON, 1955; PAULA, 1942; BUENO, 1972, p. 5-7; LIMA, 1978; VIEIRA, 1981; GREMAUD, 1997; COSENTINO, 2016 e 2019; e GREMAUD, 2020.

# CAPÍTULO 5
## A ECONOMIA POLÍTICA NO BRASIL

**5.1. Uma nova ciência para um novo mundo: o surgimento da Economia Política e sua difusão no Brasil**

A Economia Política, enquanto disciplina científica autônoma, nasceu em meio às modificações causadas pela Revolução Industrial na Europa do século XVIII[648]. Com o surgimento do capitalismo como modo de produção, era necessário um sistema de ideias capaz de fornecer a ideologia para a burguesia incipiente[649]. Com efeito, não é sem exagero que se pode denominá-la como a "primeira ciência da sociedade do mundo moderno" (ROCHA, 1989, p. 98), principalmente por ter se aproveitado do racionalismo e cientificismo que vinham deste os tempos da Ilustração.

Enquanto ideologia a serviço da burguesia, é na "Escola Clássica" inglesa, representada por Adam Smith, David Ricardo e Thomas Robert Malthus, que o combate aos valores feudais vai encontrar seu mais perfeito acabamento. É justamente este combate que impulsionou a defesa do *laissez-faire* e do livre-cambismo, bem como a criação dos conceitos de

---

[648] Sobre o surgimento da Economia Política e seus primeiros pensadores, ver NUNES, 2007 e HUNT; LAUTZENHEISER, 2011. Sobre a Revolução Industrial, cf. HOBSBAWM, 1996.

[649] Neste sentido, anota António José Avelãs Nunes a tese marxista de que "a Economia Política clássica surgiu e desenvolveu-se como **ciência da burguesia**, num período em que a burguesia ascendente, em luta para ocupar a posição de classe dominante, na economia, na sociedade e no estado, era a classe em condições de (e interessada em) analisar **objetivamente** a sociedade e os mecanismos da economia" (NUNES, 2007, p. 17, grifos no original).

trabalho produtivo e improdutivo, o que, por sua vez, foi a pedra de toque na luta antiescravista.

Neste contexto de ebulição ideológica, a Corte de D. João VI se instalou no Brasil em 1808, fugindo de Napoleão. Junto ao príncipe regente, vieram vários letrados que, ao fazerem seus estudos no continente europeu, haviam se familiarizado com esta nova ciência. Ainda que alguns homens do Brasil já houvessem tido contato com a Economia Política – cite-se, por exemplo, Claudio Manuel da Costa, Azeredo Coutinho e Antônio de Moraes e Silva (ROCHA, 1993, p. 47-48) –, foi com José da Silva Lisboa (1756-1835), mais tarde Visconde de Cairu[650], que a nova disciplina foi amplamente difundida no território brasileiro. De fato, já em 1804 ele publicava seus **Principios de Economia Politica**, considerada a primeira obra científica sobre o tema publicada no Brasil (HUGON, 1955, p. 301).

Um fato, ainda que simbólico, dá bem a dimensão que Cairu teve na Corte recém-instalada: menos de um mês após a abertura dos portos em 1808, o segundo ato de D. João VI na Colônia foi instituir uma cadeira de "Sciencia Economica", cuja propriedade foi concedida a Silva Lisboa[651]. Ainda que tal iniciativa não tenha saído do papel[652], dela é possível extrairmos duas informações importantes: primeiro, que a monarquia portuguesa tratava de ajustar sua máquina de Governo à sociedade brasileira, ao cooptar homens letrados do Brasil para comporem os quadros administrativos do Estado; segundo, que o nascimento da Economia Política no Brasil esteve vinculado à ação estatal, o que serviu para impulsionar ainda mais a difusão da nova ciência (ROCHA, 1993, p. 49-50). Um outro fato serve ainda para ilustrar como a Economia Política serviu de ferramenta de poder do Estado português: Cairu não só passou a integrar os quadros da Imprensa Régia criada em 1808, como utilizou-a para imprimir suas obras, consideradas como fonte essencial de saber em função de seu papel didático (ROCHA, 1996, p. 37-39).

---

[650] Sobre ele, ver, entre outros, KIRSCHNER, 2009.

[651] Isto foi feito através do Decreto de 23 de fevereiro de 1808.

[652] Logo após sua nomeação para a "aula", José da Silva Lisboa foi nomeado Desembargador da Mesa do Paço e foi feito Deputado junto à Real Junta de Comércio, não sendo possível que ministrasse a referida "aula" (GREMAUD, 1997, p. 20). Para mais informações, ver ROCHA, 1993.

Silva Lisboa era um liberal à moda de Adam Smith. Contudo, seu liberalismo tinha um viés nacionalista acentuado, muito em função dos três séculos de política colonial que haviam impedido o surgimento da economia nacional. Daí porque pode-se falar em uma doutrina "especificamente brasileira" (HUGON, 1955, p. 302-304): "graças a Cairu deve-se, pois, o fato de, concomitantemente com a entrada, no Brasil, da ciência econômica clássica, constituir-se aqui uma doutrina liberal que, ao invés de cosmopolita como a de Smith, é nacionalista, comercialista e industrialista" (HUGON, 1955, p. 304).

A obra de Cairu é importante na medida em que, de um lado, serviu como impulsionadora dos debates que aconteciam no interior da Economia Política[653] – os argumentos antiescravidão estão aí incluídos – e, de outro, pavimentou o caminho que essa nova ciência iria seguir no Brasil após a independência, por meio das Faculdades de Direito.

## 5.2. Os argumentos a favor e contra a escravidão

Entre meados do século XVIII e as primeiras três décadas do século XIX, a Economia Política passou a adquirir um caráter científico cada vez maior, de modo que os pensadores se debruçaram sobre temas como o valor, distribuição do rendimento, trabalho etc. *Pari passu*, a nova ciência adquiria também um caráter ideológico, vez que espelhava as principais transformações sociais e econômicas da Europa, sobretudo da Inglaterra e da França. Compreensível, pois, que o liberalismo econômico passasse a imperar no pensamento dos economistas e a liberdade fosse alçada a elemento indispensável da nova ordem social – e tal liberdade somente poderia ser plenamente usufruída se os trabalhadores pudessem apropriar-se, juridicamente, de sua força de trabalho, sua única mercadoria (ROCHA, 1989, p. 100)[654]. Havia, porém, um impasse: o trabalho escravo.

Nesta ordem de ideias, a discussão entre os liberais era: o que é melhor do ponto de vista econômico, o trabalho livre assalariado ou o trabalho

---

[653] Sobre Cairu e a Economia Política, ver ROCHA, 1996.

[654] Portanto, não é de se estranhar que "os economistas políticos se opunham à escravidão e às formas de servidão feudal que ainda perduravam na Europa, posto que estas formas de organização econômica impediam que os trabalhadores dispusessem da força de trabalho como melhor lhes conviesse. Só quando prevalecesse o trabalho livre poderia ser implantada a plena liberdade econômica" (ROCHA, 1989, p. 101).

escravo? É certo que este último era lucrativo, senão sequer seria implementado nas colônias do Novo Mundo – apesar de que a maior fatia do lucro vinha mesmo do tráfico transatlântico, posto em prática já no séc. XVI, e a alta lucratividade deste "infame comércio" é o que explica a dificuldade de aboli-lo no Brasil, o que foi intentado em 1831, mas apenas realizado em 1850 (e não sem alguma dificuldade)[655]. O maior ponto de discussão girava em torno da questão da produtividade – ou seja, se comparados os dois regimes de trabalho (livre e escravo), qual seria o mais produtivo, levando-se em conta diversos fatores: custo da mão de obra, tempo, quantidade e qualidade da produção, etc.

Desde o início advogou-se pela superioridade do trabalho livre sobre o trabalho escravo. Os fisiocratas franceses já o faziam e Adam Smith afirmava em sua obra seminal **An Inquiry into the Nature and Causes of the Wealth of Nations** de 1776 que "de acordo com a experiência de todas as épocas e nações, eu acredito, que o trabalho feito por homens livres acaba sendo mais barato do que o realizado pelos escravos"[656] (SMITH, 1852, p. 34)[657]. Contudo, a argumentação empregada pelo autor escocês[658] – que foi seguida por todos os seus discípulos e divulgadores da escola clássica – não comparava em termos práticos os dois regimes; antes, a defesa se valia em grande parte de argumentos de cunho ético-filosófico, sustentando-se o horror de subjugar um outro ser humano à condição de escravo. Vale ressaltar, contudo, que Adam Smith não via problema na aplicação do

---

[655] Sobre o tráfico transatlântico de escravos, cf. COSTA, 2010b, p. 72-98; RODRIGUES, 2005; e ALENCASTRO, 2010.

[656] No original: "[...] accordingly, from the experience of all ages and nations, I believe, that the work done by freemen comes cheaper in the end than that performed by slaves".

[657] Nesta edição de 1852, Smith se refere à escravidão nas p. 33-34, 159-60, 241-42, 284-85.

[658] "In such a world slavery was not only morally objectionable but also, a priori, economically defective. Freedom for laborers was as beneficial for the masters as for the workers. (...) From the master's perspective, the costs (the 'wear and tear') entailed in maintaining and reproducing labor were at the expense of employers of both freemen and slaves. Free workers, however, cost their masters less because the poor were generally more frugal and efficient in maintaining themselves than were slaveholders in maintaining their slaves. Smith's dual thesis became a central article of abolitionist faith, ordaining and forecasting the ultimate triumph of voluntary labor.

No subsequent formulation proved to be so straightforward or so compelling to antislavery advocates during generations of political struggle against the Atlantic slave trade and Caribbean slavery" (DRESCHER, 2002, p. 21-22).

trabalho escravo nas colônias americanas (DRESCHER, 2002, p. 16-18 e 19-33 e WILLIAMS, 2021).

Um dos poucos que se aventurou a calcular e comparar o preço da mão de obra livre e escrava foi Jean-Baptste Say, em seu **Traité d'économie politique [Tratado de economia politica]** de 1803, no qual concluía que o trabalho escravo era mais produtivo; todavia, logo voltou atrás e encampou a argumentação dos demais liberais clássicos[659]. Voltaremos a esta malograda tentativa de Say mais adiante.

Não obstante, do ponto de vista prático-econômico, e com vistas a uma utópica harmonia social, dois eram os principais argumentos antiescravistas[660] invocados pelos economistas liberais (ROCHA, 1989, p. 103-106)[661]: (i) o preço elevado da mão de obra escrava, se comparado ao trabalhador livre assalariado, e (ii) a desmotivação para o trabalho, pois, não havendo possibilidade de ascensão social, o escravo sabia que nunca poderia tornar-se proprietário. Tais ideias foram desde logo abraçadas pelos abolicionistas e utilizadas na propaganda em prol do fim da escravidão na Europa e na América.

No Brasil, de José Bonifácio a Joaquim Nabuco utilizou-se a argumentação da improdutividade do elemento servil. Porém, ainda no campo econômico, o contra-argumento utilizado pela elite agrário-exportadora

---

[659] Sobre a controvérsia entre produtividade e lucratividade do trabalho escravo, ver COSTA, 2010b, p. 40-41, nota 12. Ainda, consideramos esclarecedoras as palavras da autora sobre o assunto: "a substituição do escravo pelo trabalhador livre não é (...) um simples problema de contabilidade que possa ser discutido, como querem alguns historiadores, em termos de *input* e *output*, de maior ou menor produtividade do tipo de trabalhador. (...) Qualquer tentativa de se avaliar, em termos abstratos, a superioridade ou a inferioridade do trabalho escravo em relação ao livre – como o fizeram alguns economistas – é mistificadora se não der conta da complexidade da realidade vivida pelos fazendeiros" (COSTA, 2010b, p. 44, grifos no original).

[660] Além destes, Amaury Gremaud (1997, p. 24) afirma que os economistas políticos também eram contrários à escravidão porque "i) era contrária ao direito natural e a liberdade que todos os homens deveriam ter e, ii) era pouco eficiente, mais cara e menos sujeita a inovações, se comparada com o trabalho livre".

[661] Antonio Penalves Rocha lembra que os argumentos utilizados para sustentar a possível superioridade do trabalhador assalariado sobre o escravo "nunca foram demonstrados de *per se*, e sempre apareceram como corolários de determinados raciocínios" (ROCHA, 1989, p. 103). Em outras palavras, tal argumentação sempre se deu no plano hipotético e, para o autor, não se sustentavam economicamente.

era o perigo – real e iminente – da desorganização da produção nacional, uma vez que ela dependia do trabalho escravo. Era o que bradava o Barão de Cotegipe em 1888, já às portas da abolição (BRASIL, 1889a, p. 69).

O Visconde de Cairu, alinhado que era a Smith, já no início do século XIX possuía uma "doutrina antiescravista" que, por suposto, se acomodava aos interesses da elite agrária. Ao estudar a obra do autor[662], Antonio Penalves Rocha (1996) conclui que, em linhas gerais, ainda que Cairu tenha apenas tangenciado o tema em seus livros, percebe-se que nele há uma atitude ambígua: se, como economista (atitude intelectual), ele era contrário à escravidão e inclusive colacionava argumentos contrários a ela, como político (atitude prática) ele não propunha nenhuma medida concreta[663]. Ainda assim, é possível reconhecer que Cairu cunhou um princípio básico antiescravista, principalmente a partir de sua obra **Leituras de Economia Politica**, de 1827: era preciso mitigar-se a escravidão, o que deveria ser feito pelo Estado – na contramão de Smith, para quem a intervenção estatal deveria ser mínima (ROCHA, 1996, p. 142-143).

É neste contexto de aclimatação do ideário liberal clássico por Cairu e outros que se discute a instituição de uma cadeira de Economia Política nos cursos jurídicos a serem criados no Brasil.

## 5.3. A criação dos cursos jurídicos e a Economia Política
### 5.3.1. Debates parlamentares

Logo na primeira indicação sobre a criação de uma universidade no Brasil pelo Visconde de São Leopoldo em sessão em 14 de junho de 1823, ele propunha "que na Faculdade de Direito Civil, que será sem dúvida

---

[662] Ao todo, Rocha (1996) analisa seis obras e dois artigos do Visconde de Cairu: **Princípios de Economia Política** (1804), **Observações sobre a Franqueza da Indústria, e Estabelecimento das Fábricas no Brasil** (1810), **Observações sobre a Prosperidade do Estado pelos Liberais Princípios da Nova Legislação do Brasil** (1810), **Memória dos Benefícios Políticos de El-Rei Nosso Senhor D. João VI** (1818), **Estudos do Bem Comum e Economia Política** (1819-1820), **Leituras de Economia Política ou Direito Econômico** (1827), "Considerações sobre as Doutrinas Econômicas de M. João Batista Say" (**Revista Minerva Brasiliense**, 1844-1845) e "Da Liberdade do Trabalho" (**Revista Guanabara**, 1851).

[663] Este fato é mitigado por Márcia Berbel, Rafael Marquese e Tâmis Parron, que apontam para a atuação política de Cairu na Assembleia Constituinte de 1823, na qual ele fez críticas contundentes à escravidão, cf. BERBEL; MARQUESE; PARRON, 2010, p. 163-175.

umas das que comporá a nova universidade, em vez de multiplicadas cadeiras de Direito Romano, se substituam duas, uma de Direito Público Constitucional, outra de Economia Política" (**AAC**, sessão em 14 de junho de 1823, p. 48). Tal sugestão ecoou pelos debates parlamentares sobre a criação dos cursos jurídicos em 1823 e 1826-1827: combatia-se o Direito Romano, considerado um resquício do Antigo Regime e do velho ensino coimbrão, ao passo que a nova ciência econômica era vista com bons olhos e logo incorporada ao currículo das Academias a serem fundadas. Como tais instituições serviriam para formar advogados e magistrados, e também diplomatas e "homens de Estado", entendia-se que a Economia Política era uma necessidade – como lembrava o mesmo Visconde de São Leopoldo em 1823: "hoje todos devem saber como as riquezas são produzidas, distribuídas, e consumidas na sociedade" (**AAC**, sessão em 27 de agosto de 1823, p. 135), e ratificava Bernardo Pereira de Vasconcellos em 1826: "todos, e principalmente o legislador, devem ter algum conhecimento desta ciência, necessária aos homens de qualquer profissão, porque o seu fim é aumentar a riqueza pública, e particular"[664] (**ACD**, sessão em 7 de agosto de 1826, p. 64). Esta também era a opinião de Lino Coutinho, para quem a Economia Política era "a ciência dos princípios da riqueza nacional, e que ensina ao homem de Estado a conduzir o Governo e a administração pública, arrecadando e aplicando as suas rendas, assim como se dirige a economia de uma casa particular" (**ACD**, sessão em 7 de agosto de 1826, p. 68). José Clemente Pereira fazia a associação direta entre homens de Estado e Economia Política e outras ciências análogas, como Estatística, etc.:

> Nem todos os que se formam em Direito se empregam na advocacia ou na magistratura, muitos seguem outro destino, dedicam-se à diplomacia, às finanças, etc., passam depois a ocupar os lugares de Ministros de Estado, Conselheiros, Deputados, Senadores, etc. Demais, senhores, estas doutrinas não se ensinam como indispensáveis ao gênero de vida, que há de vir a tomar o estudante, mas porque delas pode vir a ter necessidade, quando for encarregado de algum emprego, que dependa desses conhecimentos. E quando estas razões não bastem, por que motivo não havemos de familiarizar entre nós estas ciências? Por que motivo não as havemos de propagar pela nossa

---

[664] Ele também lembrava da tentativa de se criar uma cadeira para Cairu no Rio de Janeiro em 1825 (**ACD**, sessão em 7 de agosto de 1826, p. 64).

mocidade? Pois os brasileiros só estudam as ciências jurídicas para ocupar unicamente os lugares de magistratura, e ser advogados? E quem há de servir os empregos diplomáticos, os de finanças, os políticos, e os representantes da Nação? Serão os estrangeiros? (**ACD**, sessão em 8 de agosto de 1826, p. 75).

Esta visão, contudo, não era unânime. Algumas vozes se levantaram contra o momento em que devia ser ensinada (eram contrários, por exemplo, que a ensinassem no 1º ano) e até mesmo contra a sua inclusão no currículo dos cursos jurídicos – o próprio Bernardo Pereira de Vasconcellos parece ter voltado atrás em sua posição, conforme a discussão avançava:

> Esta Ciência trata do modo, por que se formam, distribuem e economizam as riquezas de uma nação, e eu não sei que vá coadjuvar ao jurisconsulto. É um conhecimento que todo o homem deve ter, não há dúvida, e eu sou o primeiro que reconheço esta verdade, mas que fique um jurisconsulto obrigado a estudar Economia Política, não julgo necessário: que haja a cadeira, bem; mas que se faça depender a formatura do estudo desta Ciência, não me parece consentâneo, não servirá senão para fazer com que os moços, que têm estudado Direito Pátrio, se esqueçam dele, por isso que no 5º ano passam logo a tratar de matéria inteiramente diferente (**ACD**, sessão em 23 de agosto de 1826, p. 238)[665].

Em todo o caso, foi aceita a incorporação da disciplina no currículo e ela passou a figurar como a 1ª cadeira do 5º ano, ao lado de "Teoria e prática do processo adotado pelas leis do Império" (2ª cadeira). Como já vimos, nos primeiros anos dos cursos jurídicos adotou-se os Estatutos do Visconde da Cachoeira, que dispunha sobre o ensino de Economia Política.

### 5.3.2. Estatutos do Visconde da Cachoeira (1825)

O Visconde de Cachoeira alocou a Economia Política no 4º ano, pois "já preparados com os conhecimentos anteriores, têm os discípulos o espírito

---

[665] E também: "tudo o mais que não tem parentesco nenhum com a aplicação da lei, eu suprimiria: estes conhecimentos são necessários, ninguém o duvida, mas não indispensáveis em Jurisprudência; pode-se ser jurisconsulto sem ter conhecimentos de Economia Política, Ciência das Rendas Públicas, etc., etc. Este curso não é para formar homens completos, não é nas aulas que eles se fazem; nós o que queremos são pessoas que possam servir os lugares da magistratura" (**ACD**, sessão em 23 de agosto de 1826, p. 240).

mais apto e medrado para compreender as verdades abstratas e profundas desta ciência" (CACHOEIRA, 1878, p. 27). Em seguida, ele estipulava qual deveria ser a atitude do professor:

> Dará aos seus ouvintes uma ideia clara, e do que por ela se deve entender, explicando-lhes que o seu principal objeto é produzir, fomentar, e aumentar, a riqueza nacional. Extremá-la-á da política e de todas as outras partes da jurisprudência em geral, mostrando a diferença que existe entre cada uma delas e a primeira. Fará ver por via de uma história resumida a origem, progressos, o atual estado desta ciência, que andando espalhada, e confundida entre as outras, de tempos modernos para cá, começou a formar uma ciência particular. Dará notícia das diversas seitas dos economistas, dos demasiadamente liberais, dos que seguem o sistema comercial, ou restrito, e dos que trilham uma vereda média, e dos motivos que justificam a cada um em particular. Fortificará suas doutrinas com o uso das nações ilustradas, fazendo ver, mais por preceitos acomodados à prática, do que por teorias metafísicas e brilhantes, o uso que dela se deve fazer, para aumentar os mananciais da pública riqueza (CACHOEIRA, 1878, p. 27).

O compêndio indicado era o **Catecismo de Economia Política** de Jean-Baptiste Say,

> que, contendo verdades símplices, elementares, e luminosas, e que podem fortificar-se com as doutrinas mais amplamente expedidas no tratado de economia política do mesmo autor, é um livro próprio para servir de guia no estudo desta ciência (CACHOEIRA, 1878, p. 27).

Além de Say, Cachoeira também propunha que o lente se servisse de Adam Smith, Thomas Malthus, David Ricardo, Simonde de Sismondi[666], William Godwin, Heinrich Friedrich von Storch, Charles Ganilh[667] e

---

[666] Cachoeira fala em "Sismondi, Silmondi" como se fossem dois autores separados, mas deve ter sido erro de impressão.
[667] Sobre eles, ver HUGON, 1955, p. 305-307. Amaury Gremaud elenca suas principais obras: Smith, **A Riqueza das Nações** (1776); Malthus, **Ensaio sobre os Princípios da População** (1803) e **Princípios de Economia Política** (1820); Ricardo, **Princípios de Economia Política e Tributação** (1817), Say, **Tratado de Economia Política** (1804), **Catecismo de Economia Política** (1815) e, posteriormente, **Curso de Economia Política** (1828); Sismondi,

outros, "bem como dos opúsculos do sábio autor do direito mercantil[668], para dar às verdades concisamente expendidas no mencionado catecismo toda a extensão, de que são suscetíveis" (CACHOEIRA, 1878, p. 27). Tais autores sugeridos figuram em diversos anúncios de venda de livros em São Paulo[669] e Recife[670] na década de 1830.

Com efeito, o **Catecismo de Economia Politica** de Say logo foi adotado em São Paulo, onde permaneceu como livro texto entre 1832 e 1859. No Recife, no início (entre 1832 e 1848) optou-se pelos **Elementos de Economia Politica** de James Mill, que não figura na lista do Visconde da Cachoeira, mas está inserido na mesma tradição da escola liberal clássica; mesmo assim, livros de Say são vendidos em Recife entre 1830 até pelo menos a década de 1870[671], demonstrando sua difusão na região.

Por fim, vale lembrar que as instruções preconizadas pelo Visconde da Cachoeira acima referidas não foram de todo colocadas em prática, pois, como a cadeira de Economia Política ficou sendo do 5º ano em 1827, seu ensino só foi iniciado em 1832, já na vigência dos novos estatutos de 7 de novembro de 1831.

Agora, resta saber como se deu, de fato, o ensino nas duas Academias do Império.

---

**Princípios de Economia Política** (1803) e **Novos Princípios de Economia Política** (1819); Godwin, **Ensaio sobre a Justiça Política** (1793) (GREMAUD, 1997, p. 29, nota 53).

[668] Provavelmente uma referência a Pierre B. Boucher, já citado por Cachoeira ao tratar do Direito Comercial (CACHOEIRA, 1878, p. 22) e que em 1803 havia publicado **Institution au Droit Maritime**.

[669] Por exemplo: **O Observador Constitucional**, São Paulo, 2 de julho de 1830, p. 256 (Say e Ganilh) e **O Novo Farol Paulistano**, São Paulo, 27 de setembro de 1833, p. 886 (Say, Storch, Ganilh).

[670] Por exemplo: **O Cruzeiro**, Recife, 16 de julho de 1830, p. 230 (Say, Ganilh, Malthus, Storch, Ricardo, Smith); **O Cruzeiro**, Recife, 8 de março de 1831, p. 209 (Say, Ganilh, Malthus, Storch, Ricardo); **Diario de Pernambuco**, Recife, 14 de março de 1833, p. 213 (Say, Ganilh, Malthus, Storch); e **Diario de Pernambuco**, Recife, 4 de julho de 1837, p. 4 (Smith, Say, Storch, Sismondi, Ganilh).

[671] Livros de Say são muito anunciados até a década de 1850 e depois começam a rarear. Contudo, nos anos 1870 é ainda possível encontrá-lo à venda – por exemplo, em 1872 anunciava-se "economia politica" de Say aos estudantes da FDR ("Aos senhores academicos", **Diario de Pernambuco**, Recife, 19 de janeiro de 1872, p. 5).

# CAPÍTULO 6
# NA FACULDADE DE DIREITO DE SÃO PAULO

## 6.1. Os lentes[672]
### 6.1.1. Carlos Carneiro de Campos (Visconde de Caravelas) (1805--1878)[673]: entre 1829 e 1858

Carlos Carneiro de Campos nasceu na Bahia em 1805 e fez o curso de Direito em Paris[674], onde recebeu o grau de doutor em 1827. Foi nomeado lente catedrático de Economia Política em 1829 e, enquanto a disciplina não era oferecida (como era uma cadeira do 5º ano, somente seria oferecida em 1832), atuou como lente substituto; foi jubilado em 1858. Foi diretor da Faculdade de Direito de S. Paulo entre 1833 e 1835. Fundou, com outros colegas, a Sociedade Philomatica, cuja revista dirigiu. Faleceu em 1878.

Além de lente, teve uma larga carreira política[675], servindo como deputado à Assembleia Provincial da Bahia, deputado geral (quatro legislaturas, 1838-1841, 1843-1844, 1850-1852 e 1853-1856) e senador (de 1857 até seu falecimento em 1878) por São Paulo. Foi vice-presidente da Província de São Paulo (1852-1853)[676] e presidiu a Província de Minas Gerais em duas

---

[672] Para a lista de catedráticos, cf. MACHADO JÚNIOR, 2010, p. 41.
[673] Cf. BLAKE, 1893, p. 58; VAMPRÉ, 1977, v. 1, p. 101-102; FERREIRA, 1928a, p. 17-18; EDITOR, 1993b; e NOGUEIRA, 1907, v. 1, p. 81-84.
[674] Quando chegou em Paris para estudar Direito em 1824, exprimia-se mal em latim e não sabia falar uma palavra de francês (DELAVAU; FRANCHET, 1829, p. 351).
[675] Cf. NOGUEIRA; FIRMO, 1973, p. 115-116.
[676] Cf. EGAS, 1926, p. 837-839.

ocasiões (1842 e 1857-1860). No âmbito do Governo Central, foi Ministro dos Negócios Estrangeiros nos gabinetes Zacarias (1862), Furtado (1864) e Rio Branco (1873-1875) e Ministro dos Negócios da Fazenda também no gabinete Furtado (1864-1865). Pertenceu ao Conselho de Estado e foi também diretor do Banco do Brasil e inspetor geral do Tesouro Nacional.

Enquanto senador por São Paulo, Carneiro de Campos votou contra a Lei do Ventre Livre de 1871. Quando da discussão do projeto de lei, ele dizia ter sido um adversário da escravidão desde sua mocidade. Sua motivação para opor-se ao projeto era que acreditava "que não consulta ele os interesses da organização do trabalho livre, nem obterá o seu fim, parcial como é, sem grandes perturbações que outro sistema porventura arredaria, e sem a ruína do tesouro, que também se pode evitar" (BRASIL, 1871, v. 1, p. 313). Para evitar tais perturbações, ele propôs uma emenda para que a escravidão fosse abolida em 7 de setembro de 1899, sem indenização (BRASIL, 1871, v. 1, p. 315).

Ele recebeu vários títulos[677], dentre os quais o de terceiro Visconde de Caravelas (em 1872) – ele era sobrinho de José Joaquim Carneiro de Campos, o primeiro Visconde de Caravelas e redator da Constituição de 1824[678]. Casou-se com Fabrizia Ferreira França e em segundas núpcias com Bárbara Galdina de Oliveira Jacques.

Sua produção bibliográfica resume-se à já referida participação na **Revista da Sociedade Philomatica**[679] e vários relatórios que produziu enquanto ocupava os cargos de Presidente de Província e Ministro de Estado, com destaque para o relatório apresentado à Assembleia Geral em 1865 referente à crise comercial de setembro de 1864 – o mais notável de seus relatórios, na opinião de Luiz Nogueira de Paula (1942, p. 26). Não confeccionou nenhuma obra relativa à sua cadeira, preferindo adotar o **Catecismo de Economia Política** de J. B. Say[680].

---

[677] Cf. FERREIRA, 1928a, p. 18.

[678] Almeida Nogueira (1977b, p. 90) e Waldemar Ferreira (1928a, p. 17) apontam erroneamente que ele se formou em Coimbra. Tal equívoco provavelmente deriva do fato de que seu tio e primeiro Marquês de Caravelas, José Joaquim Carneiro de Campos, formou-se na instituição portuguesa em 1797 (MORAIS, 1949, p. 356).

[679] Ele assina a introdução do nº 1 junto com Francisco Bernardino Ribeiro e José Ignacio Silveira da Motta (**REVISTA da Sociedade Philomathica**, 1977, p. 3-17).

[680] Almeida Nogueira afirma que "o compêndio adoptado era uma obra resumida de João Baptista Say" (NOGUEIRA, 1908, v. 5, p. 114). Spencer Vampré (VAMPRÉ, 1977, v. 1, p. 102)

Para Almeida Nogueira, Carneiro de Campos "não somente era senhor da doutrina econômica, mas ainda a desenvolvia com proficiência e com raro fulgor de expressão" (NOGUEIRA, 1907, v. 1, p. 81-82), imagem está que é corroborada por Spencer Vampré: "perfeitamente senhor das doutrinas econômicas, eloquente na expressão, arguto na análise das controvérsias, e, o que é mais, entusiasta da matéria que ensinava, deixou Carneiro de Campos fama de exímio professor" (VAMPRÉ, 1977, v. 1, p. 102). Francisco Rezende rememora a figura de Carneiro de Campos na cátedra:

> Alto, magro, sempre teso, não havia quem o visse e sobretudo quem o tivesse ouvido que com ele desde logo não simpatizasse. Figura esbelta e que desde logo infundia respeito, Carneiro de Campos era um lente que a ninguém reprovava. Formado unicamente, segundo creio, em ciências sociais, pouco ou nada talvez soubesse de direito. Mas na matéria que ensinava; que imensa profundeza! Mas sobretudo, que melíflua persuasão! Quanto a mim, foi o lente que mais me encheu as medidas. Ninguém mais ensinava e ninguém menos cansava. O depois Visconde de Caravelas tinha o verdadeiro dom de despertar a mais profunda curiosidade. E o seu sistema era quase sempre o seguinte. Ele estabelecia uma tese; esta tese, apenas exposta, não havia quem a não considerasse o maior de todos os absurdos: ele então começava com a sua voz extremamente fraca a demonstrá-la; e quando aquele elevado e tão simpático argumentador havia por fim chegado à verdadeira ou à mais importante das suas conclusões, não havia talvez um único dos seus ouvintes, que não se achasse inteiramente satisfeito, e ao qual não se afigurasse como o maior dos absurdos, que se pudesse pensar jamais de outra maneira (REZENDE, 1944, p. 289).

### 6.1.2. Luiz Pedreira do Couto Ferraz (Visconde de Bom Retiro) (1818-1886): entre 1858 e 1859

Já nos referimos a Luiz Pedreira do Couto Ferraz quando tratamos dos lentes de Direito Natural[681]. Ele ocupou a cadeira de Economia Política entre maio de 1858 e outubro de 1859, quando permutou com João da Silva

---

afirma tratar-se do **Catecismo** do autor, o que é seguido por Paul Hugon (1955, p. 310). Com efeito, em 1836 consta que o compêndio da cadeira era "Cathecismo de Say" (MÜLLER, 1923, p. 257).
[681] Ver item 3.1.7.

Carrão. Ao que tudo indica, não efetuou nenhuma mudança substancial no ensino da disciplina – tanto é assim que as memórias históricas de 1858 e 1859 não mencionam mudança de compêndio e apontam que nos dois anos a cadeira foi regida por lentes substitutos: Antônio Joaquim Ribas e Martim Francisco Ribeiro de Andrada em 1858 (SILVA, 1859, p. 1) e José Bonifácio de Andrada e Silva em 1859 (SILVA, 1860, p. 2). Ainda, em 1858 ele foi nomeado inspetor da Caixa de Amortização (FERREIRA, 1928b, p. 58) e em 1859 acompanhou D. Pedro II[682] em sua visita ao norte do Império como veador[683], ausentando-se assim da Faculdade. Nada produziu sobre Economia Política.

### 6.1.3. João da Silva Carrão (1810[684]-1888)[685]: entre 1859 e 1881

João da Silva Carrão nasceu em Curitiba, então pertencente à Província de São Paulo, em 1810. Formou-se na Faculdade de Direito de S. Paulo em 1837[686], ano em que foi nomeado oficial guarda livros interino do Curso Jurídico. Defendeu teses em 1838 e foi aprovado simplesmente. Em seguida, prestou concurso para lente substituto, tendo como adversário Gabriel Rodrigues dos Santos, mas o certame foi anulado. Prestou novo concurso em 1843[687] e foi escolhido como substituto, sendo nomeado em 1845. Foi promovido a lente catedrático de Direito Natural em setembro de 1858 e tomou posse em maio de 1859; permutou com Luiz Pedreira do Couto Ferraz e em outubro de 1859 assumiu como catedrático de Economia Política, jubilando-se em 1881. Faleceu em 1888.

---

[682] D. Pedro II e Couto Ferraz eram muito próximos – tanto é assim que foram juntos em viagens do Imperador ao exterior, cf. BEDIAGA, 1999.

[683] Cf. AULER, 1952.

[684] Sacramento Blake aponta seu nascimento em 1814 (BLAKE, 1898, p. 48).

[685] Cf. BLAKE, 1898, p. 48-49; NOGUEIRA, 1910, v. 8, p. 29-49; VAMPRÉ, 1977, v. 1, p. 161-163; FERREIRA, 1928b, p. 59-60; e SANTOS, 1968.

[686] Segundo Almeida Nogueira, foi o primeiro de sua turma (NOGUEIRA, 1910, v. 8, p. 31).

[687] Um episódio curioso diz respeito à discussão na Congregação se se deveria levar em consideração as opiniões políticas dos candidatos. À época, Carrão já cerrava fileiras junto ao Partido Liberal; em 1842, um ano antes do concurso, houve a Revolução Liberal, que causou desgaste entre os liberais paulistas e a Corte. Consultado, o Governo central disse que "a congregação dos lentes deve atender somente às faculdades intelectuais e à capacidade literária dos concorrentes, ficando todas as mais considerações à prudência e ponderação do governo" (NOGUEIRA, 1910, v. 8, p. 34). A demora na resposta do Governo é o motivo pelo qual ele foi aprovado em 1843, mas somente foi nomeado em 1845.

Teve uma destacada atuação na política[688]: foi deputado provincial em São Paulo (1842-43, 1848-49, 1856-57, 1860-61, 1862-63, 1868-69), tendo sido presidente da Assembleia Provincial em várias ocasiões (1860, 1862, 1863, 1868 e 1869)[689]; deputado geral (1846-1847, 1848, 1857-1860, 1861-1863, 1864-1866) e senador (entre 1880 e 1888, quando faleceu) por São Paulo. Ainda, foi Ministro da Fazenda no gabinete Olinda (1866)[690] e presidente das Províncias do Pará (1857-1858) e de São Paulo (1865--1866)[691]. Carrão possuía as comendas da Ordem da Rosa e da de Cristo e foi agraciado com o título de Conselheiro. Casou-se com Porcina Nogueira, filha de Antônio José Nogueira.

Poucas foram as obras escritas por Carrão, destacando-se os relatórios oficiais e suas teses apresentadas para obter o grau de doutor e para os dois concursos que prestou na Faculdade de Direito. Em relação à Economia Política, não deixou nenhuma obra. No tocante ao jornalismo, dirigiu **O Novo Farol Paulistano**, entre 1835 e 1837, fundou **O Americano** em 1844 e em 1849 redigiu **O Ypiranga**, órgão do partido liberal; é possível que tenha contribuído também em outros periódicos. Como seus colegas, também atuava no foro, como advogado[692], árbitro[693], avalista[694] e parecerista[695].

---

[688] Cf. NOGUEIRA; FIRMO, 1973, p. 123.

[689] Informações retiradas do site de Acervo Histórico da Assembleia Legislativa do Estado de São Paulo (https://app.al.sp.gov.br/acervohistorico/).

[690] Sobre sua atuação como Ministro da Fazenda, ver NABUCO, 1898, t. 2, p. 355-363.

[691] Cf. EGAS, 1926, p. 345-356.

[692] Por exemplo, "Revista Crime n. 2281", **O Direito**, anno V, v. 13, mai./ago. 1877, p. 100-105; o advogado da parte contrária era seu colega de Congregação, Sá e Benevides. Vale destacar que ele advogou no "Pleito Mauá", em que defendeu a São Paulo Railway & C. Limited (Ver **Pleito Mauá e Memorial analítico por parte da Cia. de E. de Ferro de Santos a Jundiaí (São Paulo Railway Co. Limited)**. Rio de Janeiro: Typ. Academica, 1877 e **Pleito Mauá. Memorial do conselheiro João da Silva Carrão advogado da S. Paulo Railway Co. (Limited) e diversos artigos**. Rio de Janeiro: Typ. Academica, 1877).

[693] Por exemplo, "Revista Civel n. 9366", **O Direito**, anno VII, v. 19, mai./ago. 1879, p. 337--344; o outro árbitro era Sá e Benevides.

[694] Por exemplo, "Revista Commercial n. 9827", **O Direito**, anno X, v. 27, jan./abr. 1882, p. 565-571; o outro avalista era Ubaldino do Amaral.

[695] Por exemplo, "Apellação Civel", **O Direito**, anno XI, v. 31, mai./ago. 1883, p. 339-364; também foram pareceristas A. Teixeira de Freitas, J. F. da Costa Pereira, P. Leão Velloso, A.

Na falta de escritos deixados por ele, sua atuação como advogado pode dar pistas sobre sua postura frente ao elemento servil. Em 1875[696], subiu ao Tribunal da Relação de São Paulo um caso referente ao escravo Marianno, que alegava ter sido introduzido no Brasil após a lei de 7 de novembro de 1831 (Lei Feijó), que havia extinguido o tráfico, e, portanto, devia ser considerado livre; seu curador era J. A. de Camargo (muito provavelmente Joaquim Augusto de Camargo, àquela altura candidato a uma posição de lente substituto na FDSP e posteriormente catedrático de Direito Criminal em 1881[697]). Carrão era o advogado do proprietário do escravo, Antônio José de Freitas Junior, e argumentava que, na falta de provas sobre a idade de Marianno, a liberdade não poderia ser presumida. Ele assim argumentava:

> cumpre-lhe provar que é livre, porque o fato de estar possuído como escravo firma contra ele a presunção de escravidão, que só pode ser desfeita por provas. É o que estabelece em termos claríssimos e muito racionalmente a lei 7ª § 5º do Digesto de Lib. causa (liv. 40 tít. 12). (...)
> 
> Vê-se que há aqui uma regra muito racionál; – e seja qual for o modo por que se considere a escravidão (que ninguém felizmente deixa de condenar em princípio), não é possível deixar de reconhecer a verdade da regra, pois *dura lex, sed lex* (**O Direito**, anno V, v. 12, jan./abr. 1877, p. 300, grifos no original).

O Tribunal lhe deu razão e Marianno não obteve sua liberdade.

Este caso é muito interessante porque a utilização da lei de 1831 era uma estratégia dos abolicionistas para tentar libertar pessoas escravizadas. Isto, contudo, causava muito debate e os escravocratas – a quem, neste caso, Carrão se alinhava – argumentavam que não seria possível admitir a utilização de tal lei, pois, se assim o fosse, todos os escravos introduzidos após 1831 seriam considerados livres e isso provocaria uma verdadeira desorganização social e econômica[698].

---

J. Ribas, Baptista Pereira, J. J. Fernandes da Cunha, J. J. Fernandes da Cunha Filho, M. B. Fontenelle e A. A. de Souza Carvalho.

[696] Cf. "Appellação Civel n. 118", **O Direito**, anno V, v. 12, jan./abr. 1877, p. 297-300.

[697] Cf. FERREIRA, 1928b, p. 79.

[698] Para a utilização da lei de 1831 por abolicionistas e escravocratas, cf. CHALHOUB, 2012; MAMIGONIAN, 2011; GRINBERG, 2009; e AZEVEDO, 2007, entre outros.

O conselheiro Carrão era, segundo Almeida Nogueira, que foi seu aluno, "erudito, arguto e dialético temível" (NOGUEIRA, 1907, p. 304). Ainda segundo ele, Carrão "assinalava-se nas suas explicações pela clareza, pelo método e pelo alto critério com que seguia e professava as melhores doutrinas. A sua cadeira foi por longos anos a de Economia Política, estudo que ele aprofundava e cuja evolução com solicitude seguia" (NOGUEIRA, 1910, v. 8, p. 35). Enquanto lente,

> o dr. Carrão falava em voz baixa, sempre no mesmo diapasão, em estilo singelo, mas correto e fluente, e com ligeiro sotaque paulistano. Fazia-se espontâneo silêncio em toda a sala – tal a avidez de se colherem todas as suas palavras, tais o respeito e a admiração que ele inspirava.
> Nos atos [exames], e, principalmente, nas defesas de teses, era temido como terrível dialético; entretanto, raríssimas vezes ele negou a sua esfera branca[699] ao bacharelando ou doutorando que examinava (NOGUEIRA, 1910, v. 8, p. 35).

Sua inovação em relação à cadeira de Economia Política foi ter incorporado a partir de 1868 ou 1869[700] as ideias de Henry Dunning Macleod, jurista formado na Grã-Bretanha e que ele conheceu através da obra **Une révolution en Économie Politique**: exposé des doctrines de M. Macleod [**Uma revolução em Economia Política**: exposição das doutrinas do Sr. Macleod] de Henri Richelot (NOGUEIRA, 1907, p. 304):

> de posse da lógica invencível desse notável economista, cujas armas ele manejava com superior habilidade, fazia mais que destruir: pulverizava todas as objeções dos antagonistas. Encantados de ouvi-lo e de apreciar-lhe a valentia da dialética, os seus alunos faziam-se de pronto discípulos convencidos e sobre – a **noção** da Economia Política, sobre **valor, produção, capital, crédito, moeda**, etc., aceitavam e propagavam as sedutoras inovações do economista escocês (NOGUEIRA, 1910, v. 8, p. 35, grifos no original).

[699] O julgamento nos exames preparatórios, atos acadêmicos e concursos para lente substituto se davam mediante o depósito de uma esfera em uma caixa, garantindo o escrutínio secreto. A esfera branca significava aprovação e a esfera negra, reprovação. Para ser aprovado, o candidato deveria obter a maioria das esferas brancas.

[700] Almeida Nogueira aponta essas duas datas: 1868 (NOGUEIRA, 1907, v. 2, p. 304) e 1869 (NOGUEIRA, 1910, v. 8, p. 35).

Não obstante, ele também sofreu a influência de Bastiat e Chevalier (HUGON, 1955, p. 310) e adotou, por imposição do Governo Central, o compêndio de Economia Política de Pedro Autran (2ª edição) (CARVALHO, 1872, p. 3). Este último fato é ignorado pela maioria dos historiadores do pensamento econômico brasileiro do século XIX, que provavelmente se fiaram somente no relato de Almeida Nogueira (NOGUEIRA, 1913, v. 1, p. 94).

Carrão não era, contudo, dos lentes mais assíduos. Segundo Almeida Nogueira, ele preferia dedicar-se mais à viticultura[701] do que comparecer à Academia[702] (NOGUEIRA, 1908, v. 5, p. 267); entretanto, "agastava-se (...) quando o diretor lhe dava substituto. Era o substituto ser nomeado, e logo no dia seguinte comparecia o conselheiro Carrão", isso por que ele "receava, com razão, que outro lente, não iniciado nas doutrinas de Macleod, perturbasse o seu ensino sistemático"[703] (NOGUEIRA, 1908, v. 5, p. 268) – foi o caso de Vieira de Carvalho, lente recém-nomeado que o substituiu em 1875 e "não acompanhava a evolução Macleodiana" e, por isso, era um "grave inconveniente para o ensino daquela disciplina" (NOGUEIRA, 1909, v. 7, p. 280).

Traçando-lhe o perfil mais amplo, afirma Almeida Nogueira que Carrão possuía um temperamento conservador com ideias adiantadas, vez que "aceitava todas as teses liberais do Direito Público e da Economia Política. Assim, era pela extinção do Poder Moderador, pela eleição direta, pela separação da Igreja do Estado, pela liberdade de comércio e de indústria, etc." (NOGUEIRA, 1910, v. 8, p. 40). E acrescenta o memorialista:

---

[701] Em uma de suas passagens por São Paulo, D. Pedro II visitou as plantações de Carrão (BEDIAGA, 1999, v. 16, 29 de agosto de 1875).

[702] "Durante o ano letivo, mesmo quando não era distraído do serviço da Academia por deveres de representação política, ainda assim o dr. Carrão mostrava-se pouco assíduo às aulas. Falhava às vezes consecutivamente oito, dez, quinze dias" (NOGUEIRA, 1910, v. 8, p. 36). Outra prova da falta de comprometimento com a Faculdade de Direito é o fato de que ele foi encarregado de apresentar as memórias históricas de 1868 e 1869, e não o fez (ANDRADE, 1871, p. 4).

[703] "Entendia ele (e não diremos que sem razão) que o ensino do substituto, sectário de princípios diversos, não aproveitaria aos alunos, e, ao contrário, não faria senão baralhar--lhes as ideias e prejudicar os progressos já porventura alcançados" (NOGUEIRA, 1910, v. 8, p. 36).

Em direito, seguia a escola histórica e apreciava Savigny; em filosofia, era spencerista; em política, liberal, como Gladstone, Benjamin Constant, Laboulaye; liberal também na doutrina econômica, cujos autores prediletos eram para ele Macleod, Bastiat e Michel Chevalier. Em matéria de religião e de moral era discretamente cético (NOGUEIRA, 1910, v. 8, p. 47).

### 6.1.4. Joaquim José Vieira de Carvalho (1842[704]-1899)[705]: entre 1881 e 1896

Joaquim José Vieira de Carvalho nasceu em Santos em 1842. Formou-se na Faculdade de Direito de S. Paulo em 1862 e defendeu teses em 1863. No ano seguinte, foi juiz municipal em Campinas[706] e depois tornou-se advogado na localidade. Prestou concurso na FDSP em 1872, no qual ficou em segundo lugar, atrás de Antônio Dutra Rodrigues, que foi nomeado. Inscreveu-se em novo certame em 1874, tendo como contendores Joaquim Augusto de Camargo e José Rubino de Oliveira, os quais também haviam tentado uma vaga de substituto dois anos antes. Obteve a primeira colocação e foi nomeado lente substituto no mesmo ano. Foi promovido a lente catedrático de Economia Política em 1881, cadeira em que permaneceu até 1896. Faleceu em 1899.

Como seus antecessores, Vieira de Carvalho advogava[707] e também participou da política, entretanto sua atuação se deu na esfera local: foi deputado provincial em São Paulo (1876-1877 e 1878-1879) e, após a Proclamação da República, senador no mesmo Estado (1891)[708]. Apesar de sua filiação ao Partido Conservador, "foi um dos grandes propugnadores do abolicionismo paulista, auxiliando e orientando seus paladinos, ou defendendo-os na tribuna do júri, sempre que necessário" ("Galeria

---

[704] Carlos Penteado de Rezende afirma, baseado na pesquisa do genealogista Francisco de Barros Brotero, que Vieira de Carvalho nasceu em 1841 (NOGUEIRA, 1977, v. 5, p. 233).
[705] Cf. BLAKE, 1898, p. 181; VAMPRÉ, 1977, v. 2, p. 230; NOGUEIRA, 1977, v. 5, p. 233-234, pesquisa de Carlos Penteado de Rezende; e FERREIRA, 1928b, p. 78.
[706] Por exemplo, uma sentença sua em "Appellação n. 13947", **Gazeta Juridica**, anno II, v. 2, jan. 1874, p. 76-81.
[707] Por exemplo, "Revista Civel n. 9178", **Gazeta Juridica**, anno VI, v. 18, jan./mar. 1878, p. 407-448 e "Appellação Civel n. 1325", **O Direito**, anno XV, v. 42, jan./abr. 1887, p. 183-194.
[708] Spencer Vampré (1977, v. 2, p. 230) e Waldemar Ferreira (1928b, p. 78) afirmam que ele foi deputado à Constituinte Paulista, contudo seu nome não conta na lista de deputados constituintes da 1ª legislatura (1891/1892).

dos Juristas Filhos de Santos", **A Tribuna**, Santos, 26 de janeiro de 1939, p. 28[709]). Era membro do IAB. Casou-se com Carolina Xavier e era pai do Dr. Arnaldo Vieira de Carvalho, primeiro diretor da Faculdade de Medicina e Cirurgia de S. Paulo (atual Faculdade de Medicina da Universidade de São Paulo).

Dentre sua produção bibliográfica, destacam-se as teses e dissertação apresentadas para o doutoramento (CARVALHO, 1863) e para os concursos de 1872 e 1874, bem como a memória histórica da Faculdade de Direito de S. Paulo do ano de 1874 (CARVALHO, 1875). Além disso, fez contribuições à **Revista Juridica**, publicada no Rio de Janeiro[710].

Pouco se sabe sobre sua atuação enquanto professor – Spencer Vampré afirma apenas que "mostrou-se lente cumpridor de deveres, e logrou justificado renome" (VAMPRÉ, 1977, v. 2, p. 230). Almeida Nogueira (NOGUEIRA, 1913, v. 1, p. 94) dá notícia de que, em matéria de Economia Política, ele seguia os italianos Antonio Ciccone e Luigi Cossa, este neoclássico (seguindo Say) e aquele neoliberal (seguindo Macleod) (VIEIRA, 1981, p. 354).

### 6.2. Os compêndios
#### 6.2.1. *Catéchisme d'Économie Politique* (1815), de Jean-Baptiste Say

Carlos Carneiro de Campos, que ocupou a cátedra de Economia Política entre 1829 e 1858, optou por adotar o **Catéchisme d'Économie Politique** [Catecismo de Economia Política] de Jean-Baptiste Say. Tal escolha se deve a dois fatores: formado em Paris, cedo o lente deve ter tido contato com as ideias do economista francês, em cujo **Catecismo** elas se encontravam; além disso, os Estatutos do Visconde da Cachoeira (1825) preconizavam especificamente a adoção da obra de Say, autor já consagrado à época.

Ao que tudo indica, foi o compêndio adotado nos vinte e nove anos em que Carneiro de Campos esteve à frente da disciplina[711] (HUGON,

---

[709] Esta notícia também aponta que ele foi por várias vezes vereador em Santos.

[710] Em 1872, publicou um artigo na seção de "Doutrina" sobre Direito Comercial (**Revista Juridica**, Rio de Janeiro, 1, 1872, v. 12, p. 9-22) (FORMIGA, 2010, p. 96).

[711] Em nota literária de 1850, Francisco Manuel Raposo de Almeida aponta o Cathecismo de Say como o compêndio de Economia Política ("Recordações de Viagens, de F. M. Raposo d'Almeida", **O Mercantil**, Santos, 16 de novembro de 1850, p. 2).

1955, p. 310), sendo provavelmente também utilizado por Couto Ferraz, no breve interregno em que ocupou a cadeira de Economia Política[712] e por Carrão, em seu primeiro ano como titular – assim, figurou como compêndio oficial entre 1832 e 1859.

Considerado o pai da Economia Política na França, Jean-Baptiste Say (1767-1832) assumiu a primeira cátedra da disciplina no país, criada em 1819 no *Conservatoire des Arts et Métiers* de Paris.

Em relação ao pensamento de Say, não há dúvidas sobre sua posição confessadamente antiescravista, principalmente por partilhar as ideias dos liberais ingleses do final do século XVIII. Contudo, deve-se ressaltar que tal posição modificou-se conforme o autor foi escrevendo sua obra: entre a primeira (1803) e a quinta edição (1826) de seu **Tratado de Economia Política**, sua opinião sobre o preço e a produtividade do trabalho escravo foi alterada. Isto assume especial importância no Brasil, quando se leva em conta que, além dos textos de Say terem sido canônicos (BOSI, 1992, p. 214), suas ideias sobre escravidão "foram discutidas por diferentes gerações de letrados brasileiros do século XIX, sendo que alguns leram a edição de 1803 do **Tratado**, e outros a de 1826, apreendendo, desse modo, opiniões sobre a escravidão de um mesmo autor radicalmente diferentes" (ROCHA, 2000, p. 181)[713].

De forma resumida[714], na 1ª edição do **Tratado**, Say sustentou que o trabalho escravo era mais barato e mais produtivo que o trabalho livre, o que lhe rendeu diversas críticas[715]. Entre a terceira e quinta edição do **Tratado**, o autor francês mudou de posicionamento. Se em 1817

---

[712] As memórias históricas de 1858 e 1859 nada dizem sobre mudança de programa ou compêndio na disciplina (SILVA, 1859 e SILVA, 1860).

[713] O **Tratado** também foi muito lido no sul dos Estados Unidos, cf. CARLANDER; BROWNLEE, 2006, p. 397 et seq.

[714] Sobre as mudanças de Say nas diversas edições do seu **Tratado**, ver ROCHA, 2000 e DRESCHER, 2002, p. 63-69.

[715] Por exemplo, Charles Ganilh, **Dos sistemas de economia política** (1806) e Adam Hodgson, com "Uma carta ao Sr. Jean-Baptiste Say sobre a comparação dos gastos entre o trabalho livre e escravo" (1823). A opinião de Say chegou a ser combatida inclusive no Brasil, pelo Visconde de Cairu (**Estudos do bem comum e economia política**, de 1819 e **Leituras de economia política**, de 1827) e João Severiano Maciel da Costa (**Memória sobre a necessidade de abolir a introdução de escravos africanos no Brasil**, de 1821) (ROCHA, 2000, p. 182-186 e 189-195).

(3ª edição) houve uma amenização na linguagem e um "afrouxamento das convicções anteriores" (ROCHA, 2000, p. 196), em 1826 (5ª edição, última publicada em vida) o texto foi quase que inteiramente reescrito, passando-se a fazer uma crítica econômica da escravidão, considerada nociva à produção, distribuição e consumo das riquezas[716], à moda dos economistas clássicos ingleses.

O **Catecismo de Economia Política** de Say apareceu pela primeira vez em 1815, justamente entre a 1ª e 3ª edição do **Tratado**. Em vida, Say publicaria mais duas edições do **Catecismo**, em 1821 e 1826. Postumamente, foram publicadas mais três edições (em 1834, 1839 e 1881, respectivamente), todas revistas e aumentadas com notas e prefaciadas por Charles Comte, seu genro. A obra foi traduzida para o português, com uma edição portuguesa em 1822[717] e uma brasileira em 1834[718], de modo que seu acesso ficou facilitado aos estudantes de Direito.

Não é possível precisar-se qual a edição[719] do **Catecismo** foi a mais utilizada na Faculdade de São Paulo, seja em português, seja em francês. Porém, tal questão perde importância se se levar em conta que o posicionamento do autor em relação à escravidão foi mantido: pelo menos nas três

---

[716] Para Antonio Penalves Rocha, a mudança de opinião do autor entre 1803 e 1826 se deve à somatória de dois elementos: "primeiro, as convicções antiescravistas de Say, manifestadas antes da publicação do **Tratado**; segundo, a reação do autor à reprovação das suas observações econômicas sobre a escravidão ser produtiva e barata" (ROCHA, 2000, p. 208).

[717] Na biblioteca da FDSP em 1887 consta a 2ª edição do **Catéchisme** e a tradução em português do **Cathecismo** de 1822, baseada na 1ª edição francesa de 1815; na biblioteca também havia as **Lettres á M. Malthus** (1820), o **Traité** (1826), o **Cours complet d'Économia Politique** (1828-1829) e as **Mélanges et correspondance d'Économie Politique** (1833) (FACULDADE DE DIREITO DE S. PAULO, 1887, p. 195-196); em Recife, havia em 1860 o **Cours complet d'Économie Politique**, possivelmente a edição de 1844 (FACULDADE DE DIREITO DO RECIFE, 1860, p. 22 e 1896, p. 75). Vale destacar que houve outra tradução portuguesa por Adrião Forjaz de Sampaio, intitulada **Elementos de Economia Política** (Coimbra: Imprensa da Universidade, 1839), com 2ª edição em 1841.

[718] Tradução baseada na 3ª edição francesa por José Maria Frederico de Souza Pinto: SAY, Jean-Baptiste. Say, **Cathecismo de Economia política, ou instrucção familiar que mostra a maneira, pela qual são as riquezas produzidas, distribuidas, e consumidas na sociedade, traduzido da terceira edição por J. M. Frederico de Souza Pinto**. Rio de Janeiro: 1834. Encontramos um anúncio de venda dela em **A Phenix**, São Paulo, 19 de maio de 1838, p. 4.

[719] Os anúncios de compra e venda de jornais de São Paulo muito raramente registravam a edição da obra.

primeiras edições publicadas em vida, o tema aparece em dois momentos distintos, ao discorrer-se sobre os serviços produtivos (que aparece na 3ª edição de 1826)[720] e sobre a propriedade (que aparece na 2ª edição de 1821)[721]. Em ambos, condenava-se a escravidão, considerada um caso absurdo e uma má-compreensão e violação da propriedade das faculdades industriais, reputada a "mais sagrada"[722]. Utilizada entre 1832 e 1859, a obra de Say representava, assim, a introdução de uma visão antiescravista no curso de Economia Política de São Paulo – pelo menos do ponto de vista teórico. A influência do pensador francês foi duradoura[723] – nas décadas de 1870 e 1880, ele ainda era invocado como autoridade no campo econômico entre os juristas brasileiros[724].

---

[720] "Estou falando do trabalhador em relação ao serviço que um empresário pode derivar dele, e seu talento incluído. Não há necessidade de advertir que o valor pessoal de um homem é sua própria propriedade, exceto no caso absurdo da escravidão, em que um homem não pertence a si mesmo" (tradução nossa) (No original: "Je parle de l'ouvrier sous le rapport du service qu'en peut tirer un entrepreneur, et son talent compris. Il n'est pas besoin d'avertir que la valeur personnelle d'un homme est la propriété de cet homme, excepté toutefois dans le cas absurde de l'esclavage, où un homme ne s'appartient pas" (SAY, 1826, p. 220, nota a)).
[721] "Qual é a propriedade mais sagrada? É o mais indiscutível. É a das faculdades industriais. Elas certamente foram dadas a quem as possui e a ninguém mais. As faculdades que são naturais lhe foram dadas pela natureza; e as que são adquiridas são fruto de seu trabalho. É este tipo de propriedade que é desconsiderada e violada onde a escravidão é admitida" (tradução nossa) (No original: "*Quelle est la plus sacrée des propriétés?* C'est la plus incontestable. C'est celle des facultés industrielles. Elles ont certainement été données à qui les possède et à nul autre. Celles de ces facultés qui sont naturelles lui ont été données par la nature; et celles qui sont acquises sont le fruit de ses peines. C'est ce genre de propriété qui est méconnu et violé là où l'esclavage est admis" (SAY, 1821, p. 94)).
[722] A crítica econômica à escravidão também passou a figurar em seu **Curso completo de economia política prática**, publicado em 1828 e 1829 (ROCHA, 2000, p. 205-206).
[723] No catálogo de 1857 da biblioteca da FDSP, a mais completa coleção de obras era a de Say, um indício de sua boa recepção pelo público paulistano (DEAECTO, 2011, p. 123, nota 57). E ainda em 1872 suas obras eram vendidas aos acadêmicos que cursavam a cadeira de Economia Política (LIVRARIA ACADEMICA DE A. L. GARRAUX, 1872, p. 56).
[724] Por exemplo, José Rubino de Oliveira, formado na FDSP em 1868, o cita em sua dissertação de doutorado em 1869 (publicada também em **O Direito**, anno IV, v. 10, mai./ago. 1876, p. 32-39) e João Pereira Monteiro, formado na FDSP em 1872, o cita em "Estudo de Direito Commercial – Da sociedade em conta da participação", **O Direito**, anno XI, v. 30, jan./abr. 1883, p. 481-523. Neste último, o autor também faz uso dos **Elements of Political Economy** de Macleod, utilizado na FDSP e que veremos adiante.

A opção pela obra de Say não ficou livre de críticas: o Visconde de Cairu, em suas **Leituras de Economia Política** de 1827, afirmou na leitura VIII ("**Monitoria** aos estudiosos de Economia Política") que

> ainda que esse Escritor [Jean-Baptiste Say] tenha justa celebridade pelas suas felizes ilustrações e correções da Obra de Smith, todavia com o seu tom dogmático, e às vezes paradoxal, não pode ser seguro **Guia** nos estudos econômicos, porque se lhe notam gravíssimos erros (CAIRU, 1827, p. 103-104, grifos no original).

Um destes "gravíssimos erros" era justamente o tratamento que Say dispendia à escravidão, sendo "sobretudo um erro capital, pelo desumano timbre de contradizer **à Turgot, Steuart, Smith**, sustentando, com o mais desarrazoado aparato de razões, que o **trabalho do escravo é mais produtivo do que o do homem livre**" (CAIRU, 1827, p. 106, grifos no original). E ele continuava:

> Nisso se opôs à evidência dos **Grandes Fatos**, que estão aos olhos do Mundo, pela comparativa riqueza nacional dos Estados da Europa com os d'África e América, onde o, quase geral, trabalho é feito por escravatura. Ali a indústria, opulência, sabedoria, população, transbordam, aiuda [sic] que os povos não sejam mui favorecidos pela Natureza; aqui vê-se comum inércia, míngua, ignorância, despovoação, bem que tenham o mais fértil solo, e o mais genial clima. Este erro é hórrido, e **propagado no Brasil, será infernal**.
> Se a tese fosse verdadeira, como é experimentalmente falsa, para haver a maior possível riqueza das Nações, os Governos achariam, que o despotismo e o cativeiro são as estradas Reais da Opulência dos Estados, e com brutal força reduziriam os povos à escravidão (CAIRU, 1827, p. 106-107, grifos no original).

Em realidade, parece haver uma razão de ordem pessoal por trás da crítica de Cairu a Say. Não que o brasileiro reprovasse por inteiro o pensamento do autor francês; por (muitas) vezes eles concordavam. Contudo, a obra **Leituras** foi escrita justamente com o objetivo de difundir as ideias da Economia Política para todo "o Corpo do povo, principalmente das Classes influentes", por ser "mui prejudicial ao Bem Comum a ignorância ou superficialidade neste assumpto, por envolver materiais de vital interesse do povo, relativo à sua indústria e riqueza" (CAIRU, 1827, p. 6). Assim, o objetivo da obra era apresentar a nova ciência a toda a população brasileira letrada, incluindo-se aí os estudantes dos cursos de Direito. Em outras palavras, o livro parece ter sido escrito em forma de Leituras com uma linguagem simples e clara para ser utilizado justamente nos cursos jurídicos, no lugar de Tratados e Compêndios, que "exigem atenção mais forte", nas palavras do próprio Cairu (1827, p. 7).

### 6.2.2. *Elements of Political Economy* (1858), de Henry Dunning Macleod

Como vimos, logo que assumiu a cadeira de Economia Política, João da Silva Carrão foi obrigado pelo Governo a adotar o compêndio de Pedro Autran – pelo menos oficialmente, segundo Spencer Vampré. Isto, contudo, não foi um impeditivo para que o lente incorporasse em seus ensinamentos as ideias de outros autores, como Frédéric Bastiat e Michel Chevalier[725] – mas principalmente do jurista escocês Henry Dunning Macleod (NOGUEIRA, 1910, v. 8, p. 47).

Como era comum, a obra de Macleod foi introduzida no Brasil de maneira indireta. Isto se deu pela atuação de Henri Richelot (1811-1864), importante difusor da Economia Política, que traduziu do alemão para o francês livros de Friedrich List (**Das nationale System der politischen Ökonomie [O sistema nacional da Economia Política]**, publicado em 1841)[726] e de Hermann Scherer (**Allgemeine Geschichte des Welthandels [História Geral do Comércio Mundial]**, publicado em 1852-1853)[727].

---

[725] Segundo Hugon, Carrão "sofreu a influência da Escola Clássica, particularmente de Bastiat, cujas 'Harmonias Econômicas', aparecidas em 1850, deveriam, pelo seu bom-senso e coragem, agradar de maneira particular ao mestre das Arcadas. Mas sofreu também, e segundo parece de uma maneira particularmente sensível, a influência de Michel Chevalier, cujo 'Curso de Economia Política', aparecido de 1841 a 1850, reflete este otimismo na produção e no progresso técnico, com entusiasmo proclamado por Saint-Simon, Augusto Comte, Bazard e Enfantin. É este saintsimoniano Chevalier que apelará para o Estado a fim de desenvolver as grandes obras públicas, cuja ação está diretamente ligada aos magníficos resultados da sua expansão na Europa" (HUGON, 1955, p. 310).

[726] Na tradução de Richelot: **Système national d'économie politique**. Paris: Capelle, 1851.

[727] Na tradução de Richelot, feita junto com Charles Vogel: **Histoire du commerce de toutes les nations, depuis les temps anciens jusqu'à nos jours**. Paris: Capelle, 1857.

Em 1863, Richelot publicou **Une révolution en Économie Politique**: exposé des doctrines de M. Macleod e, como o próprio título já o diz, o autor francês se mostrava um entusiasta das ideias de Macleod[728]. Foi a partir dessa obra que, segundo Almeida Nogueira (1907, p. 304), Carrão tomou contato com o autor escocês, introduzindo-o em seu curso ao final da década de 1860 – entre 1868 e 1869[729]. Em 1873 o próprio Almeida Nogueira, então quintanista na FDSP, utiliza o livro de Richelot em artigo sobre contrato de compra e venda mercantil[730], confirmando que o pensamento de Macleod, provavelmente, também devia ser estudado através da obra do autor francês[731] (GREMAUD, 1999).

Mas quem era Henry Dunning Macleod? Seu nome não consta no cânone da história do pensamento econômico e ele sequer é estudado atualmente. Como lembra Amaury Gremaud (1997, p. 48-49), mesmo Joseph A. Schumpeter, em sua monumental **História da Análise Econômica**, cita o autor em uma nota de rodapé, afirmando que ele

> Foi um economista de muitos méritos que, de algum modo, falhou em obter reconhecimento, ou mesmo em ser levado a sério, devido a sua inabilidade

---

[728] Isso se percebe já pela primeira frase do "Préambule": "L'objet du présent exposé n'est ni plus ni moins qu'une révolution dans la science de l'économie politique. Cette révolution a été opérée par un Anglais, dont le nom est Henry Dunning Macleod" (RICHELOT, 1863, p. 1). E mais adiante: "M. Macleod, du reste, en opérant [...] une révolution économique, n'est pas seulement un judicieux critique; comme il sait détruire, il sait aussi édifier. S'il écarte de la science l'erreur qui la souille, il y introduit la vérité qui l'épure et l'ennoblit. Il limite avec précision le champ de l'économie politique, tel qu'il le conçoit; il en fait une définition simple et nette; il en établit avec clarté les notions fondamentales, la grande loi de laquelle dépendent les phénomènes économiques, et les applications qui en découlent" (RICHELOT, 1863, p. 4).

[729] Conforme já dissemos, Almeida Nogueira aponta essas duas datas (NOGUEIRA, 1907, v. 2, p. 304 e 1910, v. 8, p. 35).

[730] Cf. "Direito Commercial – Compra e venda mercantil", **Gazeta Juridica**, anno I, v. I, jan./jun. 1873, p. 262-276 (a citação de Richelot encontra-se na p. 275, quando o autor discute crédito).

[731] Gremaud sustenta esta afirmação com base na introdução que Alberto da Rocha Miranda faz da obra de Macleod em sua tradução dos **Elementos**, na qual o trabalho de Richelot é citado "de modo depreciativo, sendo considerado, no mínimo incompleto e confuso" (GREMAUD, 1999). Ainda segundo Gremaud (1999), a obra de Richelot é uma amostra de como o pensamento de Macleod foi maior na Europa continental, especialmente na França, do que na Grã-Bretanha, seu país de origem.

em colocar suas muito boas ideias em uma forma profissionalmente aceitável (SCHUMPETER, 1954, nota 7, p. 1115, tradução nossa)[732].

Várias são as tentativas de explicação do porquê deste suposto "anonimato" do autor. Paul Hugon (1955, p. 313) sugere que, tendo escrito suas obras entre 1858 e 1873, elas foram eclipsadas por estarem em um período entre os **Principles of Political Economy** [**Principios de Economia Politica**] (1848) de John Stuart Mill e pelos hedonistas que o sucederam (1871-1874). Além disso, quando de sua publicação, os trabalhos de Macleod tiveram pouca repercussão na Inglaterra e na Europa Continental, por isso

> a importância particular atribuída à obra de Macleod pelos professores de São Paulo – e isto mais ou menos a partir de 1870 – **não é de inspiração europeia**. As causas desse fato devem, pois, ser pesquisadas examinando-se as próprias ideias do economista escocês, as quais estão, aliás, em perfeita consonância com o espírito do ensino da ciência econômica, no Brasil, correspondendo, também, ao estádio de desenvolvimento econômico do país, a esse tempo (HUGON, 1955, p. 314, grifo no original).

Nesta esteira, três podem ser as causas pelas quais optou-se por adotar as ideias de Macleod em São Paulo (HUGON, 1955, p. 314-315): em primeiro lugar, ele era, ao mesmo tempo, economista e jurista. Isto, por si só, explica a predileção do conselheiro Carrão pelo autor, uma vez que muito da análise econômica macleodista faz uso de categorias jurídicas. Em segundo lugar, a afinidade de temas – em especial a produção de riquezas – tratados pelo autor e o estado da economia brasileira da época[733]:

---

[732] No original: "was an economist of many merits who somehow failed to achieve recognition, or even to be taken quite seriously, owing to his inability to put his many good ideas in a professionally acceptable form".

[733] Em relação a esta causa, Gremaud (1997, p. 55 e 1999), de modo mais aprofundado, entende que a centralidade conferida à circulação e as concepções da moeda e do crédito de Macleod dialogavam diretamente com as necessidades brasileiras de então: "neste aspecto parece se revelar a importância prática de Macleod dentro do pensamento brasileiro, já que as questões monetárias e os problemas causados pelas diferentes formas de expandir o crédito eram constantemente debatidas no Brasil neste período. O debate no Brasil evolui, dentro

enquanto os liberais clássicos refletiam e preocupavam-se, principalmente, com problemas oriundos de uma sociedade industrial, as ideias de Macleod sobre ação bancária e o crédito como fator de produção vinham totalmente ao encontro das necessidades brasileiras, cuja economia era ainda de matriz agrária. Por fim, uma terceira causa diz respeito à sua "consideração do futuro"[734], o que também reverberou entre os norte-americanos.

O livro-texto de Macleod utilizado em São Paulo foi **Elements of Political Economy [Elementos de Economia Politica]**, publicado em 1858 e traduzido direto do inglês para o português em 1873 pelo advogado Alberto da Rocha Miranda, formado nas Arcadas no ano anterior. No prefácio à obra, Miranda afirma que seu intuito com a tradução foi

> suprir a uma necessidade palpitante da Faculdade de Direito de S. Paulo e satisfazer aos pedidos instantes dos meus colegas, além de corresponder à benevolência de meu mestre o Exm. Sr. Conselheiro Carrão, que entendeu provocar-me a tão difícil tarefa; tal foi o meu único intento (MACLEOD, 1873, v. 1, prefácio)[735].

---

de uma corrente mais favorável à ampliação do crédito para a promoção do desenvolvimento econômico, de uma defesa na constituição de bancos emissores de notas para a do desenvolvimento de um sistema bancário com maior utilização do chamado multiplicador bancário, ou da dinamização do crédito bancário. Desta maneira revela-se a importância conferida no Brasil à obra de Macleod, assim como sua influência no pensamento econômico brasileiro" (GREMAUD, 1997, p. 55). Outra hipótese levantada por Gremaud (1999) é a de que as ideias de Macleod penetraram no Brasil através do positivismo.

[734] Hugon não deixa claro o que isto significa; ele diz ser uma "ideia rica em consequências econômicas, por ele [Macleod] desenvolvida de uma maneira muito feliz" (HUGON, 1955, p. 315), que rendeu frutos aos economistas institucionalistas norte-americanos, "onde vamos encontrar também este mesmo traço dinâmico e otimista com base na mesma 'consideração do futuro'" (HUGON, 1955, p. 316).

[735] Tal qual Richelot, Alberto da Rocha Miranda considerava revolucionária a obra do jurista escocês: "Macleod é com efeito um revolucionário científico. É assim que graças a ele, se pode dizer que a economia política é uma ciência positiva. Se Auguste Comte, o grande patriarca da filosofia positiva, escrevesse um tratado de economia política, não poderia fazê-lo mais **positivamente** do que em Macleod" (MACLEOD, 1873, v. 1, prefácio, grifo no original).

Macleod era contrário ao trabalho escravo, mas o tema não ocupa, em toda sua obra, posição de destaque. Para explicar isto, deve-se ter em mente a biografia do autor e, desse modo, o contexto histórico em que ele viveu e escreveu.

Nascido em 1821 em Edimburgo[736], Escócia, Henry Dunning Macleod era filho de um escocês proprietário de largas porções de terra e proeminente parlamentar defensor do livre-comércio. Graduou-se em Matemática em Cambridge em 1843, mesmo ano em que ingressou no *Inner Temple* para treinar para a advocacia e posteriormente ser chamado para advogar (*call to the bar*), o que ocorreu em 1849.

Sua primeira obra, **The Theory and Practice of Banking** [Teoria e Prática Bancária], foi publicada em 1855, provavelmente em função de sua atuação, no ano anterior, como diretor do Royal British Bank, momento no qual se interessou por economia e passou a estudar o assunto sob um viés histórico e teórico. Esta obra foi reeditada inúmeras vezes, inclusive após sua morte.

Três anos depois, publicou o referido **Elements of Political Economy**, livro que teve apenas uma edição e foi muito bem recebido no Brasil[737]. De sua vasta bibliografia, destaca-se o **Dictionary of Political Economy**: Biographical, Bibliographical, Historical and Practical [**Dicionário de Economia Política**: Biográfico, Bibliográfico, Histórico e Prático], lançado em 1863 com os verbetes de A a C. Imaginado para ser uma obra de fôlego, o autor não conseguiu dar continuidade à empreitada e a iniciativa ficou reduzida a apenas este primeiro volume. Entretanto, parte do material colhido para a feitura do dicionário parece ter sido utilizado em outra obra, **The History of Economics** [**História da Economia**], publicada em 1896.

Além de sua profícua atividade como escritor e operador financeiro, ele tentou por três vezes ingressar na carreira acadêmica, concorrendo para as cadeiras de Economia Política em Cambridge (1863), Edimburgo (1871) e Oxford (1888). Ainda que suas ideias tenham sido melhor recepcionadas fora da Grã-Bretanha, especialmente na França, o Governo britânico

---

[736] As notas biográficas de Macleod foram retiradas de GREMAUD, 1997; HAYEK, 1933, p. 10; MILGATE; LEVY, 2008; RIST, 1938; e ROTHBARD, 1995, p. 461-463.
[737] Também foi traduzido para o russo por Mikhail Pavlovich Veselovskiï em 1865.

o encarregou de reunir, entre 1868 e 1870, as leis relativas às letras de câmbio. Macleod faleceu em Norwood em 1902.

Em relação ao contexto histórico, é preciso considerar que seu o primeiro livro foi publicado em 1855. A esta altura, a Grã-Bretanha já havia abolido de seu território e de suas colônias tanto o tráfico (*Slave Trade Act*, 1807) quanto a escravidão em si (*Slavery Abolition Act*, 1833). Ainda que o tema continuasse a ser debatido entre os ingleses[738], sua atenção voltava-se agora a outros assuntos, em especial aqueles que envolviam o mercado de mão de obra livre e assalariada.

Isto posto, entende-se o motivo pelo qual a escravidão não é uma preocupação para Macleod: ligado à atividade bancária na Grã-Bretanha oitocentista, sua atenção voltava-se à teorização e aperfeiçoamento da "pura ciência da Economia Política", cujo objeto era "**descobrir as leis que regulam as Relações Permutáveis de Quantidades**" (MACLEOD, 1858, p. VI, grifo no original e tradução nossa)[739]. Esta falta de interesse reflete-se no livro traduzido e utilizado no curso de São Paulo, **Elementos de Economia Política**, pois as únicas duas menções à escravidão são: (i) quando, referindo-se ao Capital, Macleod afirma ser o escravo um capital fixo em países escravocratas (MACLEOD, 1858, p. 79)[740] e (ii) quando, ao falar do protecionismo, o autor celebra o término do tráfico e a libertação dos escravos (MACLEOD, 1858, p. 176)[741].

Ainda que tratado de forma tangencial, Macleod posiciona-se contrariamente ao trabalho escravo, pois para ele os maiores males do homem eram a escravidão, a perseguição religiosa e as restrições comerciais (MACLEOD, 1872, p. 73). Ele chegou a comparar, em várias de suas obras (MACLEOD, 1863, 1886 e 1896), o homem livre e o escravo, através de um exemplo trazido por Nassau William Senior (1790-1864), mas não há nelas um juízo de valor explícito sobre a escravidão (apesar de sua repulsa a ela).

---

[738] Cf. HUZZEY, 2012.

[739] No original: "the pure science of Political Economy is to **discover the laws that regulate the Exchangeable Relations of Quantities**".

[740] Na edição brasileira, MACLEOD, 1873, v. 1, p. 142.

[741] Na edição brasileira, MACLEOD, 1873, v. 1, p. 316-317.

A recepção do pensamento de Macleod no Brasil foi significativa[742] e, principalmente, longeva. Em São Paulo, continuou a figurar no curso de Vieira de Carvalho, sucessor de Carrão na cátedra de Economia Política. Ele também foi introduzido no curso de Recife por Aprígio Guimarães, conforme veremos adiante, e é citado na Câmara dos Deputados por J. J. Seabra, também lente do curso[743]. Afora o ambiente acadêmico, ele é mencionado em discussões parlamentares a partir da década de 1860[744] e, ao olharmos para a atividade da imprensa à época, seu nome é citado em vários veículos de comunicação: na Corte, percebe-se que, além dos anúncios de venda de suas obras traduzidas[745], seu nome figurava como autoridade em matéria econômica[746], o que também ocorria em outras localidades do Brasil, como Goiás[747] e Espírito

---

[742] Para Gremaud (1997, p. 54), a importância de Macleod em São Paulo foi muito mais forte e desmesurada do que ele recebeu na Europa. Ele discute essa ideia em GREMAUD, 1999.

[743] Quando deputado na República, Seabra cita Macleod na sessão em 13 de agosto de 1897 – não sabemos o que exatamente, pois os anais apenas registram que "o orador lê vários trechos de um eminente economista inglês" (**ACD**, 1897, p. 208). No momento, discutia-se o projeto de orçamento e Seabra utiliza Macleod para corroborar sua posição acerca da moeda – que, para ele, seria tanto metal quanto papel. Era ainda um resquício do debate entre metalistas e papelistas que ocorreu durante o século XIX no Brasil; sobre o tema, ver COSENTINO, 2016, p. 147-181 e AIDAR; GAMBI, 2020.

[744] Mediante uma análise sumária dos Anais da Câmara dos Deputados (**ACD**), citam-no Tavares Bastos (sessão em 1 de junho de 1865), Brusque (sessão em 2 de setembro de 1875), Valladares (sessão em 10 de setembro de 1880), Coelho e Campos (sessão em 30 de julho de 1886), Almeida Nogueira (sessão em 22 de agosto de 1887) e Lourenço de Albuquerque (sessão em 2 de outubro de 1888). No Senado (**AS**), citam-no nominalmente Zacarias (sessões em 26 de junho de 1865, 21 de maio de 1875 e 12 de junho de 1877), Paranhos (sessão em 16 de maio de 1866), Itaboraí (sessão em 22 de agosto de 1866), Jequitinhonha (sessões em 18 de maio de 1866, 23 de agosto de 1866 e 8 de agosto de 1867), Souza Franco (sessão em 12 de agosto de 1870) e Junqueira (sessão em 5 de maio de 1877). Zacarias e Junqueira referem-se explicitamente aos **Elementos de Economia Politica** do autor. Macleod era invocado, em princípio, quando se tratava de temas referentes a orçamento, bancos (crédito), emissão de moeda, etc.

[745] Por exemplo, "Economia Politica", **Jornal do Commercio**, Rio de Janeiro, 21 de março de 1877, p. 7.

[746] Cf. "Nossas finanças", **O Globo**, Rio de Janeiro, 7 de março de 1877, p. 1; e "Cursos livres de instrucção publica", **Jornal do Commercio**, Rio de Janeiro, 11 de setembro de 1877, p. 4.

[747] Cf. "Goyaz", **Jornal do Commercio**, Rio de Janeiro, 15 de julho de 1875, p. 2.

Santo[748], entre outros. Ele também aparece em **O Direito**, revista dedicada a estudos jurídicos, em artigos de doutrina[749] e em publicações sobre jurisprudência[750]. No Rio de Janeiro, também foi traduzida para o português a obra de Henri Richelot citada acima, publicada entre 1874 e 1875[751] na **Revista da Associação dos Guarda-Livros**, provavelmente impulsionada pela tradução de Alberto da Rocha Miranda de 1873. Além disso, vale ressaltar que Macleod também foi recepcionado por outros países da América Latina, como Argentina[752] e Uruguai[753] – na primeira sua recepção também se deu de modo indireto, através de Richelot; com efeito, seu livro **Une révolution en Économie Politique** foi vertido para o espanhol em 1876[754].

---

[748] Cf. **O Espirito-Santense**, Espírito Santo, 20 de outubro de 1874, p. 2; **O Espirito--Santense**, Espírito Santo, 2 de janeiro de 1875, p. 4, entre outros. Era folha redigida por Basílio Carvalho Daemon que, mesmo não tendo frequentado nenhum dos dois cursos jurídicos, se mostrava versado nas ideias de Smith, Say, Stuart Mill, Macleod e até mesmo Autran.

[749] Por exemplo, em artigo de Hermenegildo Militão de Almeida (formado na FDSP em 1881), "'A existencia e o progresso da propriedade contribuem ou não para augmentar a desigualdades das condições?'", **O Direito**, anno XI, v. 32, set./dez. 1883, p. 5-21. O autor se utiliza da tradução de **Elementos de Economia Politica** de Alberto da Rocha Miranda.

[750] Por exemplo, "Recurso Commercial n. 2041", **O Direito**, anno XVI, v. 47, set./dez. 1888, p. 271-283. A obra de Macleod utilizada é **The theory and practice of Banking**.

[751] A tradução, efetuada por A. J. de Oliveira, B. Freire da Fonseca e Cândido de Brito, se deu apenas em parte porque em 1875 a **Revista da Associação dos Guarda-Livros** deixou de existir. Sucedeu-lhe em 1876 a **Revista Mercantil**, mas esta não continuou a publicar a tradução.

[752] O jurista argentino Vicente Fidel López lecionou economia política em Montevidéu durante 1864, quando esteve exilado pela vitória de Mitre em seu país; na ocasião, utilizou--se das ideias de Macleod, que havia adquirido, segundo José Carlos Chiaramonte (1971, p. 138-139), através de Richelot. Uma década mais tarde, já de volta à Argentina, seu programa de economia política na Faculdade de Direito da Universidade de Buenos Aires continua a citar o autor escocês (PLOTKIN; CARAVACA, 2015, p. 93-97).

[753] Por exemplo, Macleod é citado em uma conferência pública em Montevidéu intitulada "A crise de economia política", feita pelo político uruguaio Carlos Maria Ramires (formado em Direito no Uruguai em 1868) ("A crise de economia política", **O Globo**, Rio de Janeiro, 23 de julho de 1876, p. 2).

[754] RICHELOT, Enrique. **Una revolucion en economia política**: esposicion de las doctrinas de M. Macleod. M. Ugarte y A. Traducción Navarro Viola. Buenos Aires: Imp. "La América del Sud", 1876.

Em suma, certo é que Macleod exerceu grande influência sobre os lentes e alunos[755] da Faculdade de Direito de São Paulo[756], influência esta que não se esgotou com Vieira de Carvalho. Seu sucessor, Almeida Nogueira[757], que foi o primeiro a redigir um manual sobre a disciplina, já no começo do século XX, no prefácio à obra afirma que "somos sectários da escola inovadora de Macleod"[758] (NOGUEIRA, 1913, v. 1, p. 8). De fato, o manual segue a doutrina do economista escocês ao enfatizar a importância da circulação e ao adotar a mesma concepção de trabalho que Macleod[759].

Almeida Nogueira foi sucedido por José Joaquim Cardoso de Melo Neto, que adotou o manual de seu antecessor em sucessivas edições revistas por ele (2ª em 1920 até a 6ª em 1955) – assim, a influência de Macleod chegou pelo menos até 1956, quando Cardoso de Melo Neto se aposentou. Com efeito, relata Miguel Reale em suas **Memórias** (1987) que sua única segunda época no curso foi em Economia Política e Ciência

---

[755] Como exemplo de alunos que se diziam influenciados por Macleod, cite-se Leopoldo de Bulhões, formado em 1880, Ministro da Fazenda entre 1909 e 1910 e Cincinato Braga, formado em 1886, deputado federal e presidente do Banco do Brasil entre 1923 e 1925 (GREMAUD, 1999).

[756] Curiosamente, não consta nenhuma obra dele no catálogo da Livraria A. L. Garraux de 1872 (LIVRARIA ACADEMICA DE A. L. GARRAUX, 1872, p. 50-56), da biblioteca da FDSP organizado em 1887 (FACULDADE DE DIREITO DE S. PAULO, 1887) e nem nos da biblioteca da FDR (FACULDADE DE DIREITO DO RECIFE, 1860 e FACULDADE DE DIREITO DO RECIFE, 1896). Em 1920 a biblioteca da FDSP possuía a 2ª edição de **The Principies of Economical Philosophy** e o livro de Richelot sobre Macleod (FACULDADE DE DIREITO DE S. PAULO, 1920, p. 449 e 668), mas atualmente a instituição possui de Macleod apenas os **Elementos de Economia Politica** traduzidos em 1873.

[757] Ocupou a cátedra entre 1896 e 1914, quando faleceu.

[758] Almeida Nogueira confessava-se um "obscuro discípulo de Macleod" já em 1873, quando era aluno do 5º ano do curso de Direito e, portanto, tinha aula de Economia Política com o Conselheiro Carrão. Naquele ano, além de ter publicado o artigo na revista **O Direito**, de que tratamos acima, travou-se uma polêmica no **Diario de São Paulo** acerca da teoria do imposto e seu pertencimento à economia política e o jovem estudante, que já havia sustentado a negativa desta tese no **Constitucional**, o fez novamente, baseando-se em Macleod (Cf. "Economia Politica", **Diario de S. Paulo**, São Paulo, 2 de setembro de 1873, p. 1-2 e "Economia Politica", **Diario de S. Paulo**, São Paulo, 4 de outubro de 1873, p. 1-2).

[759] Almeida Nogueira (1913, v. 1, p. 167) extrai o conceito de trabalho de duas obras de H. D. Macleod: **Economics for beginners** (cap. IX) e **The principles of economical philosophy** (cap. IV, § 5).

das Finanças em 1930 envolvendo, justamente, Macleod[760]. Percebe-se, pois, que é acertada a afirmação de Paul Hugon de que a Faculdade de Direito de São Paulo mereceu mesmo a alcunha de Academia Macleodista (HUGON, 1955, p. 311).

### 6.2.3. *Prelecções de Economia Política* (1859), de Pedro Autran da Matta e Albuquerque

Em 1860 o Governo mandou que se adotasse em São Paulo o compêndio de Autran, já aprovado e utilizado em Recife. A Congregação, contudo, resolveu que ele seria adotado se assim o lente da cadeira, Carrão, o entendesse; tal atitude não agradou ao Governo Imperial, que baixou o Aviso de 29 de dezembro de 1860, censurando a postura do colegiado: "(...) A adoção dos compêndios não é direito exclusivo ou positivo, dos lentes; porque importaria isto privar o Governo de exercer interferência e inspeção, a respeito de uma matéria tão transcendente no ensino público, o que é inadmissível" (VAMPRÉ, 1977, v. 2, p. 81). Segundo Spencer Vampré, "o compêndio figurou como adotado; mas, o lente manteve a mais absoluta liberdade de ensino" (VAMPRÉ, 1977, v. 2, p. 81).

Entretanto, compulsando as fontes históricas, há indícios de que o livro de Autran foi, de fato, adotado pela cadeira de Economia Política de São Paulo, possivelmente a 2ª edição de 1860[761]. Já em 1862, a livraria A. L. Garraux anunciava os livros à venda para o 5º ano e colocava Autran em primeiro lugar[762]. Em 1865, um aluno publicou uma poesia intitulada "Colisão" em que dizia, a respeito de um quintanista: "O **Autran** a

---

[760] Em suas palavras: "Pior, porém, para mim pelo menos, era ouvir as aulas de Economia Política. Exposição clara, não há dúvida, de irrecusáveis métodos didáticos, mas sobre uma ciência morta. Eram aulas que Mario Masagão, ainda livre-docente, herdara de Cardoso de Melo Neto, que por sua vez as recebera de Almeida Nogueira. Não se sabe como é que este cuidadoso memorialista da Faculdade de Direito se tornou adepto da Economia Política de Macleod, que reduz todo o processo econômico à circulação das riquezas. Henry Dunning Macleod, economista escocês, a quem a **Encyclopaedia Britannica** dedica apenas quinze linhas, era apresentado como 'o revolucionário' da ciência econômica. (...) (REALE, 1987, p. 43-44, grifos no original).

[761] Ela consta no catálogo organizado pela biblioteca da FDSP em 1887 (FACULDADE DE DIREITO DE S. PAULO, 1887, p. 193).

[762] A posição de destaque é um forte indício, tendo em vista o anúncio dos livros da disciplina: "Autran, Courcelles, Seneuil, Stuart Mill, Bastiat, Baudrillard, Chevalier, Ciekosski, Cocquelin, Banques, Cocquelin dicionário, Gilbart e Vilson, Mac Culloch, Malthus, Ott,

chamar-me para a mesa / **Cabanttous** a dizer-me que não vá / **Moraes Carvalho** – que aberto está / Só na praxe, me diz, é que há riqueza!"[763], em alusão aos autores dos compêndios utilizados pelas cadeiras de Economia Política, Direito Administrativo e Prática Forense, respectivamente[764]. Em 1868, continuava a se anunciar no jornal a obra "Economia Politica" de Autran[765]. O compêndio continuou a ser adotado na década de 1870, conforme o atestam as memórias históricas de 1870 e 1871 (ANDRADE, 1871, p. 6 e CARVALHO, 1872b, p. 3), o catálogo da Livraria Garraux de 1872 (LIVRARIA ACADEMICA DE A. L. GARRAUX, 1872, p. 87) e a revista acadêmica **Direito e Lettras**, que em 1878 listava os compêndios utilizados na Academia de São Paulo e indicava o de Autran, "professando--se a Escola Moderna de Macleod"[766] (**Direito e Lettras**, 1878, n. 1)[767]. Sua influência também se fez sentir na década de 1880: em 1884, continuavam a anunciar sua obra para o 5º ano[768]; no programa da cadeira para o ano de 1885 a 1886 (FACULDADE DE DIREITO DE S. PAULO, 1885b), há anotações à mão em que consta o nome do autor ao lado de alguns pontos[769], um indício de que ele ainda era lido pelos estudantes – de fato, no mesmo ano o quintanista João Pedro da Veiga Filho, que mais tarde

---

Proudhon, Roscher, Rossi, Say, Smith, Villiaumé, Voloswki, e mais obras de economia política" ("Livros", **Correio Paulistano**, São Paulo, 4 de junho de 1862, p. 4).

[763] Cf. "O quinto-annista!", **Diario de S. Paulo**, São Paulo, 28 de outubro de 1868, p. 3.

[764] Autran refere-se a **Prelecções de Economia Politica** (2ª edição, 1860). Cabanttous refere-se a Louis Pierre François Cabantous, **Repétitions écrites sur le Droit Administratif contenant l'exposé des principes généraux, leurs motifs et la solution des questions théoriques**. Paris: A. Marescq et Dujardin, 1854 (1a edição). Moraes Carvalho refere-se a Alberto Antônio de Moraes Carvalho, **Praxe forense ou directorio pratico do processo civil brasileiro conforme a actual legislação do imperio**, Rio de Janeiro: Eduardo e Henrique Laemmert, 1850 (1ª edição).

[765] Cf. "Obras de Direito e Literatura", **Correio Paulistano**, São Paulo, 4 de junho de 1862, p. 4.

[766] Curioso que nem as **Prelecções de Economia Politica**, nem o **Tratado de Economia Politica** de Autran fazem qualquer menção a Henry Dunning Macleod.

[767] Cf. FORMIGA, 2010, p. 143.

[768] Cf. "Livros", **Correio Paulistano**, São Paulo, 27 de março de 1884, p. 3.

[769] "XII – Capital", "XXV – Formas de associações industriais", "XXVI – Extensão das empresas industriais", "XXXII – Requisitos exigidos na mercadoria, investida de funções monetárias" (FACULDADE DE DIREITO DE S. PAULO, 1885b).

viria a ser lente da Faculdade[770], refere-se explicitamente às **Prelecções** de Autran em um periódico acadêmico, ao analisar a indústria ("Economia Politica", **A Ordem:** orgam do club conservador academico, São Paulo, 13 de outubro de 1885, p. 2-3).

Iremos nos ater às **Prelecções de Economia Politica** de Pedro Autran mais adiante, quando analisarmos os compêndios adotados em Recife. Não obstante, vale já mencionar que o autor enfrentava abertamente a temática do elemento servil, dedicando um capítulo inteiro para a "Importância do trabalho livre" (ALBUQUERQUE, 1860, p. 83-92). A despeito do nome, ele defendia a utilização do trabalho escravo no Brasil.

### 6.2.4. *Primi Elementi di Economia Politica* (1875), de Luigi Cossa

O sucessor de Carrão na cadeira de Economia Política foi Vieira de Carvalho, que adicionou às suas preleções o pensamento de dois italianos vinculados à escola econômica neoclássica, no contexto de crescente imigração europeia: Antonio Ciccone (1808-1893)[771] e Luigi Cossa (1831-1896)[772]. Para Mario Guidi e Monica Lupetti, a atenção de Vieira de Carvalho voltou-se para os dois autores porque, nos anos 1880, ambos "eram basicamente economistas liberais clássicos, firmemente opostos ao socialismo, mas inclinados a considerar seriamente as novas tendências da economia: positivismo, historicismo e as políticas sociais paternalistas propagadas pelos socialistas da cátedra (*socialists of the chair*)" (GUIDI; LUPETTI, 2014, p. 164, tradução nossa)[773].

Antonio Ciccone era professor da Real Universidade de Nápoles[774], liberal e influenciado por Macleod, sobre quem chegou a escrever uma monografia intitulada **Osservazioni su' principj fondamentali del**

---

[770] Foi catedrático de "História do Direito, especialmente do Direito Nacional" entre 1897 e 1901. Posteriormente, assumiu a cadeira de Filosofia do Direito entre 1908 e 1910 (MACHADO JÚNIOR, 2010, p. 77).

[771] Sobre ele, ver AGNELLO, 1981.

[772] Sobre ele, ver FAUCCI, 1984.

[773] No original: "were basically classical liberal economists, firmly opposed to socialism but inclined to take the new tendencies of economics seriously: Positivism, Historicism, and the paternalist social policies propagated by the Socialists of the Chair".

[774] Na Universidade de Nápoles, a cátedra de economia política foi criada em 1754. Para mais informações, inclusive da evolução da referida cátedra entre os séculos XVIII e XIX, ver BATTISTA, 1988.

sistema economico del Macleod [Observações sobre os princípios fundamentais do sistema econômico de Macleod] (1872); sua principal obra foi **Principj di Economia Sociale** [**Princípios de Economia Social**] (1866-70), posteriormente renomeado de **Principj di Economia Politica** [**Princípios de Economia Política**] (2ª edição, 1874 e 3ª edição, 1882-83), na qual também cita o jurista escocês[775]. Neste livro, o autor dedica, na parte referente ao trabalho, uma seção inteira à "liberdade e escravidão do trabalho" ["Libertà e schiavitù del lavoro"] (CICCONE, 1882, v. 1, p. 48-63), na qual consta que o trabalho escravo é menos produtivo que o trabalho livre, mas, na América, era mais lucrativo para o patrão[776] – contudo, tal lucro, à luz da lógica econômica, nada mais seria do que um "produto que um se apropria pela violência em detrimento do outro", de modo que se assemelharia ao furto ou ao jogo (CICCONE, 1882, v. 1, p. 55), razão pela qual conclui que "não é produção, mas deslocamento de riqueza; o que o espoliador ganha é perdido pelo espoliado; este último permanece mais pobre, enquanto o outro se torna mais rico, e a riqueza social permanece a mesma"[777] (CICCONE, 1882, v. 1, p. 55, tradução nossa).

Mas, quem aqui nos interessa é Luigi Cossa (1831-1896), professor da Universidade de Paiva, cujos **Primi elementi di Economia Politica** [**Primeiros elementos de Economia Política**] (1ª edição em 1875) tiveram influência no curso de São Paulo. Não foi o compêndio oficial da disciplina, mas é certo que Vieira de Carvalho se utilizava da obra de

---

[775] A biblioteca da FDSP não possuía nenhuma obra de Ciccone (FACULDADE DE DIREITO DE S. PAULO, 1887), tampouco a da FDR (FACULDADE DE DIREITO DO RECIFE, 1860 e 1896). No catálogo da FDSP de 1920, aparecem **La Questione Sociale Economica** (1884) e **Principi di Economia Politica** (1882) (FACULDADE DE DIREITO DE S. PAULO, 1920, p. 155).

[776] "Egli è dunque indubitato, che dal lavoro schiavo il padrone ritrae un profitto maggiore, che non trarrebbe l'intraprenditore dal lavoro libero, o in altri termini il prodotto netto è maggiore nel primo che nel secondo. Il che si spiega agevolmente, quando si consideri, che quasi tutto questo eccesso di prodotto non si compone di altro che di porzioni di salario, che il padrone dovrebbe pagare al lavoratore e si appropria per forza: è una vera rapina che in un paese onesto sarebbe un reato preveduto e punito da'codici, e là, dove la schiavitù è diventata una istituzione, viene autorizzata e garantita dalle leggi" (CICCONE, 1882, v. 1, p. 55).

[777] No original: "non è produzione, ma spostamento di ricchezza; quel che guadagna lo spogliatore, è perduto dallo spogliato; questi rimane più povero, di quanto l'altro diventa più ricco, e la ricchezza sociale ri mane la medesima".

Cossa em suas aulas[778] – tanto é assim, que a obra foi traduzida em 1888 por Carlos Soares Guimarães, advogado formado nas Arcadas em 1883. A tradução, baseada na 6ª edição italiana de 1882, apresenta logo no início a seguinte advertência: "cursando o 5º ano da Faculdade de Direito de S. Paulo, tive ocasião de (por indicação do ilustrado lente da 2ª cadeira, o Exm. Sr. Dr. J. J. Vieira de Carvalho) conhecer a brilhante síntese feita pelo sábio e erudito professor da universidade de Paiva" (COSSA, 1888, advertência). Em anúncio de 1890, assim se exprimia Guimarães:

> o bom acolhimento que teve esta obra do ilustrado professor de Paiva, tanto na Itália, como em outros países, foi motivo de publicar-se esta edição brasileira, traduzida sobre a última italiana. Julgamos prestar um bom serviço aos srs. estudantes que se interessam pelos estudos econômicos ("Laemmert & C., editores", **O Mercantil**, São Paulo, 18 de outubro de 1890, p. 3).

À época, a tradução veio ao encontro das necessidades dos estudantes, uma vez que a língua italiana não era exigida no ingresso às Faculdades de Direito[779]. Ainda, apesar da crescente imigração, o italiano ainda não era uma língua corrente em São Paulo – pelo menos não na capital.

Ao contrário do hoje esquecido Macleod, Cossa foi um autor consagrado em sua época – Schumpeter atribui-lhe as características de grande professor e literato (SCHUMPETER, 1954, nota 3, p. 856) e afirma que, com suas lições, ajudou a formar, ao lado de Angelo Messedaglia (1820-1901) e Francesco Ferrara (1810-1900), a destacada geração de economistas italianos subsequente ao *risorgimento* (SCHUMPETER, 1954, p. 512 e 856--857). Com efeito, seus **Primi elementi di Economia Politica**[780] foram

---

[778] Além de anunciada em jornais, o programa de 1884 de Vieira de Carvalho que analisamos (ver item 6.3.) possuía anotações à mão do aluno com a nota "Cossa" ao lado de alguns pontos: "XX – Cooperação industrial", "XXXIV – Sistemas monetários" e "XXXVI – Crédito, sua natureza e formas" (FACULDADE DE DIREITO DE S. PAULO, 1885b). Na biblioteca da FDSP havia em 1887 a terceira edição da obra em italiano de 1882 (FACULDADE DE DIREITO DE S. PAULO, 1887, p. 201). Em 1920, aparecem no catálogo a 2ª e a 4ª edições dos **Primi Elementi** e a 3ª edição da **Introduzione allo Studio dell'Economia Politica** (FACULDADE DE DIREITO DE S. PAULO, 1920, p. 195).

[779] Vale lembrar que a Reforma Leôncio de Carvalho de 1879 previa que a adição de exames preparatórios de alemão e italiano a partir de 1881 (art. 23, § 10). Tal medida, contudo, não foi posta em prática.

[780] Posteriormente, substituiu-se "economia política" do título por "economia social".

um sucesso, tendo rendido inúmeras reedições em italiano (a 2ª já em 1876 e a 15ª, a última, em 1924) e sendo traduzida para vários idiomas[781], como espanhol (1878), alemão (1879), sueco (1882), polonês (1883), russo (1886), português (1888), francês (1889) e japonês (1891). Outra obra digna de nota, também traduzida para diferentes idiomas, foi **Guida allo studio dell'Economia Politica [Guia de Estudo da Economia Política]** (1876), a partir da 3ª edição (1892) reformulada e renomeada para **Introduzione allo studio dell'Economia Politica [Introdução ao estudo da Economia Política]** e traduzida para o francês em 1899 como **Histoire des doctrines économiques [História das doutrinas econômicas]**.

Mario Guidi e Monica Lupetti (2014) buscam entender os motivos pelos quais Vieira de Carvalho optou por adotar os **Primi elementi di Economia Politica** de Luigi Cossa, para além de sua afinidade temática com ele e Ciccone, como já dissemos acima. De fato, havia uma miríade de autores europeus disponíveis circulando no Brasil, em francês e em inglês: Michel Chevalier, Pellegrino Rossi, Joseph Droz, Joseph Garnier, Charles Gide, Charles Le Hardy de Beaulieu, Émile de Laveleye, Jean-Gustave Courcelle-Seneuil[782]. Além deles, lembram os autores que havia livros-textos britânicos feitos especialmente com propósitos pedagógicos, como os de Edwin Cannan, Henry Fawcett, Millicent Garrett Fawcett, W. Stanley Jevons e Alfred Marshall e Mary Paley Marshall[783]. A conclusão a que chegam é que os **Primi elementi** eram

> um livro-texto pedagógico, destinado explicitamente a apoiar o ensino e a popularização. Ele era elementar, ainda que erudito e atualizado. Era imparcial e anti-dogmático. (...) Além disso, o livro-texto de Cossa era

---

[781] Sobre a tradução da obra de Luigi Cossa, cf. GUIDI, 2020; sobre a tradução brasileira, cf. GUIDI; LUPETTI, 2014. Sobre o impacto das traduções de textos econômicos na História do Pensamento Econômico na Europa, ver http://eet.pixel-online.org/.

[782] Quase todos eram anunciados em jornais – por exemplo, em anúncio de 1884, recomendava-se para Economia Política no curso de Direito de São Paulo: Garnier, Guiot (Ives), Rossi, S. Mill, Laveleye, Cossa, Ciccone e Autran ("Livros", **Correio Paulistano**, São Paulo, 27 de março de 1884, p. 3).

[783] Curioso que, com exceção do **Political Economy** de Jevons (publicado em 1878 e traduzido no Brasil em 1896), tais manuais foram traduzidos para diversas línguas, mas não para o português (GUIDI; LUPETTI, 2014, p. 166-168).

complementado por uma vasta bibliografia, aberta à literatura internacional, multicultural na medida em que englobava contribuições alemãs, britânicas, francesas, italianas e outras para a ciência econômica. Ainda mais, o livro-texto continha noções atualizadas e sua aplicação a temas quentes e contemporâneas como a "questão social", ainda que enquadrado em um molde suficientemente ortodoxo e anti-socialista. (...) (GUIDI; LUPETTI, 2014, p. 169, tradução nossa)[784].

A obra de Luigi Cossa (1888)[785] respeitava a divisão tradicional em noções preliminares, produção, circulação, distribuição e consumo de riqueza. Havia também um interessante apêndice com indicação de obras bibliográficas sobre Economia Política – de Macleod, ele indicava as obras **A Dictionary of Political Economy** (1863) (na seção de dicionários) e **The Theory and Practice of Banking** de Macleod (3ª edição, 1875) (na seção de bancos). Curiosamente, nos compêndios indicados constava a obra de James Mill **Elements of Political Economy** (1ª edição, 1821 e 3ª edição, 1826), primeiro livro-texto adotado no curso de Recife.

No tocante à escravidão, Cossa abordava o tema ao discutir a liberdade industrial, na perspectiva do trabalho como elemento da produção de riqueza. Como não podia deixar de ser, ele alinhava-se à superioridade do trabalho livre sobre o trabalho escravo:

> o **operário livre**, levado pelo **receio** de piorar e pela **esperança** de melhorar a sua condição trabalha mais e melhor que o escravo, contido somente pelo temor de **castigos corporais** que embrutecem a inteligência, corrompem o caráter, aviltam a dignidade e impedem somente os excessos de preguiça e de negligência (COSSA, 1888, p. 50, grifos no original).

---

[784] No original: "was a pedagogical textbooks, explicitly aimed at supporting teaching and popularisation. It was elementary albeit erudite and updated. It was impartial and anti-dogmatic. [...]. Furthermore, Cossa's textbook was complemented by a wide bibliography, open to international literature, multicultural in that it encompassed German, British, French, Italian and other contributions to economic science. What is more, this textbook contained updated notions and their application to hot contemporary issues such as the "social question", although framed in a sufficiently orthodox and anti-Socialist mould. [...]".

[785] Nossa análise recai sobre a tradução brasileira de 1888, baseada na 6ª edição de 1882.

## 6.3. Os programas

Para o ano letivo de 1885 a 1886, o programa de Vieira de Carvalho estava dividido em cinco partes (introdução, produção, circulação, distribuição e consumo) e possuía sessenta pontos. Após o ponto 22, "Liberdade industrial", vinha o ponto 23, intitulado "Escravidão, corporações e outras restrições à liberdade industrial", de modo que o trabalho escravo era explicitamente abordado pelo lente. Curioso notar que perto do ponto 22, há a seguinte *marginalia*, provavelmente tomada de alguma preleção:

> A Economia Política considera a **liberdade** como sendo da essência da individualidade humana, por isso, o trabalho para a basi[a] [?] deve ser livre inteiramente, pelo que, as leis que permitem ao governo limitá-lo, observam contra a natureza das cousas. O homem deve ter o direito de e[xercer] a profissão para que tiver mais aptidão (FACULDADE DE DIREITO DE S. PAULO, 1885b, p. 5, grifo no original)[786].

Algumas observações sobre o excerto podem ser feitas: na capa do programa, estão gravados os dizeres "A. Vautier" e "1888". Provavelmente, ele pertencia a Arthur Adolpho Vautier (1866-1934), formado nas Arcadas no mesmo ano. Ao longo do programa, algumas anotações são feitas à mão, possivelmente o que o estudante considerava ser relevante de ser registrado. Como estas anotações são poucas, pode-se presumir que Vautier deve ter achado importante a passagem acima transcrita. As anotações cessam no ponto 39, o que demonstra que, provavelmente, Vieira de Carvalho, que era o professor que lecionava a disciplina (LESSA, 1889, p. 9), não deve ter esgotado o programa. Um aspecto importante é que o aluno anota também o nome de autores ao lado de pontos do programa – possivelmente, indicados pelo lente ou por iniciativa dele próprio. Assim, temos anotações que remetem a Autran e Cossa – compêndios que, como vimos, foram utilizados por Vieira de Carvalho.

---

[786] A passagem está assim redigida (tentou-se manter o máximo possível a fidelidade com o original, preservando-se as abreviações): "A Econ. Pol. considera a liberd[d] como sendo da essencia da ind[a] hum[a], p[r] isso, o trab[o] para a basi[a] deve ser livre inteira[te]. pelo q, as leis que permittem ao gov[o] limital-o, observamcontra a nat[a] das cousas. O hom[m] deve ter o dirt[o] de e[x] a profissão para q tiver mi[s] aptidão" (FACULDADE DE DIREITO DE S. PAULO, 1885b, p. 5, grifo no original).

Um fato que chama a atenção é o de que, mesmo tendo sido abolida, a escravidão permaneceu nos programas da cadeira até 1899. Se por um lado isso pode demonstrar que os programas de ensino não eram revistos periodicamente (o que pode explicar a persistência do tema neles), por outro demonstra a força da instituição, visto que não se deve ter perdido o interesse facilmente sobre o trabalho escravo no Brasil, vez que cessado havia pouco[787].

O programa de 1889, quando a escravidão já estava abolida, é constituído pelos mesmos sessenta pontos – na verdade, é o mesmo programa (somente a capa muda). Por uma anotação à mão, provavelmente o programa foi visto até o ponto 46. Os sessenta pontos continuaram a ser os mesmos entre 1891 e 1895, quando a cadeira integrava apenas o currículo do curso de ciências sociais (FACULDADE DE DIREITO DE S. PAULO, 1889, 1891b, 1892b, 1893c, 1894c, 1895c).

Entre 1892 e 1895 existiu a cadeira de Noções de Economia Política e Direito Administrativo, voltada ao curso de ciências jurídicas. No programa, não há menção ao tema, que pode ter sido abordado no ponto 5, "Definição de trabalho. Suas espécies" (FACULDADE DE DIREITO DE SÃO PAULO, 1894d e 1895d).

Em 1896, ainda sob a regência de Vieira de Carvalho, o programa do curso de Economia Política foi reformulado, passando a contar com cinquenta e três pontos. A escravidão continuava a ser prevista, agora no ponto 22: "Violação da lei de liberdade industrial, pela escravidão, corporações, monopólios e outras instituições". Novamente, este ponto vinha em seguida ao da "Liberdade industrial" (ponto 21) (FACULDADE DE DIREITO DE S. PAULO, 1896c, p. 4). Tal reformulação se deve, principalmente, à reforma do ensino efetuada em 1895, na qual a cadeira de Economia Política passou a ser a 4ª do 2º ano.

O programa de cinquenta e três pontos foi adotado por Almeida Nogueira em 1898 e por José Machado de Oliveira, que o substituiu em 1899 (FACULDADE DE DIREITO DE S. PAULO, 1898c e 1899b). Ele viria a ser reformulado novamente em 1900, agora com 49 pontos. Suprimindo-se o ponto sobre escravidão, constava "O trabalho, sua

---

[787] Agradeço a Diego Nunes por ter chamado a atenção para este ponto.

natureza e caracteres; leis do trabalho" como ponto 3 da parte primeira[788] (FACULDADE DE DIREITO DE S. PAULO, 1900, p. 4)[789].

### 6.4. A imprensa acadêmica e as dissertações de alunos

Os argumentos dos economistas clássicos ressoaram entre o corpo discente, como vemos nos escritos publicados nos diversos periódicos acadêmicos: "Debaixo do ponto de vista econômico-político não é preciso ser-se instruído nesta ciência para compreendê-lo, basta a uniformidade das opiniões – o trabalho escravo não pode ser comparado ao trabalho livre (...)" ("O elementos servil", **Imprensa Academica**, S. Paulo, 19 de julho de 1868, anno II, n. 10, p. 1). Invocava-se mormente a superioridade do trabalho livre sobre o trabalho escravo, como exemplifica Tavares Bastos:

> (...) E eis que a economia política, em seus porfiados cálculos, dá testemunhos irrefragáveis de que a indústria prospera e avulta mais naqueles países onde o trabalho é confiado a braços livres; ao passo que definha e cai no entorpecimento da rotina em todos os que persistem na conservação da escravatura ("Observações á nossa legislação criminal sobre escravos", **Ensaios Litterarios do Atheneu Paulistano**, S. Paulo, agosto e setembro de 1856, ns. 5 e 6, p. 312).

E outros argumentos também eram mobilizados para combater a escravidão: a produção comprometida por causa da indiferenciação entre trabalho e capital[790], a excessiva onerosidade do trabalho escravo em relação aos seus lucros[791], e os estímulos de progresso:

---

[788] Parte primeira – A produção, Capítulo I – Elementos da produção (FACULDADE DE DIREITO DE S. PAULO, 1900, p. 3).

[789] Sem as anotações de aula, é difícil saber o que estava incorporado em tal ponto, mas sabemos que em seu **Curso** de 1913, Almeida Nogueira incluía entre as leis do trabalho o princípio da liberdade do trabalho que, encarada quanto ao agente, podia ser escravo ou servil, penitenciário ou penal, correcional ou disciplinar, e livre (NOGUEIRA, 1913, v. 1, p. 179-180).

[790] Pedro Elias Martins Ferreira, "Discurso", **Memorias da Associação Culto á Sciencia**, S. Paulo, agosto de 1860, n. 9, p. 141-143.

[791] "Colonisação", **O Kaleidoscopio**, 14 de julho de 1860, n. 15, p. 118-120.

É hoje geralmente admitido que o trabalho do escravo não pode competir com o do homem livre.

Os estímulos de progresso que existem para o segundo, não atuam sobre o primeiro.

O trabalhador escravo, diz o ilustre Jeremias Bentham, não tem recompensa que o anime a trabalhar, esbanja porque nada perde, furta-se ao trabalho, porque com ele nada lucra. (...) ("Escravidão-Emancipação", **Imprensa Academica**, S. Paulo, 18 de junho de 1868, anno II, n. 5, p. 3).

Nas dissertações exigidas pelos lentes e apresentadas à cadeira de Economia Política entre 1857 e 1870[792] apresentam diferentes temas – por exemplo, "Quais as causas que determinam a variação no preço das mercadorias? Será conveniente a designação dos preços máximos? Quais as consequências resultantes desta designação?" (1857), "O que é capital fixo e circulante? Qual a sua natureza e distinção?" (1860), "O que é capital? Qual a sua influência sobre a produção?" (1863), etc.. Como ocorria na cadeira de Direito Natural, aqui diversos autores e obras também eram citados, indicando que os alunos liam muito mais do apenas o compêndio da disciplina, pois são citados Mac Culloch, Storch, Quesnay, Turgot, Malthus, Rossi, Seneuil, etc. Em 1868, duas dissertações foram cobradas, com os temas "Influência dos agentes naturais na produção" e "Considerações gerais sobre o trabalho livre e sobre o trabalho escravo, debaixo do ponto de vista econômico". É interessante notar que, em relação a esse último, a maioria dos alunos defendia a superioridade do trabalho livre, utilizando-se de argumentos de cunho moral e econômico.

## 6.5. Síntese: o "caso absurdo da escravidão, em que um homem não pertence a si mesmo"

O ensino de Economia Política em São Paulo baseou-se durante o século XIX quase que exclusivamente em autores estrangeiros franceses, ingleses e italianos. Com efeito, nenhum lente produziu sequer uma obra sobre o tema no período – na FDSP, o primeiro livro sobre a disciplina,

---

[792] Cf. FACULDADE DE DIREITO DE SÃO PAULO, 1857-1874.

o **Curso Didático de Economia Política ou Ciência do Valor**, de José Luis de Almeida Nogueira, somente viria a ser publicado em 1913 (e reeditado várias vezes por seu sucessor de cátedra, José Joaquim Cardozo de Mello Neto).

Carneiro de Campos adotou o compêndio de Jean-Baptiste Say, que prevaleceu em São Paulo até o final da década de 1850. O economista francês posicionava-se contra o "caso absurdo da escravidão, em que um homem não pertence a si mesmo"[793], mas não se aprofundava no tema: não havia cálculos ou argumentos que demonstrassem de fato a superioridade do trabalho livre (talvez porque ele já o tivesse feito em seu **Tratado** e cujo resultado não lhe havia sido favorável).

Ao assumir a cadeira, Carrão deu novo impulso aos estudos econômicos mediante a incorporação das ideias de Henry Macleod. Escrevendo na Inglaterra da Segunda Revolução Industrial, era de se esperar que o regime servil não ocupasse posição de destaque em seu pensamento; tanto é assim que ao lado da escravidão ele elenca como os maiores males do homem a perseguição religiosa e as restrições comerciais[794]. Sua atenção voltava-se a outros problemas que atingiam a sociedade inglesa, como a ação bancária e o crédito.

Não obstante, pelo menos em teoria, em 1860 figurou como adotado o compêndio de Autran para quem, apesar de o trabalho escravo ser menos produtivo que o trabalho livre, defendia a manutenção da escravidão, principalmente no Brasil, em que ela se mostrava especialmente lucrativa.

Vieira de Carvalho adotou, ao lado de Macleod, os ensinamentos de Antonio Ciccone e Luigi Cossa, autores italianos vinculados à escola econômica neoclássica. O primeiro afirmava que, embora na América o trabalho escravo fosse mais lucrativo para o patrão, ele era menos produtivo que o trabalho livre. O segundo também entendia que o trabalhador livre "trabalha mais e melhor que o escravo"[795].

Outros professores, ao lecionarem Economia Política, adotavam a posição em prol do trabalho livre: o Barão de Ramalho, em 1864, "tratando

---

[793] Cf. SAY, 1826, p. 220, nota a.
[794] Cf. MACLEOD, 1872, p. 73.
[795] Cf. COSSA, 1888, p. 50.

do trabalho livre e do trabalho escravo, fez uma breve sinopse a respeito do sistema de colonização no Brasil e mostrou as suas imperfeições"[796] e

> depois filosoficamente provou que o trabalho escravo ou a introdução do africanismo no Brasil contribuiu para o atraso em que está a agricultura, a indústria e as artes liberais e tudo porque pelo sistema do trabalho escravo, há o constrangimento, o que equivale a dizer-se que a espontaneidade gera a ciência e a liberdade produz a grandeza, o desenvolvimento em todos os fatos da atividade humana ("Academia", **Imprensa Academica**, S. Paulo, 3 de julho de 1864, anno I, n. 23, p. 2).

Também Sá e Benevides, em 1868, explicava a superioridade do trabalho livre sobre o escravo[797] e em seguida exigiu que os alunos apresentassem suas dissertações sobre o tema "considerações sobre trabalho livre"[798].

---

[796] Cf. "Academia", **Imprensa Academica**, S. Paulo, 3 de julho de 1864, anno I, n. 23, p. 2.
[797] Cf. "Movimento academico", **Imprensa Academica**, S. Paulo, 11 de agosto de 1868, anno II, n. 13, p. 4.
[798] Cf. "Movimento academico", **Imprensa Academica**, S. Paulo, 20 de agosto de 1868, anno II, n. 14, p. 4.

# CAPÍTULO 7
# NA FACULDADE DE DIREITO DO RECIFE

**7.1. Os lentes**[799]
**7.1.1. Manuel Maria do Amaral (1801[800]-1879)[801]: entre 1832 e 1852**
Manuel Maria do Amaral nasceu em 1801 na Bahia, filho de José Felipe Alvares do Amaral e Maria Francisca de Almeida (viúva do tenente-coronel Francisco Ribeiro Neves). Frequentou inicialmente a Aula de Comércio e posteriormente formou-se em Direito na França, possivelmente em Paris[802] e/ou no *Conservatoire des Arts et Métiers*[803], justamente onde Say

---

[799] Para a lista de catedráticos, cf. PESSO, 2020, p. 223-224.

[800] Octaciano Nogueira e João Sereno Firmo apontam que ele nasceu em 1798 (NOGUEIRA; FIRMO, 1973, p. 57).

[801] Cf. WILDBERGER, 1949, p. 459-468 e BEVILÁQUA, 2012, p. 66 e 92.

[802] Seu nome não consta dentre os formados em Coimbra entre 1800-1828 (cf. MORAIS, 1949). Por outro lado, Guy Delavau e François Franchet d'Esperey, em seu **Livre Noire** (1829), remetem a Manuel Maria do Amaral, da Bahia, professor da escola de comércio do Brasil e que em 1826 fazia o curso na "escola de direito" (DELAVAU; FRANCHET, 1829, p. 29-31). Curioso que, aparentemente, ele vivia na mesma casa que Carneiro de Campos, que futuramente também seria lente na FDSP (DELAVAU; FRANCHET, 1829, p. 32).

[803] Segundo o documento "Surveillance de divers Brésiliens et Portugais débarqués au Havre en juin 1825, venant de Bahia de Pernambouc" (Vigilância de vários brasileiros e portugueses que desembarcaram no Havre em junho de 1825, vindos da Bahia de Pernambuco), lá desembarcou "Manuel Maria de Amaral [...] admitido no Conservatoire des Arts et Métiers" (Arquivo Nacional da França: "Intérieur. Police. Affaires politiques (série P.P.: Police politique) (1815-1841) F/7/6678-F/7/6997").

era professor desde 1819. Esta segunda hipótese é corroborada por uma obra anônima[804] publicada por um estudante de Olinda intitulada **A Cameleida**, que afirmava ser um "poema herói-cômico-satírico" sobre a Congregação de Olinda e na qual há ataques a quase todos os lentes. Maria do Amaral é chamado de "Manébijéto" (apelido que ele teria ganhado na Câmara dos Deputados) e afirma-se que:

> depois que veio da Europa, e aprendeu Economia Política com João Baptista Say, de quem (diz ele) tem a glória de ser discípulo, e a honra de ser amigo, perdeu a língua pátria, e hoje é uma lástima, fala um dialeto misto anglo--franco-luso, tão estrambótico, que muito se parece com a linguagem de um Africano boçal do Congo, ou Moçambique (**A CAMELEIDA ou A Congregação dos Lentes de Olinda**, 1839, p. 33, nota 15).

Ele obteve o doutoramento na Faculdade de Direito do Recife em 1839, quando já era professor. Tomou posse como lente catedrático de Economia Política em 1832 e nela permaneceu até 1852, quando foi jubilado[805]. Casou-se com Luiza Bemvinda Rodrigues da Costa, com quem teve dois filhos: Antônio Joaquim e José Alvares do Amaral.

Gláucio Veiga afirma que "de política, viveu e conviveu Manuel Maria do Amaral" (VEIGA, 1981, p. 288), ou melhor: "viveu permanentemente como deputado" (VEIGA, 1988, p. 278). De fato, foi deputado à Assembleia Geral pela Bahia praticamente em todo o período em que deveria ter lecionado em Olinda: 1830-1833, 1834-1837, 1838-1841, 1845-1847, 1848 e 1851 (suplente)[806]. Além disso, foi Inspector da Tesouraria Geral da Bahia (1848-1858) e vice-presidente da mesma Província (1863-1864). Sobre sua produção bibliográfica, o único trabalho que conseguimos localizar é a fala com que abriu a Assembleia Legislativa da Bahia em 1864, na qualidade de vice-presidente da Província (AMARAL, 1864). Foi agraciado com a Ordem de Cristo e com a Ordem da Rosa, além do título de conselheiro.

---

[804] Segundo informações da Biblioteca Brasiliana Guita e José Mindlin (BBM-USP), seu autor teria sido ou Francisco Inácio de Carvalho Moreira, Barão de Penedo (hipótese de Paulo do Vale) ou Manuel Pereira da Silva, com a colaboração do Barão de Penedo (hipótese de Sacramento Blake).

[805] Havia renunciado do cargo já em 1847 (WILDBERGER, 1949, p. 464).

[806] Cf. NOGUEIRA; FIRMO, 1973, p. 57.

Historiadores do pensamento econômico do século XIX não o mencionam[807], provavelmente em função, por um lado, de sua pouca assiduidade à Academia (o que é atestado nas atas da Congregação do período, que ano após ano apontavam sua ausência "com causa"), e, por outro, da profícua atividade de Pedro Autran em matéria de Economia Política. Com efeito, já em 1832 publicou Autran a tradução de **Elementos de Economia Politica** de James Mill, que em 1833 constava como o compêndio oficial adotado pela disciplina[808]. Tudo leva a crer que tal compêndio só foi substituído pelos **Elementos de Economia Política** (1844), do próprio Autran.

### 7.1.2. Lourenço Trigo de Loureiro (1793-1870)[809]: entre 1852 e 1855

Lourenço Trigo de Loureiro nasceu em Viseu, Portugal, em 1793, filho de João Rabello Trigo e Angela Feliciana de Loureiro. Ele iniciou seus estudos na Universidade de Coimbra, mas, com a invasão francesa de Napoleão, foi obrigado a mudar-se para o Rio de Janeiro em 1810, onde trabalhou no correio e começou a lecionar gramática portuguesa e francesa. Posteriormente, foi nomeado lente de francês no curso anexo à Academia de Olinda em 1828, função que exerceu até 1841. Ao mudar-se para Pernambuco, ele fez o curso de ciências jurídicas e sociais e formou-se em 1832 (1ª turma)[810]. Em 1833, obteve o doutoramento em Olinda e no mesmo ano foi promovido a lente substituto interino[811] – principalmente pela "crise dos lentes", à qual já nos referimos antes. Em 1834, prestou o primeiro concurso para lente substituto aberto na Academia do Norte, mas

---

[807] Por exemplo, Paula (1942), Hugon (1955) e Gremaud (1997).

[808] Informação que consta na Ata da Congregação da Academia de Olinda de 27 de março de 1833 (FACULDADE DE DIREITO DO RECIFE, 1889).

[809] Cf. "Galeria do Jornal do Recife – O Dr. Loureiro", **Jornal do Recife**, Recife, 1 de outubro de 1859, p. 317-318; "Galeria da Faculdade do Recife – Dr. Lourenço Trigo de Loureiro", **Faculdade do Recife**, Recife, 15 de agosto de 1863, p. 76-78; "Litteratura – Apontamentos biographicos do Conselheiro Dr. Lourenço Trigo de Loureiro", **Diario de Pernambuco**, Recife, 3 de dezembro de 1870, p. 8; BLAKE, 1899, p. 326-327; BEVILÁQUA, 2012, p. 452--454; e VEIGA, 1981, p. 291-292 e 1984, p. 275-281.

[810] No primeiro ano (1828), ele obteve aprovação unânime para o prêmio de melhor aluno, empatando com Eusébio de Queirós. Na ocasião, e conforme mandavam os estatutos, o vencedor foi tirado na sorte – Eusébio foi sorteado e levou o prêmio (CAMARA, 1829).

[811] Tal função não estava prevista nos Estatutos de 1831.

foi classificado em 5º lugar[812], não sendo proposto seu nome ao Governo imperial[813]. No ano seguinte, com as novas nomeações para substitutos oriundas deste concurso, ele e Francisco Joaquim das Chagas deixaram a posição de lentes substitutos interinos (BEVILÁQUA, 2012, p. 58); neste ano, ele assumiu a função de Juiz de Órfãos e Juiz Municipal de Olinda (GAMA, 1835b), local em que também foi promotor interino. Em 1839, foi bibliotecário interino da Faculdade. Em 1840, tornou-se lente substituto efetivo, mas sem prestar concurso – foi proposto e nomeado pela presidência da Província de Pernambuco, o que foi ratificado pelo Governo imperial[814]. Tornou-se catedrático de Economia Política em 1852 e ficou na cadeira até 1855, quando foi transferido para a cadeira de Direito Civil (1ª do 4º ano), nela permanecendo até 1870[815], quando veio a falecer.

Loureiro possui uma considerável produção bibliográfica. No âmbito do direito, escreveu **Instituições de Direito Civil Brasileiro** (1ª edição em 1851 e reeditada até a 5ª edição em 1884), que foi bem-sucedido e chegou a ser adotado como compêndio oficial nos dois cursos jurídicos (BEVILÁQUA, 2012, p. 452), além de ser largamente utilizado no foro[816], **Elementos de Theoria e Pratica do Processo** (1850), **Transumpto da Lei da Reforma Hypothecaria de 24 de setembro de 1864** (1866) e, no que aqui nos interessa, **Elementos de Economia Politica** (1854). Este livro foi publicado enquanto Trigo de Loureiro ocupava a cátedra de Economia Política e, portanto, representa seu pensamento à frente da disciplina – para Luiz Nogueira de Paula, "sua obra é toda ela impregnada pelas ideias da nascente escola clássica expendidas por Adam Smith,

---

[812] Neste concurso, classificaram-se, por ordem: João Capistrano Bandeira de Mello, Francisco de Paula Baptista, Francisco Joaquim das Chagas, José Bento da Cunha e Figueiredo, e Lourenço Trigo de Loureiro (BEVILÁQUA, 2012, p. 54).

[813] Pela leitura das atas da Congregação e da correspondência de 1834, percebe-se o espírito combativo do jovem Trigo de Loureiro, que naquele ano indispôs-se tanto com alunos quanto com os demais lentes do curso. Esse talvez seja o motivo pelo qual obteve a última colocação no concurso de 1834.

[814] Cf. FACULDADE DE DIREITO DO RECIFE, 1930, p. 42-43v.

[815] Lourenço Trigo de Loureiro é mais lembrado, com razão, por sua produção e atuação no âmbito do Direito Civil. Sobre isso, ver ROBERTO, 2016, em especial p. 90-102.

[816] É o caso de **O Direito**, a **Gazeta Juridica** e a **Revista do Instituto da Ordem dos Advogados Brasileiros**, em que Lourenço Trigo de Loureiro é constantemente citado como autoridade em matéria de Direito Civil na doutrina e na jurisprudência.

J. B. Say e alguns ilustres antecessores deste" (PAULA, 1942, p. 23). Além disso, escreveu **Grammatica razoavel da lingua portuguesa** (1828) e traduziu três tragédias de Racine: **Phedra, Andromacha** e **Esther**. No mais, consta que ia entrar no prelo uma tradução de **Institutiones Juris Publici Ecclesiastici**, do Cardeal de Soglia (DRUMMOND, 1864, p. 84), mas que ficou inédita[817].

Apesar de suas publicações em Direito, Loureiro também não conseguiu esquivar-se da política, tendo sido deputado provincial em Pernambuco nas 7ª e 15ª legislaturas, chegando a ser presidente da Assembleia Provincial (em 1864), sempre filiado ao partido Liberal[818]. Recebeu o título de conselheiro em 1863 (ocasião em que lhe foi permitido também continuar a lecionar) (DRUMMOND, 1864, p. 37-38), era oficial da ordem da Rosa e, como seus pares, advogava. Foi casado com Umbelina Souza da Silva Fernandes, com quem teve muitos filhos, destacando-se Ovídio Fernandes Trigo de Loureiro (formado na FDR em 1848), ministro do Supremo Tribunal Federal já na República, Américo Fernandes Trigo de Loureiro (formado na FDR em 1859), famoso poeta e repentista no Recife, e Antônio Fernandes Trigo de Loureiro (formado na FDR em 1860), cujo **Manual de Appellações e Agravos** (1872) fez relativo sucesso no meio jurídico brasileiro.

Lourenço Trigo de Loureiro faleceu em 1870 e na memória histórica referente a esse ano, o lente João José Ferreira de Aguiar descreve o que se passou com ele, que teve que contar com a ajuda de amigos para ser enterrado (AGUIAR, 1871, p. 2), demonstrando um dos males do ensino jurídico no período – os parcos vencimentos.

Quando da Guerra do Paraguai, Trigo de Loureiro liderou em 1865 um grupo de estudantes voluntários que queriam compor um corpo especial acadêmico; eles chegaram a se apresentar ao Presidente da Província, mas o Governo dispensou o oferecimento (BEVILÁQUA, 2012, p. 440 e PINTO JUNIOR, 1866, p. 5). Segundo Clóvis Beviláqua, ele "deixou fama de rigoroso na Faculdade" (BEVILÁQUA, 2012, p. 453) – conforme relata

---

[817] Cf. "Litteratura – Apontamentos biographicos do Conselheiro Dr. Lourenço Trigo de Loureiro", **Diario de Pernambuco**, Recife, 3 de dezembro de 1870, p. 8. Sacramento Blake afirma que nunca a havia visto (BLAKE, 1899, p. 327).
[818] Suspeitou-se inclusive que ele havia participado da Revolução Praieira de 1848, o que foi desmentido (VEIGA, 1982, p. 37 e 49, nota 11).

Esmeraldino Bandeira, Loureiro exigia que os alunos citassem a referência exata da lei (o livro, o título, o princípio ou o parágrafo da Ordenação Filipina) e suas palavras iniciais. Caso não o fizesse, o lente pedia, com seu sotaque português, "as palabrinhas da lai". Se não se lembrasse, o examinando era reprovado incontinenti (BEVILÁQUA, 2012, p. 454). Para Gláucio Veiga, ele "viveu intensamente quer como estudante, quer como professor. Atacado e atacando, discutindo e discutido, Trigo de Loureiro somava e dividia. As últimas gerações que conviveram com ele chamavam-no de Pai dos Estudantes" (VEIGA, 1981, p. 292).

### 7.1.3. Pedro Autran da Matta e Albuquerque (1805-1881): entre 1855 e 1870

Já nos referimos à vida e à obra do conselheiro Autran quando analisamos os lentes de Direito Natural[819]. Aqui, destacaremos os aspectos que interessam à disciplina de Economia Política. Tendo cursado o 1º ano de Direito em Paris e posteriormente transferindo-se para Aix, onde formou-se em 1826 e obteve o doutoramento em 1827 (ALBUQUERQUE, 1827), de pronto, percebe-se que cedo ele deve ter tomado contato com as ideias do liberalismo econômico clássico. A razão disso era o fato de que Jean-Baptiste Say, residente em Paris, produzia obras de difusão da nova ciência desde 1803, quando da publicação do seu **Traité d'Économie Politique**; seu **Catéchisme** veio a lume em 1815. Do outro lado do canal da Mancha, também vivia-se a época de ouro da Escola Clássica, com os ensinamentos de David Ricardo, Thomas Malthus e James Mill. É deste último a obra **Elements of Political Economy**, que Autran traduziu em 1832 e adotou como compêndio até 1847.

Ao contrário do que se acredita[820], Pedro Autran não foi catedrático de Economia Política logo no início dos cursos jurídicos. Oficialmente, ele era proprietário da 1ª cadeira do 1º ano, ou seja, Direito Natural. Não obstante, ele acabou por assenhorar-se daquela cadeira em função da ausência constante de seu proprietário, Manuel Maria do Amaral, que vivia na Corte a trabalhar na Assembleia Geral. Tal situação foi ratificada pelo Governo, que emitiu avisos dispondo que Autran poderia assumir a cadeira sempre que Maria do Amaral deixasse de ir à Academia de Olinda (Aviso Imperial

---

[819] Ver item 4.1.2.
[820] É o caso de Paula (1942, p. 21), Hugon (1955, p. 307), Gremaud (1997, p. 31), entre outros.

de 8 de janeiro de 1842[821] e Aviso Imperial de 2 de abril de 1849[822]). Três são os possíveis motivos pelos quais Autran decidiu acumular a cadeira de Economia Política com a de Direito Natural: em primeiro lugar, a afinidade com o tema[823], o que é demonstrado pela sua produção bibliográfica, que conta com no mínimo sete livros – entre traduções e trabalhos autorais –, além de sua constante colaboração na imprensa, onde discutia problemas de cunho econômico; em segundo lugar, a falta de lentes no período inicial de Olinda, motivo de reiteradas reclamações dos diretores ao Governo; em terceiro lugar, a possibilidade de cumular os vencimentos das duas cadeiras, o que lhe era especialmente interessante, visto que optou por se dedicar integralmente à docência.

O conselheiro Autran apenas acedeu à cadeira de Economia Política em 1855, mediante permuta entre vários lentes[824], e nela permaneceu até sua jubilação em 1870. Em todo o caso, ao estudarmos a Economia Política na Faculdade de Direito do Recife, devemos levar em conta o fato de que Autran lecionou na cadeira, com algumas interrupções, entre 1832 (1º ano em que foi oferecida, já que era do 5º ano) e 1870.

O primeiro compêndio adotado por Autran, como já dissemos, foram os **Elements of Political Economy** de James Mill, vertidos ao português por ele, confrontando o original inglês com a versão francesa e auxiliado

---

[821] Tal Aviso Imperial o dispensava da 1ª cadeira do 1º ano (Direito Natural) para que pudesse dedicar-se a confeccionar um compêndio da disciplina.

[822] Tal Aviso Imperial mandava que Pedro Autran regesse a cadeira de Economia Política sempre que o proprietário estivesse impedido. Foi expedido a pedido do próprio Autran, cf. ALBUQUERQUE, 1849.

[823] Quando da discussão sobre a aprovação de seus **Elementos de Economia Política** (1844), Lopes Gama, então vice-diretor, afirmou na Câmara dos Deputados que "o Sr. Dr. Autran anda a par da ciência (...), e um homem de talento, faz gosto para esta cadeira, é a sua cadeira predileta, e que creio que concordarão comigo todos os que estão nesta casa, e foram estudantes do curso jurídico de Olinda" (**ACD**, 1847, p. 153, grifo no original).

[824] Os novos Estatutos de 1854 facultaram a permuta de cadeiras entre os lentes catedráticos. Já em 1855 ocorreu a primeira transferência entre cadeiras na FDR: Pedro Autran foi de Direito Natural (1ª do 1º ano) para a de Economia Política (2ª do 5º ano); Lourenço Trigo de Loureiro foi de Economia Política (2ª do 5º ano) para Direito Civil (1ª do 3º ano); José Bento da Cunha e Figueiredo foi de Direito Eclesiástico (2ª do 2º ano) para Direito Natural (1ª do 1º ano) e Jeronymo Vilella de Castro Tavares foi de Direito Civil (1ª do 3º ano) para Direito Eclesiástico (2ª do 2º ano) (TAVARES, 1856, p. 5).

pelos alunos Álvaro (4º ano) e Sérgio Teixeira de Macedo (5º ano)[825] (BEVILÁQUA, 2012, p. 448). Conforme nos informa a Ata da Congregação de 27 de março de 1833[826], esse era o compêndio oficial para a cadeira de Economia Política.

Em 1848, o Governo imperial aprovou os **Elementos de Economia Politica** que Autran havia publicado em 1844. Era sua primeira obra autoral e uma das primeiras que foi elaborada por um lente do curso jurídico, fruto de anos de docência e com o escopo de servir como livro-texto aos alunos. Ao compulsar os anais da Assembleia Geral, tudo indica que foi também a primeira obra feita por um lente e submetida à aprovação do Governo, conforme havia sido previsto na lei de 11 de agosto de 1827 e nos Estatutos de 1831, desde a malfadada empreitada de Avellar Brotero em 1829.

Após mais de uma década e do breve interregno em que Trigo de Loureiro ocupou a cadeira (1852-1855), nova obra de Autran foi adotada, já como catedrático: **Prelecções de Economia Politica**, publicado em 1859 e aprovado como compêndio oficial no início de 1860[827] – foi adotado oficialmente pela Congregação de ambas as Faculdades, motivo pelo qual ele chegou a requerer o prêmio a que tinha direito, conforme dispunham os estatutos (ALBUQUERQUE, 1861a). Este foi o livro-texto utilizado por ele até sua aposentadoria em 1870.

Pedro Autran tinha boa reputação à frente de sua cadeira, como relata Aprígio Guimarães em 1859:

> Ide à Faculdade de Direito, entrai na sala do 5º ano, vede esse homem encanecido pelas vigílias do estudo, mas com a juventude na face, o entusiasmo no gosto e na voz. Demorai-vos um pouco; atendei como a expressão lhe sai colorida dos lábios, como o gesto sabe acompanhar o rigor da expressão.

---

[825] Álvaro Teixeira de Macedo (1807-1849) foi poeta e diplomata e Sérgio Teixeira de Macedo (1809-1867) foi um destacado diplomata e político, chegando a ser Ministro do Império entre 1858 e 1859.

[826] Cf. FACULDADE DE DIREITO DO RECIFE, 1889.

[827] Na memória histórica de 1859, Aprígio Guimarães afirma que o compêndio já fora adotado em 1859, possivelmente em caráter não-oficial (GUIMARÃES, 1860, p. 17). Na primeira sessão da Congregação de 1860, aprovou-se a adoção do compêndio ("Faculdade de Direito", **Diario de Pernambuco**, Recife, 5 de março de 1860, p. 4).

Deixai ir o nosso Bastiat; vede como ele vai de harmonia em harmonia na sua ciência; vede como a Economia Política vos parece cousa diferente do que tendes ouvido à meia dúzia de sábios de salão; vede-o rematando suas brilhantes demonstrações por apontar no auge da eloquência para a mão potente que tudo rege, indigitação que jamais escapa ao seu espírito ortodoxo, e por fim direis comigo: É um grande mestre.

O Conselheiro Autran é desses que perdem-se em não ser ouvidos. Suas preleções estenografadas provariam que fala ainda melhor do que escreve ("Galeria do Jornal do Recife – O Conselheiro Autran", **Jornal do Recife**, Recife, 13 de agosto de 1859, p. 262).

Em que pese o empenho de Autran, certo é que havia muito descaso com a disciplina por parte dos alunos – não só com ela, mas todas as do 5º ano, uma vez que era considerado um ano de "formalidade": "muitos estudantes dizem de boca cheia a quem quiser ouvir, que a economia política é **massada**, uma excrescência inútil; e zombam dela não obstante a beleza com que o ilustre Lente, meu antigo mestre, o Sr. Conselheiro Autran prende, arrastra, e seduz a todos que o ouvem" (FIGUEIREDO, 1865, p. 5, grifo no original). Essa também era a opinião de Manuel Januario Bezerra Montenegro, formado em 1862, que julgava Autran "excessivamente prejudicado com as ideias jesuíticas", razão pela qual ele pouco frequentou sua aula no 5º ano (ficava apenas até o bedel tomar o ponto, isto é, computar a presença), afirmando sobre Autran que "não o tinha na conta de um economista de opinião segura, pois adotava sempre a última que lia" ("Uma defesa necessária para o futuro", **Jornal do Recife**, Recife, 2 de maio de 1874, p. 4).

### 7.1.4. Aprígio Justiniano da Silva Guimarães (1832-1880)[828]: entre 1871 e 1880

Aprígio Justiniano da Silva Guimarães nasceu em Pernambuco em 1832, filho de José da Silva Guimarães e Francisca Marcolina Guimarães.

---

[828] Cf. FONSECA, 1881; "Pernambucanos distintos", **O Ensaio**, Recife, anno II, n. 18, 30 de agosto de 1883, p. 3-4 e anno II, n. 19, 30 de setembro de 1883, p. 3; BLAKE, 1883, p. 331-335; CAMARA, 1904b; BEVILÁQUA, 2012, p. 487-492; e VEIGA, 1989, p. 81-174. Algumas anedotas sobre ele contidas nesses autores foram reunidas por Julio Pires Ferreira (1918, p. 10-11).

Formou-se na Academia de Olinda em 1851[829] e defendeu teses em 1856[830], quando a instituição já havia sido transferida para o Recife. Participou de quatro concursos até conseguir ser nomeado e empossado lente substituto em 1859[831]. Acedeu a catedrático de Direito Civil (1ª cadeira do 3º ano) em 1870, mas já no ano seguinte foi transferido para a cadeira de Economia Política (2ª do 5º ano) – não por afinidade, mas por necessidade[832]. Permaneceu como lente catedrático nesta última entre 1871 e 1880, quando faleceu.

Célebre tornou-se seu discurso ao assumir o lugar de lente substituto, justamente na cadeira de Economia Política:

> Cheguei, Senhores. Cheguei porém, feitas as devidas distinções, como Silvio Pellico de volta das suas prisões: a fadiga ia consumindo-me o corpo, o ceticismo ia devastando-me o espírito...

---

[829] Sobre seu tirocínio acadêmico, Phaelante da Camara afirma que "quando Aprígio entrou para a Faculdade, a atmosfera intelectual do velho pardieiro era viciada e abafadiça", isto porque "ao corpo docente davam o pão do espírito Taparelli e Ventura de Raulica no Direito Natural, Troplong no Civil, Lobão na Prática Forense, Benjamin Constant, com a engrenagem do Poder Moderador, no Direito Público, e Rossi no departamento criminal. O corpo discente estava emocionado com os ecos lamentosos da musa lamurienta de Franklin Dória (...)" (CAMARA, 1904b, p. 94).

[830] Cf. "O doutoramento do Sr. bacharel Aprigio Justiniano da Silva Guimarães", **Diario de Pernambuco**, Recife, 27 de dezembro de 1856, p. 2.

[831] Para as provas oral e escrita do concurso em que foi escolhido lente, cf. **O Atheneu Pernambucano**, Recife, v. IV, n. 2, julho de 1859, p. 21-25. É um dos poucos registros que temos deste tipo de prova, principalmente a prova oral. A dificuldade em conseguir o lugar de lente entre 1856 e 1859 marcou Aprígio profundamente. Em 1871, por ocasião do oferecimento de um retrato seu pelos alunos, ele dizia: "Para entrar naquela casa, três anos de um labor constante e terrível! E durante os sonos desse tempo, cuja recordação ainda hoje me apavora, que sonhos!" ("Algumas palavras", **Jornal do Recife**, Recife, 24 de outubro de 1871, p. 2).

[832] Segundo a memória histórica de 1871, Aprígio foi removido para a cadeira de Economia Política sob proposta da Congregação – a causa seria "a incompatibilidade, que, nos termos do Decreto de 23 de janeiro de 1862, se daria sempre se continuasse o Dr. Aprígio a servir com seu tio por afinidade, o Dr. Aguiar, lente da segunda cadeira do mesmo ano" (SILVA, 1872, p. 7). Ainda que em seu compêndio ele tenha afirmado que "contra minhas sinceras relutâncias mandaram-me para a cadeira de Economia Política; senti por boa parte da mocidade brasileira" (GUIMARÃES, 1902, p. XIX), a cadeira de Economia Política era a que ele preferia no caso de não ser transferido para a de Direito Civil, conforme se depreende da correspondência entre João Alfredo e Camaragibe (VEIGA, 1989, p. 168, nota 63).

Mas, Deus quis que eu chegasse, e cheguei. Esta Cadeira, que era o meu sonho dourado, este dia de que eu pretendia fazer o marco miliário de minha vida literária, este momento que eu esperava como um dos mais jubilosos de minha vida, tudo agora me aterra e me confunde! Assim são as pobres aspirações terrestres: no cabo sempre a desilusão, a realidade só no seio de Deus! (GUIMARÃES, 1872, p. 41-42)[833].

Aprígio é a figura de transição da Faculdade de Direito do Recife – "o ponto de intercessão entre o velho tipo acadêmico e o novo, o elo que liga os dois períodos"[834] (CAMARA, 1904a, p. 24): ao mesmo tempo que se vincula a Pedro Autran, representante máximo das "velhas ideias" de Olinda, também é o precursor de Tobias Barreto, o arauto das "novas ideias" que varreram Pernambuco no último quartel do século XIX. Tal transição se deu tanto temporalmente – Aprígio assumiu como catedrático entre a aposentadoria de Autran (1870) e o concurso de Tobias (1882) – quanto intelectualmente, uma vez que, segundo Gláucio Veiga, "a partir de Aprígio Guimarães, vai-se percebendo a rejeição ao mimetismo e se inicia o esforço de autognose da nossa realidade" (VEIGA, 1993, p. 10).

Ele militou ativamente na política, mas poucos foram os cargos que ocupou. Entre 1852 e 1853, foi secretário da Presidência do Ceará, sendo eleito por essa Província como deputado suplente na Câmara dos Deputados para o biênio de 1854 a 1856, e nela tomou assento efetivamente em 1855[835]. Foi deputado provincial em Pernambuco entre 1854

---

[833] Publicado em "Discurso", **Jornal do Recife**, Recife, 12 de novembro de 1859, p. 362-364 e em GUIMARÃES, 1872, p. 41-50. Na ocasião, ele afirmou: "Ainda tenho muito frescas as recordações desses bancos, em que vos sentais, ainda conservo muito viva a impressão das torturas, que neles sofri, e não pretendo vingar-me em vós. Falar aos moços, como quem fala a moços; ao contrário o mestre pregará no deserto" (GUIMARÃES, 1872, p. 48).

[834] "Foi ele quem, antes da revolução operada por Tobias no terreno dos princípios, começou a modificar a feição moral deste Instituto, por suas ideias liberais e principalmente pelas simpatias que irradiavam da sua personalidade. Não tomava a pitada clássica do rapé de Xabregas, nem tinha o pigarro sensacional no momento de iniciar as suas preleções. Admitiu no seu lar distinto a convivência alegre dos discípulos, rompeu com o preconceito de não cortejar os alunos na aula, e, ao subir a cadeira de mestre, dizia-lhes carinhosamente: – 'Bom dia, meus jovens colegas!'" (CAMARA, 1904a, p. 24-25). No mesmo sentido, ver também CAMARA, 1904b, p. 100.

[835] Foi por ocasião de sua participação na Câmara dos Deputados que ele publicou a obra **Propriedade litteraria** (GUIMARÃES, 1859).

e 1855 e entre 1863 e 1864. Entre 1855 e 1859 foi oficial-maior da secretaria do Tribunal do Comércio de Pernambuco. Como seus colegas de Congregação, também advogava em Recife[836].

Aprígio Guimarães publicou livros, opúsculos[837], discursos[838], peças de teatro[839], e participou ativamente em vários periódicos, inclusive especializados, como **O Direito**. Muito de sua produção foi reunida por ele mesmo e publicada no livro **Discursos e diversos escriptos** (1872)[840] e postumamente por seu filho Hildeberto em **Miscellanea philosophica e sociologica** (1889). No que concerne à Faculdade de Direito, ele redigiu teses e dissertações (para seu doutoramento[841] e participação em concursos), discursos (em abertura de cursos, por ocasião de doutoramentos[842], etc.) e a memória histórica de 1859 (GUIMARÃES, 1860). Deixou também escritos sobre religião, como **Licções sobre a infallibilidade e o poder temporal dos papas** (1860), **Jesuitismo e catholicismo** (1873) e **Jesuitismo em Pernambuco:** apontamentos

---

[836] Por exemplo, "Revista Commercial n. 8428", **Gazeta Juridica**, anno II, v. II, jan. 1874, p. 382-391 e "Revista Commercial n. 9117", **O Direito**, anno VI, v. 15, jan./abr. 1878, p. 473-481.

[837] **Saldo contra o paiz** (primeira conta corrente). Reflexões politicas de Marco Antonio (1866); **Saldo contra o paiz** (segunda conta corrente). Reflexões politicas de Marco Antonio (1866); **Saldo contra o paiz** (terceira conta corrente). Reflexões politicas de Marco Antonio (1866). Os três são escritos de censura aos atos do Gabinete Olinda.

[838] Segundo Clóvis Beviláqua, "o prestígio do ilustrado mestre começou muito cedo a firmar-se, na Faculdade. A sua fama de orador substancioso, elegante e de estilo próprio, fê-lo paraninfo preferido dos doutorandos de Graciliano Baptista (1866), Tavares Belfort (1867), Carneiro Guimarães (1870), Seabra, assim como presidente ou orador das festas acadêmicas" (BEVILÁQUA, 2012, p. 490). Exemplificativamente: **Discurso lido na sessão solemne do Atheneu Pernambucano** (1860), entre outros.

[839] Por exemplo, **Nunes Machado**: ensaio dramatico (1874), sobre o líder da Revolta Praieira de 1848.

[840] No começo da obra ("linhas de precaução") ele oferece sua visão sobre ciência, política e religião (GUIMARÃES, 1872, p. 13-38).

[841] Cf. GUIMARÃES, 1856a e GUIMARÃES, 1856b.

[842] Por exemplo, ele foi padrinho de José Hygino Duarte Pereira, Manuel Pinto Damaso e Frederico Augusto Borges em 1876 (PINTO JUNIOR, 1877) e de José Bandeira de Mello, José Joaquim Seabra, Francisco Gomes Parente e José Maria Metello em 1878 (RODRIGUES, 1879). Em ambas as ocasiões, ele pronunciou discursos quando da cerimônia de colação de grau – o de 1876 foi publicado como apêndice em GUIMARÃES, 1889.

historicos e philosophicos (1873)[843], estes dois últimos por ocasião da Questão Religiosa. Preocupou-se também com temas ligados à instrução pública, como **Estudos sobre o ensino publico** (1860-1861) e **Carta ao doutor Raymundo Honorio da Silva** (1880). Na imprensa, colaborou em periódicos acadêmicos e de grande circulação: no **Pedro II** (CE), no **Correio Mercantil** (RJ), no **Jornal do Domingo** (PE), no **Jornal do Recife** (PE)[844], na **Revista do Instituto Archeologico Pernambucano** (PE), na **Opinião Nacional** (PE)[845], na **A Madre-Silva** (PE)[846], na **Revista Nacional** (SP), etc.; em várias ocasiões assinava com pseudônimos[847] – por exemplo, "Agrippa". Muitas foram as obras que ele deixou inéditas[848].

Na Faculdade de Direito, Aprígio era "o lente querido dos rapazes" (BEVILÁQUA, 2012, p. 443), daí o epíteto fraternal de "velho Aprígio" que os alunos lhe deram (CAMARA, 1904a, p. 25). Segundo Clóvis Beviláqua, "como professor de Direito, conquistou as mais largas simpatias entre os estudantes, que o idolatravam, porque Aprígio Guimarães foi um espírito profundamente liberal, tolerante e acessível, qualidades que o tornaram o guia dos moços" (BEVILÁQUA, 2012, p. 488). Tal relato é corroborado por Odilon Nestor:

> Aprígio Guimarães era um outro tipo de lente: uma figura assaz interessante de professor – misto de boêmia e cumprimento do dever – um tanto medieval e ao mesmo tempo o mais expressivo modelo de professor da atualidade, eloquente e cético, seguindo amoravelmente a tradição, mas livre sempre de poder tentar algumas reformas. Os seus discípulos o adoravam. Ele possuía realmente os dons com que podia ser e foi de fato, um ídolo para a mocidade. Como os professores da idade média, recebia também em sua

---

[843] Ele publicou estes dois livros de 1873 sob o pseudônimo de "Fabio Rustico" (VEIGA, 1989, p. 164, nota 56).

[844] Em 1859 ele possuía a coluna "Biographias de homens notaveis de Pernambuco e de outras provincias", na qual publicou a já referida biografia de Pedro Autran.

[845] Alguns textos foram extraídos e publicados em **Discursos e diversos escriptos** (GUIMARÃES, 1872, p. 301-425). Para Gláucio Veiga, Aprígio assumia posição abolicionista no jornal em 1867 (VEIGA, 1989, p. 96-97).

[846] Era uma "revista literária especialmente dedicada às senhoras, sob os auspícios do doutor Aprígio Justiniano da Silva Guimarães" (BLAKE, 1883, p. 335).

[847] Ver VEIGA, 1989, p. 164, nota 56 e p. 169, nota 68.

[848] Cf. BLAKE, 1883, p. 334.

casa os rapazes, palestrava com eles e lhes contava anedotas, fazia, enfim, vida comum com os estudantes, revivendo dessa maneira aquela solidariedade estreita, que irmanava antigamente alunos e mestres e na qual residia a força mesma da vida universitária do passado (NESTOR, 1930, p. 67).

De acordo com Beviláqua, quando ingressou na Faculdade, em 1859, Aprígio era ultramontano e conservador (BEVILÁQUA, 2012, p. 489) – como o era a maioria do corpo docente e o diretor, Visconde de Camaragibe[849]. Com o tempo, porém, ambas as posições foram mitigadas: em matéria de religião, deixou de lado a filosofia "puramente cristã, refletindo as ideias de Bossuet, Fénelon e outros" (BEVILÁQUA, 2012, p. 490) e recepcionou as ideias do cristianismo social de Lamennais, Lacordaire e Montalembert (VEIGA, 1989, p. 125)[850], aproximando-se de uma esquerda católica[851]; em matéria de política, rompeu com os conservadores e tornou-se liberal, sendo inclusive um dos signatários do "manifesto de reorganização do partido liberal pernambucano" após a queda do gabinete Zacarias em 1868, ao lado dos lentes José Antônio Figueiredo e Trigo de Loureiro (VEIGA, 1989, p. 103). Em matéria de filosofia, sofreu a influência de Herbert Spencer[852] no âmbito das teorias do evolucionismo que grassavam Pernambuco após 1870. Assim, a síntese de sua doutrina era: "Deus, pátria e liberdade" (BEVILÁQUA, 2012, p. 490).

Segundo Gláucio Veiga, "Aprígio arrastava, manejando com induvidosa eloquência toda a estudantada, para o campo liberal" (VEIGA, 1989, p. 105). Sua atuação no partido liberal foi, muito provavelmente, motivo de indisposição com seus colegas de Congregação e sua ruptura definitiva com o Visconde de Camaragibe[853] – para Veiga, ele foi o primeiro professor

---

[849] Sobre o Visconde de Camaragibe e a política pernambucana, cf. ROSAS; CADENA, 2020.

[850] Para Gláucio Veiga, "(...) Aprígio vai evoluindo dentro da linha lammenaiseana para um catolicismo mais participante, menos sacral e mais leigo" (VEIGA, 1989, p. 126).

[851] Cf. VEIGA, 1982, p. 184.

[852] Ver VEIGA, 1989, p. 145-148.

[853] Em 1875, Aprígio divulgou cartas ao Visconde de Camaragibe no jornal **A Província** (órgão do partido liberal). Em uma delas, demonstra seu ressentimento contra ele e Autran ("Cartas do Dr. Aprigio Guimarães ao Visconde de Camaragibe", **A Província**, Recife, 27 de janeiro de 1875, p. 2). Sobre o episódio, ver VEIGA, 1989, p. 17.

a desafiar o diretor[854] (VEIGA, 1989, p. 119). Quem sabe por isso também que "depois de Tobias, Aprígio Guimarães foi, talvez o mais combatido, ridicularizado, contestado"[855] (VEIGA, 1989, p. 119); em compensação, livrou-se da pena ferina de Tobias Barreto, utilizada contra a quase totalidade dos professores da Faculdade (VEIGA, 1989, p. 156).

No que diz respeito à Economia Política, Aprígio escreveu um compêndio intitulado **Estudos de Economia Politica**. Em 1876 ele foi aprovado pela Congregação com voto de desempate do diretor João Alfredo Corrêa de Oliveira (PINTO JUNIOR, 1877 p. 12-13); em 1877, consta que o Governo ainda não havia se pronunciado e nesse ano Aprígio pediu para a Congregação da Faculdade de Direito de São Paulo se manifestar[856] (ARAUJO, 1878, p. 4); em 1879, o Governo negou-lhe a verba prevista nos Estatutos e no Regulamento das Faculdades de Direito do Império sob a justificativa de que ela havia sido suprimida na Lei do Orçamento daquele ano (ARAUJO, 1880, p. 10). Como não obteve o financiamento para poder imprimir seu compêndio em 1879 e ele faleceu no ano seguinte, a obra permaneceu inédita até 1902[857], quando seu filho Hildeberto Guimarães decidiu publicá-la com o nome **Estudos de Economia Politica para uso**

---

[854] "A origem deste encarniçamento encontra-se na oposição de Aprígio ao poderoso Camaragibe, o prestigiadíssimo chefe político conservador de Pernambuco e das províncias vizinhas e diretor da Faculdade, desde novembro de 1854, até 29 de novembro de 1875, quando se jubilou. Durante 21 anos Camaragibe, ou seja, o Partido Conservador, controlou a Faculdade de Direito. Camaragibe morto, a Diretoria da Faculdade passaria para outro chefe conservador, sucessor de Camaragibe: João Alfredo" (VEIGA, 1989, p. 119).

[855] Com efeito, recebeu vários qualificativos pejorativos: "cão danado", "ente desprezível", "mais vil do que um galé", "analfabeto", "miserável", "sem pudor" (FERREIRA, 1918, p. 7).

[856] Pelo Aviso nº 437, de 24 de fevereiro de 1877, o Governo determinou que a Congregação da Faculdade de Direito de São Paulo desse parecer sobre a obra. Foi nomeada uma comissão composta por João da Silva Carrão, José Maria Corrêa Sá e Benevides e Carlos Leôncio de Carvalho; contudo, o parecer da comissão não havia sido feito até o final daquele ano (CAMARGO, 1878, p. 3).

[857] Escrevendo em 1883, diz Sacramento Blake sobre os **Estudos de Economia Política**: "É uma volumosa obra, escrita para servir de compêndio nas duas Faculdades do Império. O autor esperava aprovação do governo, a fim de dar publicidade a seu livro, e efetivamente já se achava ele na secretaria do Império; mas a morte não lhe permitiu fazer a publicação" (BLAKE, 1883, p. 334).

das **Faculdades de Direito de Brasil**[858]. As ideias contidas nesta obra foram as adotadas por Aprígio Guimarães entre 1876 e 1880. Em vida, Aprígio publicou seus discursos quando inaugurava o curso das cadeiras que lecionou[859] e também alguns "Apontamentos de Economia Politica", na **Revista Brasileira** (GUIMARÃES, 1879a e 1879b).

Para Paul Hugon, Aprígio, de um modo geral, seguia a orientação da escola clássica liberal já encampada por Pedro Autran, mas "distingue-se pela nítida tendência de encaixar os estudos econômicos – e o jurídico – na **sociologia**", no que teria sofrido a influência de John Stuart Mill (HUGON, 1955, p. 309, grifo no original). Com efeito, Luiz Nogueira de Paula (1942, p. 24) aponta que Aprígio pode ser tido como "um dos precursores da sociologia econômica no Brasil". Clóvis Beviláqua afirma que

> Em economia política, entendia que se devia dar a convergência de ideias da sociologia, da moral e do direito. O conhecimento do direito será sempre imperfeito, se não for auxiliado pelo estudo da economia política, porque os fenômenos jurídicos e os econômicos são dois aspectos da mesma vida social; e, sendo dois aspectos da vida social, direito e economia política devem estudar-se como partes da sociologia.
> 
> Aprígio não escreveu um sistema completo de economia política, mas discutiu, com proficiência, as questões mais interessantes da ciência econômica, refletindo, com discrição, a literatura especial do tempo, e fazendo sensatas, ainda que limitadas, aplicações à vida social e política do Brasil (BEVILÁQUA, 2012, p. 491).

Sua passagem pela cadeira de Economia Política foi marcante, a ponto de Hugon afirmar que "a influência das ideias econômico-sociológicas de Aprígio Guimarães na **Academia de Recife** foi muito grande" (HUGON, 1955, p. 309, grifos no original) e Luiz Nogueira de Paula arrematar, com razão, que "com sua morte a escola econômica do Recife entrou em declínio" (PAULA, 1942, p. 24).

---

[858] Cf. "Estudos de Economia Política", **Diario de Pernambuco**, Recife, 2 de agosto de 1902, p. 1 e "Estudos de Economia Política", **A Provincia**, Recife, 10 de agosto de 1902, p. 1. O livro saiu também na forma de fascículos entre agosto de 1902 e abril de 1903.

[859] Para a abertura das cadeiras de Economia Política (2ª do 5º ano, em 1859) e Direito Público (1ª do 2º ano, em 1864), ver GUIMARÃES, 1872, p. 41-50 e 51-79, respectivamente.

Em 1877, no discurso de encerramento do ano letivo, Aprígio Guimarães repassa o que ensinou, além da definição e método da Economia Política:

> (...) Nos prolegômenos do meu futuro **Compêndio de Economia Politica**, vistes as três grandes seções – Homem, Sociedade, Humanidade.
> Para concluir convosco por uma Filosofia da Economia Política, indaguei a origem da Ciência em geral; estudei a Razão, a Verdade, as duas Realidades (criada e incriada); as duas espécies de Realidade criada (material e espiritual), das quais participa o Homem; o mundo moral e o mundo industrial, com as respectivas ciências; e por último assentei as leis da Liberdade, do Trabalho, da Propriedade, da População, para chegar ao Homem livre, ao Trabalho livre, a Propriedade livre, a Troca livre.
> Para estudar a Sociedade coloquei-me entre o Homem e a Humanidade; e, harmonizando o princípio individual com o coletivo, cheguei ao Homem livre perante o Poder, e ao Poder livre perante o Homem.
> Finalmente, alargando as vistas pelos plainos da Humanidade, estudei o Progresso pela lei da Solidariedade, para concluir – Sociedade livre perante a Humanidade, e Humanidade livre perante Deus ("Faculdade de Direito do Recife – Discurso de encerramento do anno lectivo de 1877 nas cadeiras de economia politica e direito administrativo, pelo Dr. Aprigio Justiniano da Silva Guimarães, lente de Economia Politica", **Jornal do Recife**, Recife, 25 de outubro de 1877, p. 1, grifo no original).

Desta breve explanação, percebe-se a importância da liberdade para Aprígio Guimarães – não a liberdade do escravo, mas a liberdade do homem.

Vale destacar sua dissertação de doutorado (GUIMARÃES, 1856b)[860], em que lidou diretamente com a questão da escravidão – um dos raros casos em que isso aconteceu no século XIX, já que os doutoramentos dificilmente tratavam do tema. A Congregação propôs que ele escrevesse sobre o ponto "qual será mais produtivo, o trabalho do escravo ou o do

---

[860] Publicado no ano seguinte na Corte: "Trabalho livre e trabalho escravo", **Correio Mercantil**, Rio de Janeiro, 3 de março de 1857, anno XIV, n. 61, p. 1-2. As citações diretas aqui reproduzidas foram retiradas dessa publicação.

homem livre? Qual dos dois será mais caro?"[861]. No trabalho, Aprígio assume posição antiescravista, defendendo que a escravidão é "a vergonha suprema da humanidade" (GUIMARÃES, 1856b, p. 9). Contudo, ele demora a entrar no ponto do programa, pois prefere antes atacar o elemento servil do ponto de vista moral ("a escravidão é a degradação da pessoa humana" (GUIMARÃES, 1856b, p. 7)), histórico (escravidão na Grécia, em Roma e na Bíblia) e comparativo (mostrando que a produção não se desequilibrou nos países que aboliram o cativeiro). Utilizando autores como Ventura, Chevalier, Mac Culloch, Dunoyer, Coquelin, Garnier e Schoelcher, Aprígio afirma: "Para mim é tese inconcussa que o trabalho livre é mais produtivo que o trabalho escravo. Isto digo-o por considerar a questão num terreno puramente econômico: quaisquer que fossem os resultados (...) a questão para mim está solvida" (GUIMARÃES, 1856b, p. 15). Além disso, ele reage aos "abolicionistas práticos", que defendiam a abolição gradual pois entendiam que a escravidão em países tropicais – em especial o Brasil, com a cana de açúcar – era mais produtiva e mais barata que o trabalho livre. Com efeito, Aprígio aborda a questão da escravidão no Brasil já no final de seu trabalho, defendendo que quando as condições atuais (i. e., falta de mão de obra livre) desaparecessem, o caminho estaria aberto para o "princípio econômico incontestável" de que o trabalho livre era mais produtivo e mais barato (GUIMARÃES, 1856b, p. 18-20).

Aprígio publicou sua dissertação no ano seguinte no **Correio Mercantil**. Gláucio Veiga (1989, p. 122)[862] aponta que, por um lado, ele estava inseguro em relação ao tema, já que o enfrenta apenas a partir da página 13 (de um total de 20)[863] e, por outro, abordar tal questão foi uma ousadia e impertinência que Aprígio pagaria caro – de fato, sua demora

---

[861] Tâmis Parron (2011, p. 330, nota 41) sugere que pode ter sido Braz Florentino Henriques de Souza quem sugeriu este ponto, tendo em vista a publicação em 1854 de sua tradução do livro **Da abolição da escravidão**, de Gustave de Molinari, em que incluiu uma substanciosa introdução posição assumidamente emancipacionista. Ver item 4.1.9.

[862] Ver também VEIGA, 1984, p. 153-154.

[863] Este também foi o diagnóstico de um contemporâneo, que afirmava que achava na dissertação de Aprígio um "sério vácuo", já que a parte econômica propriamente dita fora "apenas desflorada" e, portanto, precisaria ser melhor desenvolvida ("O doutoramento do Sr. bacharel Aprigio Justiniano da Silva Guimarães", **Diario de Pernambuco**, Recife, 27 de dezembro de 1856, anno XXXII, n. 304, p. 2).

em ingressar no corpo docente pode ter sido decorrência de sua postura desafiadora.

Por fim, é curioso que ao mesmo tempo em que ataca a escravidão em sua dissertação, ele optou por defender uma tese de Economia Política favorável à propriedade, indicando que talvez sua posição não fosse de todo emancipacionista:

> O direito de propriedade e a sucessão, isto é, a segurança da propriedade é do mais longo alcance econômico. O desaparecimento do direito de propriedade e da sucessão, a recusa destes direitos naturais aniquilaria o progresso do capital, e conseguintemente o desenvolvimento da indústria (GUIMARÃES, 1856a, p. 11).

### 7.1.5. José Joaquim Tavares Belfort (1840-1887)[864]: entre 1881 e 1887

José Joaquim Tavares Belfort nasceu no Maranhão em 1840, filho de José Joaquim Vieira Teixeira Belfort e de Rita Tavares Belfort. Fez seus primeiros estudos no Colégio Pedro II, onde formou-se bacharel em letras. Seguiu para a Faculdade de Direito do Recife, formando-se em 1861 e defendendo teses em 1867[865]. Ingressou, após alguns concursos, como lente substituto em 1871 e foi promovido a catedrático de Economia Política em 1881, permanecendo na cadeira até 1887, quando faleceu.

Foi deputado na Assembleia Provincial do Maranhão entre 1862-1863 e 1864-1865 e deputado à Assembleia Geral pela mesma Província entre 1865 e 1866 e entre 1878 e 1881[866] – seus discursos parlamentares foram reunidos e publicados no mesmo ano[867]. Foi promotor público e substituto de juiz municipal na capital do Maranhão em 1864 e eleito juiz de paz entre 1865 e 1868 também no Maranhão. Foi casado com Albertina de Moraes Sarmento[868], com quem em 1871 possuía quatro filhos. Atuou

---

[864] Cf. "Falecimento", **Diario de Pernambuco**, Recife, 12 de julho de 1887, p. 2; BLAKE, 1898, p. 501; e BEVILÁQUA, 2012, p. 196-197.

[865] Aprígio Guimarães pronunciou o discurso em homenagem ao novo doutor, que pode ser conferido em GUIMARÃES, 1872, p. 89-94.

[866] Cf. NOGUEIRA; FIRMO, 1973, p. 93.

[867] Cf. GALVÃO, 1906, p. 206.

[868] Filha de José Joaquim de Moraes Sarmento e Clementina de Moraes Sarmento.

como jornalista e advogado no foro do Recife e foi comendador da ordem da Rosa[869].

Ao contrário de seu antecessor na cadeira de Economia Política, Tavares Belfort não deixou muitos trabalhos publicados – apenas discursos e textos em jornais e uma memória histórica (BELFORT, 1874). Clóvis Beviláqua (2012, p. 197) destaca, dentre seus trabalhos, sua produção referente à instrução pública, **Apreciação do projecto de creação de uma universidade e de um plano de estudos e estatutos para as Faculdades de Direito** (BELFORT, 1873)[870]. Gláucio Veiga atribui-lhe o mérito de ter feito o primeiro ensaio, a nível jurídico, sobre o padroado no Brasil (VEIGA, 1993, p. 51)[871] – em um dos concursos que prestou em 1871, sua dissertação[872] versou sobre a pergunta: "No Brasil, a colação dos Párocos é livre ou necessária?", ao que conclui pela inexistência do padroado (VEIGA, 1982, p. 288, nota 8).

Em relação à sua cadeira, Tavares Belfort produziu apenas um discurso[873] quando a assumiu como substituto em 1872, mandado imprimir posteriormente pelos alunos do 5º ano. Tratava-se da primeira aula do curso que versou sobre "a origem, formação e progresso da ciência econômica" e nela foi delineado o programa que o lente pretendia seguir em quatro pontos[874]. Em 1873, a obra foi alvo de polêmica entre o lente e José de Oliveira Campos[875], candidato ao doutoramento na FDR que havia sido reprovado: Oliveira Campos, assinando como M. Scévola, acusava Belfort de cometer plágio (de Blanqui, Coquelin, Mac Culloch e outros) em seu "discurso" e em diversas outras obras que havia escrito; ele chegou

---

[869] A maioria das informações foram extraídas da correspondência do AFDR, em especial BELFORT, 1871a.

[870] Originalmente, um parecer sobre o projeto de criação de uma Universidade no Brasil, apresentado à Congregação da FDR, posteriormente transformado em livro.

[871] Em realidade, Cândido Mendes de Almeida já redigira um texto extenso e profundo sobre o tema em 1866, no qual negava a existência do padroado no Brasil (ALMEIDA, 1866, p. CCLXXX-CCLXXXI). Cf. ANGELELLI, 2022.

[872] Para a dissertação, ver BELFORT, 1871b, p. 13-39.

[873] **Discurso proferido na abertura do curso de Economia Politica da Faculdade de Direito do Recife; mandado imprimir pelos alumnos do quinto anno.** Recife, 1872.

[874] Cf. "Um livro de merito", **A Provincia**, Recife, 1 de novembro de 1872, p. 2.

[875] Cf. "Reclamação a Sua Magestade", **Jornal do Commercio**, Rio de Janeiro, 15 de novembro de 1873, p. 2 e "Não deixem de ler", **Jornal do Commercio**, Rio de Janeiro, 22 de novembro de 1873, p. 2.

a publicar trechos do discurso de Belfort e o original em francês, criticando inclusive a tradução[876]. O lente respondeu às acusações[877], juntando uma carta de Aprígio Guimarães e um documento de tabelionato que lhe atestavam não ter feito plágio, uma vez que sempre citou expressamente as obras referenciadas.

Tavares Belfort não elaborou nenhum manual ou compêndio, apesar de se ter notícias de que estava elaborando umas **Prelecções de Economia Politica** em 1886[878], que nunca chegaram a realizar-se em função de sua morte no ano seguinte[879].

Em que pese não haver deixado escritos em que demonstrasse as ideias a que se filiava no que diz respeito ao trabalho escravo, podemos encontrá-las em seu livro **Discursos parlamentares do Doutor José Joaquim Tavares Belfort**, publicado em 1881 por ocasião das eleições no Maranhão, levadas a cabo após a reforma eleitoral de 1880[880]. Tavares Belfort, filiado ao Partido Liberal, disputava a reeleição de deputado geral pelo 4º círculo eleitoral e uma vaga de senador pela Província e resolveu juntar discursos de sua atuação como deputado. Tratava-se, pois, de uma peça de propaganda política e na circular que abre o livro ele resume os temas com os quais teve que lidar durante seu mandato e também aproveitou para posicionar-se sobre duas importantes questões que, segundo ele, haviam sido "incidentalmente levantadas": a Questão Religiosa e a Questão do Elemento Servil. Em relação à primeira, Tavares Belfort discute largamente a relação entre Estado e Igreja em diversos países e no Brasil, para concluir que ele não tinha uma posição definida sobre a separação dos dois e desejava uma relação mais amistosa entre ambos (BELFORT,

---

[876] Ver "Não deixem de ler", **Jornal do Commercio**, Rio de Janeiro, 22 de novembro de 1873, p. 2.

[877] Cf. "M. Scevola e o Dr. Tavares Belfort", **Diario de Pernambuco**, Recife, 9 de dezembro de 1873, p. 4.

[878] Cf. "Nova Publicação", **Equador**, Recife, 17 de abril de 1886, p. 2.

[879] Motivos de ordem pessoal também devem ter contribuído para que Tavares Belfort não tenha se destacado na cátedra, conforme se lê em seu obituário: "Há alguns anos, desgostos e revezes políticos e sobretudo sofrimentos profundos ocasionados por alteração de sua saúde e desarranjo de seus negócios, acabrunhavam-no e debatiam-lhe o espírito" ("Falecimento", **Diario de Pernambuco**, Recife, 12 de julho de 1887, p. 2).

[880] Tavares Belfort participou da comissão da Câmara sobra tal reforma, ao lado de Martinho Campos, Cesário Alvim, Rodolpho Dantas, Antônio Carlos, Andrade Pinto e Soares Brandão.

1881, p. XIII-XXII). No que concerne ao elemento servil, assim ele se manifestava – a citação é longa, mas demonstra o que ele pensava sobre o tema e como, provavelmente, o abordava em suas preleções:

> A questão do elemento servil não pode hoje ser encarada sob o ponto de vista humanitário, legítimo, moral, religioso, de justiça, e da civilização – a tais respeitos essa questão está vencida, porquanto ninguém mais hoje deseja e faz, ou cuida em fazer, escravos, nem mesmo a lei mais permite que a geração próxima vindoura o seja.
>
> Tal questão só pode agora portanto ser tratada no terreno legal, econômico e financeiro.
>
> Embora seja um mal, geralmente reconhecido, quase todos os países, como nos prova a história, têm tido a escravidão, e nós, ainda a temos – ela pois é um fato, desde muito consumado no nosso país e um fato legal.
>
> Ora é fora de dúvida que o escravo, já que as nossas leis assim o têm autorizado, é o objeto de uma propriedade; e este direito, tão sagrado, como o da liberdade e deste oriundo, não pode ser sacrificado, porque também encontra na lei a sua consagração e garantia.
>
> É certo que a nossa constituição permite a desapropriação por utilidade pública, uma vez previamente indenizado o proprietário; mas poderemos de momento e mesmo haverá utilidade pública, tão imediata, em realizar a emancipação dos escravos no sentido das disposições constitucionais, como só, a ser possível, deveria fazer-se e suportaria assim o país o grande ônus, que essa importantíssima medida implicitamente acarreta?
>
> Decretar a emancipação, sem a indenização, não será de fato um confisco?
>
> Decretar a emancipação com a indenização não é pedir e em grande escala, pois os impostos serão para tal fim mui elevados, ao proprietário de escravos que pague pelo imposto aquilo mesmo que é seu?
>
> Em tal caso haverá indenização, segundo os princípios de justiça e o próprio preceito constitucional?
>
> Demais a quem aproveita já essa emancipação?
>
> Para os proprietários de escravos, principalmente os proprietários agrícolas, essa medida de chofre realizada, traz como consequência certa, lógica e imediata a desorganização do trabalho agrícola, que deve ser metódico, sucessivo, regular e constante sob pena da perda das colheitas, e portanto decrescimento considerável da produção e, como seu resultado, diminuição

na receita pública, quer geral, quer provincial, fundada em grande parte em impostos, que recaem sobre a produção agrícola.

Além de tudo isso haverá ainda baixa extraordinária em todos os valores, perturbações gerais em todas as relações econômicas e comerciais, sem falar no cortejo de males, que naturalmente aparecerão, como a experiência o tem mostrado em outros países, já pela falta de produção, pelo menos suficiente, já nos ataques diretos à propriedade privada, e outras alterações na ordem pública.

Para o escravo, infalivelmente nos primeiros tempos e que não serão de curta duração, é apenas, em troca de uma situação, em que ele tem garantido o sustento, o vestuário, o curativo, todos os meios enfim de satisfazer as primeiras necessidades da vida, um pomposo nome, que se lhe dá – a **liberdade**; mas que por muito tempo não poderá compensar o que ele de fato perde.

Com efeito, sem instrução, sem hábitos de previdência, sem capital fixo e circulante, entregue a si só, sem recursos e sem meios prontos de obtê-los, o escravo, tornado repentinamente livre, há de passar por muito tempo pelas mais duras privações.

Quando não temos imigração grande e regular; quando a não há de qualidade alguma para o Norte do Império; quando não tratamos da catequese indígena, a melhor e a mais própria colonização, que por hora podemos ter, atentas as condições climatéricas; quando não tratamos em geral e seriamente de substituir o braço escravo pelo livre na agricultura, fazendo com que seja a esta de preferência aplicado o serviço livre, qualquer medida, tendente a decretar de pronto a emancipação de escravos, é além de injusta, imprudente e impolítica.

É digno de todo o louvor e acoroçoamento o que a filantropia pública e particular têm em grande escala já feito e continua nas mesmas condições a fazer, no sentido da emancipação de escravos; deve-se aumentar quanto se puder o fundo legal de emancipação; mas devemos também, longe de lisonjear paixões e de agitar questões, que não podem agora ser razoável e devidamente resolvidas, esperar que a lei de 28 de setembro de 1871 possa produzir diretamente os seus benéficos efeitos, achando-se, sem sacrifício de qualquer direito e sem ônus para os cofres públicos, o país então preparado para a nova ordem de cousas.

Os ingênuos por essa lei e os descendentes deles serão nessa ocasião nossos colonos e esta colonização, recomendável a todos os respeitos, porque se acha localizada, habituada a serviços regulares, moralizada, permitirá que se opere a transição sem desorganização do trabalho; ao contrário dará a este todas as incontestáveis vantagens do trabalho livre (BELFORT, 1881, p. XI-XIII, grifo no original).

Como se percebe, trata-se da argumentação de praxe utilizada pelos escravocratas: a escravidão, enquanto fato legal, deveria ser analisada sob o prisma jurídico-econômico; assim, sob o risco de se infringir o direito de propriedade e de se desestabilizar a produção agrícola, melhor seria esperar pelos resultados da lei do ventre livre[881]. Ao final, Tavares Belfort não se elegeu nem deputado (perdeu para Salustiano Ferreira de Moraes Rego), nem senador (ficou em 4º lugar, fora, portanto, da lista tríplice[882]).

### 7.1.6. José Joaquim Seabra Júnior (1855-1942)[883]: entre 1887 e 1901

Filho de José Joaquim Seabra e Leopoldina Seabra, José Joaquim Seabra Júnior nasceu na Bahia em 1855, formou-se em Recife em 1877[884] e doutorou-se em 1878. Ingressou como lente substituto em 1880[885] e foi promovido a catedrático de Direito Eclesiástico (2ª cadeira do 2º ano) em 1886. No ano seguinte, foi transferido, a seu pedido (MEIRELES, 2012,

---

[881] É possível que ele tenha mudado de posição até seu falecimento, dali a seis anos; mesmo assim, tais linhas demonstram sua posição em 1881, ano em que assumiu a cátedra de Economia Política.

[882] A lista ficou composta por Felipe Franco de Sá (1º), Augusto Olympio Gomes de Castro (2º) e José da Silva Maia. Foi escolhido pelo Imperador o primeiro colocado, em 1882.

[883] Cf. **Vinte e um de Agosto**, Recife, 1883; **A Justiça**, Recife, 1884; BLAKE, 1898, p. 496--497; BEVILÁQUA, 2012, p. 231, 624-626 e 639; MORAES FILHO, 1905; TAVARES, 1921; BARROS, 1931; MEIRELES, 2012; e **Revista Diretrizes**, n. 94, abril de 1942, p. 3-5, 22 e 30, que possui uma interessante entrevista que J. J. Seabra deu pouco antes de falecer, em que rememora várias passagens de sua vida.

[884] No último ano do curso, Aprígio Guimarães propôs que lhe fosse atribuído um prêmio, conforme art. 163 dos Estatutos, o que foi aprovado pela Congregação (ARAUJO, 1878, p. 9).

[885] Sobre seu concurso, ver MEIRELES, 2012, p. 18-22. Seabra teve que recorrer pessoalmente a D. Pedro II na Corte para poder reverter o resultado inicial, que havia dado o primeiro lugar a Albino Gonçalves Meira de Vasconcelos e o segundo a Barros Guimarães. Convicto de que havia sido um concurso "de cartas marcadas", recorreu ao monarca e este nomeou uma comissão para revisar as provas que, após a reforma de 1879, passaram a ser taquigrafadas; ao final, as provas foram reexaminadas por um membro do Conselho do Estado e Seabra foi o escolhido, sendo nomeado em 1880 (MEIRELES, 2012, p. 20-22 e **Revista Diretrizes**, n. 94, abril de 1942, p. 4-5).

p. 23), para a cadeira de Economia Política[886], na qual permaneceu até ser demitido pelo Marechal Floriano Peixoto em 1892[887], já na República; foi reintegrado ao lugar de lente por Prudente de Moraes em 1897. Deixou a cadeira em 1901, quando foi posto em disponibilidade. Foi também diretor da Faculdade em 1891 (BEVILÁQUA, 2012, p. 639) e advogado[888].

Seabra foi um destacado político no novo regime de 1889, como afirma Clóvis Beviláqua em 1927: "a República afastou-o da Faculdade, para entregá-lo à política. Foi deputado, senador, ministro e governador do seu estado, entrou em acirradas lutas e, ainda hoje, combate por seus ideais" (BEVILÁQUA, 2012, p. 231). J. J. Seabra, como era conhecido, foi deputado federal pela Bahia em 1891-1893, 1897-1899, 1900-1902, 1909-1911 e 1933-1937 – como se vê, foi deputado constituinte em 1890-1891 e 1933-1934, um fato raro. Foi Presidente da Bahia em 1912-1916 e 1920-1924, sendo senador pelo Estado em 1917-1920. Foi também vereador no distrito federal em 1926. Ocupou a pasta da Justiça e Negócios Interiores (1902-1906) e Viação e Obras Públicas (1910-1912) e interinamente a das Relações Exteriores em 1902, quando foi sucedido pelo Barão do Rio Branco. Quando Ministro da Justiça e Negócios Interiores, tentou, como muitos de seus antecessores, fazer avançar o projeto de criação de uma

---

[886] Segundo Edilton Meireles, ele tomou posse em 1887, mas "sua efetivação (...) somente veio a ocorrer em 21/02/1891, por ato do Governo Provisório da República, quando, no mesmo decreto, foi nomeado Diretor da Faculdade, tendo tomado posse em 12/03/1891" (MEIRELES, 2012, p. 23).

[887] "Envolvido no movimento de 10 de abril de 1892, Seabra foi alvo de um ato violento do Governo, que o declarou demitido de sua cadeira de economia política. Não obstante a anistia concedida pelo Congresso Nacional aos implicados no movimento sedicioso de 10 de abril, o Governo mandou que se pusesse em concurso a cadeira de economia política. Repercutiu mal essa atitude do Governo, tanto pela demissão do lente, quanto pela preterição do substituto, que, no caso de vaga, devia ter acesso. Por proposta do Dr. Portela Júnior, a Congregação, a 10 de agosto, solicitou do Governo que reintegrasse o Dr. Seabra, ou, pelo menos, se equiparasse a sua condição à dos militares, seus companheiros de desterro, jubilando-o. O Governo guardou silêncio, mas, afinal, a demissão se não tornou efetiva" (BEVILÁQUA, 2012, p. 326). Em 1893 sua cadeira foi posta em concurso, mas tal foi a reação do corpo discente que os candidatos desistiram de prestá-lo (BEVILÁQUA, 2012, p. 336 e 625-626). Ao que tudo indica, Seabra tinha uma boa relação com os alunos, que publicaram no Recife os jornais **Vinte e um de agosto** (1883) e **A Justiça** (1884), em homenagem ao aniversário do mestre.

[888] Por exemplo, "Aggravo de Petição", **O Direito**, anno XIII, v. 37, mai./ago. 1885, p. 582-592.

Universidade no Brasil[889], em especial no Rio de Janeiro, por meio do projeto de Azevedo Sodré (PESSO, 2018, p. 173-174) – consultada a FDR, Beviláqua relata que "manifestara-se pouco entusiasta pela inovação" (BEVILÁQUA, 2012, p. 368). Seabra também foi promotor público em Salvador, advogado e contribuiu ativamente na imprensa. Casou-se com Amélia Benvinda de Freitas, com quem teve quatro filhos (MEIRELES, 2012, p. 17).

Justamente por ter se envolvido com a política – foi, inclusive, um ferrenho adversário de Rui Barbosa[890] –, J. J. Seabra não produziu nenhuma obra jurídica de valor, salvante sua tese de doutorado em 1878[891], a tese e a dissertação para o concurso que prestou em 1879 e a memória histórica de 1881 (SEABRA, 1882). Sua produção bibliográfica é marcada por seus discursos parlamentares, relatórios oficiais e textos em jornais[892] e revistas, como **O Direito**. No período que aqui nos interessa (1887-1888), não apresentou nenhuma inovação na cadeira de Economia Política.

Seabra dizia-se um abolicionista moderado – isto é, defendia a abolição mediante indenização, tal qual seu antecessor, Tavares Belfort. Em 1884, saiu em defesa de Machado Portela, o que rendeu uma polêmica entre ele e Joaquim Nabuco[893]; em 1885, proferiu conferências na Bahia em que defendia sua posição que condicionava a abolição à indenização (SARMENTO, 2011, p. 38-39). Para Silvia Noronha Sarmento, "as ações de Seabra trazem todos os indícios de um abolicionismo tardio e de conveniência, adotado no momento em que a causa da escravidão perdera todos os resquícios de legitimidade" (SARMENTO, 2011, p. 39).

---

[889] Com efeito, a criação de uma Universidade do Brasil esteve presente em todos os seus relatórios à frente da pasta (SEABRA, 1903, 1904, 1905 e 1906). Sobre este tema e o ensino jurídico na Primeira República (1889-1930), ver PESSO, 2018.

[890] Sobre a rivalidade entre os dois baianos, ver SARMENTO, 2011.

[891] O ponto da foi: "Em que consiste o contencioso administrativo, e quaes os limites divisorios entre elle e o contencioso judiciario", publicado em **O Direito**, anno VII, v. 18, jan./abr. 1879, p. 15-24.

[892] Ver BLAKE, 1898, p. 497 e MEIRELES, 2012, p. 292-293.

[893] Quando da campanha abolicionista, Joaquim Nabuco enfrentou Machado Portela (lente e ex-diretor da Faculdade de Direito do Recife) em diversas eleições, cf. CASTILHO, 2016.

## 7.2. Os compêndios
### 7.2.1. *Elements of Political Economy* (1821), de James Mill

O primeiro compêndio adotado em Recife foi **Elements of Political Economy [Elementos de Economia Política]** de James Mill (1773-1836)[894], vertido para o português em 1832 por Pedro Autran com auxílio dos alunos Álvaro e Sérgio Teixeira de Macedo. O livro fora originalmente publicado em inglês em 1821, sendo reeditado em 1824 e 1826 – segundo Paul Hugon, foi nesta terceira edição que Autran baseou sua tradução[895]. Para tanto, ele confrontou a versão em inglês com a versão em francês[896], língua que ele dominava melhor[897], pois era filho de pai francês e havia estudado em Paris e Aix; Álvaro Teixeira de Macedo, por sua vez, havia feito os estudos na Inglaterra e, por isso, devia dominar bem o inglês (BEVILÁQUA, 2012, p. 448).

A utilização de uma tradução logo no início do curso de Olinda é algo compreensível, pois poucas obras sobre Economia Política haviam sido publicadas em português – salvo as de Cairu, como vimos. Além disso, conforme aponta Gláucio Veiga, "o livro de James Mill teria sido dos primeiros livros de texto, (sic) na Inglaterra motivo talvez por que Autran fosse estimulado à versão" (VEIGA, 1984, p. 288). Não obstante, pelos estatutos de 1831 exigia-se o domínio de francês e inglês, de tal modo que

---

[894] Clóvis Beviláqua (2012, p. 54) confunde John Stuart Mill, que em 1849 publicou **Principles of Political Economy with some of their applications to social philosophy**, com seu pai, James Mill, que em 1821 publicou **Elements of Political Economy** (VEIGA, 1981, p. 92, nota 11). Sobre James Mill, cf. SCHUMPETER, 1954, p. 476. n. 10.

[895] Cf. HUGON, 1955, p. 307, nota 5. Não conseguimos localizar a 1ª edição de 1832. Segundo Gláucio Veiga, ela foi publicada em Olinda por Pinheiro, Faria & Cia e, no ano seguinte, foi editada nova versão na Bahia (VEIGA, 1981, p. 75 e 1984, p. 289).

[896] Gláucio Veiga afirma que a edição francesa utilizada por Autran foi, possivelmente, a tradução de Jacques Théodore Parisot de 1823, editada por Bossange Frères (VEIGA, 1981, p. 95, nota 11) – foi, portanto, baseada na 1ª edição de **Elements of Political Economy**. De fato, ela consta no catálogo da biblioteca da FDR de 1896 (FACULDADE DE DIREITO DO RECIFE, 1896, p. 73), mas não no de 1860; em São Paulo, constava a edição francesa de 1823 e a inglesa de 1826 no catálogo da biblioteca (FACULDADE DE DIREITO DE S. PAULO, 1887, p. 195). Em 1827, apareceu também uma tradução para o espanhol, publicada em 2 tomos em Paris.

[897] Uma prova disso é que em 1835 o diretor queixava-se que não era possível realizar-se o exame preparatório de inglês, tendo em vista que, ainda que alguns professores o soubessem, nenhum o falava perfeitamente – inclusive Pedro Autran (GAMA, 1835a).

os alunos deveriam – pelo menos, teoricamente – conseguir ler o livro em sua língua original ou mesmo a tradução francesa. Na prática, contudo, os exames preparatórios de inglês só começaram a ser aplicados em 1836 (COELHO, 1836), o que ratifica a necessidade da tradução.

O trabalho de Pedro Autran não passou incólume: Clóvis Beviláqua relata que quando Trigo de Loureiro assumia a cadeira de Economia Política, não poupava de críticas a tradução feita pelo colega[898]; este, por sua vez, ressentiu-se de tal julgamento e entre ambos surgiu uma animosidade a ponto de Loureiro alegar, em requerimento ao diretor, que Autran era "seu maior inimigo" (BEVILÁQUA, 2012, p. 54).

Em 1833, Autran ofereceu-se para reger gratuitamente a cadeira de Economia Política, mas o diretor ofereceu-a a Trigo de Loureiro, que também se dispôs a fazê-lo sem gratificação. Loureiro regeu a cadeira em 1833 e 1834[899] e já nestes dois anos criticou a tradução do colega[900]. Devemos lembrar que Trigo de Loureiro era o lente de francês no curso anexo, posição que ele ocupou entre 1828 e 1841 – daí as críticas serem, possivelmente, fundadas. Com o tempo e o longo convívio, a hostilidade entre eles diminuiu, a ponto de Autran, junto com outros lentes, estar ao seu lado até seus últimos momentos de vida[901].

James Mill seguiu de perto as doutrinas de Jeremy Bentham e foi responsável por introduzir a Lei dos Mercados de Jean-Baptiste Say no

---

[898] Conforme ele mesmo o atestava em correspondência ao diretor, na qual queixava-se de ter sido removido da cadeira de Economia Política sem seu consentimento – ele havia entrado em conflito com alunos, que requereram à Congregação sua remoção da cadeira (o que foi feito): "expelindo-se-me, sem que primeiro eu fosse ouvido, na conformidade do art. 159 do Código de Processo Criminal, ignominiosamente, e com tirânico desprezo dos meus direitos, da Cadeira, que desde o princípio do ano estava regendo pela ausência do Lente Proprietário, a qual ainda subsistia (no que talvez teve parte a minha **temeridade** de corrigir de cima da mesma Cadeira alguns dos erros da Tradução dos **Elementos de Economia Política** de Mill, por que nela se ensinam os princípios dessa Ciência, e de que foi autor o Sr. Dr. Autran) (...)" (LOUREIRO, 1834, grifos no original).

[899] Em 1834, Loureiro ofereceu-se para sempre substituir o proprietário da cadeira de Economia Política, Maria do Amaral, em sua ausência, o que foi aceito pela Congregação (LIMA, 1834); contudo, já em 1835 ele deixou o lugar de substituto. Posteriormente, Autran fez a mesma oferta e conseguiu autorização do Governo para reger a cadeira.

[900] Conforme informações de MAGALHAENS, 1833 e LIMA, 1834.

[901] Cf. "Litteratura – Apontamentos biographicos do Conselheiro Dr. Lourenço Trigo de Loureiro", **Diario de Pernambuco**, Recife, 3 de dezembro de 1870, p. 8.

discurso econômico britânico, bem como por estimular a publicação de **On the Principles of Political Economy and Taxation** (1817), de seu amigo David Ricardo (WINCH, 2008).

Os **Elementos de Economia Política** reuniam e sistematizavam o pensamento dos principais autores do liberalismo econômico clássico do início do século XIX – justamente os citados Say, Bentham e Ricardo (HUGON, 1955, p. 307-308). Na opinião de Paul Hugon, teria sido mais fácil para Autran ter adotado o **Tratado** de Say, mas sua preferência recaiu sobre Mill porque (i) o autor havia se utilizado largamente de Say, cujos escritos remontavam ao período entre 1804 e 1817, (ii) Mill era amigo e discípulo de Bentham[902], o "chefe da Escola Utilitarista" e (iii) Mill era também amigo íntimo de Ricardo (HUGON, 1955, p. 308). Assim, para Hugon,

> Os **Elementos de Economia Política** de James Mill representam, pois, um pensamento econômico e filosófico bem completo, eclético e – para a época – muito atual. Embora mais ou menos restrito, apresenta-se de maneira mais sistemática, e sob uma forma mais assimilável que o pensamento de Ricardo. Os **Elementos**, que vão servir de base ao ensino de Economia Política em Recife, representam a quintessência do classicismo inglês: são uma espécie de epítome da doutrina ortodoxa.
> E desta forma vai o liberalismo clássico, inglês e francês, apreendido em suas melhores fontes, constituir o essencial do ensino que o Professor Autran de Albuquerque, "apaixonado pela ciência", ministrará com clareza e eloquência, durante um quarto de século, aos seus alunos de Recife. É este mesmo pensamento que imprimirá o seu cunho aos diversos livros que escreverá sobre Economia Política, os quais vão influir de maneira profunda no ensino desta matéria, que, em Recife, darão seus sucessores imediatos (HUGON, 1955, p. 308, grifos nossos).

Não conseguimos localizar a tradução feita por Autran. Faremos, pois, o estudo da obra original em inglês (as 3 edições de 1821, 1824 e

---

[902] Foi sob as ideias de Bentham que James Mill criou seu filho, o também economista John Stuart Mill (MARCHI, 2008). Aos 13 anos James iniciou o filho no estudo da Economia Política, o que também serviu de estímulo para que escrevesse seus **Elements of Political Economy** de 1821, como J. S. Mill lembra em sua autobiografia (MILL, 1874, p. 27-28).

1826) e em francês (a edição de 1826, baseada na 1ª inglesa de 1821), ambas utilizadas pelo lente de Recife para empreender sua tradução. A versão inglesa apresenta mudanças substanciais entre a 1ª edição (1821) e a 2ª (1824) – Mill preocupou-se não apenas em clarificar partes que considerou terem ficado confusas, como também acrescentou diversos conteúdos e reescreveu outras partes (como a seção *Tax on Wages*)[903]. A 3ª edição (1826) não apresenta grandes modificações em relação à que lhe antecedeu, contando apenas com alguns acréscimos e correções[904].

Logo no prefácio à 1ª edição, James Mill escreve que "meu objetivo tem sido compor um livro escolar de Economia Política; destacar os princípios essenciais da ciência de todos os tópicos estranhos a ela, afirmar as proposições com clareza e em sua ordem lógica, e juntar sua demonstração a cada [proposição]"[905] (MILL, 1821, p. III). A obra está dividida em produção (*production*), distribuição (*distribution*), troca (*interchange*) e consumo (*consumption*). A 1ª edição inglesa – por conseguinte, a tradução francesa (1826) também – não traz a questão da escravidão quando trata da produção; em realidade, não há qualquer menção a escravidão ou escravos em todo o livro. O tema aparece apenas na 2ª e 3ª edições, quando Mill trata do capital, mais especificamente da divisão entre capitalista – "o homem rico que fornece os materiais e instrumentos de produção" – e o trabalhador – "que fornece trabalho"[906] (MILL, 1824, p. 21 e 1826, p. 21). Na sequência, o autor escocês afirma:

> O grande capitalista, proprietário de uma fábrica, se operasse com escravos em vez de trabalhadores livres, como o dono de plantação da Índia Ocidental, seria considerado como proprietário tanto do capital quanto da mão de obra. Ele seria proprietário, em suma, de ambos os instrumentos de produção; e o conjunto do produto, sem participação, seria somente dele.

[903] Cf. MILL, 1824, p. III-IV.
[904] Cf. MILL, 1826, p. III-IV.
[905] No original: "my object has been to compose a schoolbook of Political Economy; to detach the essential principles of the science from all extraneous topics, to state the propositions clearly and in their logical order, and to subjoin its demonstration to each".
[906] No original, "In this sense of the term 'owners of labour', it is familiarly known that the parties concerned about production, are divided into two classes, that of the capitalists, the rich men who supply the materials and instruments of production, and that of the workmen, who supply the labour".

Qual é a diferença no caso do homem que opera com trabalhadores que recebem salário? O trabalhador que recebe salário vende seu trabalho por um dia, uma semana, um mês, ou um ano, conforme o caso. O fabricante que paga estes salários compra a mão de obra, para o dia, o ano, ou qualquer que seja o período. Ele é, portanto, igualmente o proprietário da mão de obra, da mesma forma como o fabricante que opera com escravos. A única diferença está no modo de compra. O proprietário do escravo compra de uma só vez todo o trabalho que o homem pode realizar: aquele que paga um salário compra apenas o trabalho de um homem que ele pode realizar em um dia, ou em qualquer outro tempo estipulado. Sendo, porém, igualmente o proprietário da força de trabalho assim adquirida, tanto quanto o dono do escravo o é no caso do escravo, o produto, resultado desse trabalho e combinado com seu capital, é igual e inteiramente dele próprio. No estado da sociedade em que vivemos atualmente, é nestas circunstâncias que quase toda a produção é efetuada: o capitalista é o proprietário de ambos os instrumentos de produção, e a totalidade do produto é dele[907] (MILL, 1824, p. 21-22 e 1826, p. 21-22).

Como se percebe, a questão do trabalho escravo é utilizada para ilustrar a diferença entre capitalista e trabalhador e, mais, para mostrar que o capitalista é o possuidor tanto dos instrumentos de produção quanto

---

[907] No original: "The great capitalist, the owner of a manufactory, if he operated with slaves instead of free labourers, like the West India planter, would be regarded as owner both of the capital and of the labour. He would be owner, in short, of both instruments of production; and the whole of the produce, without participation, would be his own.
What is the difference in the case of the man who operates by labourers receiving wages? The labourer who receives wages sells his labour for a day, a week, a month, or a year, as the case may be. The manufacturer who pays these wages buys the labour, for the day, the year, or whatever period it may be. He is equally therefore the owner of the labour, with the manufacturer who operates with slaves. The only difference is in the mode of purchasing. The owner of the slave purchases at once the whole of the labour, which the man can ever perform: he who pays wages purchases only so much of a man's labour as he can perform in a day, or any other stipulated time. Being equally, however, the owner of the labour so purchased, as of that which the slave owner purchases in the case of the slave, the produce, which is the result of this labour, combined with his capital, is all equally his own. In the state of society in which we at present exist, it is in these circumstances that almost all production is effected: the capitalist is the owner of both instruments of production, and the whole of the produce is his".

da produção em si. Não há, portanto, qualquer juízo de valor sobre a escravidão[908].

Como já dissemos, não conseguimos localizar a tradução de Autran[909], que pode ter se inspirado apenas na 1ª edição, em que não há menção à escravidão, ou nas edições subsequentes, em que o escravo é analisado sob a ótica do capital. Em todo o caso, percebe-se que o tema do trabalho escravo não é uma preocupação para James Mill, pelo menos não uma preocupação premente, tendo em vista que o Reino Unido havia abolido o tráfico em 1807 e a escravidão em 1833. O livro de Mill serviu como compêndio oficial entre 1833[910] e 1847 e teve repercussão nas obras posteriormente publicadas por Autran, influenciado que foi pelo ecletismo de James Mill, que uniu às ideias de Smith as contribuições de Say e de Ricardo e do utilitarismo de Bentham (GREMAUD, 1997, p. 31).

### 7.2.2. *Elementos de Economia Politica* (1844), de Pedro Autran da Matta e Albuquerque

Pelo Aviso Imperial de 8 de janeiro de 1842, Pedro Autran conseguiu a dispensa de sua cadeira (Direito Natural, 1ª do 1º ano) para dedicar-se exclusivamente ao estudo de Economia Política, com o fito de confeccionar um compêndio para a disciplina. Em 1844 foram publicados os **Elementos de Economia Politica** por Autran, fruto de anos à frente da cadeira, que, na falta de seu titular (Manuel Maria do Amaral), ele acumulava com a sua de Direito Natural. É uma obra importante na medida em que foi um dos primeiros compêndios produzidos por um professor de Direito para alunos das duas Faculdades imperiais, em especial a de Olinda, onde Autran lecionava.

Em 1846, o autor submeteu o compêndio à aprovação governamental, enviando à Câmara dos Deputados sua obra, com o objetivo de obter quantia de 400$ de indenização pelas despesas de impressão do compêndio

---

[908] Com efeito, segundo Seymour Drescher, James Mill, David Ricardo e Thomas Malthus ficaram completamente silentes sobre a questão quando os debates sobre a abolição do tráfico de escravos na Inglaterra atingiram seu pico (DRESCHER, 2002, p. 55).

[909] E, assim, não conseguimos dizer com certeza quais ideias foram "acomodadas" pelo autor.

[910] Há notícia de que ele era utilizado oficialmente em 1833 (Ata da Congregação de 27 de março de 1833, em FACULDADE DE DIREITO DO RECIFE, 1889).

(conforme facultava o art. 2º do capítulo IV dos Estatutos de 1831)[911]. Em maio o livro foi remetido à Comissão de Instrução Pública[912], que emitiu seu parecer em agosto:

> A comissão estudou atentamente, em todas suas partes, o livro que foi submetido a exame; e nele encontrou em geral um resumo bem-feito e quase completo das doutrinas que os economistas da escola inglesa têm publicado sobre a mesma matéria, doutrinas, que salvas ligeiras modificações, constituem ainda o que se chama – o estado atual das ciências. Não tem a forma de compêndio o livro do Dr. Autran; cada um de seus capítulos é um discurso sobre a epígrafe, que o precede; mas este defeito é pouco grave, já porque o seu autor o corrige por uma exposição clara, fácil, e ao mesmo tempo concisa, já porque a obra é destinada a alunos, que se acham nos graus superiores da academia, e podem prescindir sem inconveniente da forma compendiosa. A comissão é portanto de parecer que se defira ao requerimento do suplicante (...) (**ACD**, sessão em 1º de agosto de 1846, p. 381).

A matéria, contudo, só foi discutida no ano seguinte[913]. O deputado Ângelo Muniz da Silva Ferraz levantou duas questões: se Autran era o proprietário da cadeira de Economia Política e se o compêndio fora aprovado pela Congregação de Olinda. Tomaram parte na discussão figuras conhecidas do lente de Olinda: Moura Magalhães (ex-catedrático de Direito Natural), Lopes da Gama (vice-diretor) e Jerônimo Vilella Tavares (lente substituto). Manuel Maria do Amaral, lente da cadeira e possivelmente maior interessado, não se manifestou[914]. Uma vez esclarecidos os pontos – Autran lecionava com autorização do Governo e o compêndio havia sido aprovado pela Congregação – a resolução sobre a obra foi aprovada na sessão; posteriormente, a resolução foi aprovada[915] e encaminhada ao Senado em junho. Logo no mês seguinte a Comissão de Instrução Pública desta

---

[911] Em realidade, o artigo em questão dispunha que, uma vez aprovado o compêndio, o Governo daria aos seus autores a primeira impressão gratuita e reservaria ao autor o privilégio exclusivo da obra por dez anos.
[912] Composta por Francisco de Salles Torres Homem, Domingos José Gonçalves de Magalhães e J. A. Marinho. Cf. **ACD**, sessão em 8 de maio de 1846, p. 31.
[913] Cf. **ACD**, sessão em 22 de maio de 1847, p. 153-155.
[914] Não conseguimos averiguar se ele estava presente à sessão.
[915] Cf. **ACD**, sessão em 2 de junho de 1847, p. 236.

casa apresentou seu parecer favorável, que foi aprovado[916]. Em agosto[917] entrou em 1ª discussão, na qual participaram Rodrigues Torres, Araújo Lima (então Visconde de Olinda, ex-diretor do curso do norte) e Clemente Pereira; nada foi decidido e optaram por requerer ao Governo a ata da Congregação que havia aprovado o compêndio. O assunto foi novamente trazido à tona no ano seguinte[918], mas o requerimento ainda não havia sido devolvido; não obstante, o senador Alencar apresentou uma certidão em que constava que o compêndio havia sido aprovado por unanimidade pela Congregação dos lentes. Na ocasião, o Visconde de Abrantes, a quem a obra foi dedicada, tomou a palavra e teceu-lhe elogios:

> Não sou juiz competente para avaliar o mérito da obra do Dr. Autran, que conheço como um dos discípulos mais aproveitados da escola econômica do Brasil; mas posso asseverar ao senado que, tendo examinado este compêndio, tendo-o comparado com as doutrinas mais modernas, acho que, se ele não oferece ideias novas, ao menos (o que para mim importa mui boa qualidade) conserva, metodiza e explica as doutrinas mais sãs sobre a ciência econômica que tem modernamente escrito. Devo declarar ao senado que achei perfeita concordância entre a maior parte dos princípios sustentados pelo Dr. Autran, com os de Mr. Mac Culloch nas suas obras mais modernas de economia política. Além desta concordância, com o que há de melhor, ou se repute melhor na ciência, encontrei outro grande mérito da obra do Dr. Autran, e vem a se usar de uma fraseologia que está ao alcance de todas as inteligências: e quando se trata de popularizar um sistema, uma ciência, entendo que a primeira qualidade do escritor deve ser esta, de fazer abstração de termos técnicos, difíceis, nivelar-se com a inteligência de todos aqueles para quem escreve, e é este outro grande merecimento do Dr. Autran (...) (**AS**, sessão em 29 de maio de 1848, p. 283).

E ele conclui pela aprovação do compêndio, no que foi acompanhado pelos seus colegas. A obra foi aprovada em definitivo em junho[919] e seguiu

---

[916] **AS**, sessão em 15 de julho de 1847, p. 194-195. O parecer de Comissão de Instrução Pública não consta nos **Anais do Senado**.
[917] **AS**, sessão em 17 de agosto de 1847, p. 239-241.
[918] **AS**, sessão em 29 de maio de 1848, p. 282-283.
[919] Cf. **AS**, sessão em 6 de junho de 1848, p. 83.

para sanção imperial. Em 15 de julho de 1848 foi expedido o decreto nº 494, que aprovava o compêndio de Autran para servir no curso jurídico de Olinda e mandava pagar a quantia de 800$ ao autor, a título de indenização[920].

Os **Elementos de Economia Política** (1844) são dedicados ao Visconde de Abrantes, aos colegas Manuel Maria do Amaral e João Capistrano Bandeira de Mello e a Eusébio de Queirós. A obra é dividida em quatro partes, seguindo a estrutura dos livros dos economistas ingleses: (i) produção, (ii) valor e preço, (iii) distribuição e (iv) consumo da riqueza. Entretanto, nenhuma menção há ao trabalho escravo ou à escravidão, tal qual ocorria no livro de James Mill. Foi o compêndio oficial entre 1848 e 1858[921].

Em que pese a boa recepção do livro pelo Poder Legislativo[922], ele não ficou imune a críticas. Em 1847, Antônio Pedro de Figueiredo, o "Cousin Fusco"[923], publicou uma resenha sobre a obra em sua revista **O Progresso** (1950, p. 499-504), na qual reprovava as fontes utilizadas por Autran – isto é, os liberais clássicos, com suas "**simplistas** soluções" e "selvagens doutrinas" (**O PROGRESSO**, 1950, p. 499, grifo no original) –, bem como tecia outras críticas a ensinamentos contidos no compêndio[924].

Em 1851, Pedro Autran publicou os **Novos Elementos de Economia Politica**[925], mas eles não foram adotados como compêndio para a cadeira. No ano seguinte, ele envolveu-se em nova polêmica com Antônio Pedro de Figueiredo, desta vez sobre o socialismo[926], doutrina que o lente de Olinda execrava, em especial pela sua visão religiosa (VEIGA, 1982, p. 71-78)

---

[920] Cf. **Diario de Pernambuco**, Recife, 9 de setembro de 1848, p. 1.

[921] Em 1858, **O Atheneu Pernambucano** (v. III, n. 1, junho de 1858, p. 19) apontava que o compêndio de Economia Política era os **Elementos de Economia Politica** do conselheiro Autran.

[922] Para uma análise da obra pelos contemporâneos, ver "Elementos de Economia Politica – pelo Dr. Pedro Autran da Matta Albuquerque", **Diario de Pernambuco**, Recife, 20 de abril de 1846, p. 1-2.

[923] Sobre Antônio Pedro de Figueiredo e sua revista, ver o prefácio de **O Progresso** (1950).

[924] Um resumo das críticas de Antônio Pedro de Figueiredo pode ser encontrado em VEIGA, 1982, p. 70-71.

[925] Não conseguimos localizar a obra.

[926] Sobre o episódio e as ideias socialistas de Antônio Pedro de Figueiredo, ver o prefácio de **O Progresso** (1950). Sobre as polêmicas entre Autran e Antônio Pedro de Figueiredo e sobre o tema do socialismo no Brasil e em Pernambuco, ver CHACON, 1981.

– ele repetiu tal posicionamento em suas obras posteriores: **Prelecções de Economia Politica** (1859), **Tratado de Economia Politica** (1859) e **Manual de Economia Politica** (1873, 2ª edição quase toda reformulada em 1880)[927].

### 7.2.3. *Elementos de Economia Politica* (1854), de Lourenço Trigo de Loureiro

Lourenço Trigo de Loureiro regeu a cadeira de Economia Política entre 1852 e 1855 e neste período ele aproveitou para confeccionar um compêndio próprio, que veio a lume em 1854 com o nome de **Elementos de Economia Politica colligidos dos melhores autores** e já no ano seguinte era adotado como compêndio oficial[928].

Como o próprio título indica, não se tratava de uma obra original – a intenção de Loureiro era compendiar (resumir) o pensamento de vários autores diferentes, como ele mesmo o afirmava no "aviso aos leitores": "Em uma obra desta natureza julguei conveniente evitar a frequência de citações de autoridade, porque importa muito que o espírito do leitor não se fixe senão sobre as proposições, e suas provas, sem mistura alguma de considerações estranhas" (LOUREIRO, 1854, p. X)[929]. Ao compendiar, contudo, Trigo de Loureiro "esquece" de referenciar suas fontes[930], o que lhe causou algum problema, como veremos adiante.

---

[927] Para a opinião de Autran sobre o socialismo nestes livros, ver VEIGA, 1982, p. 78-85. Para Gláucio Veiga (1982, p. 62), "no fervente socialismo e republicanismo de Olinda sobrenada destoante o pensamento de Autran. Mas, sua ideologia somada à de Braz Florentino ganhará eficácia durante o período da Pax Imperial".

[928] Cf. "Editaes", **Diario de Pernambuco**, Recife, 8 de março de 1855, p. 3.

[929] E ele continuava: "Pouco, ou nada me importa, que me acusem de plagiato, porque declaro francamente, que não fiz descobertas na ciência, de que trato; e que, pelo contrário, colhi em muitos dos bons autores, que têm escrito sobre ela, a máxima parte das ideias, que este livro encerra, não me pertencendo senão a coordenação, e exposição delas, e nem esta mesma em muitos casos, em que lhes conservei toda a originalidade da forma, que um, ou outro escritor lhes dera, bem certo de que a reputação dos grandes homens, que têm contribuído para os progressos da ciência, não depende do testemunho, que eu desse do seu mérito, citando-os a cada página" (LOUREIRO, 1854, p. X).

[930] Como ressalta Amaury Gremaud (1997, p. 39, nota 82): "Um exemplo disto está no terceiro parágrafo do Discurso preliminar, onde Loureiro transcreve literalmente a primeira frase dos **Elementos de Economia Política** de James Mill, que não é citado: 'A Economia Política é para o Estado, o que a economia doméstica é para a família...'".

Trigo de Loureiro escreveu sua obra por discordar de algumas das ideias contidas nos compêndios traduzidos ou feitos por Pedro Autran, que regeu a cadeira em caráter não-oficial antes dele. Conforme já referido acima, Loureiro discordava da tradução que Autran fez da obra de James Mill, a ponto de, segundo Beviláqua (2012, p. 54), censurá-la sempre que podia. Na dedicatória de sua obra, oferecida a Luiz Pedreira de Couto Ferraz, ele afirma que, desde que assumira a regência da cadeira,

> não me foi possível, sem trair a minha consciência, e a santidade dos deveres do meu magistério, deixar de combater do alto da Cadeira, ainda que muito a meu pesar, e com o respeito devido a um Lente [Pedro Autran] tão distinto por seu elevado talento, e saber, algumas das doutrinas do compêndio aprovado, pelo qual, por isso mesmo me via forçado a explicar os princípios gerais da ciência econômica (LOUREIRO, 1854, p. VI).

Os **Elementos de Economia Politica** possuem 14 lições ao todo, divididas em quatro partes: da produção, da distribuição, da permutação e do consumo[931]. Contudo, assim como ocorreu com a obra de Pedro Autran (1844), nenhuma menção há ao trabalho escravo ou à escravidão.

Como se percebe da polêmica com Autran sobre o livro de James Mill, Lourenço Trigo de Loureiro viu-se envolvido em vários incidentes com colegas, alunos e funcionários – o primeiro já em 1833, no seu primeiro ano como lente substituto interino, quando discutiu com estudantes pela imprensa (BEVILÁQUA, 2012, p. 54-55). Aqui, interessa-nos particularmente um episódio ocorrido em 1854 entre ele e o Padre Antônio Rocha Vianna, reprovado por ele nos exames do 4º ano. Nas palavras de Gláucio Veiga,

> Este, em revide, fez um levantamento do compêndio de Trigo de Loureiro, demonstrando ampla, larga e induvidosamente a cópia servil de textos de Economia, James Mill, Rossi, Chevalier e finalmente do próprio Autran com que Trigo de Loureiro encontrava-se incompatibilizado. (...)

---

[931] Para uma análise da obra do ponto de vista da História do Pensamento Econômico, ver GREMAUD, 1997, p. 38-42.

O pe. Viana paginou seu libelo[932] de maneira que, nas páginas pares ficassem estampados os textos do mestre de Olinda, e, nas ímpares, as fontes reproduzidas, literalmente. Não se tratava, por conseguinte, de mera coordenação porém, de reproduções *ipsissima verba*, sem mínima alteração (VEIGA, 1984, p. 276-277 e p. 278, grifo no original).

Veiga julgou tal polêmica "a mais violenta e desmoralizante para Trigo de Loureiro" (VEIGA, 1984, p. 276) – com efeito, o autor afirma que "a desculpa de que 'julguei conveniente evitar a frequência de citações de autoridades' não passou de matreirice de Trigo de Loureiro" (VEIGA, 1984, p. 277)[933]. Outro caso de apropriação indevida de ideias alheias por Loureiro aconteceu em sua obra **Instituições de Direito Civil Brasileiro**: na 1ª edição (1851) ele afirma expressamente que as extraiu das **Instituições de Direito Civil Lusitano** de Paschoal José de Mello Freire; contudo, a partir da 2ª edição (1857) até a 5ª (1884), tal informação foi suprimida da capa, mesmo que o plano da obra fosse o de Mello Freire – por ele mesmo confessado na 1ª edição (LOUREIRO, 1851, t. 1, "Ao leitor") –, completado com Coelho Rocha e com as leis e instituições do Brasil constitucional (BEVILÁQUA, 2012, p. 452-453).

Em que pese toda a polêmica, a obra de Trigo de Loureiro não teve muita repercussão no ensino, pois já no ano seguinte ele foi transferido para a cadeira de Direito Civil (1ª do 4º ano) e Autran assumiu a cadeira de Economia Política como proprietário, pela primeira vez de maneira oficial. Ao retomar o ensino da disciplina, Autran optou por adotar novamente

---

[932] O padre Antônio da Rocha Vianna publicou seu libelo em forma de livro: **Breve exposição do ocorrido no meu 4º ano na Faculdade de Direito de Pernambuco e uma justa retribuição ao ilustríssimo sr. dr. Lourenço Trigo de Loureiro, lente d'aquella cidade**. Bahia: Tipografia e Livraria de E. Pedroza, 1856 (VEIGA, 1984, p. 280, nota 3). Não conseguimos localizar esta obra.

[933] Gláucio Veiga continua: "(...) embora na folha de rosto do compêndio advirta que o livro se integra de elementos 'coligidos dos melhores autores', e que 'colheu em muitos dos bons autores' a maior parte das ideias, Loureiro nem uma única vez faz menção a esses autores salvante a Malthus e em algumas passagens a Rossi" (VEIGA, 1984, p. 277). Amaury Gremaud discorda desta leitura, afirmando que "são explicitamente citados os clássicos Smith, Say, Ricardo e o já referido Rossi, incluindo-se agora John Stuart Mill. Nas questões monetárias faz-se também referência Hume e Locke (...). Também se faz referência a Verri, (...) e Scialoja (...)" (GREMAUD, 1997, p. 39, nota 82). Com efeito, tais autores são citados ao longo da obra e Gláucio Veiga não tem razão em sua afirmação.

seus **Elementos de Economia Politica** de 1844, que foi o compêndio oficial até 1859, quando ele publicou suas **Prelecções de Economia Política**.

### 7.2.4. *Prelecções de Economia Politica* (1859), de Pedro Autran da Matta e Albuquerque

As **Prelecções de Economia Politica** foram publicadas por Pedro Autran em 1859, já como catedrático oficial da disciplina (ele havia sido transferido à cadeira em 1855). As **Prelecções** saíram na forma de fascículos no **Jornal do Recife** (publicado semanalmente aos sábados, entre maio e dezembro) em 1859[934], mesmo ano em que foram reunidas e publicadas em forma de livro, o qual foi adotado como compêndio em Recife (GUIMARÃES, 1860, p. 17)[935] e em São Paulo. Já no ano seguinte Autran publicou uma segunda edição "meliorada", mas sem mudanças substanciais – o índice de ambas as edições é o mesmo[936], mudando apenas a disposição do texto e o tamanho da letra, possivelmente em função da mudança de tipografia

---

[934] Os fascículos das "Prelecções de Economia Politica" foram publicados em **Jornal do Recife**, Recife, 14 de maio de 1859, p. 153-154; **Jornal do Recife**, Recife, 21 de maio de 1859, p. 161-162; **Jornal do Recife**, Recife, 28 de maio de 1859, p. 169; **Jornal do Recife**, Recife, 4 de junho de 1859, p. 177-178; **Jornal do Recife**, Recife, 11 de junho de 1859, p. 185-186; **Jornal do Recife**, Recife, 18 de junho de 1859, p. 193-194; **Jornal do Recife**, Recife, 25 de junho de 1859, p. 201-202; **Jornal do Recife**, Recife, 2 de julho de 1859, p. 209-210; **Jornal do Recife**, Recife, 9 de julho de 1859, p. 217; **Jornal do Recife**, Recife, 16 de julho de 1859, p. 225; **Jornal do Recife**, Recife, 23 de julho de 1859, p. 233-234; **Jornal do Recife**, Recife, 30 de julho de 1859, p. 241; **Jornal do Recife**, Recife, 6 de agosto de 1859, p. 249-250; **Jornal do Recife**, Recife, 13 de agosto de 1859, p. 258-259; **Jornal do Recife**, Recife, 13 de agosto de 1859, p. 258-259; **Jornal do Recife**, Recife, 3 de setembro de 1859, p. 281; **Jornal do Recife**, Recife, 10 de setembro de 1859, p. 289-290; **Jornal do Recife**, Recife, 17 de setembro de 1859, p. 295-296; **Jornal do Recife**, Recife, 24 de setembro de 1859, p. 305-306; **Jornal do Recife**, Recife, 1 de outubro de 1859, p. 314; **Jornal do Recife**, Recife, 8 de outubro de 1859, p. 321-322; **Jornal do Recife**, Recife, 15 de outubro de 1859, p. 329-330; **Jornal do Recife**, Recife, 22 de outubro de 1859, p. 337-338; **Jornal do Recife**, Recife, 29 de outubro de 1859, p. 345-346; **Jornal do Recife**, Recife, 5 de novembro de 1859, p. 353-354; **Jornal do Recife**, Recife, 12 de novembro de 1859, p. 361-362; **Jornal do Recife**, Recife, 19 de novembro de 1859, p. 369-370; **Jornal do Recife**, Recife, 26 de novembro de 1859, p. 377-378; **Jornal do Recife**, Recife, 3 de dezembro de 1859, p. 385-386.

[935] Conforme já dissemos, ao que tudo indica o compêndio foi adotado em 1859 por Autran e, oficialmente, em 1860 pela Congregação. Ver item 7.1.3.

[936] Cf. ALBUQUERQUE, 1859a e 1860.

que as imprimiu[937]. Iremos analisar esta 2ª edição, por ter sido a adotada até pelo menos 1875[938] em Recife e por também ter sido adotada, oficialmente, em São Paulo[939].

A obra do conselheiro Autran foi bem recebida[940] e sobre ela afirma Clóvis Beviláqua que

> As **Prelecções de Economia Política** resumem com clareza, os princípios dominante na pátria de Adam Smith, e, se não autorizam a lenda, espalhada entre os estudantes, de que o retrato do professor nortista se achava em uma galeria de economistas, em Londres, ocupando o quinto lugar, entre os grandes mestres da ciência de Ricardo, contudo é uma bem organizada exposição da matéria (BEVILÁQUA, 2012, p. 451, grifos no original).

Dedicada ao Visconde de Sapucaí, o compêndio era dividido em quatro partes: (i) produção, (ii) da circulação ou troca, (iii) distribuição ou repartição da riqueza e (iv) do consumo[941] – a mesma subdivisão feita por James Mill (apenas invertendo a parte da troca com a da distribuição). Como bem lembra Amaury Gremaud, Autran deu grande importância à circulação

---

[937] A 1ª edição foi impressa no Recife pela Typographia Brasileira e a 2ª edição foi impressa em Paris, na Imp. Simon Baçon e Comp. (apesar de na folha de rosto dizer Rio de Janeiro, B. L. Garnier).

[938] Escrevendo a memória histórica de 1873, afirma Tavares Belfort que "o compêndio por que se ensina esta matéria, obra de um dos mais brilhantes talentos que tem tido esta Faculdade tem incontestavelmente grande mérito, já porque tornou sintéticos, claros e precisos os princípios da ciência econômica e oferece a solução dos mais importantes problemas econômicos, já porque à época em que fora ele escrito as teorias aí aceitas e expostas eram as mais recebidas e sustentadas; hoje porém teorias há nele expostas que são condenadas, além de que a extensão, que tem tomado a ciência econômica, pede que seja ela estudada com maior desenvolvimento" (BELFORT, 1874, p. 22).

[939] Conforme analisamos anteriormente no item 7.2.3.

[940] J. C. Pinheiro Fernandes fez uma resenha bibliográfica, na qual afirmava que "facilitar o estudo da **ciência da riqueza das nações**, pondo-a ao alcance das mais medianas inteligências, e dotar ao mesmo tempo as nossas faculdades jurídicas de uma obra, escrita no idioma vernáculo, que poupasse à juventude o trabalho de compulsar volumosos livros compostos em peregrinas linguagens, cujo cabal conhecimento nem a todos chega, foi certamente louvável empresa, bem digna da mais sincera e viva adesão" (PINHEIRO, 1860, p. 280).

[941] Para uma análise da obra do ponto de vista da História do Pensamento Econômico, ver GREMAUD, 1997, p. 32-38.

(que perfaz cerca de 40% de toda a obra) – trocas e questões monterário-financeiras –, o que demonstrava "a continuidade das preocupações com os aspectos comerciais, e agora também financeiros, que já marcaram os precursores da Economia Política no país[942]" (GREMAUD, 1997, p. 32).

No prólogo, o autor afirmava que seu objetivo era "facilitar o conhecimento da ciência econômica aos que o desejarem ter e mormente aos alunos das Faculdades de Direito do Recife e de S. Paulo, que são obrigados a estudar este ramo da ciência social" (ALBUQUERQUE, 1860, p. 3). E continuava:

> Compendiar o que se tem escrito sobre a ciência, ligar os pensamentos e exprimi-los com clareza e precisão, não é tão fácil como talvez pareça a muitos, que se não deram a este trabalho. Não é também plágio, porque o resumo das doutrinas dos outros, a ordem e ligação das ideias, a clareza e propriedade dos termos, e a construção regular da frase, são do compendiador. Nisto esmerei-me a fim de dar a estas preleções um **feitio** meu, que lhes desse alguma aparência de novidade, e pudesse satisfazer ao leitor benévolo (ALBUQUERQUE, 1860, p. 3-4, grifo no original).

Era, assim como sua obra de 1844, uma síntese colhida de vários autores, que Autran julgava serem autoridade no assunto. Contudo, apesar de nomeá-los (Smith, Say, Malthus, etc.), ele não cita as fontes exatas que consultou[943] – uma prática que não era de todo incomum no século XIX. Além disso, em alguns pontos ele tentava reagir às ideias de Loureiro, contidas no compêndio dele de 1854[944].

Um aspecto da obra, senão o mais importante, é que nela Autran enfrentou abertamente o tema do trabalho escravo. Na parte I (produção), o

---

[942] Para Gremaud, os precursores são o Visconde de Cairu, José Rodrigues Brito e Azeredo Coutinho (GREMAUD, 1997, p. 20-27).

[943] Segundo Amaury Gremaud (1997, p. 32, nota 64), "James Mill não é mencionado explicitamente neste trabalho. Existem referências aos já citados Smith, Say, Malthus, Ricardo. Também são feitas referências aos fisiocratas Turgot e Quesnay, aos sucessores de Say na Cátedra do College de France – Rossi e Chevalier. (...) Também são citados Garnier e Bastiat, da escola francesa e discípulos de Say. Por fim Albuquerque também cita Tooke (...)".

[944] Para um levantamento das semelhanças e divergências entre as **Prelecções de Economia Politica** (1860) de Autran e os **Elementos de Economia Politica** de Loureiro (1854), ver GREMAUD, 1997, p. 39-42.

capítulo VII intitula-se "Importância do trabalho livre" (ALBUQUERQUE, 1860, p. 83-92)[945].

Inicialmente, afirma o lente de Recife que "uma das condições sociais, que mais influi no poder produtivo do trabalho, é a liberdade na escolha e no exercício do mesmo trabalho" (ALBUQUERQUE, 1860, p. 83), razão pela qual o trabalho é livre quando o homem tem o direito de trabalhar livremente, i. e., tem o direito de escolher e de exercer livremente seu trabalho. Para ele, a primeira forma de oposição ao trabalho livre é a escravidão, que

> é a negação absoluta da liberdade no trabalho; porque o escravo é forçado a trabalhar no que lhe determina o senhor, pelo modo que este entende, e pelo tempo que lhe apraz. Os efeitos pois da escravidão são os seguintes: 1º contrariar as vocações; 2º inutilizar a inteligência do escravo; 3º tirar do escravo o maior trabalho possível. Ora, quando a vocação é contrariada, quando a inteligência não intervém na execução, e o trabalho é fatigante, não se deve esperar do obreiro grande poder produtivo. Portanto, o trabalho imposto à força não pode ser tão fecundo como o trabalho livre (ALBUQUERQUE, 1860, p. 84).

Na sequência, Autran desenvolve os referidos efeitos da escravidão ao comparar a situação de um obreiro (trabalhador livre) e de um escravo, no que diz respeito à vocação ao trabalho[946], à aplicação da inteligência no trabalho[947] e ao esgotamento da força do escravo[948]. Assim, ele prova

---

[945] Tal capítulo também foi publicado integralmente no **Jornal do Recife**, Recife, 2 de julho de 1859, p. 209-210 e na 1ª edição (ALBUQUERQUE, 1859a). Nos três, o conteúdo é idêntico.

[946] "Sendo livre o trabalho, o obreiro pode convencionar com o empresário a paga do serviço que há de prestar; tem o dever de prestá-lo porque a isso se obrigou, e é também do seu interesse. Mas para o escravo a remuneração do serviço está a arbítrio do senhor, que a pode reduzir, como de feito a reduz ao mínimo; e essa injustiça é bastante para tirar ao escravo a boa vontade de trabalhar" (ALBUQUERQUE, 1860, p. 84-85).

[947] "A perfeição do trabalho depende da **arte**, e esta do desenvolvimento da inteligência do obreiro. Mas o embrutecimento é condição essencial da escravidão, porque todo o saber do escravo é perigoso para o senhor; e como de um trabalho brutal não se podem esperar os melhores resultados, ainda por essa razão prova-se que o trabalho do escravo é pouco produtivo" (ALBUQUERQUE, 1860, p. 85, grifo no original).

[948] "Tendo a inteligência muito pouca parte no trabalho do escravo, o que ele faz é quase devido à força **animal**. Mas dessa mesma força o senhor não dispõe absolutamente, como da

que o trabalho escravo é menos produtivo que o trabalho livre, na esteira do liberalismo clássico a que se filiava. Entretanto, como bem observou seu contemporâneo J. C. Pinheiro Fernandes ao analisar a obra[949], para o autor a escravidão era um "mal necessário" – Autran se perguntava, em tom retórico: "Mas como se explicará o fato da escravidão? A explicação será fácil e apresso-me a dá-la" (ALBUQUERQUE, 1860, p. 86):

> Conquanto seja verdade incontrastável que o trabalho do homem livre é superior ao do escravo; contudo pode ser tal a escassez dos braços livres, que o preço **corrente** do trabalho livre absorva todo o lucro do empresário. Se nestas circunstâncias pois for permitido ao empresário ter escravos, o que lhe importa saber, não é se os escravos produzem menos do que os trabalhadores livres, mas se pode, como produto do trabalho dos escravos, salvar as despesas da produção e ter um lucro. O trabalho do escravo por conseguinte pode algumas vezes ser mais lucrativo, e isto explica satisfatoriamente o fato da escravidão (ALBUQUERQUE, 1860, p. 86, grifo no original).

Percebe-se, pois, que sua defesa se pautava na diferença entre trabalho produtivo e trabalho lucrativo – e quando o trabalho escravo fosse mais lucrativo, deveria ser utilizado[950]. E isto era especialmente importante no caso do Brasil[951]:

de um cavalo, por exemplo. Um cavalo não tem vontade, e por conseguinte pode ser forçado a prestar toda a força de que é capaz; mas o escravo é homem, e como tal tem vontade própria, e pode recusar-se a prestar todo o trabalho que se exige dele. É bem verdade que o **temor** do castigo pode movê-lo a trabalhar; mas esse temor não é capaz de infundir-lhe a boa vontade, e quando ela não intervém no trabalho, este é necessariamente frouxo e mau. Logo o escravo não presta toda a força **animal** de que é dotado, e a este respeito o seu serviço é inferior ao dos brutos" (ALBUQUERQUE, 1860, p. 85-86, grifos no original).

[949] Cf. PINHEIRO, 1860, p. 282.
[950] "É porém necessário não confundir o poder produtivo do trabalho livre, comparado com o do trabalho servil, e a utilidade de um e de outro em relação ao empresário. Porquanto, posto que o trabalho livre seja sempre mais produtivo, contudo em certas circunstâncias o trabalho servil pode ser mais lucrativo, e por conseguinte mais útil para os empresários" (ALBUQUERQUE, 1860, p. 86-87).
[951] Ao analisar a argumentação de Autran, afirma Gláucio Veiga: "O empresário agrícola procurava fazer cálculos à base da lucratividade, jamais da produtividade, mesmo porque à época, os conceitos não estariam bem definidos e absorvidos; e, vale acrescentar, não existia contabilidade agrícola, onde os custos pudessem ser melhor avaliados. Daí porque a

Concebe-se que em um país novo, onde há muita terra a rotear e cultivar, seja mister grande soma de trabalho combinado, isto é, grande número de braços que trabalhem simultaneamente; e neste caso, havendo falta de braços, a escravidão é uma necessidade. Compreende-se também pelas razões já expendidas, que os possuidores de escravos possam enriquecer, como de fato têm enriquecido; mas o que se não concebe, nem se compreende, nem está provado pelos fatos, é que o trabalho do escravo seja mais produtivo do que o do homem livre, e que as artes possam fazer progresso onde a escravidão existe (ALBUQUERQUE, 1860, p. 87).

Sua argumentação prossegue tendo em conta o caso da escravidão na Antiguidade: apesar do trabalho escravo, na medida em que o número de trabalhadores livres foi aumentando, o "preço corrente" do trabalho livre aproximou-se do seu "preço natural", de modo que o trabalho escravo foi se tornando menos lucrativo – "até que, nivelado o preço corrente do trabalho livre com o seu preço natural, veio este trabalho a ser mais barato, mais produtivo e mais lucrativo do que o trabalho servil"[952] (ALBUQUERQUE, 1860, p. 88). Este nivelamento entre "preço corrente" e "preço natural" se daria – como se deu na Antiguidade – com o aumento do número de trabalhadores (crescimento populacional) e desenvolvimento da indústria (que restringiria o número de trabalhadores necessários) (ALBUQUERQUE, 1860, p. 89).

No mais, o autor tece considerações sobre a servidão e as corporações industriais, que detinham o monopólio de alguma produção. Ambas

---

campanha abolicionista se desenvolveria sobre valores éticos. E seus líderes, apenas, poetas. A abolição realizou-se com a lira, jamais com o ábaco" (VEIGA, 1984, p. 164).

[952] E ele continua: "É fato demonstrado pela experiência que as despesas da produção do **trabalho servil** são mais crescidas que as do trabalho livre; e que este é superior em qualidade ao trabalho servil. Mas enquanto o trabalho é raro e os trabalhadores gozam do monopólio de vendê-lo, o **preço corrente** do trabalho livre pode exceder muito ao seu preço **natural**, e ser mais caro que o do trabalho do escravo. Mas logo que o trabalho livre é abundante, ou pelo fato do desenvolvimento da população, ou por algum progresso no material da produção que diminua a proporção do pessoal, o caso muda. Então fica nivelado o **preço corrente** do trabalho livre com o seu preço **natural**; e como o preço natural do trabalho livre é mais barato que o do trabalho do escravo, e aquele mais produtivo do que este, é claro que será mais vantajoso empregar braços livres do que escravos" (ALBUQUERQUE, 1860, p. 88-89, grifos no original).

deveriam ser combatidas, por serem contrárias à liberdade de trabalho (ALBUQUERQUE, 1860, p. 89-91).

Autran já havia publicizado sua opinião sobre a lucratividade do trabalho escravo em detrimento de sua produtividade no jornal acadêmico **O Onze de Agosto**, em 1857[953] (VEIGA, 1988, p. 118-119). E ele repete sua defesa do trabalho livre em seu **Tratado de Economia Politica**[954] de 1859 (do mesmo ano das **Prelecções**) e em seu **Manual de Economia Politica**[955] de 1873.

### 7.2.5. *Estudos de Economia Política para uso das Faculdades de Direito de Brasil* (1876), de Aprígio Justiniano da Silva Guimarães

Aprígio Guimarães assumiu a cadeira de Economia Política em 1871 a contragosto – como vimos, seu desejo era lecionar Direito Civil. Mesmo assim, não se deixou abalar e imprimiu sua marca no ensino da cadeira, pavimentando na Faculdade de Direito do Recife o caminho que posteriormente seria trilhado por Tobias Barreto. Gláucio Veiga afirma que na cátedra de Economia Política ele foi "muito superior a Autran, este sem

---

[953] "Trabalho Livre e Trabalho Escravo", **O Onze de Agosto**, Recife, n. 3, setembro 1857.

[954] "A escravidão (...) é uma injustiça tão escandalosa, que se revela àqueles mesmos que a sofrem, e daí vem produzirem menos do que os que trabalham livremente. Por conseguinte a Economia Política, que enxerga a união do útil com o justo, não só reprova a escravidão, senão também todo o sistema, toda a teoria, que em sua aplicação contraria o direito de um só homem" (ALBUQUERQUE, 1859b, t. 1, p. 4). E, mais adiante, ele afirma que a escravatura foi um obstáculo ao progresso da agricultura das colônias modernas (ALBUQUERQUE, 1859b, t. 2, p. 168), que teriam se desenvolvido mais com a introdução do trabalho livre, e conclui que "pelo que respeita pois aos interesses gerais e permanentes da humanidade, a escravidão é um fato tão nocivo quanto iníquo; e a Economia Política é concorde com a Filosofia e a Moral para fazê-lo desaparecer" (ALBUQUERQUE, 1859b, t. 2, p. 182).

[955] "O homem possui a qualidade de ser **útil** em grau eminente, porque pode satisfazer um grande número de desejos de seus semelhantes; tem corpo; e será riqueza? Não. Porque é **pessoa**, isto é, um ente dotado de razão e livre arbítrio, e como tal não pode ser **apropriado** por outro homem senão por uma violência injustificável. O mesmo corpo humano, enquanto o homem vive, não é **apropriável**, porque pertence a alma, que não o pode alhear, pois é-lhe instrumento indispensável para obrar externamente. É certo que onde existe a escravidão, o escravo figura entre as riquezas do senhor; mas a escravidão é injusta" (ALBUQUERQUE, 1873, p. 9, grifos no original). Curioso que na 2ª edição de 1880, "correta e quase toda reformada", Autran suprimiu esta última frase (que começa com "É certo...") (ALBUQUERQUE, 1880, p. 8).

originalidade, às vezes plagiando e sempre eco dos economistas europeus que ele 'climatizava' entre nós" (VEIGA, 1989, p. 138).

Aprígio concluiu seus **Estudos de Economia Politica** em 1876, apresentando-o à Congregação no mesmo ano (PINTO JUNIOR, 1877, p. 12-13); foi nomeada uma comissão para dar parecer sobre a obra, composta pelos lentes Paula Baptista, Silveira de Souza e Corrêa de Araújo. Os dois últimos foram favoráveis à adoção da obra, pois "o livro era útil" e "continha boas doutrinas" (PINTO JUNIOR, 1877, p. 13); Paula Baptista, por sua vez, também se mostrou favorável à aprovação, contudo desaprovava a parte em que a obra continha doutrinas contrárias ao catolicismo. Submetido à Congregação, houve empate e o diretor, João Alfredo Corrêa de Oliveira, votou pela aprovação do compêndio[956]. Em seguida, foram instados a manifestarem-se o Governo e a Congregação de São Paulo, mas ambos não o fizeram a tempo[957] – Aprígio faleceu em 1880. Em 1879, Aprígio afirmava: "Vai para quatro anos: o livro ainda está na peregrinação pelas chancelarias, e por mim já o deixei **à misericórdia dos ventos e das ondas**" (GUIMARÃES, 1879a, nota 2, p. 552, grifos no original). Na falta do amparo governamental, ele foi impresso por seu filho apenas em 1902, sendo prefaciado por Clóvis Beviláqua (GUIMARÃES, 1902, p. VII-XI).

Os **Estudos**[958], que em realidade eram uma versão preliminar de um compêndio que ele estava preparando, contêm as ideias adotadas por Aprígio Guimarães entre 1876 e 1880 e está dividido em treze capítulos[959]. O livro não possuía a estrutura de um compêndio – Amaury Gremaud

---

[956] Na ocasião, o diretor declarou que "embora entenda que os livros destinados ao ensino da Faculdade, premiados pelo Governo, devam ser escoimados de opiniões contrarias às verdades da religião do Estado, e aos princípios fundamentais do Direito Eclesiástico que da mesma religião são deduzidos, todavia, atento o merecimento que a comissão unanimemente reconhece no livro do Sr. Dr. Aprígio, na parte que se refere à Economia Política, e à vista das explicações dadas em congregação pelo seu autor, desempatava para que o mesmo livro fosse recomendado ao Governo, adotando-se o parecer da maioria da comissão" (PINTO JUNIOR, 1877, p. 13).

[957] Em realidade, um oficial da secretaria do Ministério dos Interiores, órgão responsável pela instrução pública, chegou a emitir um parecer contrário à obra, o que muito ressentiu Aprígio, cf. "O ensino superior e o governo", **A Provincia**, Recife, 10 de janeiro de 1878, p. 2-3. A resposta oficial do Governo, contudo, não chegou a ser proferida.

[958] Sobre a obra, ver VEIGA, 1989, p. 139-142.

[959] O índice e os principais tópicos tratados em cada capítulo podem ser conferidos em **A Provincia**, Recife, 12 de janeiro de 1878, p. 3.

ressalta que sequer há uma exposição sistemática dos princípios da disciplina (GREMAUD, 1997, p. 43). Ainda segundo Gremaud, os treze capítulos podem ser separados em quatro partes básicas: (i) metodologia, objeto de estudo e definição de Economia Política; (ii) crítica ao socialismo; (iii) arrazoado das vantagens da liberdade; e (iv) comentários sobre a realidade brasileira (GREMAUD, 1997, p. 43-45). Nesta esteira, ele conclui que "o trabalho de Aprígio Guimarães, por um lado, tem um caráter panfletário e, por outro, suas considerações teóricas são referentes aos aspectos metodológicos da Economia Política" (GREMAUD, 1997, p. 45).

Logo no início da obra, Aprígio Guimarães revela sua admiração por Macleod (GUIMARÃES, 1902, p. 23) – com efeito, o economista escocês é citado ao menos doze vezes ao longo dos **Estudos**, o que demonstra que sua influência não se restringiu a São Paulo[960]. Ao contrário das **Prelecções** de Autran, neste livro Aprígio não dedica um capítulo ao tema do trabalho livre – no capítulo "Liberdade" (o maior da obra, p. 144-224), menciona-se sua definição, a liberdade de indústria, a liberdade como princípio da paz, liberdade de trabalho, concorrência, condições de indústria livre, etc., mas nenhuma referência ao trabalho escravo. Neste sentido, a liberdade é tratada dentro da lógica do *laissez faire*, isto é, uma apologia à liberdade, em suas diversas formas. Ainda, ao definir a Economia Política como "ciência das leis naturais de qualquer trabalho lícito do homem, social e industrialmente considerado com relação próxima ao bem-estar material, e menos próxima ao progresso intelectual e moral" (GUIMARÃES, 1902, p. 108), Aprígio Guimarães explica que por "leis naturais" ele entende "Liberdade, em suas múltiplas manifestações: propriedade, como garantia primária; e mais consectários da natureza dúplice do homem" (GUIMARÃES, 1902, p. 108).

O autor toca no tema do trabalho escravo ao tratar dos aspectos metodológicos da Economia Política. Sobre o papel e o principal objetivo da ciência econômica, Aprígio faz a diferenciação entre a "escola francesa", que ele prefere e cuja ideia central é a ideia moral – o homem é o fim e a riqueza o meio –, e a "escola inglesa", que, ao contrário, entende ser a riqueza o fim e o homem o meio para atingi-la. Nesta diferenciação entra em primeiro lugar "os modos de seu trabalho [do homem] que melhor se

---

[960] Ver item 6.2.2.

coadunam com o estudo social, e as leis que o regem, isto é, as leis de um ser inteligente, livre e social" (GUIMARÃES, 1902, p. 69) e, em segundo lugar, a questão da produtividade do trabalho. Aprígio faz uma crítica a essa visão, pelo menos nos termos que se colocavam no país: "assim não andaram, e inverteram a nobre posição da questão, aqueles que ainda hoje no Brasil, como historiadores, filósofos ou políticos, defendem direta ou indiretamente a escravidão como **produtiva**, como um fio **necessário e providencial** na teia do progresso humanitário" (GUIMARÃES, 1902, nota 1, p. 69, grifos no original). Nesta ordem de ideias, continua o lente:

> Partindo da ideia moral, naturalmente se oferecem os dois problemas; mas, restrita a questão à produção das riquezas, fica excluso o primeiro [modos do trabalho do homem e suas leis], ou dependerá a sua solução, o que é ainda pior, da do segundo [produtividade do trabalho].
> Exemplifiquemos.
> Na questão das colônias com a escravidão dos negros, a solução no ponto de vista moral será pela abolição da escravidão, passando-se à indagação do melhor modo de produzir **sem escravos**; no entanto que, no ponto de vista exclusivo da riqueza, far-se-há apenas a fria comparação entre o trabalho livre e o trabalho escravo (GUIMARÃES, 1902, p. 69-70, grifos no original).

Ele arremata este ponto, indicando que optaram pela "fria comparação" Varnhagen e José de Alencar[961]. Amaury Gremaud faz uma boa síntese da argumentação do autor:

> Guimarães crítica as análises feitas pela Economia Política acerca da escravidão. As análises recaem de pronto sobre a questão da produtividade do trabalho escravo, para o autor primeiro deveria se perguntar sobre a escravidão como forma de organização do trabalho e esta forma de organização do trabalho não é moralmente aceita, fere os princípios básicos da liberdade. A pergunta a ser feita não é se o trabalho escravo é mais ou menos produtivo, mas qual a melhor organização do trabalho e a mais produtiva sem escravos (GREMAUD, 1997, p. 44).

---

[961] Em **Cartas de Erasmo** (ALENCAR, 2009).

Vale destacar também que Aprígio aproveitou as páginas de sua obra para criticar vários aspectos do Brasil, principalmente relativos ao ensino jurídico – falta de compêndios, utilização de apostilas, falta de disciplinas (Direito Financeiro e Estatística), falta de uma compilação das leis econômicas brasileiras, etc. Ele se mostrava avesso também ao que identificava ser um Brasil "tão **tradutor**, tão **europeu**, tão pouco **nacionalista**" (GUIMARÃES, 1902, nota 2, p. 92, grifos no original) e dizia "que as doutrinas econômicas ditadas pelas **conveniências europeias** não podem ser proveitosamente aplicadas ao Brasil, sem os descontos reclamados pelas circunstâncias especiais" (GUIMARÃES, 1902, p. 237, grifos no original). Ele já havia dado mostras de descontentamento com nossa "aclimatização de ideais"[962] no discurso de despedida da cadeira em 1875:

> Vai por aí uma Economia Política rasteira e egoísta, uma Economia Política só do dia de hoje, como só do dia de hoje é tudo o que se faz no Brasil: uma Economia Política traduzida do francês e do inglês, sem atenção às peculiaridades do país, com desconhecimento deplorável das leis imprescritíveis, que regem o capital e o trabalho ("Faculdade de Direito", **A Provincia**, Recife, 15 de outubro de 1875, p. 1).

## 7.3. Os programas

No século XIX, todos os programas de Economia Política da Faculdade de Direito do Recife respeitaram a divisão produção, distribuição, circulação e consumo, tal qual preconizado pela escola clássica. Até 1885, os programas de Economia Política podem ser vistos nos índices dos livros que serviram como compêndios (James Mill, 1832; Pedro Autran, 1844 e 1860 e Aprígio Guimarães, 1902). Não obstante, conseguimos localizar alguns programas em periódicos do Recife.

Em 1872, dá-se notícia do programa que Tavares Belfort, então substituto, seguiria:

---

[962] O que também é seguido por Celso Furtado muitos anos depois: "(...) A ciência econômica europeia penetrava através das escolas de direito e tendia a transformar-se em um 'corpo de doutrina', que se aceitava independentemente de qualquer tentativa de confronto com a realidade. Ali onde a realidade se distanciava do mundo ideal da doutrina supunha-se que tinha início a patologia social. Dessa forma passava-se diretamente de uma interpretação idealista da realidade para a política, excluindo qualquer possibilidade de crítica da doutrina em confronto com a realidade" (FURTADO, 2007, p. 229-230).

Em cada um dos quatro ramos da economia política, o distinto orador toca nas principais questões a que ele se prende.

Tratando da produção, menciona seus diferentes modos; e promete, sob todas as relações, analisar o trabalho, o capital, e os agentes naturais.

Na circulação da riqueza, as questões da troca, da preferência dos metais para servir de moeda, as questões de crédito, de câmbio, de bancos, etc. são ainda objeto de exame.

Na distribuição, e consumo da riqueza, propõe-se também o ilustre professor tratar da renda da terra, do [c]rédito e do juro, do salário, das **grèves** etc.; do consumo público e privado, da renda pública, dos impostos, dos empréstimos, etc. ("Um livro de merito", **A Provincia**, Recife, 1 de novembro de 1872, p. 2, grifo no original).

Em 1877, no discurso de encerramento do ano letivo, Aprígio Guimarães repassa o que ensinou, além da definição e método da Economia Política:

> (...) Nos prolegômenos do meu futuro **Compêndio de Economia Politica**, vistes as três grandes seções – Homem, Sociedade, Humanidade.
> Para concluir convosco por uma Filosofia da Economia Política, indaguei a origem da Ciência em geral; estudei a Razão, a Verdade, as duas Realidades (criada e incriada); as duas espécies de Realidade criada (material e espiritual), as quais participa o Homem; o mundo moral e o mundo industrial, com as respectivas ciências; e por último assentei as leis da Liberdade, do Trabalho, da Propriedade, da População, para chegar ao Homem livre, ao Trabalho livre, a Propriedade livre, a Troca livre.
> Para estudar a Sociedade coloquei-me entre o Homem e a Humanidade; e, harmonizando o princípio individual com o coletivo, cheguei ao Homem livre perante o Poder, e ao Poder livre perante o Homem.
> Finalmente, alargando as vistas pelos plainos da Humanidade, estudei o Progresso pela lei da Solidariedade, para concluir – Sociedade livre perante a Humanidade, e Humanidade livre perante Deus ("Faculdade de Direito do Recife – Discurso de encerramento do anno lectivo de 1877 nas cadeiras de economia politica e direito administrativo, pelo Dr. Aprigio Justiniano da Silva Guimarães, lente de Economia Politica", **Jornal do Recife**, Recife, 25 de outubro de 1877, p. 1, grifo no original).

Desta breve explanação, percebe-se a importância da liberdade para Aprígio Guimarães – não a liberdade do escravo, mas a liberdade do homem.

Em 1883, já no ano seguinte ao seu ingresso na FDR, Tobias Barreto foi encarregado de reger a cadeira como substituto. Seu programa[963] era dividido em dez pontos, perpassando a estrutura produção, circulação, distribuição e consumo. O ponto 2 chama a atenção pela vinculação explícita às ideias de Ihering[964]; a questão do trabalho livre não é elencada, mas possivelmente estivesse presente no ponto 3[965], ao tratar das "condições de produtividade".

O programa de Tavares Belfort para 1885 contemplava a nova divisão das cadeiras feita pela Reforma Franco de Sá, que esteve em vigor apenas um ano – isto é, o programa fazia referência à 2ª cadeira do 5º ano (Economia Política, Ciência das Finanças e Contabilidade do Estado). Em relação à primeira, o programa era dividido em cinco partes: introdução, produção, circulação, distribuição da riqueza e consumo e contava com dezesseis pontos. No tocante ao trabalho escravo, ele aparecia na parte de produção, ponto 10, "**Causas da maior produtividade do trabalho**: causas naturais, causas sociais", § 1º: **trabalho livre** (FACULDADE DE DIREITO DO RECIFE, 1885, p. 4). É um indício de que o tema era tratado de forma explícita pelo lente, ainda que, a julgar pela publicação de Tavares Belfort de 1881, ele fosse avesso à abolição sem indenização[966]. Há que se atentar, ainda, para a diferenciação que o lente fazia entre trabalho livre (ponto 10, § 1º) e liberdade do trabalho (ponto 11).

---

[963] Cf. BARRETO, 2013, v. 2, p. 67-69, também em **Diario de Pernambuco**, Recife, 6 de julho de 1883, p. 8. Também há o programa das cadeiras de "Hermenêutica jurídica, processo civil e criminal, incluído o militar, e prática forense" e de "Direito administrativo".

[964] "A ideia de força é o conceito mais vasto que serve para designar a causa de todos os fenômenos da natureza e da sociedade. A economia política, estudando uma ordem de fenômenos sociais, faz também entrar o objeto do seu estudo na categoria da força. Ela e ocupa de uma função da vida social oi melhor, da vida nacional. Relatividade das suas leis, ou das generalizações à que ela chega" (BARRETO, 2013, v. 2, p. 68).

[965] "Divisão da economia política. Dos fatores da produção. O ponto central da ciência econômica é o conceito do trabalho. Só o trabalho é propriamente produtivo. Condições da sua produtividade. Da divisão do trabalho e seu correlativo. Agentes naturais. Capital" (BARRETO, 2013, v. 2, p. 68).

[966] Ver item 7.1.5.

Em 1888, J. J. Seabra apresentou um programa dividido nas cinco partes tradicionais (introdução, produção, circulação, distribuição da riqueza e consumo), com vinte e quatro pontos e a parte relativa ao trabalho livre permanecia a mesma: ponto 8, "**Causas da maior produtividade do trabalho:** causas naturais, causas sociais", § 1º: **trabalho livre** (FACULDADE DE DIREITO DO RECIFE, 1888b, p. 4-5). Tal estrutura manteve-se durante a década seguinte, tal qual ocorreu em São Paulo, com o programa estruturado nas mesmas cinco partes e um ponto dedicado ao trabalho livre (FACULDADE DE DIREITO DO RECIFE, 1892c, 1893c, 1894c, 1898c, 1899c, 1900c). O único ano que destoa é o de 1897, elaborado por José Joaquim de Oliveira Fonseca[967] e que não apresenta o trabalho livre de modo autônomo, ainda que ele pudesse estar incluído no ponto 6, "O trabalho – Causas que influem sobre sua produtividade – Classificação dos trabalhos e das indústrias" (FACULDADE DE DIREITO DO RECIFE, 1897c). Em 1901, J. J. Seabra foi posto em disponibilidade, assumindo a cadeira de Economia Política, Ciência das Finanças e Contabilidade do Estado (4ª cadeira do 4º ano) o referido lente José Joaquim de Oliveira Fonseca – tal como em 1897, o ponto sobre trabalho livre também foi suprimido[968] (FACULDADE DE DIREITO DO RECIFE, 1901b).

Como vimos anteriormente, na década de 1890 também existiu a cadeira de Noções de Economia Política e Direito Administrativo[969], alocada no curso ciências jurídicas; a questão do trabalho livre pode ter sido incluída no ponto que discutia as "causas que podem influir na produtividade do trabalho" (FACULDADE DE DIREITO DO RECIFE, 1891, p. 10; 1893d, p. 4; 1894d, p. 3).

### 7.4. A imprensa acadêmica

Percebemos como os argumentos econômicos contrários à escravidão foram recebidos pelos alunos do Recife através de suas publicações na

---

[967] Catedrático de Ciência das Finanças e Contabilidade do Estado (3ª cadeira do 3º ano), cadeira desmembrada da de Economia Política (4ª cadeira do 2º ano) em 1895.

[968] É possível que a discussão sobre trabalho livre estivesse incluída no ponto 4: "O trabalho. Caracteres gerais. As grandes categorias do trabalho humano. Caracteres diferentes de produtividade das diversas categorias de trabalhos" (FACULDADE DE DIREITO DO RECIFE, 1901b, p. 3).

[969] O catedrático era Antônio Clodoaldo de Souza.

imprensa acadêmica. Havia aqueles que defendiam a superioridade do trabalho escravo sobre o trabalho livre[970], mas eram a minoria.

Ao analisar a liberdade de trabalho, F. V. de Souza examina a questão da escravidão sob o ponto de vista econômico, apontando que, não podendo gozar do fruto de seu trabalho e não recebendo remuneração, faltavam aos escravizados os estímulos necessários. Ao que conclui que "é absolutamente impossível provar-se a utilidade do trabalho forçado economicamente falando" ("Primeiros traços de Economia Política", **O Clarim Litterario**, agosto de 1856, v. 1, n. 14, série 2ª, p. 2). Ribeiro da Cunha, por sua vez, acreditava que o trabalho escravo na agricultura e nas artes poderia ser lucrativo, mas não nos serviços domésticos. Mesmo assim, nas duas primeiras

> (...) a soma empregada, a despesa que se faz com o seu sustento e conservação, tudo isso faz com que o escravo por mais laborioso que seja, não dê a seu possuidor lucros equivalentes àqueles, que auferiria se empregasse essa soma em um negócio seguro e vantajoso, cujo interesse daria sem dúvida para pagar ao trabalhador livre o seu trabalho, por maior que fosse o seu salário. Se o salário é um ônus para aquele que necessita de braços, não o é menos e muito mais pesado o sustento que se dá ao escravo, sustento que se presta quando ele se acha doente, ou ainda quando por qualquer eventualidade não pode trabalhar – a menos que o senhor não seja um homem bárbaro. (...) ("Estudo político – A escravidão", **O Atheneu Pernambucano**, Recife, agosto de 1856, v. 1, n. 2, p. 57).

Ele conclui dizendo que "assim a escravidão é mais prejudicial que a paga por mais elevada que seja dada ao obreiro livre" ("Estudo político – A escravidão", **O Atheneu Pernambucano**, Recife, agosto de 1856, v. 1, n. 2, p. 57).

**7.5. Síntese: "havendo falta de braços, a escravidão é uma necessidade"**
Inicialmente, Pedro Autran regia a cadeira como substituto e resolveu adotar o manual de James Mill, o qual traduziu para o português. Este

---

[970] Por exemplo, Manoel Neto C. de Souza Bandeira, "A escravidão justificada", **O Ensaio Philosophico Pernambucano**, Recife, agosto de 1859, anno II, n. 5, p. 93-96. Infelizmente não foi possível localizar a edição seguinte, na qual ele expõe sua argumentação.

livro, contudo, não abordou a diferença entre trabalho livre e trabalho escravo, fazendo menção à escravidão apenas quando discutia capital, dentro de produção; mesmo assim, o autor não fazia qualquer juízo de valor sobre o elemento servil.

Autran viria a publicar um trabalho próprio sobre a disciplina em 1844 e seguia à risca os ensinamentos dos economistas clássicos. Entretanto, um fato curioso é que não há nenhuma menção ao trabalho escravo ou à escravidão, fato este que se repetiria uma década mais tarde quando Trigo de Loureiro publicou seu manual. O silêncio em torno do tema, contudo, era proposital, vez que tratava-se de tópico delicado e que era preferível não abordar em sala de aula.

Em 1859, Autran publicou nova obra que foi adotada como manual oficial e desta vez enfrentava o tema, sustentando que "o trabalho imposto à força não pode ser tão fecundo como o trabalho livre"[971]. Contudo, para o lente, a escravidão era um "mal necessário", pois de um lado podia ser mais lucrativo e, de outro, em um país novo como o Brasil, "havendo falta de braços, a escravidão é uma necessidade"[972].

No mais, Aprígio Guimarães, em obra redigida em 1876, mas que só foi publicada postumamente, tece críticas às "frias" análises da Economia Política sobre a escravidão, entendendo que, sendo moralmente repreensível, melhor seria organizar a produção sem escravos.

---

[971] Cf. ALBUQUERQUE, 1860, p. 84.
[972] Cf. ALBUQUERQUE, 1860, p. 87.

# CONCLUSÕES

As Faculdades de Direito exerceram um papel muito importante no século XIX, pois foram as responsáveis pela socialização e pela formação intelectual da elite política que esteve à frente das principais funções de Estado, principalmente a partir do Segundo Reinado. Criados à imagem e semelhança da Universidade de Coimbra, os cursos jurídicos brasileiros sofreram de início forte influência portuguesa, desde a concepção do currículo – que seguia de perto o currículo imaginado pela reforma de 1772 – até a adoção dos compêndios (de autores portugueses e estrangeiros, a depender da disciplina), passando pelos costumes acadêmicos, as vestes e até mesmo as gírias que utilizavam. Não obstante, com o tempo tanto o curso do Sul em São Paulo quanto o curso do Norte em Olinda (e posteriormente Recife) acabaram por diferenciar-se, adquirindo características próprias. Em termos de organização e currículo, o ensino jurídico permaneceu inalterado em todo o período, mesmo com a realização (ou tentativa de realização) de reformas. Isto se refletia na vida acadêmica, cujos traços definidores eram provisoriedade, expectativa de melhorias e frustração: professores mal preparados, com aulas maçantes e soporíferas, eram a causa e a consequência de alunos desinteressados, que ficavam na expectativa de obter o diploma de bacharel e galgar posições cada vez maiores e melhores, posições estas que eram facilitadas pelo *ethos* que adquiriam ao longo dos cinco anos em que frequentavam a Academia de Direito e pelo status que adquiriam após a formatura.

Ao longo de seus estudos, os alunos passavam por diferentes disciplinas e eram apresentados a várias teorias e conceitos jurídicos. Mas tão logo o sinal tocava, eles saíam dos edifícios e tomavam contato com a realidade das ruas e, com ela, o principal fenômeno do Brasil oitocentista: a escravidão. E, enquanto fato existente de Norte a Sul do país, os bacharelandos eram obrigados a lidar com a realidade, quisessem ou não. Enquanto base da estrutura econômica brasileira, a questão do braço escravo era de suma importância, pois dela dependia o futuro de nossa agricultura e, com isso, o futuro do país.

É certo que o tema perpassava por quase todos os ramos do Direito estudados em São Paulo e em Olinda/Recife – por exemplo, a compra e venda do escravo (Direito Civil), as formas de manumissão (Direito Romano), o tráfico transatlântico (Direito das Gentes e Direito Marítimo), os crimes de insurreição (Direito Criminal), entre outros. E o tema também aparece em disciplinas que possuíam um viés teórico: o Direito Natural e a Economia Política.

Ambas adquiriram papel de destaque na Europa do século XVIII, pois enquadravam a organização do mundo dentro de uma ordem natural, tanto do ponto de vista político-jurídico quanto econômico.

O Direito Natural pertencia a uma tradição de longa duração que remetia aos filósofos pré-socráticos. Contudo, tal legado jusfilosófico sofreu uma ressignificação na Era Moderna, principalmente com a chegada dos europeus à América. A partir do século XV e a questão dos povos indígenas, foi necessário que os pensadores elaborassem um novo aparato teórico-conceitual apto a dar conta dos problemas inéditos que enfrentavam no Novo Mundo. Além disso, sob o influxo de novo ideário humanista do século XVI e iluminista do século XVIII, os autores jusracionalistas voltaram-se à ideia de Direito Natural e de direitos naturais que, conhecidos e reconhecidos por meio da razão universal, estariam aptos a justificar e ordenar essa nova ordem.

Ainda que tenha demorado a chegar a Portugal, em especial pela forte censura que os jesuítas impunham ao país, as reformas levadas a cabo pelo Marquês de Pombal se propuseram a modernizar juridicamente o Império Português, sendo de se destacar a Lei da Boa Razão de 1769 e a Reforma dos Estatutos da Universidade de Coimbra de 1772, que tiveram respaldo nas ideias jusracionalistas e impulsionaram sua utilização e seu estudo pelos juristas portugueses. A geração formada sob a égide de tais reformas viria a constituir a elite política responsável pela independência do Brasil, bem como pela criação dos cursos jurídicos em São Paulo e em Olinda.

## CONCLUSÕES

O Direito Natural era a disciplina que pretendia fornecer os conceitos jurídico-filosóficos mais básicos aos estudantes. Dentre eles, destacava-se a liberdade, intrínseca ao Direito de uma sociedade liberal. Em São Paulo e em Olinda/Recife a liberdade era entendida em seu sentido mais amplo e, por isso, a escravidão era concebida como uma violação ao Direito Natural. Tal concepção foi compartilhada por autores estrangeiros (de início Martini, Zeiller e Perreau e, depois, Ferrer) e mantida pelos autores brasileiros que escreveram sobre o tema (Avellar Brotero, João Theodoro, Sá e Benevides, Moura Magalhães, Pedro Autran e João Silveira de Souza). Em todos os manuais utilizados ao longo do século XIX reconhecia-se tal violação, apontando-se como a escravidão era um mal, uma afronta aos direitos inatos e primigênios, e uma contradição com o próprio conceito de Direito.

A Economia Política surgiu em um mundo modificado pela Revolução Industrial, em que os homens tinham que buscar soluções para os novos problemas econômicos que surgiam. Inserido como estava no sistema capitalista (ainda que em sua periferia), o Brasil também recepcionou esta nova ciência, principalmente através da atuação do Visconde de Cairu. Os letrados brasileiros logo passaram a compartilhar de seu entusiasmo e desde os primeiros debates parlamentares a Economia Política foi incluída no currículo dos cursos jurídicos, como cadeira autônoma. Entendida como a disciplina que pretendia fornecer os conceitos econômicos mais básicos aos estudantes, seu ensino nas Academias de Direito teve como causa menos sua relação e influência com o Direito e mais a possibilidade de os formados aplicarem-na quando atuassem como "homens de Estado".

Como a principal atividade econômica era a agricultura, o trabalho escravo era o principal sustentáculo da produção nacional. Contudo, ele era uma questão incômoda para os economistas: desde cedo se entendeu que, em termos de produtividade, ele era inferior ao trabalho livre assalariado. A este argumento de cunho econômico viriam somar-se outros de ordem filosófica, moral e humanitária, de modo que a partir meados do século XIX a elite brasileira sabia que o trabalho servil iria cessar, só não sabia quando (e esperavam que fosse o mais tarde possível). A pressão interna e externa – mormente dos ingleses – para que cessasse o tráfico e fosse abolida a escravidão no país era sentida pelos professores responsáveis por lecionar Economia Política nas Faculdades de Direito.

Ao contrário do que ocorreu com o Direito Natural, na cadeira de Economia Política a atitude frente à escravidão variou de acordo com o autor utilizado, ainda que todos acompanhassem – explícita ou implicitamente – os economistas liberais clássicos que, em teoria, condenavam o trabalho escravo por ser menos produtivo que o trabalho livre. Em São Paulo, Say e Cossa partilhavam dessa opinião, mas Macleod não se pronunciava sobre o tema, haja vista não ser uma preocupação para quem escrevia na Inglaterra, cuja sociedade industrializada tinha que lidar com outras questões. Em Olinda/Recife, o também inglês James Mill utilizava o trabalho escravo apenas como exemplo e também silenciava sobre as vantagens e desvantagens de sua utilização, no que foi seguido de perto pelo primeiro compêndio da disciplina publicado por Autran em 1844 e pelo manual de Trigo de Loureiro de 1854. Apenas em 1859 é que Autran tratou do tema às claras, mas o faz de modo ambíguo e pragmático: se do ponto de vista da produtividade o trabalho escravo era inferior, em um país que necessitava de braços para a lavoura – como era o caso do Brasil – a escravidão era uma necessidade e cessaria naturalmente assim que o número de trabalhadores livres crescesse. No mais, Aprígio, cujo compêndio foi publicado postumamente, assumia posição diversa e se contrapunha à escravidão, sequer considerando-a como um regime de trabalho, pois era moralmente indefensável.

Como se percebe, há um descompasso entre a teoria e a prática nas Faculdades de Direito do século XIX no que concerne à escravidão nas duas cadeiras aqui analisadas. Do ponto de vista teórico, os lentes, em sua maioria, se posicionavam contrariamente a ela, invocando argumentos de cunho político, moral, jurídico e econômico. O cativeiro era condenado desde a efetiva implantação dos cursos jurídicos em 1828. Até sua abolição em 1888, os professores que o defendiam com argumentos pragmáticos eram a minoria. O discurso pró-liberdade foi incorporado pelos alunos, que, nos momentos que se pronunciavam sobre o tema – na imprensa acadêmica, em suas dissertações e nas defesas de tese de doutoramento –, também defendiam o término do "elemento servil", o que se tornou mais frequente conforme o movimento abolicionista foi se fortalecendo a partir da década de 1860.

Do ponto de vista prático, contudo, a história era diferente. Em sua vida privada, alunos e professores possuíam escravizados – o caso mais emblemático é talvez o de Brotero, que em seu compêndio de 1829

## CONCLUSÕES

afirmava categoricamente que "a escravidão é o maior de todos os males", mas possuiu uma significativa escravaria em casa até seu falecimento em 1873. Os discentes, por sua vez, também dispunham do trabalho escravo em sua vida doméstica, com cativos que os acompanhavam ao longo dos cinco anos do curso. Na vida pública, nos diversos cargos que ocupavam, eles também apresentavam uma atitude dissonante, pois, ainda que houvessem aprendido e mesmo defendido posições emancipacionistas nos tempos estudantis, quando ocupavam cargos na burocracia estatal, como magistrados, parlamentares, etc., estudantes e professores no mais das vezes encampavam uma posição pragmática, i. e., reconheciam os malefícios do regime servil, mas faziam concessões em função do que ele representava para a economia nacional.

Tal divergência entre teoria e prática deve ser entendida dentro do contexto de sociedade liberal oitocentista que os agentes históricos viviam. A ideologia liberal era um campo em disputa e, por isso, determinados conceitos – como "liberdade", "autonomia" e "direitos naturais" – podiam ser (e de fato eram) utilizados para atacar e para defender a escravização de seres humanos. Para além da discussão de se as ideias estavam ou não fora do lugar, certo é que foram recepcionadas e acomodadas pela elite política imperial, elite esta que provinha em grande parte das Faculdades de Direito. Portanto, podemos afirmar que o repertório teórico de Direito Natural e de Economia Política serviu para a justificação da escravidão no Brasil.

Além disso, a questão da "ideologia oficial" transmitida pelos cursos jurídicos também deve ser matizada. Por um lado, o Governo, ao que tudo indica, exercia o controle direto sobre os manuais utilizados, em especial para certificar-se de que não havia doutrinas subversivas. Por outro lado, esses mesmos manuais, aprovados pelo Poder Central e pelas Congregações, apresentavam teorias que iam de encontro ao que a Coroa defendia, e a escravidão é talvez o exemplo por excelência: enquanto o monarca optava pelo silêncio, a maioria dos professores de Direito ensinavam que o "elemento servil" era contrário aos direitos naturais e à economia do país.

Antes de finalizarmos, devemos estabelecer algumas limitações ao presente trabalho. Nossas conclusões poderiam ser mais desenvolvidas se se analisassem outras cadeiras que compunham o currículo dos cursos jurídicos, em especial a de Direito Civil e a de Direito Romano.

A opção pela análise dos manuais adotados pelos catedráticos, ainda que justificada, pode deixar de lado outros aspectos do ensino jurídico – por exemplo, é sabido que os alunos liam outros autores e faziam uso de outros manuais em seus estudos. Além disso, existe uma limitação intrínseca que também decorre das fontes por nós utilizadas que é saber como as ideias de tais manuais repercutiam nas diferentes arenas de disputa jurídica, em especial no Foro e no Parlamento. E tais ideias também eram apropriadas e utilizadas pelos escravizados, um aspecto que também não pode ser desenvolvido no presente trabalho, por delimitação do objeto e de tempo.

Os estudos sobre a relação entre Faculdades de Direito e Escravidão são ainda incipientes no Brasil, sendo uma agenda de pesquisa que nos próximos anos tende a ocupar cada vez mais espaço. Outros caminhos são possíveis – por exemplo, um escrutínio mais apurado sobre a vida dos professores, mediante análise de seus inventários e de processos em que atuaram, pode revelar-nos qual a relação que eles possuíam com escravizados, e a análise detalhada da vida cotidiana dos alunos (e não apenas dos "grandes vultos") também tem o potencial de nos apresentar aspectos dessa história até hoje desconhecida.

# REFERÊNCIAS

## 1. Obras de referência

ABRANCHES, Dunshee de. **Governos e Congressos da Republica dos Estados Unidos do Brazil**. São Paulo: [s. n.], 1918.

AIDAR, Bruno; LOPES, José Reinaldo de Lima; SLEMIAN, Andréa (org.). **Dicionário histórico de conceitos jurídico-econômicos (Brasil, séculos XVIII-XIX)**. São Paulo: Alameda, 2020.

ARABEYRE, Patrick; HALPÉRIN, Jean-Louis; KRYNEN, Jacques (ed.). **Dictionnaire historique des juristes français**: XIIe-XXe siècle. Paris: Presses Universitaires de France, 2008.

BARRETO, Cynthia Maria Freitas *et al*. **Assembleia Legislativa de Pernambuco 180 anos: uma visão histórica de Pernambuco sob o olhar do legislativo estadual (1835-2015)**. Recife, PE: ADF Editora, 2015.

BLAKE, Augusto Victorino Alves Sacramento. **Diccionario bibliographico brazileiro**. Rio de Janeiro: Typographia Nacional, 1883-1902. 7 v.

BRASIL. **Noticia dos senadores do Imperio do Brazil desde 1826; de ocorrencias concernentes ás respectivas eleições; e dos presidentes e vice-presidentes do Senado desde 1826. Das regencias e dos regentes do imperio dos ministros e secretarios de estado desde 1822. Dos conselheiros de estado de 1823 a 1834, e de 1841 em diante**. Rio de Janeiro: Imprensa Nacional, 1886.

BRASIL. Congresso Nacional. Câmara dos Deputados. **Organisações e programmas ministeriaes desde 1822 a 1889**. Rio de Janeiro: Imprensa Nacional, 1889b.

CENTRO DE DOCUMENTAÇÃO DO PENSAMENTO BRASILEIRO. **Dicionário biobibliográfico de autores brasileiros**. Salvador: CDPB; Brasília: Senado Federal: [s. d.].

COSTA, Francisco Augusto Pereira da. **Diccionario biographico de pernambucanos celebres**. Recife: Typ. Universal, 1882. Disponível em: https://www2.senado.leg.br/bdsf/item/id/221687. Acesso em: 25 mar. 2020.

GUARANÁ, Armindo. **Diccionario bio-bibliographico sergipano**. Rio de Janeiro: Paulo Pongetti, 1925.

KATZ, Stanley Nider (ed.). **The Oxford international encyclopedia of legal history**. Oxford, UK: Oxford University Press, 2009.

LOUREIRO, José Pinto (org.). **Jurisconsultos portugueses do século XIX**. Lisboa: Conselho Geral da Ordem dos Advogados, 1947-1960. 2 v.

MOURA, Clóvis. **Dicionário da Escravidão Negra no Brasil**. São Paulo: Editora da Universidade de São Paulo, 2013.

NOGUEIRA, Octaciano; FIRMO, João Sereno. **Parlamentares do Império**. Brasília: Centro Gráfico do Senado Federal, 1973. v. 1. Disponível em: http://bd.camara.gov.br/bd/handle/bdcamara/36461. Acesso em: 15 dez. 2019.

SISSON, S. A. **Galeria dos brasileiros ilustres (os contemporaneos)**. Rio de Janeiro: Lithographia de S. A. Sisson, 1861.

STOLLEIS, Michael. **Juristen**: ein biographisches Lexikon: von der Antike bis zum 20. Jahrhundert. München: C. H. Beck, 2001.

STUDART, Guilherme. **Diccionario bio-bibliographico cearense**. Fortaleza: Typo-lithographia a vapor, 1910-1915. 3 v.

## 2. Fontes primárias

(**AAC**) **ANAIS da Assembleia Constituinte, 1823** (digitalizado). Disponível em: https://www2.camara.leg.br/a-camara/documentos-e-pesquisa/diariosdacamara. Acesso em: 25 fev. 2020.

(**ACD**) **ANAIS da Câmara dos Deputados, 1826-1889** (digitalizados). Disponível em: https://www2.camara.leg.br/a-camara/documentos-e-pesquisa/diariosdacamara. Acesso em: 25 fev. 2020.

(**AS**) **ANAIS do Senado, 1823-1888** (digitalizados). Disponível em: https://www.senado.leg.br/publicacoes/anais/asp/IP_AnaisImperio_digitalizados.asp. Acesso em: 25 fev. 2020.

A **CAMELEIDA ou A Congregação dos Lentes de Olinda**: poèma heroi-comico-satyrico. Obra posthuma do Dalai-Lama do Japão. S. Paulo: Typographia Imparcial de Silva e C.ª, 1839. Disponível em: https://digital.bbm.usp.br/handle/bbm/7107. Acesso em: 01 mar. 2021.

AGUIAR, João José Ferreira de. **Memoria Historica do anno de 1870 pelo Dr. João José Ferreira de Aguiar**. Recife: [s. n.], 1871. Disponível em: https://www.repositorio.ufpe.br/handle/123456789/31977. Acesso em: 15 dez. 2019.

# REFERÊNCIAS

ALBUQUERQUE, Pierre [Pedro] Autran da Matta. **Thèse pour obtenir le grade de Docteur**. Aix: Imprimerie de Pontier Fils Ainé, 1827.

ALBUQUERQUE, Pedro Autran da Matta. **Elementos de direito natural privado**. Pernambuco: Typ. Imparcial, 1848.

ALBUQUERQUE, Pedro Autran da Matta. **[Correspondência]**. Destinatário: Visconde de Monte Alegre. Recife, 15 mar. 1849. 1 carta, 1 p. Cópia datilografada do AFDR, o original se encontra no Arquivo Nacional.

ALBUQUERQUE, Pedro Autran da Matta. **Prelecções de economia politica**. Recife: Typographia Brasileira, 1859a.

ALBUQUERQUE, Pedro Autran da Matta. **Tratado de economia politica**. Recife: Typographia Universal, 1859b.

ALBUQUERQUE, Pedro Autran da Matta. **Prelecções de economia politica**. 2. ed. Pernambuco: B.-L. Garnier, 1860.

ALBUQUERQUE, Pedro Autran da Matta. **[Correspondência]**. Destinatário: José Antonio Saraiva. Recife, 1 jun. 1861a. 1 carta, 1 p. Cópia datilografada do Arquivo da Faculdade de Direito do Recife, o original se encontra no Arquivo Nacional.

ALBUQUERQUE, Pedro Autran da Matta. **[Correspondência]**. Destinatário: José Ildefonso de Souza Ramos. Recife, 23 ago. 1861b. 1 carta, 1 p. Cópia datilografada do Arquivo da Faculdade de Direito do Recife, o original se encontra no Arquivo Nacional.

ALBUQUERQUE, Pedro Autran da Matta. **Manual de economia politica para uso dos alumnos do Instituto Commercial do Rio de Janeiro**. Rio de Janeiro: Typographia Cinco de Março, 1873.

ALBUQUERQUE, Pedro Autran da Matta. **Manual de economia politica**. 2. ed. Rio de Janeiro: B. L. Garnier, 1880.

ALBUQUERQUE, Pedro Autran da Matta. **Philosophia do direito privado para uso das Faculdades de Direito, das Escolas Normaes e de todos os que quizerem ter noções do Direito privado geral**. Rio de Janeiro: H. Laemmert & C., 1881.

ALBUQUERQUE, Pedro Autran da Matta. **Elementos de direito natural privado**. Pernambuco: Livraria e Papelaria Parisiense, 1883.

ALENCAR, José de. CARVALHO, José Murilo de (org.). **Cartas de Erasmo**. Rio de Janeiro: ABL, 2009. (Coleção Afrânio Peixoto; v. 90). Disponível em: https://www.academia.org.br/publicacoes/cartas-de-erasmo. Acesso em: 27 fev. 2021.

ALMEIDA, Cândido Mendes de. **Direito civil ecclesiastico brazileiro antigo e moderno em suas relações com o direito canonico**. Rio de Janeiro: B. L. Garnier Livreiro Editor, 1866-1873.

AMARAL, Manoel Maria do. **Fala com que abrio a Assembléa Legislativa da Bahia o vice-presidente da Provincia, Conselheiro Manoel Maria do Amaral no dia 1. de março de 1864**. Bahia: Typ. Poggetti-De Tourinho, Dias & C.ª, 1864.

AMARANTO, Tarquinio Braulio de Souza. **Memoria Historico-Academica do anno de 1868 lida perante a Congregação pelo Dr. Tarquinio Braulio de Souza Amaranto, Lente substituto**. Recife: [S.n], 1869. Disponível em: https://www.repositorio.ufpe.br/handle/123456789/31975. Acesso em: 15 dez. 2019.

ANDRADA, Martim Francisco Ribeiro de. **Memoria que em cumprimento do art. 164 dos Estatutos apresentou no anno de 1857 á Faculdade de Direito de S. Paulo o doutor Martim Francisco Ribeiro de Andrada**. S. Paulo: Typographia Litteraria, 1857.

ANDRADE, João Jacintho Gonçalves de. **Memoria historica do anno de 1870 pelo Conego João Jacintho Gonçalves de Andrade**. S. Paulo: [s. n.], 1871.

ARAUJO, João Vieira de. **Memoria Historico-Academica do anno de 1879, lida em sessão da Congregação de 28 de Fevereiro de 1880 pelo Dr. João Vieira de Araujo, Lente substituto**. Recife: [s. n.], 1880. Disponível em: https://www.repositorio.ufpe.br/handle/123456789/31985. Acesso em: 15 dez. 2019.

ARAUJO, Joaquim Corrêa de. **Memoria Historica Academica de 1877 pelo Dr. Joaquim Corrêa de Araujo**. Recife: [s. n.], 1878. Disponível em: https://www.repositorio.ufpe.br/handle/123456789/31983. Acesso em: 15 dez. 2019.

BANDEIRA FILHO, A. H. de S. "O estudo do direito entre nós". **O Direito – Revista Mensal de Legislação, Doutrina e Jurisprudência**. 17º volume, anno VI, Rio de Janeiro, Typ. do Direito, setembro a dezembro de 1878, p. 5-11.

BARBOSA, Ruy. **Reforma do ensino secundario e superior**: parecer e projecto (relativo ao decreto n. 7247 de 19 de abril de 1879) apresentado em sessão de 13 de abril de 1882. Rio de Janeiro: Typographia Nacional, 1882. Disponível em: http://www2.senado.leg.br/bdsf/item/id/242371. Acesso em 13 mar. 2020.

BARRETO, Tobias. **Estudos de direito**. Rio de Janeiro: Laemmert & C., 1892.

BARRETTO, Tobias. **Obras Completas**. V. II – Estudos de Direito (Volume II). Sergipe: Edição do Estado de Sergipe; Rio de Janeiro: Paulo, Pongetti e C., 1926.

BARRETO, Tobias. BARRETO, Luiz Antonio (Org). **Obras completas**. Rio de Janeiro/Aracaju: J. E. Solomon/Diário Oficial, 2013. 10 v.

BELFORT, José Joaquim Tavares. **[Correspondência]**. Destinatário: Vice-Diretor da Faculdade de Direito do Recife [Pedro Autran da Matta Albuquerque]. Recife, 21 junho de 1871a. 1 carta, 1 p. Cópia datilografada do AFDR, o original se encontra no Arquivo Nacional.

BELFORT, José Joaquim Tavares. **Theses e dissertação apresentadas á Faculdade de Direito do Recife para o concurso que deve ter lugar em Outubro de 1871 por José Joaquim Tavares Belfort, Doutor em Sciencias Juridicas e Sociais pela mesma Faculdade e Bacharel em Bellas Lettras pelo Imperial Collegio de Pedro II**. Pernambuco: Typ. Mercantil de Carlso Eduardo Muhlert & C.a, 1871b.

BELFORT, José Joaquim Tavares. **Apreciação do projecto de creação de uma universidade e de um plano de estudos e estatutos para as Faculdades de**

# REFERÊNCIAS

Direito formulado pelo actual Ministro do Imperio Conselheiro João Alfredo Correia de Oliveira – Parecer apresentado pelo membro da commisão para esse fim eleita pela Faculdade de Direito do Recife, Dr. J. J. Tavares Belfort. Pernambuco: Typographia Mercantil, 1873.

BELFORT, [José] Joaquim Tavares. **Memoria Historica Academica do anno de 1873 apresentada em sessão da Congregação aos 2 de Maio de 1874 pelo Dr. Joaquim Tavares Belfort, Lente substituto da mesma Faculdade.** Recife: [s. n.], 1874. Disponível em: https://www.repositorio.ufpe.br/handle/123456789/31979. Acesso em: 15 dez. 2019.

BELFORT, José Joaquim Tavares. **Discursos parlamentares do Doutor José Joaquim Tavares Belfort.** Rio de Janeiro: Typ. do Paiz, 1881. Disponível em: https://hdl.handle.net/2027/iau.31858059386874. Acesso em: 09 jan. 2021.

BENEVIDES, José Maria Corrêa de Sá e. **Dissertação que por occasião da defesa das theses na conformidade dos arts. 83 dos Estatutos e 79 do Regulamento da Faculdade de Direito de S. Paulo, apresentou José Maria Corrêa de Sá e Benevides, Bacharel Formado em Sciencias Sociaes e Juridicas.** S. Paulo: Typ. Imparcial, de J. R. de A. Marques, 1858.

BENEVIDES, José Maria Corrêa de Sá e. **Memoria apresentada á Congregação da Faculdade de Direito de S. Paulo no anno de 1866 em cumprimento do art. 164 dos Estatutos das Faculdades de Direito pelo Dr. José Maria Corrêa de Sá e Benevides.** S. Paulo: [s. n.], 1866.

BENEVIDES, José Maria Corrêa de Sá e. **Direito romano.** São Paulo: Imp. Litt. de Jules Martin, 1877.

BENEVIDES, José Maria Corrêa de Sá e. **Lições de Direito Natural.** [S. l.]: [s. n.], 1880. Biblioteca da Faculdade de Direito da Universidade de São Paulo, Brasil. Manuscrito, não publicado.

BENEVIDES, José Maria Corrêa de Sá e. Resposta do Dr. José Maria Corrêa de Sá e Benevides á commisão de instrucção publica da camara dos Srs. deputados, e a que se refere o Sr. deputado Ruy Barbosa no discurso pronunciado a 20 de Outubro do corrente. *In:* BRAZIL. Parlamento. Câmara dos Deputados. **Annaes do Parlamento Brazileiro**: Câmara dos Srs. Deputados, segundo anno da decima oitava legislatura, sessão de 1882 (prorrogação). V. 5. Rio de Janeiro: Typographia do Imperial Instituto Artistico, 1882, p. 1-13. Anexo F.

BENEVIDES, José Maria Corrêa de Sá e. **Elementos da philosophia do direito privado.** S. Paulo: Typ. União Largo de S. Francisco, 1884a.

BENEVIDES, [José Maria Corrêa de] Sá e. **Apontamentos de direito natural.** S.l: s.n., 1884b.

BENEVIDES, José Maria Corrêa de Sá e. O espirito das sociedades. **Revista da Faculdade de Direito de São Paulo**, v. 25, p. 237-245, 1929.

BRASIL. Congresso Nacional. **Discussão da reforma do estado servil na Camara dos Deputados e no Senado**. Rio de Janeiro: Typographia Nacional, 1871. 2 v.

BRASIL. Congresso Nacional. Câmara dos Deputados. **Extincção da escravidão no Brazil (Lei n. 3353 de 13 de maio de 1888)**: discussão na Câmara dos Deputados e no Senado desde da apresentação da proposta do governo até sua sancção – telegrammas, officios e representações congratulatorias pela promulgação da lei. Rio de Janeiro: Imprensa Nacional, 1889a. Disponível em: https://bd.camara.leg.br/bd/handle/bdcamara/6964. Acesso em: 03 fev. 2021.

BRASIL. Congresso Nacional. Câmara dos Deputados. Centro de Documentação e Informação. **Criação dos cursos jurídicos no Brasil**. Brasília: Fundação Casa de Rui Barbosa, 1977 (Documentos parlamentares, 122).

BRASIL. Conselho de Estado. **Acta da conferencia das secções reunidas dos negocios da fazenda, justiça e imperio do conselho de estado em 25 de junho de 1884 e mais os pareceres dos conselheiros de estado Teixeira Junior, Visconde de Muritiba e Visconde do Bom Retiro**. Rio de Janeiro: Typographia Nacional, 1884. Disponível em: http://www2.senado.leg.br/bdsf/handle/id/222308. Acesso em: 03 ago. 2022.

BROTERO, José Maria Avellar. **Principios de direito natural**. Rio de Janeiro: Typografia Imperial e Nacional, 1829.

BUENO, C. M. Galvão. **Noções de philosophia accommodadas ao systema de Krause e extrahidas das obras philosophicas de G. Tiberghien e Ahrens**. S. Paulo: Typ. de Jorge Seckler, 1877.

CACHOEIRA, Visconde da. Projecto de regulamento ou estatutos para o Curso Juridico creado pelo Decreto de 9 de Janeiro de 1825, organizado pelo Conselheiro de Estado Visconde da Cachoeira, e mandado observar provisoriamente nos Cursos Jurídicos de S. Paulo e Olintda pelo art. 10 desta lei. *In:* BRASIL. **Colecção das Leis do Imperio do Brazil de 1827**. Parte Primeira. Rio de Janeiro: Typographia Nacional, 1878, p. 7-39.

CAIRU, José da Silva Lisboa, Visconde de. **Estudos do bem-commum e economia politica; ou, Sciencia das leis naturaes e civis de animar e dirigir a geral industria: e promover a riqueza nacional, e prosperidade do estado**. Rio de Janeiro: Impressão Régia, 1819-20.

CAIRU, José da Silva Lisboa, Visconde de. **Leituras de economia política ou direito economico**. Rio de Janeiro: Typographia Plancher-Steignot, 1827.

CAMARA, Euzebio de Queiroz Coutinho Mattozo da. **[Correspondência]**. Destinatário: Pedro Autran da Matta e Albuquerque. Olinda, 27 abr. 1829. 1 carta, 2 p. Na p. 2 há uma certidão. Cópia datilografada do AFDR, o original se encontra no Arquivo Nacional.

CAMARAGIBE, Barão de. **[Correspondência]**. Destinatário: João de Almeida Pereira. [S. l.], dez. 1859. 1 carta, 2 p. Cópia datilografada do Arquivo da Faculdade de Direito do Recife, o original se encontra no Arquivo Nacional.

CAMARAGIBE, Visconde de. **[Correspondência]**. Destinatário: Paulino José Soares de Souza. Recife, 08 abr. 1870. 1 carta, 1 p. Cópia datilografada do Arquivo da Faculdade de Direito do Recife, o original se encontra no Arquivo Nacional.

CAMARGO, Joaquim Augusto de. **Memoria historica academica**. S. Paulo: [s. n.], 1877.

CAMARGO, Joaquim Augusto de. **Memoria historica academica de 1877**. S. Paulo: [s. n.], 1878.

CARVALHO, Carlos Leoncio da Silva. **Memoria historica do anno de 1871 pelo Dr. Carlos Leoncio da Silva Carvalho, Lente Substituto**. S. Paulo: [s. n.], 1872.

CARVALHO, [Carlos] Leoncio [da Silva] de. **Memoria historica de 1873 pelo Dr. Leoncio de Carvalho, Lente Substituto**. S. Paulo: [s. n.], 1874.

CARVALHO, Carlos Leoncio de. **Relatorio apresentado á Assembléa Geral legislativa na segunda sessão da decima setima legislatura pelo Ministro e Secretario de Estado dos Negociod do Imperio, Conselheiro Carlos Leoncio de Carvalho**. Rio de Janeiro: Typographia Nacional, 1879.

CARVALHO, Joaquim José Vieira de. **Theses e dissertação que, para obter o grão de doutor, defendeu perante a Faculdade de Direito de S. Paulo**. S. Paulo: [s. n.], 1863.

CARVALHO, Joaquim José Vieira de. **Memoria historica academica do anno de 1874 apresentada em sessão da Congregação de 1 de março de 1875 pelo Dr. Joaquim José Vieira de Carvalho, Lente substituto da mesma Faculdade**. S. Paulo: [s. n.], 1875.

CASTRO, Olegario Herculano d'Aquino e. Biographia dos Brasileiros Illustres por Armas, Letras, Virtudes, etc. – O Conselheiro Manoel Joaquim do Amaral Gurgel: elogio historico e noticia dos successos politicos que precederam e seguiram-se á proclamação da independencia na provincia de S. Paulo, pelo Dr. Olegario Herculano d'Aquino e Castro". **Revista Trimestral do Instituto Historico Geographico e Ethnographico do Brasil**, t. XLI, parte segunda, 1878, p. 237-364.

CICCONE, Antonio. **Principj di economia politica**. 3a ed. Napoli: Jovene, 1882. 3 v.

COELHO, Antonio José. **[Correspondência]**. Destinatário: José Ignacio Borges. Olinda, 2 abr. 1836. 1 carta, 1 p. Cópia datilografada do AFDR, o original se encontra no Arquivo Nacional.

COSSA, Luigi. **Primeiros elementos de economia politica**. Tradução de Carlos Soares Guimarães. Rio de Janeiro: Laemmert, 1888.

D'ANDRADE, Francisco Justino Gonçalves. **Memoria historico-academica apresentada á Faculdade de Direito de S. Paulo no anno de 1862 pelo Dr. Francisco Justino Gonçalves D'Andrade**. S. Paulo: [s. n.], 1862.

DELAVAU, Guy; FRANCHET, François. **Le Livre Noire de messieurs Delavau et Franchet, ou répertoire alphabétique de la police politique sous le Ministère Déplorable**. T. 1. Paris: Moutadier, 1829. Disponível em: https://gallica.bnf.fr/ark:/12148/bpt6k65101676. Acesso em: 01 mar. 2021.

DRUMMOND, Antonio de Vasconcellos Menezes de. **Memoria Historica Academica apresentada á Congregação dos Lentes da Faculdade de Direito do Recife na sessão de 15 de Março de 1864 pelo Dr. Antonio de Vasconcellos Menezes de Drummond, Lente substituto da mesma Faculdade**. Pernambuco: Typographia de Manoel Figueiroa de Faria & Filho, 1864. Disponível em: https://www.repositorio.ufpe.br/handle/123456789/31786. Acesso em: 15 dez. 2019.

FACULDADE DE DIREITO DO RECIFE. Bibliotheca. **Catalogo da Bibliotheca da Faculdade de Direito do Recife**. Recife: Typographia Commercial de Geraldo Henrique de Mira & C., 1860. Disponível em: https://repositorio.ufpe.br/handle/123456789/31360. Acesso em: 20 out. 2022.

FACULDADE DE DIREITO DO RECIFE. **Questões para defesa de teses (1855-1882)**. [s. n.], 1882. Arquivo de Faculdade de Direito do Recife, Universidade Federal de Pernambuco, Brasil. Manuscrito, não publicado.

FACULDADE DE DIREITO DO RECIFE. **Livro de Registro de diplomas de Doutores (1833-1883)**. Recife: [s. n.], 1883. Arquivo de Faculdade de Direito do Recife, Universidade Federal de Pernambuco, Brasil. Manuscrito, não publicado.

FACULDADE DE DIREITO DO RECIFE. **Programma do ensino da 1.ª cadeira da 1.ª Serie (Direito Natural e Direito Publico Universal) para o anno de 1885 (Arts. 227 e 392 § 1º dos Estatutos)**. Recife: Typ. Rua das Flores, 1885a.

FACULDADE DE DIREITO DO RECIFE. **Programma do ensino da 2.ª cadeira da 5.ª série (Economia politica, sciencia das finanças e contabilidade do Estado) para o anno de 1885 (arts. 227 e 392 § 1º dos Estatutos)**. Recife: Typ. Rua das Flores, 1885b.

FACULDADE DE DIREITO DO RECIFE. **Programma do ensino de Direito Natural e Direito Publico Universal – 1.ª cadeira**. Recife: Typographia Economica, 1888a.

FACULDADE DE DIREITO DO RECIFE. **Programma de ensino de Economia Politica, 2.ª cadeira**. Recife: Typographia Economica, 1888b.

FACULDADE DE DIREITO DO RECIFE. **Atas da Congregação da Faculdade de Direito do Recife (1828-1889)**. Recife: [s. n.], 1889. Arquivo de Faculdade de Direito do Recife, Universidade Federal de Pernambuco, Brasil. Manuscrito, não publicado.

FACULDADE DE DIREITO DO RECIFE. **Programma de ensino da 3.ª cadeira da 4.ª série do curso jurídico (Noções de economia politica e Direito Administrativo) para o anno de 1891**. Recife: Typographia Industrial, 1891.

# REFERÊNCIAS

FACULDADE DE DIREITO DO RECIFE. **Programma de ensino da 1.ª cadeira da 1.ª serie dos cursos de sciencias juridicas e sociaes (Philosophia e historia do direito) para o anno de 1892**. Recife: Typographia Industrial, 1892a.

FACULDADE DE DIREITO DO RECIFE. **Programma de ensino da 1.ª cadeira da 4.ª serie do curso de sciencias juridicas (Historia do Direito Nacional) para o anno de 1892**. Recife: Typ. de Manoel F. de F. & Filhos, 1892b.

FACULDADE DE DIREITO DO RECIFE. **Programma de ensino da 2.ª cadeira da 2.ª serie do curso de Sciencias Sociaes (Economia Politica), anno de 1892**. Recife: Typ. de Manoel F. de F. & Filhos, 1892c.

FACULDADE DE DIREITO DO RECIFE. **Programma de ensino da primeira cadeira da primeira serie – Philosophia e Historia do Direito – Anno de 1893 (artigo 299 dos Estatutos)**. Recife: Typographia de F. P. Boulitreau, 1893a.

FACULDADE DE DIREITO DO RECIFE. **Programma de ensino da 1.ª cadeira da 4.ª serie – Historia do Direito Nacional – Anno de 1893 (artigo 299 dos Estatutos)**. Recife: Typographia de F. P. Boulitreau, 1893b.

FACULDADE DE DIREITO DO RECIFE. **Programma de ensino da 2.ª cadeira da 2.ª serie (curso de Sciencias Sociaes), Economia Politica, anno de 1893 (artigo 299 dos Estatutos)**. Recife: Typ. de F. P. Boulitreau, 1893c.

FACULDADE DE DIREITO DO RECIFE. **Programma de ensino da 3.ª cadeira da 4.ª série, Noções de Economia Politica e Direito Administrativo, anno de 1893 (artigo 299 dos Estatutos)**. Recife: Typographia de F. P. Boulitreau, 1893d.

FACULDADE DE DIREITO DO RECIFE. **Programma de ensino da 1.ª cadeira da 3.ª serie – Curso de sciencias juridicas e sociaes – Philosophia e historia do direito – Anno de 1894 (Artigo 299 dos Estatutos)**. Recife: Typographia Economica, 1894a.

FACULDADE DE DIREITO DO RECIFE. **Programma de ensino da 1.ª cadeira da 4.ª serie – Curso de sciencias juridicas – Historia do direito nacional – Anno de 1894 (Artigo 299 dos Estatutos)**. Recife: Typographia Economica, 1894b.

FACULDADE DE DIREITO DO RECIFE. **Programma de ensino da 2.ª cadeira da 2.ª serie, curso de Sciencias Sociaes, Economia Politica, anno de 1894 (artigo 299 dos Estatutos)**. Pernambuco: Typographia Economica, 1894c.

FACULDADE DE DIREITO DO RECIFE. **Programma de ensino da 3.ª cadeira da 4.ª série, Curso de Sciencias Juridicas, Noções de Economia Politica e Direito Administrativo, anno de 1894 (artigo 299 dos Estatutos)**. Recife: Typographia de F. P. Boulitreau, 1894d.

FACULDADE DE DIREITO DO RECIFE. Bibliotheca. **Catalogo geral da Bibliotheca da Faculdade de Direito do Recife**. Recife: Empreza d'A Provincia, 1896. Disponível em: https://repositorio.ufpe.br/handle/123456789/28195. Acesso em: 20 out. 2022.

FACULDADE DE DIREITO DO RECIFE. **Programma de ensino da 1.ª cadeira do 1.º anno – Philosophia do Direito – Anno de 1897 (Art. 234 do Cod. de Ensino).** Recife: Pantheon das Artes, 1897a.

FACULDADE DE DIREITO DO RECIFE. **Programma de ensino da 3.ª cadeira do 5.º anno – Historia do Direito Nacional – Anno de 1897 (Art. 234 do Cod. de Ensino).** Recife: Pantheon das Artes, 1897b.

FACULDADE DE DIREITO DO RECIFE. **Programma de ensino da 4.ª cadeira do 2.º anno, Economia Politica, anno de 1897 (Art. 234 do Cod. de Ensino).** Recife: Pantheon das Artes, 1897c.

FACULDADE DE DIREITO DO RECIFE. **Programma de ensino da 1.ª cadeira do 1.º anno – Philosophia do Direito – Anno de 1898 (Art. 234 do Cod. de Ensino).** Recife: Pantheon das Artes, 1898a.

FACULDADE DE DIREITO DO RECIFE. **Programma de ensino da 3.ª cadeira do 5.º anno – Historia do Direito Nacional – Anno de 1898 (Art. 234 do Cod. de Ensino).** Recife: Pantheon das Artes, 1898b.

FACULDADE DE DIREITO DO RECIFE. **Programma de ensino da 4.ª cadeira do 2.º anno, Economia Politica, anno de 1898 (Art. 234 do Cod. de Ensino).** Recife: Pantheon das Artes, 1898c.

FACULDADE DE DIREITO DO RECIFE. **Programma de ensino da 1.ª cadeira do 2.º anno – Philosophia do Direito – Anno de 1899 (Art. 234 do Cod. de Ensino).** Recife: Pantheon das Artes, 1899a.

FACULDADE DE DIREITO DO RECIFE. **Programma de ensino da 3.ª cadeira do 5.º anno – Historia Geral do Direito e do Direito Nacional – Anno de 1899 (Art. 234 do Cod. de Ensino).** Recife: Pantheon das Artes, 1899b.

FACULDADE DE DIREITO DO RECIFE. **Programma de ensino da 4.ª cadeira do 2.º anno, Economia Politica, anno de 1899 (Art. 234 do Cod. de Ensino).** Recife: Pantheon das Artes, 1899c.

FACULDADE DE DIREITO DO RECIFE. **Programma de ensino da 1.ª cadeira do 1.º anno – Philosophia do Direito – Anno de 1900 (Art. 234 do Cod. de Ensino).** Recife: Pantheon das Artes, 1900a.

FACULDADE DE DIREITO DO RECIFE. **Programma de ensino da 3.ª cadeira do 5.º anno – Historia do Direito e especialmente do Direito Nacional – Anno de 1900 (Art. 234 do Cod. de Ensino).** Recife: Pantheon das Artes, 1900b.

FACULDADE DE DIREITO DO RECIFE. **Programma de ensino da 4.ª cadeira do 2.º anno, Economia Politica, anno de 1900 (Art. 234 do Cod. de Ensino).** Recife: Pantheon das Artes, 1900c.

FACULDADE DE DIREITO DO RECIFE. **Programma de ensino da 1.ª cadeira do 1.º Anno – Philosophia do Direito – Anno de 1901.** Recife: Pantheon das Artes, 1901a.

FACULDADE DE DIREITO DO RECIFE. **Programma de ensino da 4.ª cadeira do 4.º anno, Economia Politica, Sciencia das Finanças e Contabilidade do Estado, anno de 1901**. Recife: Pantheon das Artes, 1901b.

FACULDADE DE DIREITO DO RECIFE. **Livro de termo de posse da Faculdade de Direito do Recife (1828-1930)**. Recife: [s. n.], 1930. Arquivo de Faculdade de Direito do Recife, Universidade Federal de Pernambuco, Brasil. Manuscrito, não publicado.

FACULDADE DE DIREITO DE SÃO PAULO. **Dissertações de alumnos da Faculdade de Direito**. São Paulo: Faculdade de Direito de São Paulo, 1857-1874. 162 v.

FACULDADE DE DIREITO DE S. PAULO. **Programma de ensino apresentado pelo lente de Direito Natural e de Direito Publico**. São Paulo: Typographia Baruel, Pauperio & Comp., 1885a.

FACULDADE DE DIREITO DE S. PAULO. **Programma dos cursos da 2.ª cadeira da 5.ª série para o anno lectivo de 1885 a 1886**. São Paulo: Typographia Baruel, Pauperio & Comp., 1885b.

FACULDADE DE DIREITO DE S. PAULO. **Programma de ensino apresentado pelo lente de Direito Natural e de Direito Publico**. São Paulo: Typographia a vapor de Jorge Seckler & C., 1886.

FACULDADE DE DIREITO DE S. PAULO. Bibliotheca. **Catalogo da Bibliotheca da Faculdade de Direito de São Paulo em 1887**. São Paulo: Typographia a vapor de Jorge Seckler & Comp. 1887.

FACULDADE DE DIREITO DE S. PAULO. **Programma da 2.ª cadeira da 5.ª série para o anno de 1889**. São Paulo: Typ. a vapor Louzada & Irmão, 1889.

FACULDADE DE DIREITO DE S. PAULO. **Programma de ensino para o anno de 1891 apresentado pelo lente da 1.ª cadeira da 1.ª série do curso de sciencias juridicas e sociaes – Philosophia e historia do direito**. São Paulo: Typ. da Companhia Industrial de S. Paulo, 1891a.

FACULDADE DE DIREITO DE S. PAULO. **Programma de ensino para o anno de 1891 apresentado pelo lente da 2.ª Cadeira da 2.ª Série do curso de sciencias socies Economia Politica**. São Paulo: Typ. da Companhia Industrial de São Paulo, 1891b.

FACULDADE DE DIREITO DE S. PAULO. **Programma de ensino para o anno de 1892 apresentado pelo lente da 1.ª cadeira da 1.ª série do curso de sciencias juridicas e sociaes – Philosophia e historia do direito**. São Paulo: Typ. do "Diario Official", 1892a.

FACULDADE DE DIREITO DE S. PAULO. **Programma de ensino para o anno de 1892 apresentado pelo lente da 2.ª Cadeira da 2.ª Série do curso de sciencias socies Economia Politica**. São Paulo: Typ. do Diario Official, 1892b.

FACULDADE DE DIREITO DE S. PAULO. **Anno de 1893 – Programma da 1.ª cadeira da 1.ª série do curso de sciencias juridicas e sociaes.** São Paulo: Typ. da Companhia Industrial de S. Paulo, 1893a.

FACULDADE DE DIREITO DE S. PAULO. **Programma de ensino para o anno lectivo de 1893 apresentado pelo lente da 1.ª cadeira da 4.ª série do curso de sciencias juridicas – Historia do direito nacional. São Paulo: Typ. da Companhia Industrial de S. Paulo, 1893**. São Paulo: Typ. da Companhia Industrial de S. Paulo, 1893b.

FACULDADE DE DIREITO DE S. PAULO. **Programma de ensino para o anno de 1893 apresentado pelo lente da 2.ª Cadeira da 2.ª Série do curso de sciencias socies Economia Politica.** São Paulo: Typ. da Companhia Industrial de São Paulo, 1893c.

FACULDADE DE DIREITO DE S. PAULO. **Programma de ensino para o anno de 1894 da 1.ª cadeira da 1.ª série dos cursos de sciencias juridicas e sociaes, philosophia e historia do direito apresentado pelo lente cathedratico Dr. Pedro Lessa.** São Paulo: Typ. a vap. Espindola, Siqueira & Comp., 1894a.

FACULDADE DE DIREITO DE S. PAULO. **Programma de ensino para o anno de 1894 da 1.ª cadeira da 4.ª série do curso de sciencias juridicas – Historia do direito nacional apresentado pelo lente cathedratico Dr. Aureliano Coutinho.** São Paulo: Typ. a vapor Espindola, Siqueira & Comp., 1894b.

FACULDADE DE DIREITO DE S. PAULO. **Programma de ensino para o anno de 1894 da 2.ª Cadeira da 2.ª Série do curso de sciencias socies Economia Politica apresentado pelo lente cathedratico Dr. Vieira de Carvalho.** São Paulo: Typ. a vap. Espindola, Siqueira & Comp., 1894c.

FACULDADE DE DIREITO DE S. PAULO. **Programma de ensino para o anno de 1894 da 3.ª Cadeira da 4.ª Série do curso de sciencias juridicas, Noções de economia politica e direito administrativo apresentado pelo lente cathedratico Dr. Oliveira Escorel.** São Paulo: Typ. a vapor Espindola, Siqueira & Comp., 1894d.

FACULDADE DE DIREITO DE S. PAULO. **Programma de ensino para o anno lectivo de 1895, 1.ª cadeira da 1.ª série dos cursos de sciencias juridicas e sociaes, philosophia e historia do direito apresentado pelo lente cathedratico Dr. Pedro Lessa.** São Paulo: Typ. a Vap. Espindola, Siqueira & Comp., 1895a.

FACULDADE DE DIREITO DE S. PAULO. **Programma de ensino para o anno de 1895 da 1.ª cadeira da 4.ª série do curso de sciencias juridicas – Historia do direito nacional apresentado pelo lente cathedratico Dr. Aureliano Coutinho.** São Paulo: Typ. a Vapor Espindola, Siqueira & Comp., 1895b.

FACULDADE DE DIREITO DE S. PAULO. **Programma de ensino para o anno de 1895 da 2.ª Cadeira da 2.ª Série do curso de sciencias socies Economia Politica apresentado pelo lente cathedratico Dr. Vieira de Carvalho.** São Paulo: Typ. a vap. Espindola, Siqueira & Comp., 1895c.

FACULDADE DE DIREITO DE S. PAULO. **Programma de ensino para o anno de 1895 da 3.ª Cadeira da 4.ª Série do curso de sciencias juridicas, Noções de economia politica e direito administrativo apresentado pelo lente cathedratico Dr. Oliveira Escorel**. São Paulo: Typ. a Vap. Espindola, Siqueira & Comp., 1895d.

FACULDADE DE DIREITO DE S. PAULO. **Programma de ensino para o anno de 1896 da 1.ª cadeira do 1.º anno, philosophia do direito apresentado pelo lente cathedratico Dr. Pedro Lessa**. São Paulo: Typ. a Vap. – Espindola, Siqueira & Comp., 1896a.

FACULDADE DE DIREITO DE S. PAULO. **Programma de ensino para o anno de 1896 da 1.ª cadeira do 3.º anno – Historia do direito e especialmente do direito nacional apresentado pelo lente cathedratico Dr. Aureliano Coutinho**. São Paulo: Typ. a Vapor – Espindola, Siqueira & C., 1896b.

FACULDADE DE DIREITO DE S. PAULO. **Programma de ensino para o anno de 1896 da 4.ª Cadeira do 2.º anno – Economia Politica apresentado pelo lente cathedratico Dr. Vieira de Carvalho**. São Paulo: Typ. a vap. Espindola, Siqueira & Comp., 1896c.

FACULDADE DE DIREITO DE S. PAULO. **Programma de ensino da 1.ª cadeira do 1.º anno, philosophia do direito apresentado pelo lente cathedratico Dr. Pedro Lessa**. São Paulo: Typ. a vap. Espindola, Siqueira & Comp., 1897.

FACULDADE DE DIREITO DE S. PAULO. **Programma de ensino da 1.ª cadeira do 1.º anno, philosophia do direito apresentado pelo lente cathedratico Dr. Pedro Lessa**. São Paulo: Typ. a vap. Espindola, Siqueira & Comp., 1898a.

FACULDADE DE DIREITO DE S. PAULO. **Programma de ensino da 3.ª cadeira do 5.º anno, historia do direito, especialmente do direito nacional para o anno de 1898 pelo Dr. João Pedro da Veiga Filho, lente cathedratico da Faculdade**. São Paulo: Typ. a Vap. de Espindola, Siqueira & Comp., 1898b.

FACULDADE DE DIREITO DE S. PAULO. **Programma de ensino para o anno de 1898 da 4.ª Cadeira do 2.º anno – Economia Politica adoptado pelo Dr. J. L. de Almeida Nogueira**. São Paulo: Typ. a Vap. Espindola, Siqueira & Comp., 1898c.

FACULDADE DE DIREITO DE S. PAULO. **Programma de ensino da 1.ª cadeira do 1.º anno, philosophia do direito apresentado pelo lente cathedratico Dr. Pedro Lessa**. São Paulo: Typ. a Vapor – Espindola, Siqueira & Comp., 1899a.

FACULDADE DE DIREITO DE S. PAULO. **Programma de ensino para o anno de 1899 da 4.ª Cadeira do 2.º anno – Economia Politica adoptado pelo Dr. José Machado de Oliveira**. São Paulo: Typ. a Vap. Espindola, Siqueira & Comp., 1899b.

FACULDADE DE DIREITO DE S. PAULO. **Programma de ensino da 4.ª cadeira do 2.º anno – Economia Politica para o anno lectivo de 1900 pelo lente cathedratico J. L. de Almeida Nogueira**. São Paulo: Typ. a Vap. Espindola, Siqueira & Comp., 1900.

FACULDADE DE DIREITO DE S. PAULO. Bibliotheca. **Catalogo Alphabetico da Bibliotheca da Faculdade de Direito de São Paulo**. São Paulo: Augusto Siqueira & C., 1920.

FIGARO JUNIOR. **Alarma e protesto contra a Academia de S. Paulo**. Rio de Janeiro: Typographia Academica, 1873.

FIGUEIREDO, Carlos Honorio de. Memoria sobre a fundação das Faculdades de Direito no Brasil. **Revista Trimestral do Instituto Historico, Geographico e Ethnographico do Brasil**, t. 22, 1859, p. 507-526.

FIGUEIREDO, José Antonio de. **Memoria-Historica Academica apresentada á Congregação dos Lentes da Faculdade de Direito do Recife na primeira sessão do corrente anno pelo Dr. José Antonio de Figueiredo**. Recife: Typographia Universal, 1857. Disponível em: https://www.repositorio.ufpe.br/handle/123456789/31782. Acesso em: 15 dez. 2019.

FIGUEIREDO, José Bento da Cunha e. **Memoria Historico-Academica dos acontecimentos notaveis da Faculdade de Direito do Recife no anno de 1864**. [Recife]: [s. n.], 1865. Disponível em: https://www.repositorio.ufpe.br/handle/123456789/31971. Acesso em: 15 dez. 2019.

FONSECA, Aquino. **Discurso sobre a morte de Aprigio Guimarães proferido na sessão funebre celebrada na Bahia, mandado imprimir pelos academicos pernambucanos**. Bahia: Typographia da "Gazeta da Tarde", 1881.

FRANÇA, Ernesto Ferreira. **Memoria historica da Faculdade de Direito de S. Paulo do anno de 1866 redigida pelo Dr. Ernesto Ferreira França**. S. Paulo: [s. n.], 1867.

FRANÇA, Ernesto Ferreira. **Brasilien und Deutschland**: ein offener Brief an die Redactionen der deutschen Tagespresse. Leipzig: F. A. Brockhaus, 1868.

GAMA, Luiz. **Primeiras trovas burlescas & outros poemas**. Edição preparada por Ligia Fonseca Ferreira. São Paulo: Martins Fontes, 2000.

GAMA, Miguel do Sacramento Lopes. **[Correspondência]**. Destinatário: Joaquim Vieira da Silva e Souza. Olinda, 13 mar. 1835a. 1 carta, 1 p. Cópia datilografada do Arquivo da Faculdade de Direito do Recife, o original se encontra no Arquivo Nacional.

GAMA, Miguel do Sacramento Lopes. **[Correspondência]**. Destinatário: Lourenço Trigo de Loureiro. Olinda, 10 out. 1835b. 1 carta, 1 p. Cópia datilografada do AFDR, o original se encontra no Arquivo Nacional.

GAMA, Miguel do Sacramento Lopes. **[Correspondência]**. Destinatário: Antonio Paulino Limpo de Abreo. Olinda, 15 dez. 1835c. 1 carta, 3 p. Cópia datilografada do Arquivo da Faculdade de Direito do Recife, o original se encontra no Arquivo Nacional.

GAMA, Miguel do Sacramento Lopes. **[Correspondência]**. Destinatário: Candido José de Araujo Vianna. Olinda, 15 set. 1842. 1 carta, 1 p. Cópia datilografada do

# REFERÊNCIAS

Arquivo da Faculdade de Direito do Recife, o original se encontra no Arquivo Nacional.

GRÓCIO [GROTIUS], Hugo. **Epistolae ad Gallos**. Lipsiae/Francofurti: Impensis Mavritii Georgii Weidmanni, 1684.

GUIMARÃES, Aprigio Justiniano da Silva. **Theses apresentadas á Faculdade de Direito do Recife, para obtenção do grao de doutor, por Aprigio Justiniano da Silva Guimarães**. Recife: Typographia Universal, 1856a.

GUIMARÃES, Aprigio Justiniano da Silva. **Trabalho livre e trabalho escravo**: dissertação que em sua defesa de theses, a 15 de dezembro de 1856, leu Aprigio Justiniano da Silva Guimarães. Recife: Typographia Republicana Federativa, 1856b.

GUIMARÃES, Aprigio Justiniano da Silva. **Propriedade litteraria**: historico e sustentação d'um projecto a respeito, apresentado á camara dos senhores deputados em 14 de agosto de 1856. Recife: Typographia Academica, 1859.

GUIMARÃES, Aprigio Justiniano da Silva. **Memoria Historica Academica apresentada na primeira sessão do anno de 1860 á Faculdade de Direito do Recife na forma do artigo 164 dos estatutos pelo Dr. Aprigio Justiniano da Silva Guimarães**. Recife: Typographia Universal, 1860.

GUIMARÃES, Aprigio Justiniano da Silva. **Discursos e diversos escriptos**. Recife: Typ. Mercantil de Carlos Eduardo Muhlert & C., 1872.

GUIMARÃES, Aprígio Justiniano da Silva. Apontamentos de Economia Política. **Revista Brasileira**, Rio de Janeiro, t. I, p. 550-555, jun. 1879a.

GUIMARÃES, Aprígio Justiniano da Silva. Apontamentos de Economia Política. **Revista Brasileira**, Rio de Janeiro, t. II, p. 20-26, 102-111, 187-196 e 337-347, out. 1879b.

GUIMARÃES, Aprigio J. da Silva. **Miscellanea philosophica e sociologica**. Recife: Typ. de F. P. Boulitreau, 1889.

GUIMARÃES, Aprígio Justiniano da Silva. **Estudos de economia politica para uso das Faculdades de Direito de Brasil**. Recife: A Provincia, 1902.

GURGEL, Manuel Joaquim do Amaral. Biographia dos Brasileiros Illustres por Armas, Letras, Virtudes, etc. – O Tenente General José Arouche de Toledo Rendon. **Revista Trimestral de Historia e Geographia ou Jornal do Instituto Historico Geographico Brazileiro**, t. V, n. 20, 1843, p. 522-526.

ISABEL. DAUNT, Ricardo Gumbleton (org.). **Diário da Princesa Isabel**: excursão dos Condes d'Eu à Provincia de São Paulo em 1884. São Paulo: Editôra Anhembi, 1957.

LESSA, Pedro. **Memoria Historico-Academica do Anno de 1888 lida perante a Congregação dos Lentes em sessão de 2 de Março de 1889 pelo Dr. Pedro Lessa, Lente Substituto**. S. Paulo: Typographia e Estereotypia King, 1889.

LIMA, Pedro de Araujo. **[Correspondência]**. Destinatário: Antonio Pinto Chichorro da Gama. Olinda, 23 mar. 1834. 1 carta, 11 p. Cópia datilografada do AFDR, o original se encontra no Arquivo Nacional.

LIVRARIA ACADEMICA DE A. L. GARRAUX. **Catalogo em linguas portugueza e franceza das obras de Jurisprudencia, Direito patrio e estrangeiro, Economia politica, Administração, Commercio, Colonisação, Politica, Direito Constitucional, Diplomacia, Estradas de ferro, etc., etc.** S. Paulo: [s. n.], 1872.

LOUREIRO, Lourenço Trigo de. **[Correspondência]**. Destinatário: [Diretor da Academia de Olinda]. Olinda, 7 out. 1834. 1 carta, 21 p. Cópia datilografada do AFDR, o original se encontra no Arquivo Nacional.

LOUREIRO, Lourenço Trigo de. **Instituições de direito civil brasileiro extrahidas das instituições de direito civil lusitano do eximio jurisconsulto portuguez Paschoal José de Mello Freire, na parte compativel com as instituições da nossa cidade, e augmentadas nos lugares competentes com a substancia das leis brasileiras pelo doutor Lourenço Trigo de Loureiro.** Pernambuco: Typographia da Viuva Roma & Filhos, 1851. 2 t.

LOUREIRO, Lourenço Trigo de. **Elementos de economia politica colligidos dos melhores autores.** Recife: Typ. Universal, 1854.

MACIEL, Francisco Antunes. **Relatorio apresentado á Assemblea Geral Legislativa na quarta sessão da decima oitava legislatura pelo Ministro e Secretario de Estado dos Negocios do Imperio Francisco Antunes Maciel.** Rio de Janeiro: Typographia Nacional, 1884.

MACLEOD, Henry Dunning. **The Elements of Political Economy.** London: Longman, Brown, Green, Longmans, and Roberts, 1858.

MACLEOD, Henry Dunning. **A Dictionary of Political Economy**: Biographical, Bibliographical, Historical and Practical. London: Longman, Green, Longman, Roberts, and Green, 1863.

MACLEOD, Henry Dunning. **The principles of economical philosophy.** 2nd ed. v. 1. London: Longmans, Green, Reader, and Dyer, 1872.

MACLEOD, Henry Dunning. **Elementos de economia politica.** Tradução de Alberto da Rocha Miranda. Rio de Janeiro: Perseverança, 1873. 2 v.

MAGALHÃES, João José de Moura. **Synopse do direito natural.** Salvador: Typographia Poggetti de Catilina & C., 1860.

MAGALHAENS, João José de Moura. **[Correspondência]**. Destinatário: José Antonio da Silva Maia. Olinda, 26 fev. 1831. 1 carta, 11 p. Cópia datilografada do Arquivo da Faculdade de Direito do Recife, o original se encontra no Arquivo Nacional.

MAGALHAENS, João José de Moura. **[Correspondência]**. Destinatário: Nicolao Pereira de Campos Vergueiro. Olinda, 10 jun. 1833. 1 carta, 3 p. Cópia datilografada do AFDR, o original se encontra no Arquivo Nacional.

MALHEIRO, Agostinho Marques Perdigão. **A escravidão no Brasil**: ensaio historico-juridico-social. Rio de Janeiro: Typ. Nacional, 1866-1867.

MARTINI, Caroli Antonii. **De jure naturae positiones, dilucidiori stylo et ordine a doct. Josepho Fernandes Alvares Fortuna**. Liber I. Conimbricae: Typis Academicis, 1815.

MARTINI, Caroli Antonii. **De jure naturae positiones, dilucidiori stylo et ordine a doct. Josepho Fernandes Alvares Fortuna**. Liber II – Jus naturae hypotheticum sociale, seu oeconomicum, publicum universale, et gentium compectens. Conimbricae, Typis Academiae, 1816.

MATTOS, João Theodoro Xavier. **Direito Natural**. São Paulo: Jules Martins, 1877. Biblioteca da Faculdade de Direito da Universidade de São Paulo, Brasil. Manuscrito, não publicado.

MELLO, Henrique Capitolino Pereira de. **Ligeiros traços biographicos do Dr. José Antonio de Figueiredo**. Recife: Typographia do Commercio á Retalho, 1877.

MELLO, João Capistrano Bandeira de. **Memoria Historica Academica apresentada á Faculdade de Direito do Recife no anno de 1861 pelo Dr. João Capistrano Bandeira de Mello**. Recife: Typographia Universal, 1861. Disponível em: https://www.repositorio.ufpe.br/handle/123456789/31784. Acesso em: 15 dez. 2019.

MELLO FILHO, João Capistrano Bandeira de. **Memoria historica academica apresentada á Faculdade de Direito do Recife no anno de 1862 pelo Dr. João Capistrano Bandeira de Mello Filho**. Recife: Typographia Universal, 1862.

MENEZES, Tobias Barreto de. **Memoria historico-academica do anno de 1883, lida em sessão da congregação do 1º de março de 1884 pelo Dr. Tobias Barreto de Menezes**. Recife: [s. n.], 1884.

MENEZES, Tobias Barreto de. **Questões vigentes de philosophia e de direito**. Pernambuco: Livraria Fluminense, 1888.

MILL, James. **Elements of political economy**. London: Baldwin, Cradock, and Joy, 1821.

MILL, James. **Elements of political economy**. 2nd London: Baldwin, Cradock, and Joy, 1824.

MILL, James. **Elements of political economy**. 3rd London: Baldwin, Cradock, and Joy, 1826.

MILL, John Stuart. **Autobiography**. 3rd ed. London: Longmans, Green, Reader, and Dyer, 1874.

MÜLLER, Daniel Pedro. **Ensaio d'um quadro estatistico da Provincia de S. Paulo ordenado pelas leis provinciaes de 11 de Abril de 1836 e 10 de Março de 1837**. S. Paulo: Secção de obras d'"O Estado de S. Paulo", 1923.

OLIVEIRA, José Rubino de. Memoria Historico-Academica de 1878, 1879 e 1880. *In:* DANTAS, Manoel Pinto de Souza. **Relatorio apresentado á Assembléa Geral Legislativa na primeira sessão da decima oitava legislatura pelo Ministro** e Secretario de Estado Interino dos Negocios do Imperio Conselheiro de Estado Manoel Pinto de Souza Dantas. Rio de Janeiro: Typographia Nacional, 1882, p. 410-444. Anexo B, p. 1-35.

PAIVA, Vicente Ferrer Neto. **Curso de direito natural, segundo o estado actual da sciencia, principalmente em Allemanha**. Coimbra: Imprensa da Universidade, 1843.

PAIVA, Vicente Ferrer Neto. **Elementos de direito natural, ou de philosophia de direito**. 2. ed. Coimbra: Imprensa da Universidade, 1850.

PAIVA, Vicente Ferrer Neto. **Philosophia de direito**. 6. ed. T. I – Direito natural. Coimbra: Imprensa da Universidade, 1883.

PEDRO I; PEDRO II. **Falas do trono**: desde o ano de 1823 até o ano de 1889 : acompanhadas dos respectivos votos de graça da Câmara Temporária e de diferentes informações e esclarecimentos sobre todas as sessões extraordinárias, adiamentos, dissoluções, sessões secretas e fusões, com um quadro das épocas e motivos que deram lugar a reunião das duas Câmaras e competente histórico. Brasília: Senado Federal, Conselho Editorial, 2019. Disponível em: http://www2.senado.leg.br/bdsf/handle/id/562127. Acesso em: 12 jan. 2023.

PEREIRA, João Baptista. **Da condição actual dos escravos especialmente após a promulgação da lei nº 3270 de 28 de setembro de 1885**. Rio de Janeiro: Impr. Nacional, 1887.

PERREAU, Jean-André. **Élémens de législation naturelle, destinés à l'usage des élèves de l'École centrale du Panthéon**. Paris: Baudouin, 1800.

PERREAU, Jean-André. **Éléments de Législation Naturelle**. Paris: Seignot-Plancher de Lanoe, 1834.

PINHEIRO, Artidóro Augusto Xavier. Relatorio do encarregado da restauração do Archivo da Faculdade de Direito de S. Paulo. *In:* VASCONCELLOS, João Florentino Meira de. **Relatorio apresentado á Assembléa Geral Legislativa na primeira sessão da decima nona legislatura pelo Ministro e Secretario de Estado dos Negocios do Imperio João Florentino Meira de Vasconcellos**. Rio de Janeiro: Imprensa Nacional, 1885, p. 436-441. Anexo B, p. 1-6.

PINHEIRO, J. C. Fernandes. Bibliographia – Prelecções d'Economia Politica pelo Sr. Conselheiro P. Autran da Matta Albuquerque. **Revista Popular**, Rio de Janeiro, t. 6, p. 280-286, abr./jun. 1860. Disponível em: http://memoria.bn.br/DocReader/181773/2321. Acesso em: 04 jan. 2021.

PINTO JUNIOR, Joaquim Antonio. **Biographia do Exm. Sr. Conselheiro Dr. Manoel Joaquim do Amaral Gurgel pelo Doutor Joaquim Antonio Pinto Junior**. Rio de Janeiro: Typ. et Lit. Franceza de Ba-Ta-Clan, 1868.

PINTO JUNIOR, João José. **Memoria Historica Academica dos acontecimentos notaveis da Faculdade de Direito do Recife durante o anno de 1865 pelo Dr. João José Pinto Junior, Lente substituto da mesma Faculdade**. Rio de Janeiro:

Typographia Nacional, 1866. Disponível em: https://www.repositorio.ufpe.br/handle/123456789/31972. Acesso em: 15 dez. 2019.

PINTO JUNIOR, João José. **Memoria Historico-Academica dos acontecimentos notaveis da Faculdade de Direito do Recife durante o anno de 1876, apresentada á Congregação da mesma Faculdade em 7 de Maio de 1877**. Recife: [s. n.], 1877. Disponível em: https://www.repositorio.ufpe.br/handle/123456789/31982. Acesso em: 15 dez. 2019.

PINTO JUNIOR, João José. **Memoria Historica dos acontecimentos notaveis do anno de 1884, apresentada em sessão da Congregação de 2 de Março de 1885 pelo Dr. João José Pinto Junior**. Rio de Janeiro: Imprensa Nacional, 1885. Disponível em: https://www.repositorio.ufpe.br/handle/123456789/31989. Acesso em: 15 dez. 2019.

O PROGRESSO: revista social, litteraria e scientífica. Reedição feita pelo Governo do Estado de Pernambuco como parte do programa das comemorações do centenário da Revolução Praieira. Recife: Imprensa oficial, 1950.

REVISTA da Sociedade Philomathica. Edição fac-similar. São Paulo: Metal Leve S. A., 1977 [1833].

RIBEIRO, Julio. **Cartas sertanejas**. Rio de Janeiro: Faro & Nunes, 1885.

RIBEIRO, Lourenço Jozé. **[Correspondência]**. Destinatário: Jozé Clemente Pereira. Olinda, 24 mar. 1829a. 1 carta, 4 p. Cópia datilografada do Arquivo da Faculdade de Direito do Recife, o original se encontra no Arquivo Nacional.

RIBEIRO, Lourenço Jozé. **[Correspondência]**. Destinatário: Joze Clemente Pereira. Olinda, 12 mai. 1829b. 1 carta, 1 p. Cópia datilografada do Arquivo da Faculdade de Direito do Recife, o original se encontra no Arquivo Nacional.

RICHELOT, Henri. **Une révolution en économie politique**: exposé des doctrines de M. Macleod. Paris: Capelle, 1863.

RODRIGUES, Antonio Coelho. **Memoria historica de 1875**. Recife: [s. n.], 1876.

RODRIGUES, Antonio Coelho. **Memoria Historico-Academica dos acontecimentos notaveis da Faculdade de Direito do Recife durante o anno de 1878, apresentada á Congregação da mesma Faculdade em 26 de Abril de 1879 pelo Dr. Antonio Coelho Rodrigues**. Rio de Janeiro: Typographia Nacional, 1879. Disponível em: https://www.repositorio.ufpe.br/handle/123456789/31984. Acesso em: 15 dez. 2019.

RODRIGUES, Francisco Antonio Dutra. **Memoria historica academica do anno de 1872 apresentada em sessão da Congregação do 1.º de março de 1873 pelo Dr. Francisco Antonio Dutra Rodrigues, lente substituto da mesma faculdade**. São Paulo: [s. n.], 1873.

ROMERO, Silvio. **Theses apresentadas á Faculdade Direito do Recife por Sylvio Roméro para obter o grau de doutor**. Recife: Typographia da Provincia, 1875.

ROMÉRO, Sylvio. **A philosophia no Brasil**: ensaio crítico. Porto Alegre: Typographia da "Deutsche Zeitung", 1878.

ROMERO, Sylvio. Explicações indispensáveis. *In:* BARRETO, Tobias. **Varios escriptos**. Rio de Janeiro: Laemmert & C., 1900, p. IX-LIII.

SALLES, Alberto. **Politica republicana**. Rio de Janeiro: Typ. de G. Leuzinger & Filhos, 1882.

SANTOS, Gabriel José Rodrigues dos. **Memoria que em cumprimento do art. 164 dos Estatutos apresentou no anno de 1858 á Faculdade de Direito da Cidade de S. Paulo o Dr. Gabriel José Rodrigues dos Santos e que foi approvada em Congregação do dia 24 de março sómente na parte historica na fórma dos Estatutos**. S. Paulo: [s. n.], 1858.

SÃO PAULO. Universidade de São Paulo. Faculdade de Direito. **Actas da Congregação dos lentes da Academia de Direito de São Paulo**. São Paulo: The Document Company Xerox, 1996. 4 v.

SAY, Jean-Baptiste. **Catéchisme d'économie politique, ou instruction familière qui montre de quelle façon les richesses sont produites, distribuées et consommées dans la société**. Paris: Imprimerie de Crapelet, 1815.

SAY, Jean-Baptiste. **Catéchisme d'économie politique, ou instruction familière qui montre de quelle façon les richesses sont produites, distribuées et consommées dans la société**. 2. éd. Paris: Bossange, 1821.

SAY, Jean-Baptiste. **Cathecismo de economia politica ou instruccao familiar**. Lisboa: Impressão Liberal, 1822.

SAY, Jean-Baptiste. **Catéchisme d'économie politique, ou instruction familière qui montre de quelle façon les richesses sont produites, distribuées et consommées dans la société**. 3. éd. Paris: Aimé-André, 1826.

SAY, Jean-Baptiste. **Catéchisme d'économie politique, ou instruction familière qui montre de quelle façon les richesses sont produites, distribuées et consommées dans la société**. 4. éd. Paris: Aimé-André, 1834.

SAY, Jean-Baptiste. **Catéchisme d'économie politique, ou instruction familière qui montre de quelle façon les richesses sont produites, distribuées et consommées dans la société**. 5. éd. Bruxelles: Société Belge de Librairie, 1839.

SAY, Jean-Baptiste. **Catéchisme d'économie politique, ou instruction familière qui montre de quelle façon les richesse sont produites, distribuées et consommées dans la société**. 6. éd. Paris: Guillaumin, 1881.

SEABRA, José Joaquim. **Memoria histórico-academica do anno de 1881 lida perante a Congregação pelo Dr. José Joaquim Seabra, Lente Substituto**. Recife: [s. n.], 1882.

SEABRA, José Joaquim. **Relatorio apresentado ao Presidente da Republica dos Estados Unidos do Brazil pelo Dr. J. J. Seabra, Ministro de Estado da Justiça e Negocios Interiores em abril de 1903**. Rio de Janeiro: Imprensa Nacional, 1903.

# REFERÊNCIAS

SEABRA, José Joaquim. **Relatorio apresentado ao Presidente da Republica dos Estados Unidos do Brazil pelo Dr. J. J. Seabra, Ministro de Estado da Justiça e Negocios Interiores em março de 1904**. Rio de Janeiro: Imprensa Nacional, 1904.

SEABRA, José Joaquim. **Relatorio apresentado ao Presidente da Republica dos Estados Unidos do Brazil pelo Dr. J. J. Seabra, Ministro de Estado da Justiça e Negocios Interiores em março de 1905**. Vol. II – Directoria do Interior, primeira parte. Rio de Janeiro: Imprensa Nacional, 1905.

SEABRA, José Joaquim. **Relatorio apresentado ao Presidente da Republica dos Estados Unidos do Brazil pelo Dr. J. J. Seabra, Ministro de Estado da Justiça e Negocios Interiores em março de 1906**. Vol. II – Directoria do Interior. Rio de Janeiro: Imprensa Nacional, 1906.

SILVA, Antonio Carlos Ribeiro d'Andrada Machado e. **Memória histórica de 1859**. São Paulo: [s. n.], 1860.

SILVA, João Thomé da. **Memoria Historico-Academica apresentada no anno de 1872 pelo Dr. João Thomé da Silva, Lente substituto da mesma Faculdade**. Recife: [S.n], 1872. Disponível em: https://www.repositorio.ufpe.br/handle/123456789/31978. Acesso em: 15 dez. 2019.

SILVA, José Bonifacio d'Andrada e. **Representação á Assemblea Geral Constituinte e Legislativa do Imperio do Brasil Sobre a Escravatura**. Paris: Typographia de Firmin Didot, 1825. Disponível em: https://www2.senado.leg.br/bdsf/handle/id/518681. Acesso em: 19 mar. 2020.

SILVA, José Bonifacio de Andrada e. Memoria historica apresentada à Faculdade de Direito de S. Paulo pelo lente substituto Dr. José Bonifacio de Andrada e Silva na congregação de 1º de março de 1859. *In:* MACEDO, Segio Teixeira de. **Relatorio apresentado á Assemblea Geral Legislativa na terceira sessão da decima legislatura pelo Ministro e Secretario de Estado dos Negocios do Imperio Sergio Teixeira de Macedo**. Rio de Janeiro: [S.N.], 1859.

SMITH, Adam. **An Inquiry into the Nature and Causes of Wealth of Nations**. London: T. Nelson and Sons, 1852.

SOUSA, Bernardo Xavier Pinto de. **Memorias da viagem de suas magestades imperiaes á Provincia de Pernambuco**. T. 2. Rio de Janeiro: Typographia Industria Nacional de Cotrim & Campos, 1867.

SOUZA, Braz Florentino Henriques de. **Theses offerecidas á Illustrissima Congregação dos Lentes da Academia de Sciencias Sociaes e Juridicas de Olinda pelo Bacharel formado Bras Florentino Henriques de Souza**. Pernambuco: Typographia de M. F. de Faria, 1851.

SOUZA, Braz Florentino Henriques de. Introdução. *In:* MOLINARI, Gustave de. **Da abolição da escravidão**. Trad. Braz Florentino Henriques de Souza. Recife: Typographia de M. F. de Faria, 1854, p. IV-XLVII.

SOUZA, Braz Florentino Henriques de. Parecer do Sr. Braz Florentino Henriques de Souza. In: **Relatorios e pareceres dos membros da comissão encarregada de examinar o projecto de codigo civil do Imperio redigido pelo bacharel Augusto Teixeira de Freitas**. Rio de Janeiro: Typographia Nacional, 1865, p. 65-120.

SOUZA, Braz Florentino Henriques de. **Lições de direito criminal**. 2. ed. Brasília: Senado Federal, Conselho Editorial, 2003 [fac-símile de 1872].

SOUZA, João Silveira de. **Memoria historica acadêmica apresentada á Congregação dos Lentes da Faculdade de Direito do Recife na primeira sessão do corrente anno pelo Dr. João Silveira de Souza**. Recife: [s. n.], 1867.

SOUZA, João Silveira de. **Licções de direito natural sobre o compendio do Sr. Conselheiro Autran**. Recife: Livraria Industrial, 1880a.

SOUZA, José Soriano de. **Elementos de philosophia do direito**. Pernambuco: Typographia central, 1880b.

SOUZA FILHO, Clemente Falcão de. **Memoria historico academica apresentada na primeira sessão do anno de 1861 à Faculdade de Direito de S. Paulo na forma do artigo 164 dos Estatutos pelo Dr. Clemente Falcão de Souza Filho**. S. Paulo: [s. n.], 1861.

TAVARES, Joaquim Vilella de Castro. **Memoria-Historica Academica apresentada á Congregação dos Lentes da Faculdade de Direito na primeira sessão do corrente anno, pelo Doutor Joaquim Vilella de Castro Tavares**. Recife: Typographia Universal, 1856. Disponível em: https://www.repositorio.ufpe.br/handle/123456789/31781. Acesso em: 15 dez. 2019.

TELES, Manoel dos Passos de O. Um acontecimento científico da Academia do Recife: o concurso de Tobias Barreto. In: BARRETO, Tobias; BARRETO, Luiz Antonio (Org). **Obras completas**. V. 2 – Estudos de Direito I. Rio de Janeiro: J. E. Solomon; Aracaju, Diário Oficial, 2013, p. 327-333.

TOTVÁRAD, Carlos Kornis de. **Refutação da doutrina do dr. Braz Florentino Henriques de Souza apresentada na sua obra O casamento civil e o casamento religioso**. Rio de Janeiro: Livr. Universal de E. & H. Laemmert, 1860.

UNIVERSIDADE DE COIMBRA. **Compendio historico do estado da Universidade de Coimbra no tempo da invasão dos denominados jesuitas e dos estragos feitos nas sciencias e nos professores e directores que a regiam pelas maquinações, e publicações dos novos estatutos por elles fabricados**. 2. ed. Coimbra: Imprensa da Universidade, 1906 [1772].

VALLE, Paulo Antonio do. **Parnaso Academico Paulistano**: collecção de producções lyricas dos poetas da Academia de S. Paulo desde a sua fundação até o presente pelo Dr. Paulo Antonio do Valle. São Paulo: Typographia do "Correio Paulistano", 1881.

WALDECK, Johann Peter. **Institutiones juris civilis Heineccianae emendatae atque reformatae**. 4. ed. Gottingae, 1806.

WARNKOENIG, Leopoldo Augusto. **Institutiones juris romani privati, in usum praelectionum academicarum vulgatae cum introductione in universam jurisprudentiam et studium juris romani, auctore L. A. Warnkoenig (...)**. 4. ed. Bonnae : sumptibus A. Marcus, 1860.

XAVIER, João Theodoro. **Memoria historica dos acontecimentos notaveis da Faculdade de Direito de S. Paulo durante o anno de 1862**. S. Paulo: [S.N.], 1863.

XAVIER, João Teodoro. **Theoria transcendental do direito**. São Paulo: Typographia de Jorge Seckler, 1876.

ZEILLER, Francisco Nobre. **Direito natural privado**. Trad Pedro Autran da Matta Albuquerque. 2. ed. Pernambuco: Typ. de M. F. de Faria, 1840.

## 3. Fontes secundárias

ADEODATO, João Maurício. O Positivismo Culturalista da Escola do Recife. **Novos Estudos Jurídicos**, Itajaí (SC), v. 8, n. 2, p. 303-326, mai./ago. 2003. Disponível em: https://periodicos.univali.br/index.php/nej/article/view/337. Acesso em: 28 nov. 2022.

ADORNO, Sérgio. O abolicionismo na Academia de Direito de São Paulo. **Resgate. Revista de Cultura**, São Paulo, n. 5, p. 93-101, 1993.

ADORNO, Sérgio. **Os Aprendizes do Poder**: O Bacharelismo Liberal na Política Brasileira. 2. ed. rev. São Paulo: Editora da Universidade de São Paulo, 2019.

AGNELLO, Luigi. CICCONE, Antonio. In: **Dizionario Biografico degli Italiani**, v. 25. Roma: Istituto dell'Enciclopedia Italiana, 1981, p 358-362. Disponível em: https://www.treccani.it/enciclopedia/antonio-ciccone_%28Dizionario--Biografico%29/. Acesso em: 22 jan. 2021.

AGUIAR, Antonio Chrysippo de. **Direito Civil**: Coelho Rodrigues e a ordem de silêncio. Teresina: Halley, 2006.

AIDAR, Bruno; GAMBI, Thiago Fontelas Rosado. Moeda. In: AIDAR, Bruno; LOPES, José Reinaldo de Lima; SLEMIAN, Andréa (org.). **Dicionário histórico de conceitos jurídico-econômicos (Brasil, séculos XVIII-XIX)**. São Paulo: Alameda, 2020, p. 59-95.

ALENCASTRO, Luís Felipe de. O fardo dos bacharéis. **Novos Estudos CEBRAP**, n. 19, dezembro 1987, p. 68-72.

ALENCASTRO, Luiz Felipe de. **O trato dos viventes**: formação do Brasil no Atlântico Sul, séculos XVI e XVII. São Paulo: Companhia das Letras, 2010.

ALMEIDA JÚNIOR, Antonio Ferreira de. **Problemas do ensino superior**. São Paulo: Companhia Editora Nacional, 1956. (Biblioteca pedagógica brasileira. Série 3: Atualidades pedagógicas)

ALMEIDA JUNIOR, João Mendes de. O ensino do direito. **Revista da Faculdade de Direito de São Paulo**, São Paulo, v. 20, p. 43-88, jan. 1912. Disponível em: http://www.revistas.usp.br/rfdsp/article/view/65141/67752 Acesso em: 06 dez. 2022.

ALMEIDA, Manuel Lopes de. **Subsídios para a história da Universidade de Coimbra e do seu corpo acadêmico**: 1801-1821. Coimbra: Imprensa de Coimbra, 1966.

ALONSO, Angela. **Idéias em movimento**: a geração 1870 na crise do Brasil-Império. São Paulo: Paz e Terra, 2002.

ALONSO, Angela. **Flores, votos e balas** o movimento abolicionista brasileiro (1868-88). São Paulo: Companhia das. Letras, 2015.

ALVES, José Carlos Moreira. Aspectos do ensino do direito romano na Faculdade de Direito de São Paulo, durante o Império. **Revista da Faculdade de Direito, Universidade de São Paulo**, [s. l.], v. 86, p. 9-43, 1991. Disponível em: https://www.revistas.usp.br/rfdusp/article/view/67152. Acesso em: 6 jan. 2023.

AMARAL, Antonio Barreto do. Jornalismo Acadêmico, **Revista do Arquivo Municipal**, São Paulo, ano 40, n. 190, p. 9-298, jul./dez. 1977a.

AMARAL, Antonio Barreto do. Os poetas da academia e a abolição. **Revista do Arquivo Municipal**, São Paulo, ano 40, n. 190, p. 299-319, jul./dez. 1977b.

ANGELELLI, Gustavo. **Cândido Mendes de Almeida**: um jurista-historiador no Brasil oitocentista. São Paulo, Almedina, 2022.

ARANHA, Graça. **O meu proprio romance**. [São Paulo]: Companhia Editora Nacional, 1931.

ARQUIVO PUBLICO DO ESTADO DA BAHIA. **A Revolução de 7 de novembro de 1837 (Sabinada)**. V. II. Bahia: Companhia Editora e Graphica, 1938.

ARRUDA, João. **Filosofia do direito**. 3. ed. 2 v. São Paulo: Faculdade de Direito, Universidade de São Paulo, 1942.

AUDREN, Frédéric; HALPÉRIN, Jean-Louis. **La culture juridique française**: entre mythes et réalités. XIXe-XXe siècles. Paris: CNRS, 2013.

AULER, Guilherme. Introdução. *In:* DOM PEDRO II. **Viagem a Pernambuco em 1859**. Recife: Secretaria do Interior e Justiça, Arquivo Público Estadual, 1952, p. 5-20.

AYRES, Vivian Nani. **Da sala de leitura à tribuna**: livros e cultura jurídica em São Paulo no século XIX. 2018. Tese (Doutorado em História Econômica) – Faculdade de Filosofia, Letras e Ciências Humanas, Universidade de São Paulo, São Paulo, 2018. doi:10.11606/T.8.2019.tde-25032019-105757. Acesso em: 20 jul. 2021.

# REFERÊNCIAS

AZEVEDO, Augusto César de Miranda. Dr. José Maria Correia de Sá e Benevides. **Revista do Instituto Historico e Geographico de São Paulo**, São Paulo, v. 6, 1900-1901, p. 737-41.

AZEVEDO, Celia Maria Marinho de. **Onda negra, medo branco**: o negro no imaginário das elites século XIX. 3. ed. São Paulo: Annablume, 2008.

AZEVEDO, Elciene. **Orfeu de Carapinha**: a trajetória de Luiz Gama na imperial cidade de São Paulo. Campinas, SP: Editora da Unicamp, Centro de Pesquisa em História Social da Cultura, 1999.

AZEVEDO, Elciene. Para inglês ver? Os advogados e a lei de 1831. **Estudos Afro--Asiáticos**, v. 29, p. 245–280, 2007.

AZEVEDO, Elciene. **O direito dos escravos**: lutas jurídicas e abolicionismo na província de São Paulo. Campinas, SP: Editora da Unicamp, 2010.

AZEVEDO, Elisabeth R. **Um palco sob as arcadas**: o teatro dos estudantes de Direito do Largo de São Francisco em São Paulo, no século XIX. São Paulo: Annablume; Fapesp, 2000.

BAL, Mieke. **Travelling concepts in the humanities**. University of Toronto Press, Year: 2002.

BANDECCHI, Brasil. **A Bucha, a Maçonaria e o espírito liberal**. 3. ed. São Paulo: Parma, 1982.

BARRETO, Luiz Antonio. **Tobias Barreto**. Aracaju: Sociedade Editorial do Sergipe, 1994.

BARROS, Francisco Borges de. **Dr. J. J. Seabra**: sua vida, sua obra na República. Bahia: Imprensa Oficial do Estado, 1931.

BARROS, Roque Spencer Maciel de. **A ilustração brasileira e a idéia de universidade**. São Paulo: Convívio, EDUSP, 1986. (Biblioteca do pensamento brasileiro. Textos; 6)

BARROS, Roque Spencer Maciel de. Vida Religiosa. In HOLANDA, Sérgio Buarque de (dir.). **História Geral da Civilização Brasileira**. 8. ed. Tomo II – O Brasil Monárquico. V. 4 – Declínio e Queda do Império. Rio de Janeiro: Bertrand Brasil, 2012, p. 369-391.

BASDEVANT-GAUDEMET, B. Gabriel Bonnot de Mably. *In:* ARABEYRE, Patrick; HALPÉRIN, Jean-Louis; KRYNEN, Jacques (dir.). **Dictionnaire historique des juristes français**: XIIe-XXe siècle. Paris: Presses Universitaires de France, 2008, p. 683-684.

BASTOS, Aurélio Wander. **O ensino jurídico no Brasil**. 2. ed. rev. e atual. Rio de Janeiro: Lumen Iuris, 2000.

BATTISTA, Francesco Di. Per la storia dela primaa cattedra universitaria d'economia. Napoli 1754-1866. *In:* AUGELLO, Massimo M.; BIANCHINI, Marco; GIOLI, Gabriella; ROGGI, Piero (org.). **Le Cattedre di Economia Politica in Italia**: La Diffusione di una Disciplina 'Sospetta' (1750-1900). 2a ed. Milano: Franco Angeli, 1988, p. 31-46.

BEDIAGA, Begonha (org.). **Diário do Imperador D. Pedro II (1840-1891)**. Petrópolis: Museu Imperial, 1999. Disponível em: https://museuimperial.museus. gov.br/diarios/. Acesso em: 25 jan. 2021. 43 v.

BEDIAGA, Begonha. Discreto personagem do império brasileiro: Luís Pedreira do Couto Ferraz, visconde do Bom Retiro (1818-1886). **Topoi**, Rio de Janeiro, v. 18, n. 35, p. 381-405, maio/ago. 2017.

BEFFA, Maria Lucia; NAPOLEONE, Luciana Maria. Da primeira biblioteca pública oficial de São Paulo à biblioteca da Faculdade de Direito da USP: história da biblioteca de suas origens até a criação da USP. *In:* BITTAR, Eduardo Bianca (coord.). **História do Direito Brasileiro**. 2. ed. São Paulo: Atlas, 2003, p. 171-186.

BERBEL, Márcia; MARQUESE, Rafael; PARRON, Tâmis. **Escravidão e política**: Brasil e Cuba, c. 1790-1850. São Paulo: Hucitec, 2010.

BEVILÁQUA, Clóvis. **História da Faculdade de Direito do Recife**. 3. ed. Recife: Ed. Universitária da UFPE, 2012 [1927]. (Coleção Nordestina). Disponível em: https://editora.ufpe.br/books/catalog/download/76/83/223?inline=1. Acesso em: 22 mar. 2021.

BLECHER, Jens; WIEMERS, Gerald (Hg.). **Die Matrikel der Universität Leipzig**. Teilband II – Die Jahre 1832 bis 1863. Weimar: VDG, 2008.

BONNECASE, Julien. **Qu'est-ce qu'une faculté de droit?** Complément de la monographie: Introduction à l'étude du droit. Paris: Recueil Sirey, 1929.

BORGES, Bernardino Jozé. Noticia sobre o Conselheiro José Bento da Cunha Figueiredo, Visconde do Bom Conselho. **Revista Trimestral do Instituto Historico e Geographico Braziliero**, t. 56, v. 88, pt. 2, p. 45-61, 1893.

BORRMANN, Ricardo. **Tobias Barreto, Sílvio Romero und die Deutschen**: die Rezeption deutschsprachiger Autoren in der brasilianischen Rechtskultur (1869-1889). Stuttgart: Franz Steiner Verlag, 2019.

BOSI, Alfredo. **Dialética da colonização**. São Paulo: Companhia das Letras, 1992.

BOUCHER, David. **The Limits of Ethics in International Relations**: Natural Law, Natural Rights, and Human Rights in Transition. Oxford: Oxford University Press, 2009. Disponível em: https://doi.org/10.1093/acprof:oso/9780199203529.003.0008. Acesso em: 23 dez. 2022.

BOURDIEU, Pierre. La force du droit: eléments pour une sociologie du champ juridique. **Actes de la recherche en sciences sociales**, v. 64, setembro de 1986, p. 3-19. Disponível em: http://www.persee.fr/doc/arss_0335-5322_1986_num_64_1_2332. Acesso em 14 mar. 2020.

BRAGA, Teophilo. **Historia da Universidade de Coimbra nas suas relações com a instucção publica portugueza**. Lisboa: Academia real das sciencias, 1892-1902. 4 t.

BRANCO, Francisco de Assis Couto Castello. **Antônio Coelho Rodrigues**: Vida e Obra. Teresina: UFPI, 1987.

BRANDÃO, Mário; LOPES D'ALMEIDA, Manuel. **A Universidade de Coimbra:** esbôço da sua história. Coimbra: Por ordem da Universidade/Atlantida, 1937.

BRASIL. **A Abolição no Parlamento:** 65 anos de luta. 3. ed. Brasília: Senado Federal, Secretaria de Editoração e Publicações, 2020.

BRASIL, Thomaz Pompêo de Sousa. **O ensino superior no Brasil e relatório da Faculdade de Direito do Ceará nos annos de 1911 e 1912 pelo Dr. Thomaz Pompêo de Sousa Brasil.** Fortaleza: Typ. Minerva, de Assis Bezerra, 1913.

BROPHY, Alfred L. **University, Court, and Slave:** Pro-Slavery Thought in Southern Colleges and Courts and the Coming of Civil War. New York, NY: Oxford University Press, 2016.

BROTERO, Frederico de Barros. **Traços biographicos do Conselheiro José Maria de Avellar Brotero.** São Paulo: Escolas Profissionaes do Lyceu Coração de Jesus, 1933.

BROTERO, Frederico de Barros; VIOTTI, Dario Abranches (Colab.). **Descendentes do conselheiro José Maria de Avelar Brotero.** São Paulo: [s. n.], 1961.

BRUNO, Ernani Silva. **Histórias e Tradições da Cidade de São Paulo.** V. II – Burgo de Estudantes (1828-1872). Rio de Janeiro: Livraria José Olympio Editôra, 1954.

BUENO, Luiz de Freitas. A Evolução do Ensino de Economia no Brasil. **Ensaios Econômicos da EPGE,** n.º 5. Rio de Janeiro: IBRE/FGV, 1972. Disponível em: http://bibliotecadigital.fgv.br/dspace/handle/10438/688. Acesso em: 28 dez. 2020.

CABRAL, Gustavo César Machado. **Direito natural e iluminismo no direito português no final do Antigo Regime.** 2011. 233f. Dissertação (Mestrado em Ordem Jurídica Constitucional) – Faculdade de Direito, Universidade Federal do Ceará, Fortaleza, 2011.

CALAFATE, Pedro. **A ideia de natureza no século XVIII em Portugal (1740--1800).** Lisboa: Imprensa Nacional-Casa da Moeda, 1994.

CALHEIROS, Clara. O krausismo de Vicente Ferrer Neto Paiva. *In:* TEIXEIRA, António Braz; PUERTO, Gonzalo del; EPIFÂNIO, Renato. **O krausismo ibérico e latino-americano.** Lisboa: Instituto Cervantes/Movimento Internacional Lusófono, 2019, p. 87-104.

CALHEIROS, Maria Clara. **A filosofia jurídico-política do krausismo português.** Lisboa: Imprensa Nacional-Casa da Moeda, 2006.

CAMARA, Phaelante da. **Memoria Historica da Faculdade do Recife – ano de 1903.** Recife: Imprensa Industrial, 1904a. Disponível em: https://repositorio.ufpe.br/handle/123456789/31991. Acesso em: 03 mar. 2020.

CAMARA, Phaelante da. Aprigio Guimarães. **A cultura academica,** Recife, anno I, v. I, t. I, fasc, II, 12 out. 1904b, p. 91-105.

CAMARA, Phaelante da. Tradições Academicas. **A cultura academica,** Recife, anno III, v. III, t. I, fascículos I-III, 1906, p. 21-34.

CAMPOS NETO, Antonio Augusto Machado de. de. As cadeiras extintas da Academia de Direito de São Paulo. **Revista da Faculdade de Direito, Universidade de São Paulo**, [s. l.], v. 108, p. 93-115, 2013. Disponível em: https://www.revistas.usp.br/rfdusp/article/view/67977. Acesso em: 6 jan. 2023.

CARLANDER, Jay R.; BROWNLEE, W. Elliot. Antebellum Southern Political Economists and the Problem of Slavery. **American Nineteenth Century History**, v. 7, issue 3, p. 389-416, 2006.

CARNEIRO FILHO, Humberto João; SILVA, Adilza Dandeira da (org.). **Guia de introdução à história da Faculdade de Direito do Recife**. Recife: Pró-Reitoria de Extensão e Cultura da UFPE; Ed. UFPE, 2022. Disponível em: https://editora.ufpe.br/books/catalog/book/781 . Acesso em: 30 set. 2022.

CARVALHO, Flávio Rey de. **Um iluminismo português? A reforma da Universidade de Coimbra (1772)**. São Paulo: Annablume, 2008.

CARVALHO, José Murilo de. **A construção da ordem**: a elite política; **Teatro das sombras**: a política imperial. 10. ed. Rio de Janeiro: Civilização Brasileira, 2017.

CARVALHO, Marcus J. M. de. **Liberdade**: rotinas e rupturas do escravismo no Recife, 1822-1850. 2. ed. Recife: Editora Universitária UFPE, 2010.

CASSI, Aldo Andrea. **Il "bravo funzionario" absburgico tra Absolutismus e Aufklärung**: il pensiero e l'opera di Karl Anton Von Martini (1726-1800). Milano: Giuffrè, 1999.

CASTILHO, Celso Thomas. **Slave emancipation and transformations in Brazilian political citizenship**. Pittsburgh, PA: University of Pittsburgh Press, 2016.

CHACON, Vamireh. **História das idéias socialistas no Brasil**. 2. ed. Fortaleza/Rio de Janeiro: Edições UFC/Civilização Brasileira, 1981.

CHACON, Vamireh. **Formação das ciências sociais no Brasil**: da Escola do Recife ao Código Civil. 2. ed. São Paulo: Fundação Editora da Unesp, 2008.

CHALHOUB, Sidney. The politics of silence: Race and citizenship in nineteenth-century Brazil. **Slavery & Abolition**, v. 27, n. 1, p. 73-87, 2006.

CHALHOUB, Sidney. **Visões da liberdade**: uma história das últimas décadas da escravidão na corte. São Paulo: Companhia das Letras, 2011.

CHALHOUB, Sidney. **A força de escravidão**: ilegalidade e costume no Brasil oitocentista. São Paulo: Companhia das Letras, 2012.

CHALHOUB, Sidney. The Politics of Ambiguity: Conditional Manumission, Labor Contracts, and Slave Emancipation in Brazil (1850s–1888). **International Review of Social History**, v. 60, n. n. 2, p. 161-191, 2015.

CHIARAMONTE, José Carlos. **Nacionalismo y liberalismo económicos en Argentina, 1860-1880**. Buenos Aires: Solar/Hachette, 1971.

COELHO, Celso Barros (org.). **Coelho Rodrigues e o código civil**: comemoração do sesquicentenário de nascimento. Teresina: Gráfica do Povo, 1998.

# REFERÊNCIAS

CONRAD, Robert. **Os últimos anos da escravatura no Brasil**. 1850-1888. 2. ed. Rio de Janeiro: Civilização Brasileira, 1975.

COSENTINO, Daniel do Val. **Formação do pensamento econômico brasileiro no século XIX**. 2016. Tese (Doutorado em História Econômica) – Faculdade de Filosofia, Letras e Ciências Humanas, Universidade de São Paulo, São Paulo, 2016. doi:10.11606/T.8.2016.tde-22082016-113828. Acesso em: 26 dez. 2020.

COSENTINO, Daniel do Val. As origens do ensino de Economia no Brasil e o pensamento econômico brasileiro. *In:* COSENTINO, Daniel do Val; GAMBI, Thiago Fontelas Rosado (org.). **História do pensamento econômico**: pensamento econômico brasileiro. Niterói/São Paulo: Eduff/Hucitec, 2019, p. 163-192.

COSTA, Cruz. **Contribuição à História das Idéias no Brasil**. 2. ed. Rio de Janeiro: Civilização Brasileira, 1967.

COSTA, Emília Viotti da. **A abolição**. 9. ed. São Paulo: Editora UNESP, 2010a.

COSTA, Emília Viotti da. **Da Senzala à Colônia**. 5. ed. São Paulo: Editora UNESP, 2010b.

COSTA, Emília Viotti da. **Da Monarquia à República**: momentos decisivos. 9. ed. São Paulo: Editora da UNESP, 2010c.

COSTA, Mário Júlio de Almeida. Leis, Cânones, Direito, Faculdades de. *In:* SERRÃO, Joel (dir.). **Dicionário de História de Portugal**. V. 3. Porto: Livraria Figueirinhas, 1981, p. 453-471.

COSTA, Mário Júlio de Almeida; MARCOS, Rui de Figueiredo. Reforma pombalina dos estudos jurídicos. *In:* Araújo, Ana Cristina (coord.). **O Marquês de Pombal e a Universidade**. 2. ed. Coimbra: Imprensa da Universidade de Coimbra, 2014, p. 107-139.

CRAVER, Erleane. How ideas migrate. *In:* KRÄMER, Hagen M.; KURZ, Heinz D.; TRAUTWEIN, Hans Michael (ed.). **Macroeconomics and the history of Economic Thought**: Festschrift in Honour of Harald Hagemann, Londres/New York: Routledge, 2012, p. 158-164.

CUNHA, Luiz Antônio. **A universidade temporã**: o ensino superior da Colônia à Era Vargas. 3. ed. [rev.]. São Paulo: Editora UNESP, 2007.

CUNHA, Paulo Ferreira da. **Temas e perfis da filosofia do direito luso-brasileira**. Lisboa: Imprensa Nacional-Casa da Moeda, 2000.

DAVIS, David Brion. **The Problem of Slavery in Western Culture**. Ithaca, NY: Cornell University Press, 1967.

DEAECTO, Marisa Midori. **O império dos livros**: instituições e práticas de leitura na São Paulo oitocentista. São Paulo: Editora da Universidade de São Paulo/Fapesp, 2011.

DIAS, António Simões. **A filosofia do direito de Vicente Ferrer Neto Paiva**. Lousã: Câmara Municipal da Lousã, 1999.

DOGUET, Jean-Paul. **Les philosophes et l'esclavage**. Paris: Éditions Kimé, 2016.

DOLEMEYER, Barbara. Zeiller, Fanz von. *In:* KATZ, Stanley N. (ed.). **The Oxford International Encyclopedia of Legal History**. V. 6. Oxford, [UK]: Oxford University Press, 2009, p. 162-163.

DRESCHER, Seymour. **The mighty experiment**: free labor versus slavery in British emancipation. New York: Oxford University Press, 2002.

DUVE, Thomas. European Legal History – Concepts, Methods, Challenges. *In:* DUVE, Thomas (ed.). **Entanglements in Legal History**: Conceptual Approaches. Frankfurt am Ma*In:* Max Planck Institute for European Legal History, 2014, p. 29-66.

DYER, Justin Buckley. **Natural Law and the Antislavery Constitutional Tradition**. Cambridge, MA: Cambridge University Press, 2012.

EDITOR, O. Conselheiro Padre Dr. Manoel Joaquim do Amaral Gurgel (1858-1864). **Revista da Faculdade de Direito, Universidade de São Paulo**, [*s. l.*], v. 88, p. 31-34, 1993a. Disponível em: https://www.revistas.usp.br/rfdusp/article/view/67187. Acesso em: 13 jul. 2021.

EDITOR, O. Conselheiro Dr. Carlos Carneiro de Campos (Visconde de Caravellas) (1833-1835). **Revista da Faculdade de Direito, Universidade de São Paulo**, [*s. l.*], v. 88, p. 19-22, 1993b. Disponível em: https://www.revistas.usp.br/rfdusp/article/view/67184. Acesso em: 14 dez. 2020.

EGAS, Eugenio. São Paulo – A Cidade. **Revista do Instituto Historico e Geographico de São Paulo**, v. XIV, p. 289-298, 1909.

EGAS, Eugenio. **Galeria dos presidentes de São Paulo**. V. 1 – Periodo Monarchico, 1822-1889. São Paulo: Secção de obras d'"O Estado de S. Paulo", 1926.

ESTÈVE, Laurent. **Montesquieu, Rousseau, Diderot**: Du genre humain au bois d'ébène. Les silences du droit naturel. Paris: Éditions UNESCO, 2002.

FAUCCI, Riccardo. COSSA, Luigi. *In:* **Dizionario Biografico degli Italiani**, v. 30. Roma: Istituto dell'Enciclopedia Italiana, 1984, p. 92-97. Disponível em: https://www.treccani.it/enciclopedia/luigi-cossa_(Dizionario-Biografico)/. Acesso em: 21 jan. 2021.

FERREIRA, Daniel Carvalho. **O Juízo dos Libertos**: Escravidão e Campo Jurídico no Brasil Imperial (1850-1871). Belo Horizonte: Laffayette, 2021.

FERREIRA, João Gabriel Arato. **As dissertações de direito civil apresentadas na Academia de Direito de São Paulo no período 1834-1878**. 2016. Dissertação (Mestrado em Filosofia e Teoria Geral do Direito) – Faculdade de Direito, Universidade de São Paulo, São Paulo, 2016.

FERREIRA, Julio Pires. **Almanach de Pernambuco**: 21º anno. Recife: Imprensa Industrial, 1918. Disponível em: http://memoria.bn.br/docreader/228443/7841. Acesso em: 11 jan, 2021.

FERREIRA, Luiz Pinto. **História da Faculdade de Direito do Recife**. 2. ed. Recife: Faculdade de Ciências Humanas de Pernambuco, 1994.

FERREIRA, Rafael Reis. **Direito e Escravidão**: Reflexão crítica da historicidade para o jurisprudencialismo no Brasil. 2020. Tese (Doutorado em Direito) – Faculdade de Direito, Universidade de Coimbra, Coimbra, 2020.

FERREIRA, Waldemar. Congregação da Faculdade de Direito de São Paulo na centuria de 1827 a 1927. Notas compiladas e coordenadas pelo Dr. Waldemar Ferreira, professor cathedratico de Direito Commercial. I – Os directores. **Revista da Faculdade de Direito de São Paulo**, São Paulo, v. 24, p. 3-38, jan. 1928a. Disponível em: http://www.revistas.usp.br/rfdsp/article/view/65215/67820. Acesso em: 16 jun. 2019.

FERREIRA, Waldemar. Congregação da Faculdade de Direito de São Paulo na centuria de 1827 a 1927. Notas compiladas e coordenadas pelo Dr. Waldemar Ferreira, professor cathedratico de Direito Commercial. II – Os lentes e os professores cathedraticos. **Revista da Faculdade de Direito de São Paulo**, São Paulo, v. 24, p. 39-143, jan. 1928b. Disponível em: http://www.revistas.usp.br/rfdsp/article/view/65216/67821. Acesso em: 16 jun. 2019.

FERREIRA, Waldemar. Congregação da Faculdade de Direito de São Paulo na centuria de 1827 a 1927. Notas compiladas e coordenadas pelo Dr. Waldemar Ferreira, professor cathedratico de Direito Commercial. III – Os lentes substitutos. **Revista da Faculdade de Direito de São Paulo**, São Paulo, v. 24, p. 145-156, jan. 1928c. Disponível em: http://www.revistas.usp.br/rfdsp/article/view/65217/67822. Acesso em: 16 jun. 2019.

FERREIRA, Waldemar. Congregação da Faculdade de Direito de São Paulo na centuria de 1827 a 1927. Notas compiladas e coordenadas pelo Dr. Waldemar Ferreira, professor cathedratico de Direito Commercial. IV – Os Livres Docentes. **Revista da Faculdade de Direito de São Paulo**, São Paulo, v. 24, p. 157-163, 1928d. Disponível em: https://www.revistas.usp.br/rfdsp/article/view/65218. Acesso em: 16 jun. 2019.

FERREIRA, Waldemar. Congregação da Faculdade de Direito de São Paulo na centuria de 1827 a 1927. Notas compiladas e coordenadas pelo Dr. Waldemar Ferreira, professor cathedratico de Direito Commercial. V – Os lentes e professores e suas cathedras. **Revista da Faculdade de Direito de São Paulo**, São Paulo, v. 24, p. 165-175, 1928e. Disponível em: https://www.revistas.usp.br/rfdsp/article/view/65219. Acesso em: 16 jun. 2019.

FERRER, Vicente. Dr. Braz Florentino Henriques de Souza. **A cultura academica**, Recife, anno II, v. II, t. I, fasc, II, p. 83-98, set./out. de 1905.

FERRINI, Contardo. **Il digesto**. Milano: Ulrico Hoepli, 1893.

FINLEY, Moses I. **Escravidão antiga e ideologia moderna**. Tradução de Norberto Luiz Guarinello. Rio de Janeiro: Graal, 1991.

FLORES, Alfredo de J.; MACHADO, Gustavo Castagna. Tradução cultural: um conceito heurístico alternativo em pesquisas de direito. **História e Cultura**,

Franca, v. 4, n. 3, p. 118-139, dez. 2015. Disponível em: https://ojs.franca.unesp. br/index.php/historiaecultura/article/view/1695. 24 set. 2022.

FONSECA, Ricardo Marcelo. A formação da cultura jurídica nacional e os cursos jurídicos no Brasil: uma análise preliminar (1854-1879). **Cuadernos del Instituto Antonio de Nebrija de Estudios sobre la Universidad, Madri**, v. 8, n. 1, p. 97-116, 2005.

FONSECA, Ricardo Marcelo. Vias da Modernização Jurídica Brasileira: a cultura jurídica e os perfis dos juristas brasileiros do século XIX. **Revista Brasileira de Estudos Políticos**, v. 98, p. 257-293, 2008. Disponível em: https://pos.direito.ufmg.br/rbep/index.php/rbep/article/view/76. Acesso em 16 jul. 2020.

FORMIGA, Armando Soares de Castro. **Periodismo jurídico no Brasil do Século XIX**. Curitiba: Juruá, 2010.

FREITAS, Afonso A. de. **A Imprensa Periódica de São Paulo desde os primórdios em 1823 até 1914**. São Paulo: Typ. do "Diairo Official", 1915. Disponível em: https://bibdig.biblioteca.unesp.br/collections/ad9b93ca-54e1-4d94-a070-94e2765de1e0. Acesso em: 05 abr. 2022.

FREYRE, Gilberto. A propósito da chamada Escola do Recife e do seu germanismo. *In:* FREYRE, Gilberto. **"Nós e a Europa germânica"**: em torno de alguns aspectos das relações do Brasil com a cultura germânica no decorrer do século XIX. 2. ed. Recife, PE: Fundação Gilberto Freyre; Rio de Janeiro, Editora Bra-Deutsch, [1987?], p. 115-125.

FREYRE, Gilberto. **O escravo nos anúncios de jornais brasileiros do século XIX**. 4. ed. rev. São Paulo: Global Editora, 2010.

FURTADO, Celso. **Formação econômica do Brasil**. 34. ed. São Paulo: Companhia das Letras, 2007.

GALVÃO, Benjamin Franklin Ramiz (org.). **Catalogo do gabinete português de leitura no Rio de Janeiro organizado segundo o systema decimal de Melvil Dewey, pelo Dr. Benjamin Franklin Ramiz Galvão**. V. 1. Rio de Janeiro: Typ. do "Jornal do Commercio" de Rodrigues & C., 1906.

GODOY, Arnaldo Sampaio de Moraes. **Tobias Barreto**: uma biografia intelectual do insurreto sergipano e sua biblioteca com livros alemães no Brasil do século XIX. Curitiba: Juruá, 2018.

GOMES, Alfredo. **João Teodoro**: o mais original e fecundo presidente de São Paulo. São Paulo: Livraria Martins Editora, 1967.

GÓMEZ-MARTÍNEZ, José Luis. El krausismo em Iberoamérica. *In:* [S. n.]. **El krausismo y su influencia em América Latina**. Madrid: Fundación Friedrich Ebert/Instituto Fe y Secularidad, 1989, p. 47-82.

GREMAUD, Amaury Patrick. **Das controvérsias teóricas à política econômica**: pensamento econômico e economia Brasileira no segundo reinado e na primeira república. 1997. 265 f. Tese (Doutorado em Economia) – Faculdade de Economia, Administração e Contabilidade, Universidade de São Paulo, São Paulo, 1997.

GREMAUD, Amaury Patrick. Henry Dunning Macleod e a Economia Política no Brasil. *In:* **Anais XXVII Encontro Nacional de Economia**, 1999, Belém, v. 1, p. 573-589.

GREMAUD, Amaury Patrick. Ensino de economia. *In:* AIDAR, Bruno; LOPES, José Reinaldo de Lima; SLEMIAN, Andréa (org.). **Dicionário histórico de conceitos jurídico-econômicos (Brasil, séculos XVIII-XIX)**. v. 1. São Paulo: Alameda, 2020, p. 315-350.

GRINBERG, Keila. Slavery Manumission and the Law in Nineteenth-Century Brazil: Reflections on the Law of 1831 and the 'Principle of Liberty' on the Southern Frontier of the Brazilian Empire. **European Review of History**, v. 16, n. 3, p. 401-411, 2009.

GUIDI, Marco E. L. Le traduzioni dei manuali di Luigi Cossa: uno studio bibliografico. *In:* BIENTINESI, Fabrizio; GUIDI, Marco E. L.; MICHELINI, Luca. **Una inesauribile progettualità**: saggi di storia del pensiero economico in onore di Massimo M. Augello. Pisa: Pisa University Press, 2020, p. 109-137.

GUIDI, Marco E. L.; LUPETTI, Monica. Markets for Knowledge. The Institutionalisation of Economics, the Rationalization of Language Learning and the Brazilian Translation of Luigi Cossa's *Primi elementi di economia politica*. *In:* CARPI, Elena e GUIDI, Marco E. L. (ed.) **Languages of Political Economy**: Cross-disciplinary studies on economic translations. Pisa: Pisa University Press, 2014, p. 135-183.

HALPÉRIN, Jean-Louis. **Histoire de l'état des juristes**: Allemagne, XIXe-XXe siècles. Paris: Classiques Garnier, 2015.

HARRIS, Leslie M. Harris; CAMPBELL, James T.; BROPHY, Alfred L. (ed.). **Slavery and the university**: histories and legacies. Athens: Universtiy of Georgia Press, 2019.

HARVARD. Presidential Committee on Harvard. **The legacy of slavery at Harvard**: report and recommendations of the Presidential Committee. Cambridge, Massachusetts/London, England: Harvard University Press, 2022. Disponível em: https://legacyofslavery.harvard.edu/report. Acesso em: 06 jan. 2023.

HAYEK, Frederich A. Macleod. *In:* SELIGMAN, E. R. A. (ed.). **Encyclopedia of the Social Sciences**. V. 10. New York: Macmillan, 1933.

HEBEIS, Michael. **Karl Anton von Martini (1726-1800)**: Leben und Werk. Frankfurt am Ma*In:* Peter Lang, 1996.

HENRIQUES, Isabel Castro e SALA-MOLINS, Louis (ed.). **Déraison, esclavage et droit**: les fondements ideologiques et juridiques de la traite négrière et de l'esclavage. Paris: Éditions UNESCO, 2002.

HERZER, Evi. **Der Naturrechtsphilosoph Heinrich Ahrens (1808-1874)**. Berl*In:* Duncker & Humblot, 1993. (Schriften zur Rechtstheorie; H. 159)

HESPANHA, António Manuel. **Cultura Jurídica Europeia**: síntese de um milénio. Coimbra: Almedina, 2015.

HESPANHA, António Manuel. Recomeçar a Reforma Pombalina? Da reforma dos estudos jurídicos de 1772 ao ensino do direito de 1972. **Revista de Direito e de Estudos Sociais** (separata), Coimbra, ano 19, jan./dez., n. 1-2-3-4, p. 5-34, 1974.

HOBSBAWM, Eric. **The Age of Revolution**: 1789-1848. New York: Vintage Books, 1996.

HUGON, Paul. A Economia Política no Brasil. *In:* AZEVEDO, Fernando de. **As Ciências no Brasil**. v. 2. São Paulo: Ed. Melhoramentos, [1955], p. 299-352.

HUNT, E. K.; LAUTZENHEISER, Mark. **History of Economic Thought**: A Critical Perspective. 3rd ed. Armonk, New York/London, England: M. E. Sharpe, 2011.

HUZZEY, Richard. **Freedom burning**: anti-slavery and empire in Victorian Britain. Ithaca/London: Cornell University Press, 2012.

IANNI, Octavio. **As metamorfoses do escravo**. 2. ed. São Paulo: Hucitec; Curitiba: Scientia et Labor, 1988.

JARDIM, Silva. **Memorias e viagens**. V. 1 – Campanha de um propagandista (1887-1890). Lisboa: Typ. da Companhia Nacional Editora, 1891.

JIMÉNEZ, Rafael V. Orden. **El sistema de la filosofía de Krause**: génesis y desarrollo del panenteísmo. Madrid: Universidad Pontificia Comillas, 1998.

JIMÉNEZ, Rafael V. Orden. ¿Por qué fuimos krausistas?. *In:* TEIXEIRA, António Braz; PUERTO, Gonzalo del; EPIFÂNIO, Renato. **O krausismo ibérico e latino-americano**. Lisboa: Instituto Cervantes/Movimento Internacional Lusófono, 2019, p. 51-83.

KIRKENDALL, Andrew J. **Class mates**: male student culture and the making of a political class in nineteenth-century Brazil. Lincoln: University of Nebraska Press, 2002. (Engendering Latin America; v. 6.)

KIRSCHNER, Tereza Cristina. **Visconde de Cairu**: itinerários de um ilustrado luso-brasileiro. São Paulo/Belo Horizonte: Alameda/Editora PUCMinas, 2009.

KOHL, G. Zeiller, Franz von (1751-1828). *In:* STOLLEIS, Michael (Herausgegeben). **Juristen**: ein biographisches Lexikon: von der Antike bis zum 20. Jahrhundert. München: C. H. Beck, 2001, p. 687-689.

LACOMBE, Américo Jacobina. A cultura jurídica, in HOLANDA, Sérgio Buarque de (org.). **História geral da civilização brasileira**. T. II, v. 5 – O Brasil monárquico: reações e transações. 9. ed. Rio de Janeiro: Bertrand Brasil, 2013, p. 414-428.

LARA, Tiago Adão. **Tradicionalismo católico em Pernambuco**. Recife: Fundação Joaquim Nabuco, Editora Massangana, 1988.

LEON, Sharon M. Digitial Histories of Slavery and Higher Education. **Journal of American History**, Vol. 107, Issue 3, December 2020, p. 816. Disponível em: https://doi.org/10.1093/jahist/jaaa452. Acesso em: 06 jan. 2023.

LESSA, Pedro. **Estudos de philosophia do direito**. 2. ed. Rio de Janeiro: Livraria Francisco Alves, 1916.

LIMA, Heitor Ferreira. **História do pensamento econômico no Brasil**. 2. ed. São Paulo: Ed. Nacional, 1978.

LIMA, Hermes. **Tobias Barreto**: a época e o homem. 2. ed. São Paulo: Companhia Editora Nacional, 1957.

LINS, Edmundo; KELLY, Octavio. A questão da Academia de Direito com os frades franciscanos. **Revista da Faculdade de Direito, Universidade de São Paulo**, v. 33, n. 3, p. 497-510, 1937. Disponível em: http://www.revistas.usp.br/rfdusp/article/view/65816/68427. Acesso em: 02 mar. 2020.

**LIVRO do centenário dos cursos jurídicos (1827-1927)**. V. 2 – Trabalhos do Congresso de Ensino Superior, realizado de 11 a 20 de agosto de 1927. Rio de Janeiro: Imprensa Nacional, 1929.

LOPES, José Reinaldo de Lima. Iluminismo e jusnaturalismo no ideário dos juristas da primeira metade do século XIX. *In:* JANCSÓ, István (org.). **Brasil**: formação do Estado e da Nação. São Paulo-Ijuí: Hucitec; Ed. Unijuí; FAPESP, 2003, p. 195-218.

LOPES, José Reinaldo de Lima. **O oráculo de Delfos: Conselho de Estado e direito no Brasil oitocentista**. São Paulo: Editora Saraiva/Fundação Getúlio Vargas, Direito GV, Escola de Direito de São Paulo, 2010.

LOPES, José Reinaldo de Lima. História das ideias, das instituições e teoria do direito entre a história e o direito. *In:* SILVA, Cristina Nogueira da; XAVIER, Angela Barreto; HESPANHA, Pedro Cardim (org.). **António Manuel Hespanha: entre a história e o direito**. Coimbra: Almedina, 2015, p. 199-207.

LOSANO, Mario G. **Un giurista tropicale**: Tobias Barreto fra Brasile reale e Germania ideale. Roma: GLF editori Laterza, 2000.

MACHADO, Manoel Cabral. A filosofia jurídica de Tobias Barreto. *In:* BARRETO, Tobias; BARRETO, Luiz Antonio (Org). **Obras completas**. V. 4 – Estudos de Direito III. Rio de Janeiro: J. E. Solomon; Aracaju, Diário Oficial, 2013, p. 461-473.

MACHADO JÚNIOR, Armando Marcondes. **Cátedras e catedráticos**: Curso de Bacharelado Faculdade de Direito Universidade de São Paulo, 1827-2009. São Paulo: MAGEART, 2010.

MACHADO NETO, A. L. **História das idéias jurídicas no Brasil**. S. Paulo: Editorial Grijalbo/Editôra da Universidade de São Paulo, 1969.

MAMIGONIAN, Beatriz Gallotti. O estado nacional e a instabilidade de propriedade escrava: a Lei de 1831 e a matrícula dos escravos de 1872. **Almanack**, v. 2, p. 20-37, 2011.

MARCHI, Neil de. Mill, John Stuart (1806-1873). *In:* DURLAUF, Steven N. e BLUME, Lawrence E. (ed.). **The New Palgrave Dictionary of Economics**. 2nd ed. V. 5. Basingstoke, Hampshire/New York: Palgrave Macmillan, 2008, p. 607-613.

MARCOS, Rui Manuel de Figueiredo. **A legislação pombalina**: alguns aspectos fundamentais. Coimbra: Almedina, 2006.

MARQUES, Mário Reis. O krausismo de Vicente Ferrer Neto Paiva. *In:* **Boletim da Faculdade de Direito**. Coimbra: Coimbra Editora, separata do v. LXVI, 1990.

MARQUESE, Rafael de Bivar. Governo dos escravos e ordem nacional: Brasil e Estados Unidos, 1820-1860. *In:* JANCSÓ, István (org.). **Brasil**: formação do Estado e da Nação. São Paulo: HUCITEC/UNIJUÍ/FAPESP, 2003, p. 251-265.

MARTINS, Ana Luiza e BARBUY, Heloisa. **Arcadas**: história da Faculdade de Direito do Largo de São Francisco. 2. ed. São Paulo: Companhia Melhoramentos; Alternativa Serviços Programados, 1999.

MARTINS, Henrique. **Lista geral dos bachareis e doutores que têm obtido o respectivo gráu na Faculdade de Direito do Recife: desde sua fundação em olinda, no anno de 1828, até o anno de 1931.** 2. ed. Recife: Typ. Diario da Manhã, 1931. Disponível em: https://repositorio.ufpe.br/handle/123456789/34979. Acesso em: 03 mar. 2020.

MARTINS, Patrícia Carla de Melo. **Filosofia da História no Direito Natural do Brasil Império**. Beau Bassin: Novas Edições Acadêmicas, 2018.

MARTINS, Robson Luis Machado e GOMES, Flávio. Migrações ao sul: Memories of Land and Work in Brazil's Slaveholding Southeast. *In:* FISCHER, Brodwyn; GRINBERG, Keila. (ed.). **The Boundaries of Freedom**: Slavery, Abolition, and the Making of Modern Brazil (Afro-Latin America). Cambridge: Cambridge University Press, 2022, p. 213-238.

MATTOS, Hebe. **Das cores do silêncio**: os significados da liberdade no sudeste escravista – Brasil, século XIX. 3. ed. Campinas: Unicamp, 2013.

MATTOS, Ilmar Rohloff de. **O tempo Saquarema**. 7. ed. São Paulo: Hucitec, 2017. (Estudos históricos, 10)

MAXWELL, Kenneth. A geração de 1790 e a idéia do império luso-brasileiro. In: MAXWELL, Kenneth. **Chocolate, piratas e outros malandros**: ensaios tropicais. São Paulo: Paz e Terra, 1999, pp. 157-207.

MEIRELES, Edilton. **J. J. Seabra**: sua vida, sua história. 2. ed. Salvador: Assembleia Legislativa, 2012.

MENDONÇA, Joseli Nunes. **Cenas da abolição**: escravos e senhores no parlamento e na justiça. São Paulo: Editora Fundação Perseu Abramo, 2001.

MENEZES, Djacir. A caricatura do Direito Natural. *In:* BARRETO, Tobias; BARRETO, Luiz Antonio (Org). **Obras completas**. V. 2 – Estudos de Direito I. Rio de Janeiro: J. E. Solomon; Aracaju, Diário Oficial, 2013, p. 334-335.

MERCADANTE, Paulo; PAIM, Antônio. **Tobias Barreto na cultura brasileira**: uma reavaliação. São Paulo: Editora da Universidade de São Paulo/ Grijalbo, 1972.

MERCADANTE, Paulo; PAIM, Antônio. Introdução. *In:* BARRETO, Tobias; BARRETO, Luiz Antonio (Org). **Obras completas**. V. 1 – Estudos de Filosofia. Rio de Janeiro: J. E. Solomon; Aracaju, Diário Oficial, 2013, p. 39-68.

MICHALS, Teresa. "That Sole and Despotic Dominion": Slaves, Wives, and Game in Blackstone's Commentaries. **Eighteenth-Century Studies**, Vol. 27, No. 2, Winter, 1993-1994, p. 195-216.

MILGATE, Murray e LEVY, Alastair. Macleod, Henry Dunning (1821–1902). *In:* DURLAUF, Steven N. e BLUME, Lawrence E. (ed.). **The New Palgrave Dictionary of Economics Online**. 2nd ed. V. 5. Basingstoke, Hampshire/New York: Palgrave Macmillan, 2008, p. 231-232.

MONCADA, Luís Cabral de. **Subsídios para a história da filosofia do direito em Portugal**. Lisboa: Imprensa Nacional-Casa da Moeda, 2003.

MONREAL, Susana. Les Krausistes belges. Contribution à l'étude de leur influence en Amérique Latine. **Revue Belge d'Histoire Contemporaine**, XXIII, 1993, n. 3-4, p. 447-491.

MORAES, Bernardo Bissoto Queiroz de. **Expressões de latim forense e brocardos jurídicos**. São Paulo: YK Editora, 2021.

MORAES FILHO, Mello. **Um Estadista da Republica**: dr. J. J. Seabra. Rio de Janeiro: Laemert & C., 1905. Disponível em: https://hdl.handle.net/2027/txu.059173023464446. Acesso em: 08 jan. 2021.

MORAIS, Francisco. **Estudantes da Universidade de Coimbra nascidos no Brasil**. Coimbra: Faculdade de Letras da Universidade de Coimbra, Instituto de Estudos Brasileiros, 1949. Suplemento v. 4. Extraído de: Brasilia (suplemento ao v. IV).

NABUCO, Joaquim. **Um Estadista do Imperio**: Nabuco de Araujo – sua vida, suas opiniões, sua época. Rio de Janeiro: H. Garnier, 1898-1899. 3 t.

NASCIMENTO, Luiz do. **História da imprensa de Pernambuco** (1821-1954). V. 4 – Periódicos do Recife – 1821-1850. Recife: Universidade Federal de Pernambuco, 1969.

NASCIMENTO, Luiz do. **História da imprensa de Pernambuco** (1821-1954). V. 5 – Periódicos do Recife – 1851-1875. Recife: Universidade Federal de Pernambuco, 1970.

NASCIMENTO, Luiz do. **História da imprensa de Pernambuco** (1821-1954). V. 6 – Periódicos do Recife – 1876-1900. Recife: Universidade Federal de Pernambuco, 1972.

NEDER, Gizlene. Coimbra e os Juristas Brasileiros. **Discursos Sediciosos. Crime, Direito e Sociedade**, Rio de Janeiro, ano 3, ns. 5/6, p. 195-214, 1998.

NEDER, Gizlene. **Discurso jurídico e ordem burguesa no Brasil**: criminalidade, justiça e constituição do mercado de trabalho (1890-1927). 2. ed. rev. e ampliada. Niterói: Editora da UFF, 2012.

NEQUETE, Lenine. **O escravo na jurisprudência brasileira**: magistratura & ideologia no 2º reinado. Porto Alegre: [Diretoria da Revista de Jurisprudência e Outros Impressos do Tribunal de Justiça], 1988.

NESCHWARA, Ch. Martini, Karl Anton von (1726-1800). *In:* STOLLEIS, Michael (Herausgegeben). **Juristen**: ein biographisches Lexikon: von der Antike bis zum 20. Jahrhundert. München: C.H. Beck, 2001, p. 422-424.

NESTOR, Odilon. **Faculdade de Direito do Recife**: traços de sua história. Recife: Imprensa Industrial, 1930.

NEVES, Lúcia M. Bastos P. Intelectuais brasileiros nos oitocentos: a constituição de uma família sob a proteção do poder imperial (1821-1828). *In:* PRADO, Maria Emília (org.). **O Estado como vocação**. Rio de Janeiro: Access, 1999, p. 9-32.

NOGUEIRA, José Luiz de Almeida. **A Academia de São Paulo**: tradições e reminiscências, estudantes, estudantões, estudantadas. V. 1. São Paulo: Vanorden, 1907.

NOGUEIRA, José Luiz de Almeida. **A Academia de São Paulo**: tradições e reminiscências, estudantes, estudantões, estudantadas. V. 2 a 9. Lisboa: Typ. "A Editora", 1907-1912.

NOGUEIRA, José Luís de Almeida. **Curso didactico de economia politica ou sciencia do valor**. São Paulo: Typ. Siqueira, Nagel & C., 1913. 2 v.

NOGUEIRA, José Luís de Almeida. **A Academia de São Paulo**: tradições e reminiscências. V. 1-4. 3. ed. São Paulo: Saraiva, 1977.

NOGUEIRA, José Luís de Almeida. **A Academia de São Paulo**: tradições e reminiscências. V. 5. 2. ed. São Paulo: Saraiva, 1977.

NUNES, António José Avelãs. **Uma introdução à economia política**. São Paulo: Quartier Latin, 2007.

OBERKOFLER, Gerhard. Franz Anton Felix von Zeiller. *In:* BRAUNEDER, Wilhelm (Hg.), **Juristen in Österreich**: 1200-1980. Wien: Orac, 1987, p. 97-102.

OLIVEIRA, Carlos Eduardo França de. Aspectos político-econômicos da Província de São Paulo no Primeiro Reinado. **Revista de História Regional**, [*s. l.*], v. 26, n. 1, 2021, p. 35-65. Disponível em: https://revistas.uepg.br/index.php/rhr/article/view/14405. Acesso em: 26 abr. 2023.

PAES, Mariana Armond Dias. **Escravidão e direito**: o estatuto jurídico dos escravos no Brasil oitocentista (1860-1888). São Paulo, SP: Alameda, 2019.

PAES, Mariana Armond Dias. **Esclavos y tierras entre posesión y títulos**: la construcción social del derecho de propiedad en Brasil (siglo XIX). Frankfurt am MaIn: Max Planck Institute for Legal History and Legal Theory, 2021a.

PAES, Mariana Armond Dias. Direito e escravidão no Brasil Império. *In:* DANTAS, Monica Duarte; BARBOSA, Samuel (org.). **Constituição de poderes, constituição de sujeitos**: caminhos da história do Direito no Brasil (1750-1930). São Paulo: Instituto de Estudos Brasileiros, 2021b, p. 182-203.

PAIM, Antonio. Vicente Ferrer no contexto da Escola Eclética Brasileira. *In:* PAIM, Antonio *et al.* (org.). **Vicente Ferrer Neto Paiva no segundo centenário do seu nascimento, a convocação do krausismo**. Coimbra: Coimbra Editora, 1999a, p. 17-30.

PAIM, Antonio. **A escola eclética**. 2. ed. Londrina: CEFIL, 1999b.
PAIM, Antonio. **krausismo brasileiro**. 2. ed. Londrina: CEFIL, 1999c.
PAIM, Antonio. **A Escola do Recife**. 3. ed. Londrina: UEL, 1999d.
PAIM, Antonio. A trajetória filosófica de Tobias Barreto. *In:* BARRETO, T. (ed.). **Obras completas**. Rio de Janeiro/Aracaju: J. E. Solomon/Diário Oficial, 2013. v. 1-Estudos de Filosofia, p. 439-453.
PANG, Eul-Soo; SECKINGER, Ron L. The Mandarins of Imperial Brazil. **Comparative Studies in Society and History**, v. 14, n. 2, 1972, p. 215-44. Disponível em: http://www.jstor.org/stable/177976. Acesso em: 6 jan. 2023.
PARRON, Tâmis. **A política da escravidão no Império do Brasil, 1826-1865**. Rio de Janeiro: Civilização Brasileira, 2011.
PAULA, Luiz Nogueira de. **Síntese da evolução do pensamento econômico no Brasil**. Rio de Janeiro: Serviço de Estatísticas da Previdência e Trabalho, 1942.
PENA, Eduardo Spiller. **Pajens da casa imperial**. Campinas: Editora Unicamp, 2001.
PERAMEZZA, Vilma. **O pensamento de João Teodoro Xavier**. 1982. Dissertação (Mestrado em Direito) – Faculdade de Direito, Universidade de São Paulo, São Paulo, 1982.
PEREIRA, André Melo Gomes. **E vieram os espíritos fecundos** : uma história das histórias da Faculdade de Direito do Recife. 2019. Tese (Doutorado em Direito) – Universidade de Brasília, Brasília, 2019.
PEREIRA, Nilo. **Faculdade de Direito do Recife (1927-1977)**: ensaio biográfico. 2 v. Recife: Universidade Federal de Pernambuco, Editora Universitária, 1977.
PEREIRA, Paulo Henrique Rodrigues. **Partus Sequitur Ventrem:** uma história da construção, consolidação e crise do domínio sobre o ventre escravizado nas Américas. 2022. Tese (Doutorado em Filosofia e Teoria Geral do Direito) – Faculdade de Direito, Universidade de São Paulo, São Paulo, 2022.
PESSO, Ariel Engel. **O ensino do Direito no Brasil**: das faculdades livres à reforma Francisco Campos. 2018. Dissertação (Mestrado em Filosofia e Teoria Geral do Direito) – Faculdade de Direito, Universidade de São Paulo, São Paulo, 2018. doi:10.11606/D.2.2018.tde-20082020-181620. Acesso em: 24 dez. 2020.
PESSO, Ariel Engel. A Faculdade de Direito do Recife no Império Brasileiro (1827-1889): lista de diretores efetivos e lentes catedráticos. **Revista Acadêmica**, v. 92, p. 209-231, 2020. Disponível em: https://periodicos.ufpe.br/revistas/ACADEMICA/article/view/248871/37182. Acesso em: 28 dez. 2022.
PESSO, Ariel Engel. Análise crítica da bibliografia memorialística sobre o ensino jurídico no período imperial (1827-1889): as "Tradições e Reminiscências" de Almeida Nogueira. **Revista do Instituto Histórico e Geographico Braziliero**, v. 486, p. 137-162, 2021.
PESSO, Ariel Engel. O ensino jurídico no Brasil: entrevista com Alberto Venâncio Filho. **Revista Culturas Jurídicas**, v. 9, n. 24, p. 184-196, 2022.

PETIT, Carlos. **Discurso sobre el discurso: oralidad y escritura en la cultura jurídica de la España liberal**. [*S. n.*]; Universidad Carlos III de Madrid, 2014. Disponível em: http://hdl.handle.net/10016/19670. Acesso em: 10 jan. 2023.

PIMENTEL, Maria do Rosário. A escravatura na perspectiva do jusnaturalismo. **Cultura – História e Filosofia**. V. II. Lisboa: Instituto Nacional de Investigação Científica, Centro de História da Cultura da Universidade Nova de Lisboa, 1983, p. 329-375.

PIMENTEL, Maria do Rosário. **Viagem ao Fundo das Consciências**: A escravatura na época moderna. Lisboa: Colibri, 1995.

PISCIOTTA, Renato Matsui. **Sociedade, ideias e compêndios**: direito natural no Largo de São Francisco (1827-1889). 2017. Tese (Doutorado em História Social) – Faculdade de Filosofia, Letras e Ciências Humanas, Universidade de São Paulo, São Paulo, 2017. doi:10.11606/T.8.2017.tde-31072017-125906. Acesso em: 2021-03-30.

PLOTKIN, Mariano Ben; CARAVACA, Jimena. Las particularidades del liberalismo económico argentino. Circulación, adaptación y formación de un canon de pensamiento de economía política, 1870-1899. *In:* LEANDRI, Ricardo González; QUIRÓS, Pilar González Bernardo de; GALERA, Andrés (org.). **Regulación Social, Regímenes de bienestar y Estado en América Latina**: del liberalismo al neoliberalismo. Circulación internacional de saberes, actores e instituciones. Madrid: Editorial Polifemo, 2015, p. 87-120.

POCOCK, John G. A. P. **Political thought and history**: essays on theory and method. Cambridge: Cambridge University Press, 2010.

PORCHAT, Reynaldo. O pensamento philosophico no primeiro seculo da Academia. Discurso do Dr. Reynaldo Porchat, na festa de Collação de Gráu e Centenario dos cursos juridicos no Brasil (11 de agosto de 1927). **Revista da Faculdade de Direito de São Paulo**, São Paulo, v. 24, p. 333-374, jan. 1928. Disponível em: https://www.revistas.usp.br/rfdsp/article/view/65225/67830. Acesso em: 10 jul. 2018.

PREST, Wilfrid. Law for Historians: William Blackstone on Wives, Colonies and Slaves. **Legal History**, Vol. 11, No. 1, 2007, p. 105-115.

RAMENZONI, Gabriela Lima. **A construção de uma cultura jurídica**: análise sobre o cotidiano do bacharel da academia do Largo de São Francisco entre 1857-1870. 2014. Dissertação (Mestrado em Filosofia e Teoria Geral do Direito) – Faculdade de Direito, Universidade de São Paulo, São Paulo, 2014.

REALE, Miguel. A doutrina de Kant no Brasil (Notas à margem de um estudo de Clovis Bevilaqua). **Revista da Faculdade de Direito, Universidade de São Paulo**, [*s. l.*], v. 42, p. 51-96, 1947. Disponível em: https://www.revistas.usp.br/rfdusp/article/view/66071. Acesso em: 28 dez. 2022.

REALE, Miguel. La cultura giuridica italiana in Brasile. **Rivista internazionale di filosofia del diritto**, anno 30, serie III, 1958, p. 733-738.

REALE, Miguel. **Filosofia em São Paulo**. 2. ed. São Paulo: Grijalbo/Ed. da Universidade de São Paulo, 1976.

REALE, Miguel. **Memórias**. V. 1 – Destinos cruzados. 2. ed. rev. São Paulo: Saraiva, 1987.

REALE, Miguel. **Figuras da inteligência brasileira**. 2. ed. São Paulo: Siciliano, 1994.

REALE, Miguel. O culturalismo na Escola do Recife. *In:* REALE, Miguel. **Horizontes do direito e da história**. 3. ed. rev. e aum. São Paulo: Saraiva, 2000, p. 232-240.

REDACÇÃO. Conselheiro Silveira de Souza. **A cultura academica**, Recife, anno I, v. I, t. I, fasc. II, p. 107-109, set./out. de 1904.

REZENDE, Carlos Penteado de. **Tradições musicais da Faculdade de Direito de São Paulo**: edição ilustrada, comemorativa do IV Centenário de São Paulo. São Paulo: Saraiva, 1954.

REZENDE, Carlos Penteado de. Algumas páginas sobre a velha academia de direito de São Paulo. **Revista da Faculdade de Direito, Universidade de São Paulo**, [*s. l.*], v. 72, n. 1, p. 31-79, 1977. Disponível em: https://www.revistas.usp.br/rfdusp/article/view/66791. Acesso em: 9 jan. 2023.

REZENDE, Francisco de Paula Ferreira de. **Minhas recordações**. Rio de Janeiro: J. Olympio, 1944.

REZENDE, José Severiano de. **Cartas paulistas**: artigos sobre a questão academica. Santos: Diario de Santos, 1890.

RICHARD, H. Jean-André Perreau. *In:* ARABEYRE, Patrick; HALPÉRIN, Jean-Louis; KRYNEN, Jacques (dir.). **Dictionnaire historique des juristes français**: XIIe-XXe siècle. Paris: Presses Universitaires de France, 2008, p. 617.

RIST, Charles. **Histoire de Doctrines Relatives au Crédit et la Monnaie**: depuis John Law jusqu'a nos jours. Paris: Recueil Sirey, 1938.

ROBERTO, Giordano Bruno Soares. **História do direito civil brasileiro**: ensino e produção bibliográfica nas academias jurídicas do império. Belo Horizonte: Arraes Editores, 2016.

ROCHA, Antonio Penalves. A escravidão na economia política. Revista de **História**, v. 120, p. 97-108, 1989. Disponível em: https://www.revistas.usp.br/revhistoria/article/view/18595. Acesso em: 25 jan. 2021.

ROCHA, Antonio Penalves. A difusão da economia política no Brasil entre os fins do século XVIII e início do XIX. **Revista de Economia Política**, n. 13, p. 47-57, 1993. Disponível em: https://rep.org.br/rep/index.php/journal/article/view/1346. Acesso em: 25 jan. 2021.

ROCHA, Antonio Penalves. **A economia política na sociedade escravista**. São Paulo: HUCITEC, 1996.

ROCHA, Antonio Penalves. As observações de Jean-Baptiste Say sobre a escravidão. **Estudos avançados**, São Paulo, v. 14, n. 38, p. 181-212, abr. 2000. Disponível em: http://www.scielo.br/scielo.php?script=sci_arttext&pid=S0103-40142000000100009&lng=en&nrm=iso. Acesso em: 19 jan. 2021.

ROCHA, Antonio Penalves. Economia Política e Política no Período Joanino. *In:* SZMRECSÁNYI, Tamás e LAPA, José Roberto do Amaral (org.). **História Econômica e do Império**. 2. ed. rev. São Paulo: Hucitec, 2002, p. 27-43.

RODRIGUES, Jaime. **O infame comércio**: propostas e experiências no final do tráfico de africanos para o Brasil, 1800-1850. Campinas, SP: UNICAMP, 2005.

RODRIGUES, Manuel Augusto (dir.). **Memoria Professorum Vniversitatis Conimbrigensis**. V. 2 – 1779-1937. Coimbra: Arquivo da Universidade de Coimbra, 1992.

RODRIGUES, Manuel Augusto. **A Universidade de Coimbra**: figuras e factos da sua história. Porto: Campo das Letras, 2007-2008. 2 v.

ROSAS, Suzana Cavani; CADENA, Paulo Henrique Fontes. "O donatário da província de Pernambuco": a elite imperial a partir da trajetória de vida e liderança partidária de Pedro Francisco de Paula Cavalcanti de Albuquerque (1840-1875). **Almanack [online]**, n. 25, 2020. Disponível em: https://doi.org/10.1590/2236-463325ea00719. Acesso em: 22 abr. 2023.

ROTHBARD, Murray N. **An Austrian Perspective on the History of Economic Thought**. V. 2. Aldershot, Hants, England: Edward Elgar, 1995.

SALA-MOLINS, Louis. Théologie et philosophie choisissent leur camp: l'esclavage des Nègres est legitime. *In:* HENRIQUES, Isabel Castro; SALA-MOLINS, Louis (Dir). **Déraison, esclavage et droit**: les fondements idéologiques et juridiques de la traite négrière et de l'esclavage. Paris: Unesco, 2002, p. 23-39.

SALDANHA, Nelson. **A Escola do Recife**. 2. ed. São Paulo: Convívio; Brasília: INL, Fundação Nacional Pró-Memória, 1985.

SANTIROCCHI, Ítalo Domingos. **Questão de consciência**: os ultramontanos no Brasil e o regalismo do Segundo Reinado (1840-1889). Belo Horizonte, MG: Fino Traço, 2015.

SANTOS, Paulo Ricardo da Silveira. O Conselheiro Carrão. **Revista do Arquivo Municipal**, São Paulo, v. 174, p. 21-70, jul./set. 1968.

SARMENTO, Silvia Noronha. **A raposa e a águia**: J.J. Seabra e Rui Barbosa na política baiana. Salvador: EDUFBA, 2011. Disponível em: http://books.scielo.org/id/ykf8q. Acesso em: 09 jan. 2021.

SCHLOSSER, Hans. Karl Anton Freiherr von Martini zu Wasserberg. *In:* BRAUNEDER, Wilhelm. (ed.). **Juristen in Österreich**: 1200-1980. Wien: Orac, 1987, p. 77.

SCHMIDT, Afonso. **A sombra de Júlio Frank**. São Paulo: Associação dos Antigos Alunos da Faculdade de Direito da Universidade de São Paulo, 2008.

SCHUMPETER, Joseph Alois. **History of economic analysis**. New York: Oxford University Press, 1954.
SCHWARCZ, Lilia Moritz. **O espetáculo das raças**: cientistas, instituições e questão racial no Brasil – 1870-1930. São Paulo: Companhia das Letras, 1993.
SCHWARZ, Roberto. **Ao vencedor as batatas**: forma literária e processo social nos inícios do romance brasileiro. 6. ed. São Paulo: Duas Cidades; Editora 34, 2012.
SEIXAS, Margarida. **Pessoa e Trabalho no Direito Português (1750-1878)**: Escravo, Liberto e Serviçal. Lisboa: AAFDL, 2016.
SILVA, Nuno J. Espinosa Gomes da. **História do direito português**: fontes de direito. 7. ed. Lisboa: Fundação Calouste Gulbenkian, 2019.
SILVA JÚNIOR, Airton Ribeiro. **Teaching International law in the Nineteenth-Century Brazil**: a history of appropriation and assimilation (1827-1914). Tese (Doutorado em Direito) – Florença: Università degli studi Firenze, 2018. Disponível em: https://hdl.handle.net/2158/1124811. Acesso em: 06 dez. 2022.
SIMÕES, Teotonio. **Os bacharéis na política – a política dos bacharéis**. [S. l.]: [s. n.], 2006.
SKINNER, Quentin. **Visions of politics**. Cambridge/New York: Cambridge University Press, 2009. 3 v.
SOARES, Francisco Sérgio Mota GOMES, Henriette Ferreira; PASSOS, Jeane dos Reis. **Documentação jurídica sobre o negro no Brasil, 1800-1888**: índice analítico. Salvador: Secretaria da Cultura, DEPAB, 1988.
STEVENSON, Robert. Wagner's Latin American Outreach (to 1900). **Inter-American Music Review**, v. 5, n. 2, 1983, p. 63-88.
STONE, Lawrence. Prosopography. **Daedalus**, v. 100, n. 1, 1971, p. 46-79. Disponível em: http://www.jstor.org/stable/20023990. Acesso em: 7 jan. 2023.
STRAUSS, Leo. **Natural right and history**. Chicago: University of Chicago Press, 1953.
SUCUPIRA, Newton. O ato adicional de 1834 e a descentralização da educação. In: FÁVERO, Osmar (org.). **A Educação nas constituintes brasileiras 1823-1988**. 3. ed. Campinas, SP: Autores Associados, 2005, p. 55-67.
TAVARES, Octavio. Discurso pronunciado pelo Prof. Dr. Octavio Tavares numa sessão solemne em honra do Prof. Dr. J. J. Seabra. **Revista Academica da Faculdade de Direito do Recife**, Recife, 1921, vol 29, anno XXIX, p. 172-181.
TEIXEIRA, António Braz. Presença de Ferrer na "Escola do Recife?". In: PAIM, Antonio et al. **Vicente Ferrer Neto Paiva no segundo centenário do seu nascimento, a convocação do krausismo**. Coimbra: Coimbra Editora, 1999, p. 81-96.
TEIXEIRA, António Braz. **A filosofia jurídica brasileira do século XIX**. Lisboa: Humus/Centro de Hiustporia da Cultura da Universidade Nova de Lisboa, 2011.

TEIXEIRA, António Braz; PUERTO, Gonzalo del; EPIFÂNIO, Renato. **O krausismo ibérico e latino-americano**. Lisboa: Instituto Cervantes/Movimento Internacional Lusófono, 2019.

THIREAU, Jean-Louis. Le droit naturel à la fin de la Révolution: Les *Éléments de législation naturelle* du Citoyen Perreau. In: ASSOCIATION FRANÇAISE DES HISTORIENS DES IDÉES POLITIQUES. **Un dialogue juridico-politique**: le droit naturel, le législateur et le juge. Aix-en-Provence: Presses universitaires d'Aix-Marseille, 2010, p. 255-268.

TIERNEY, Brian. **The idea of natural rights**: studies on natural rights, natural law, and church law, 1150-1625. Atlanta: Scholars Press, 1997.

TUCK, Richard. **Natural rights theories**: their origin and development. Cambridge: Cambridge University Press, 1979.

VALLADÃO, Alfredo. A Criação dos Cursos Jurídicos no Brasil. **Revista do Instituto Historico e Geographico Brasileiro**, t. 101, v. 155, p. 299-340, 1927.

VALLADÃO, Alfredo. Lourenço Ribeiro: Primeiro Diretor e Primeiro Professor do Curso Jurídico de Olinda e Primeiro Comentador da Constituição do Império. **Revista do Instituto Histórico e Geográfico Brasileiro**, Rio de Janeiro, v. 200, p. 104-126, jul./set. 1948.

VAMPRÉ, Spencer. **Memórias para a história da Academia de São Paulo**. 2. ed. Brasília: INL, Conselho Federal de Cultura, 1977 [1924]. 2 v.

VANDERFORD, Chad. **The legacy of St. George Tucker**: college professors in Virginia confront slavery and rights of states, 1771-1897. Knoxville: The University of Tennessee Press, 2015.

VEIGA, Gláucio. **História das idéias da Faculdade de Direito do Recife**. Vol I – Período Olinda. Recife: Universidade Federal de Pernambuco, Ed. Universitária, 1980.

VEIGA, Gláucio. **História das idéias da Faculdade de Direito do Recife**. Vol II – Período Olinda. Recife: Universidade Federal de Pernambuco, Ed. Universitária, 1981.

VEIGA, Gláucio. **História das idéias da Faculdade de Direito do Recife**. Vol III – Período Olinda. Recife: Universidade Federal de Pernambuco, Ed. Universitária, 1982.

VEIGA, Gláucio. **História das idéias da Faculdade de Direito do Recife**. Vol IV – Período Olinda. Recife: Universidade Federal de Pernambuco, Ed. Universitária, 1984.

VEIGA, Gláucio. **História das idéias da Faculdade de Direito do Recife**. Vol V. Recife: Gráfica e Editora do Nordeste LTDA, 1988.

VEIGA, Gláucio. **História das idéias da Faculdade de Direito do Recife**. Vol VI. S.l: s.n, 1989[?].

VEIGA, Gláucio. **História das idéias da Faculdade de Direito do Recife**. Vol VII. Recife: Artegrafi Ltda. 1993.

# REFERÊNCIAS

VEIGA, Gláucio. **História das idéias da Faculdade de Direito do Recife**. Vol VIII. Recife: Artegrafi Ltda. 1997.

VENANCIO FILHO, Alberto. **Das Arcadas ao Bacharelismo**: 150 anos de ensino jurídico no Brasil. 2. ed. São Paulo: Perspectiva, 2004.

VIEIRA, Dorival Teixeira. A História da Ciência Econômica no Brasil. *In:* FERRI, Mário Guimarães; MOTOYAMA, Shozo (coord.). **História das Ciências no Brasil**. São Paulo: EPU/EDUSP, 1981, v. 3, p. 349-372.

VILLATA, Maria Gigliola di Renzo. Tra bravi zelanti 'artigiani del diritto' al lavoro. L'introduzione dell'ABGB nel Lombardo-Veneto, con particolare riguardo alla Lombardia. *In:* CARONI, Pio; FERRANTE, Riccardo (org.). **La codificazione del diritto fra il Danubio e l'Adriatico**: per i duecento anni dall'entrata in vigore dell'ABGB (1812-2012). Torino: G. Giappichelli, 2015, p. 133-189.

VIOTTI, Dario Abranches. O conselheiro José Maria de Avelar Brotero. **Revista da Faculdade de Direito, Universidade de São Paulo**, [*s. l.*], v. 69, n. 2, p. 255-272, 1974. Disponível em: https://www.revistas.usp.br/rfdusp/article/view/66743. Acesso em: 31 jul. 2021.

VITA, Dante Alighieri. **João Teodoro Xavier e o seu tempo**. São Paulo: Casa Cardona, 1956.

WIEACKER, Franz. **História do direito privado moderno**. Tradução de A. M. Botelho Hespanha. 5. ed. Lisboa: Fundação Calouste Gulbenkian, 2015.

WILDBERGER, Arnold. **Os presidentes da provincia da Bahia, efetivos & interinos, 1824-1889**. Salvador: Tipografia Beneditina Ltda., 1949.

WILLIAMS, Eric. **Capitalism and slavery**. 3rd ed. Chapel Hill, NC: The University of North Carolina Press, 2021.

WINCH, Donald. Mill, James (1773-1836). *In:* DURLAUF, Steven N. e BLUME, Lawrence E. (ed.). **The New Palgrave Dictionary of Economics Online**. 2nd ed. V. 5. Basingstoke, Hampshire/New York: Palgrave Macmillan, 2008, p. 605-606.

WISSENBACH, Maria Cristina Cortez. **Sonhos africanos, vivências ladinas**: escravos e forros em São Paulo, 1850-1880. São Paulo: Editora Hucitec/ História Social, USP, 1998.

WOLKMER, Antonio Carlos. **História do direito no Brasil**. 3. ed. Rio de Janeiro: Forense, 2002.

WURZBACH, Constant von. Zeiller, Franz Alois Edler von. *In:* WURZBACH, Constant von. **Biographisches Lexikon des Kaiserthums Oesterreich**. 59. Theil. Wien: Kaiserlich-königliche Hof- und Staatsdruckerei, 1890, p. 283-287.

YOKAICHIYA, Cristina Emy. Nas entrelinhas dos relatos históricos. Reflexos da Faculdade de Direito do Largo de São Francisco no processo pela libertação dos escravos em São Paulo. **Revista da Faculdade de Direito, Universidade de São Paulo**, v. 103, p. 689-708, 2008. Disponível em: http://www.revistas.usp.br/rfdusp/article/view/67825/70433. Acesso em: 08 mar. 2020.

YOUSSEF, Alain El. **Imprensa e escravidão**. Política e tráfico negreiro no Império do Brasil (Rio de Janeiro, 1822-1850). São Paulo: Intermeios/Fapesp, 2016.

YOUSSEF, Alain El. **O Império do Brasil na segunda era da abolição, 1861-1880**. 2019. Tese (Doutorado em História Social) – Faculdade de Filosofia, Letras e Ciências Humanas, Universidade de São Paulo, São Paulo, 2019.